Christian Tietze
(Hrsg.)

# Ägyptische Gärten

Eine Ausstellung im Römisch-Germanischen Museum der Stadt Köln
vom 27. Mai bis zum 6. November 2011

# Ägyptische Gärten

**Christian Tietze**
(Hrsg.)

mit Beiträgen von

Erik Hornung
Jan Assmann
Hermann A. Schlögl
Adolf Hoffmann
Renate Germer
Marina Heilmeyer
Wafaa el-Saddik
Michael Haase
Wolfgang Waitkus
Martin Fitzenreiter
Martin von Falck
Susanne Martinssen-von Falck

**Impressum**

1. Auflage 2011

| | |
|---|---|
| Herausgeber: | Christian Tietze |
| Text- und Bildredaktion: | Michael Haase, Christine Mende, Christian Tietze |
| Layout und Satz: | Michael Haase |
| Druck: | Druckhaus »Thomas Müntzer«, Weimar |
| Bestellung über: | Christian Tietze, Am Horn 23, D-99425 Weimar, E-Mail: ctietze@uni-potsdam.de oder Michael Haase, Drakestr. 41, D-12205 Berlin, E-Mail: haase_sokar@web.de |

ISBN 978-3-00-034699-6

© 2011 Arcus-Verlag Weimar
Alle Rechte vorbehalten. Ohne ausdrückliche Genehmigung des Verlages ist die mechanische und elektronische Vervielfältigung und Verbreitung des Buches oder von Teilen daraus, ebenso die Übersetzung der Texte in andere Sprachen, nicht erlaubt.

# Inhalt

| | | |
|---|---|---|
| | Vorwort | 7 |
| | Einführung | 9 |

## I. Die Natur und die Götter 12

| | | |
|---|---|---|
| Erik Hornung | Schöpfungsmythen | 14 |
| Christian Tietze | Das Geschenk des Nils | 28 |
| Martin Fitzenreiter | Wappenpflanzen | 46 |
| Hermann A. Schlögl | Der Garten in der Poesie | 56 |
| Martin von Falck/Wolfgang Waitkus | Heilige Bäume | 66 |
| Marina Heilmeyer | Amarnas blaue Blumen | 78 |
| Wafaa el-Saddik | Gartendarstellungen in Gräbern | 88 |
| Jan Assmann | Der Garten als Brücke zum Jenseits | 102 |

## II. Die Pflanzen und ihre Nutzung 118

| | | |
|---|---|---|
| Renate Germer | Die Pflanzen der altägyptischen Gärten | 120 |
| | Pflanzen der Teichlandschaft | 121 |
| | Pflanzen mit schönen Blüten, dekorativen Früchten oder besonderen Blättern | 127 |
| | Fremde Bäume und Sträucher | 136 |
| | Sträucher und Bäume der heimischen Flora | 146 |

## III. Die Gärten und ihre Architektur 154

| | | |
|---|---|---|
| Susanne Martinssen-von Falck | Palastgärten | 156 |
| Michael Haase | Tempel und Gärten | 176 |
| Christian Tietze | Gärten in der Stadt | 202 |
| Christian Tietze | Weingärten | 228 |

## IV. Rom und Ägypten

| | | |
|---|---|---|
| Adolf Hoffmann | „Egittomania" | 238 |

| | |
|---|---|
| Literatur | 250 |
| Abbildungsnachweis | 256 |
| Nachwort | 259 |

# Vorwort

*Friederike Naumann-Steckner*

Gärten sind Lebensträume. Nicht zufällig beginnt das Leben des Menschen im Garten Eden – im Paradies.

Der Nil war die Lebensader Ägyptens. Sein Anschwellen und Zurückweichen charakterisierte die Jahreszeiten, er beherrschte den Lebensrhythmus der Menschen. Die Regulierung der Wasser begründete den Reichtum des pharaonischen Staates: Das jährliche Hochwasser ermöglichte die Bewässerung der Felder, der fruchtbare Nilschlamm gewährte reichen landwirtschaftlichen Ertrag. Die üppige Vegetation der Ufer bot Land- und Wassertieren Schutz und Nahrung. So wurden im Alten Reich die Lotusblüten Symbol für Oberägypten, die Binsen Sinnbild für Unterägypten.

Im pharaonischen Ägypten bedeutete es Luxus und zugleich einen ungeheuren Aufwand, Gärten zu unterhalten. Neue Forschungen lassen sehr unterschiedliche Gartenformen erkennen: königliche Palastgärten, heilige Haine in den Tempelbezirken, reich gestaltete Gärten in den Residenzen hoher Verwaltungsbeamter, Weingärten, Nutzgärten bei privaten Wohnhäusern. Gärten waren Orte der Erholung, der Muße und der Zerstreuung. Künstlich und kunstsinnig angelegte Gärten weckten Sehnsucht und Hoffnung – sogar auf ein Leben in den Gärten des Jenseits.

Die Ausstellung spürt unterschiedlichen Gartenentwürfen anhand neuer Ausgrabungen in Ägypten, insbesondere in der von Pharao Amenophis IV. (Echnaton) gegründeten Stadt Amarna, nach. Große Modelle zeigen die architektonische und urbane Integration verschiedener Gärten an Palast und Wohnhaus. Kostbare Funde – Reliefs mit Wein- und Lotusranken, Kapitelle mit Pflanzendekor, als Früchte gestaltete Stein- und Tongefäße – sind Zeugnisse der Flora Ägyptens im 2. Jahrtausend v. Chr. Kunstvolle Blütenkränze und Pflanzenhalskrägen, gewunden aus Lotus und Mohn, Kornblumen und Tamarisken, spiegeln die besondere Freude an farbenfrohen Blumen und Zweigen für Festtag und Alltag wider. Es ist jedoch vermessen zu glauben, die Kunstwerke und archäologischen Befunde erlaubten einen umfassenden Einblick in die Welt des ägyptischen Gartens: Emotional ist und bleibt „Garten" mit lebenden Pflanzen, mit frischem Grün verbunden.

Idee und Konzept der Ausstellung „Ägyptische Gärten" gehen auf Dr. Christian Tietze, Architekt und Bauforscher an der Universität Potsdam, zurück, der sich seit vielen Jahren mit dem Nachweis und der Gestaltung pharaonischer Gärten in Ägypten befasst. Nach „Die Pyramide" im Jahr 2001 und „Echnaton und Amarna" im Jahr 2008 sind die „Ägyptischen Gärten" die dritte gemeinsam mit dem Römisch-Germanischen Museum entwickelte Ausstellung zu einem Thema des alten Ägypten. Für die Zusammenarbeit an dieser Ausstellung gewann Christian Tietze die Ägyptologin Dr. Renate Germer.

Dass die Ausstellung Wirklichkeit werden konnte, verdankt das Römisch-Germanische Museum der Stadt Köln den zahlreichen Leihgebern. Ohne ihre großherzige Bereitschaft, sich auf Zeit von ihren Kunstwerken zu trennen, wäre die Ausstellung nicht möglich geworden. Ihnen gebührt der herzliche Dank des Museums.

Für das Begleitbuch zur Ausstellung konnten Fachleute der verschiedensten Gebiete gewonnen werden. Die Themen reichen von den mythischen Gärten der Schöpfungslegende über die Schatten spendenden Haine der Liebeslyrik bis ins Binsengeflecht des ägyptischen Elysiums, von der Architektur der Gärten an Palästen, Tempeln und Wohnhäusern bis zur Nachahmung ägyptischer Gärten durch die Römer. Wild wachsende und kultivierte Bäume und Sträucher des Nillandes, Obst- und Gemüsepflanzen für das tägliche Leben, Blumen für Fest und Tod werden in ihrer botanischen Einordnung, ihrer Nutzung und ihrer Bedeutung in der Gedankenwelt der Ägypter vorgestellt, ein pflanzenkundliches Kompendium von der Argunpalme bis zum Zyperngras.

# Einführung

*Christian Tietze*

Das Gegenüber von Natur und Kultur schwindet heute immer mehr aus unserem Bewusstsein. Die natürlichen Lebensräume werden zurückgedrängt, verändert, „kultiviert" und nützlichen Zwecken unterworfen. Sie verlieren ihre Geheimnisse, ihre Anziehungskraft nimmt ab, bis sie schließlich „touristisch erschlossen" werden. Heute kann alles besichtigt, bereist, angefasst werden. Nur Naturkatastrophen wie Flutwellen, Wirbelstürme, technische Katastrophen lassen uns einen Augenblick innehalten. Die Macht der Natur wird schnell wieder vergessen.

Am Anfang unserer Geschichte steht Ägypten, ein Land, das innerhalb weniger Jahrhunderte den Zustand seiner Natur in eine Hochkultur verwandelte, ohne dabei seine Herkunft zu verleugnen. Die unüberwindlichen Wüsten im Osten und im Westen, das Mittelmeer im Norden, die Halbinsel Sinai im Nordosten und die Granitbarrieren des Nils im Süden erinnerten immer wieder an seinen ursprünglichen Zustand. Diese insulare Lage jedoch gibt ihm eine Originalität, die Einmaliges in der Religion, Baukunst und im Zusammenleben der Menschen schuf.

In Ägypten lagen Ödnis und Fruchtbarkeit immer eng beieinander. Das schmale Band des Niltals mit weniger als 20 km Breite war seine Lebensader. Das fruchtbare Land war ein Geschenk, das seinen Reichtum aber nicht mit Selbstverständlichkeit hergab. Im Gegenteil: Die fruchtbare Ebene brauchte Pflege, die Versorgung mit Wasser erforderte den Bau von Kanälen und Dämmen und die Sicherung der Ernährung eine langfristige Planung.

Die jährlich wiederkehrende Nilschwelle setzte einen wichtigen Akzent in der Geschichte Ägyptens. Hier wird das religiöse Eingebundensein in besonderer Weise deutlich. Es war im Bewusstsein der Bewohner, dass sich die Schöpfung jedes Jahr wiederholte, eine Schöpfung, die mit dem Steigen des Nils Orte – Inseln gleich – im Wasser erscheinen ließ und mit dem Sinken des Wassers ein frisch getränktes Land aufs Neue hervorbrachte. Die Schöpfung war nicht einmalig und abgeschlossen; sie wiederholte sich jedes Jahr aufs Neue.

Man sah sich in einen göttlichen Kreislauf eingebunden, weil es den Rhythmus der Jahreszeiten gab, die Sonne täglich erschien und unterging und sich die Sternenkonstellation wiederholte. Diesseits und Jenseits standen selbstverständlich nebeneinander; das Jenseits erhielt eine – für uns heute – unglaubliche Bedeutung.

Das wird an der Wertschätzung der Bauten für die Ewigkeit deutlich. „Sie (die Ägypter) halten die Zeit des Lebens für sehr kurz, die Zeit nach dem Tode für sehr lang. Daher nennen sie die Wohnungen der Lebenden Herbergen, die Gräber der Verstorbenen ewige Häuser. Auf jene verwenden sie daher keine erhebliche Mühe, diesen aber widmen sie eine großartige Ausstattung", schreibt Diodor. So war es nur konsequent, dass sie die Bauten für die Ewigkeit aus dem unvergänglichen Stein errichteten, ihre Wohnhäuser jedoch aus dem wenig beständigen Lehm bauten. Und das gilt auch für die Paläste der Könige.

Die Verbindung von Diesseits und Jenseits war durch die Grabbauten gegeben. Für den Verstorbenen war das Grab der Zugang zum Jenseits, aber auch das „Heraustreten am Tage" war möglich: so die Teilnahme an Festen und der Besuch der Nachkommen in seinem Wohnhaus. Aber am wichtigsten war dem Grabherrn ein Besuch in seinem Garten, um hier als Ba-Vogel in das Diesseits zurückzukehren, sich im Schatten der Sykomoren zu erquicken, Wasser zu trinken und an den Lotusblüten zu riechen. Der Garten war die Brücke zwischen Diesseits und Jenseits.

Die Gärten waren aber auch ein Ort der Poesie: Sie sind der Treffpunkt in der Liebeslyrik und werden in Märchen und Liedern beschrieben.

In den Gräbern finden wir die Texte, die von den Erwartungen des Grabherrn zeugen, und Bilder, die ihn in seinem Garten zeigen. Diese Darstellungen verweisen auf die wichtigsten ikonographischen Elemente des Gartens, geben uns aber natürlich keinen Einblick in die wirklichen Größenverhältnisse und in die reale Ausstattung. Die Grabdarstellungen waren bisher die wichtigsten Quellen für die Wiedergabe und Interpretation altägyptischer Gärten. Erst in den letzten Jahrzehnten kamen archäologische Erkenntnisse hinzu, die diesen Bildern einen objektiven Rahmen geben. So können wir es jetzt wagen, ein Bild von den Gärten zu zeichnen.

Den Palastgärten nachzuspüren, ist besonders schwierig, weil die meisten Anlagen in Lehm ausgeführt sind und damit dem Verfall schnell preisgegeben waren. Bei den Nutzgärten lassen sich insbesondere die Weingärten rekonstruieren. Und bei den Hausgärten gibt es große Unterschiede, und sie sind keineswegs nur durch eine private Nutzung gekennzeichnet.

Gärten gab es wohl zu allen Zeiten der ägyptischen Geschichte. Schon für das Alte Reich lassen sich an der Roten Pyramide – also im Bereich der Wüste – Baumreihen hoch über dem Niltal nachweisen. Im Mittleren Reich sind es die Tamarisken und Sykomoren, die den Weg zum Totentempel des Mentuhotep begleiteten. Im Neuen Reich entwickelt sich ein großer Reichtum an Gärten. Jetzt wird der Garten zu einem selbstverständlichen Teil der pharaonischen Kultur: Gärten innerhalb der großen Palastanlagen, aber auch von den Palästen unabhängige Gartenanlagen, wie der Maru-Aton-Bezirk in Amarna, die primär dem Aufenthalt der königlichen Familie dienten, und natürlich auch Gartenanlagen an den Totentempeln lassen sich nachweisen.

Neu ist nun, dass die Gärten im Neuen Reich auch in den privaten Bereich vordringen. Sie sind nicht nur als prachtvolle Anlagen neben den villenähnlichen Häusern der Oberschicht zu finden, sondern werden auch für die Mittelschicht und Unterschicht in kleineren Ausmaßen erlebbar. Da die Oberschicht die Bedeutung der Gartenanlagen in ihren Gräbern zeigt, lassen sich die Gärten dieser Schicht nun auf ihre Wirklichkeit überprüfen. Gärten sind mit Wasserbecken, Pylon, einer kleinen Kapelle und natürlich mit Reihen von Bäumen und Sträuchern ausgestattet. Was uns die Bilder in den Gräbern allerdings nicht verraten, ist der soziale Bezug dieser Gärten. Erst durch das Umfeld der Häuser und die dichte Bebauung von kleineren und mittelgroßen Häusern, die um die Gärten herum zu finden sind, wird deutlich, dass die Gärten keineswegs nur privaten Charakter trugen. Sie wurden gleichwohl von einer Gemeinschaft genutzt, die dem Eigentümer, der der Oberschicht angehörte, anvertraut oder untergeordnet war. Aber auch die Bevölkerung der Mittel- und der Unterschicht schloss sich offenbar zu kleinen Kultgemeinschaften zusammen, die sich in kleinen und kleinsten Gärten – mit einem Kiosk in der Mitte – trafen.

Ägypten war im Neuen Reich zu einer Weltmacht geworden. Und so kamen auch Einflüsse aus Syrien und Palästina, aus dem Mittelmeerraum und aus den südlich gelegenen Ländern nach Ägypten. Die Zedern des Libanon waren schon immer ein wichtiges Importgut gewesen, aber es wurden auch Weihrauch und Myrrhe eingeführt. Ägypten war auf dem Höhepunkt seiner Macht. Und offenbar konnte sich nur so eine Gartenkultur entwickeln, die Neues schuf und solche empfindlichen Anlagen unterhielt.

Vom Nachleben ägyptischer Gärten spürt man erst in römischer Zeit wieder etwas. Es war die Göttin Isis, die einen Siegeszug durch das Römische Reich antrat. Sie war im alten Ägypten eine Muttergottheit, Schwester und Gemahlin des Osiris und Mutter des Horus. In der Spätzeit Ägyptens nahm sie mehrere Göttinnen in sich auf und wurde zu einer Universalgöttin, deren Gemeinden im ganzen Mittelmeerraum – und bis nach Köln – zu finden waren. Ihre Heiligtümer besaßen neben Obelisken und Sphingen auch Baumhaine.

Ägypten besaß einen exotischen Status. Und so wurden ägyptische Obelisken nach Rom verschleppt; der Prätor Cestius ließ sich eine Pyramide als Grabmal errichten. Kaiser Hadrian besuchte Ägypten und ließ sich als Reminiszenz an seine Reise an den Nil den Canopus, eine ausgedehnte Wasseranlage, in seiner Villa in Tivoli anlegen. Ägypten kam in Mode und die Isis-Religion bildete den Hintergrund für diese Entwicklung.

Rom war es auch, das den Ägyptenbezug in die Neuzeit brachte. Besonders die Wiederaufrichtung der Obelisken auf mehreren Plätzen der Stadt brachte Ägypten wieder in die Erinnerung.

Seit der Renaissance war das Interesse an den Hieroglyphen, den „Heiligen Zeichen", groß. Man suchte in ihnen den Ursprung der Schrift überhaupt. Gleichzeitig sah man in ihnen Urformen der Kunst, in Parallele zu den Impresen, Devisen und Emblemen dieser Zeit, die persönliches und gesellschaftliches Verhalten symbolisierten. Pyramiden und Obelisken galten als Zeichen für Standhaftigkeit und Festigkeit und als Symbol für den langen und beschwerlichen Weg zur Tugend, gleichzeitig aber auch für nutzlose äußere Schönheit.

Im 18. Jahrhundert erweckte Ägypten durch Reiseberichte wieder das Interesse einer großen Öffentlichkeit. Erfolgreiche Romane, wie der „König-Sethos-Roman", und viel gespielte Opern, wie die „Zauberflöte", zeugen von dieser Entwicklung.

Seit dieser Zeit spielen die Architekturelemente Ägyptens in den Gartenanlagen wieder eine große Rolle. Zunächst als Architekturstaffage in den Barockgärten aufgenommen, so in Rheinsberg und Potsdam, Veitshöchheim, Schwetzingen und vielen anderen Orten. Später als Einzelbauwerke in den englischen Landschaftsparks, wie in Garzau, Kassel und Potsdam. Sie begleiteten das Gartenparterre, bildeten den Blickpunkt in einer Achse, rahmten einen Durchgang ein oder schufen Blickpunkte in der freien Landschaft.

Den vorläufigen Abschluss dieser Entwicklung kann man im Pantheon von Wörlitz sehen, das in einer weiten Gartenlandschaft dem Vorbild aus Rom folgend eine Verbindung von Ägypten und der Antike herstellen wollte. Im Untergeschoss des Bauwerks, dem ägyptischen Keller, waren ägyptisierende Reliefs aufgestellt. In der Mitte des gewölbten Raumes stand ein Kanopengefäß, das eine Verbindung von hellenistischer Kunst und Ägypten symbolisierte.

Dieses Bauwerk darf als der Höhepunkt einer Entwicklung angesehen werden, die ein Bild von Ägypten in die aufgeklärte Gesellschaft bringen wollte. Doch – noch war das Wörlitzer Pantheon nicht eingeweiht – da eroberte Napoleon Ägypten, und mit ihm gewann die Wissenschaft, die Ägyptologie, die Oberhand über das romantische Ägyptenbild der Aufklärung.

Das 19. Jahrhundert konnte dem allen nur noch Grabmäler und Gedenkstätten entgegensetzen, die die Architektur Ägyptens fragmentarisch rezipierten. So zog sich die Geschichte der ägyptischen Gärten zwar über einen Zeitraum von 5000 Jahren hin, aber einen wirklichen Höhepunkt hat es nur in der Zeit des Neuen Reiches gegeben.

# Die Natur und die Götter

Erik Hornung: Schöpfungsmythen  14

Christian Tietze: Das Geschenk des Nils  28

Martin Fitzenreiter: Wappenpflanzen  46

Hermann A. Schlögl: Der Garten in der Poesie  56

Martin von Falck / Wolfgang Waitkus: Heilige Bäume  66

Marina Heilmeyer: Amarnas blaue Blumen  78

Wafaa el-Saddik: Gartendarstellungen in Gräbern  88

Jan Assmann: Der Garten als Brücke zum Jenseits  102

# Schöpfungsmythen

Erik Hornung

## Die Natur und die Götter

Die Welt deutet sich von ihren Anfängen her. Deshalb kommt den Schöpfungsmythen in allen Kulturen eine tragende, beispielhafte Bedeutung zu. Nur die Rückbesinnung auf den meist ideal und vollkommen gesehenen Uranfang der Welt und des Menschen ermöglicht immer wieder einen Neubeginn, eine Überwindung von Krisen.

Mit der Bezeichnung „das Erste Mal" (*sep tepi*), die der Ägypter für die Schöpfung verwendet, beschwört er sogleich den Zauber, der von jedem Anfang, von jedem „Ersten Mal" eines Vorgangs, ausgeht. In der Schöpfung war alles zum ersten Mal da, aber das erste Mal ist ja nicht das einzige, es ruft nach Wiederholung und Wiederkehr. Die ägyptische Benennung zeigt bereits, dass die Schöpfung für diese Kultur kein einmaliger Vorgang ist, sondern auf stetige Wiederholung angelegt. Die Welt kann immer wieder so neu und so vollkommen werden, wie sie bei der Schöpfung am Anbeginn war. Aus dieser Überzeugung zieht die altägyptische Kultur einen großen Teil jener schöpferischen Kraft, die wir an ihr bewundern.

Wenn wir Texte und Darstellungen auf direkte Aussagen über die Schöpfung der Welt befragen, werden wir zunächst enttäuscht. Es gibt bis zum Ende der Pharaonenzeit keinen fortlaufenden ägyptischen Schöpfungsbericht, der sich auch nur entfernt mit dem „Enuma eliš" oder der „Genesis" vergleichen ließe. Was wir besitzen, ist eine Fülle von Anspielungen und von vereinzelten Aussagen, aus ganz verschiedenen Zeiten und ganz verschiedenartigen Textgattungen stammend; dazu treten Bilder einzelner Vorgänge, vor allem der Trennung von Himmel und Erde. Erst in den späten Tempeltexten der ptolemäischen und römischen Zeit Ägyptens gibt es ausführlichere und zusammenhängende Darstellungen der Kosmogonie.

Insgesamt aber ergibt sich aus allen diesen Aussagen und Darstellungen ein äußerst reiches und differenziertes Bild der Schöpfung, eine Vielzahl von Schöpfungsmythen, die sich der bis heute ungelösten Frage nach der Entstehung der Welt und des Seins von den verschiedensten Seiten her nähern.

Dem Ägypter war klar, dass sich dieser Vorgang nicht auf eine einzige, einfache Formel bringen lässt, dass man zum eigentlich Unsagbaren immer wieder neue Wege suchen, neue Symbole setzen muss. Wenn der Schöpfer nach der einen Vorstellung aus seinem Samen, nach anderen durch sein Wort oder durch seine gestaltenden Hände schafft und bildet, dann geht es stets um die elementare Frage „Wie konnte aus dem Nichtsein Seiendes, wie konnte aus Einem Vieles werden?".

Schöpfung bedeutet, dass die Welt einen Anfang hat. Daraus hat man in Ägypten die weitere Konsequenz gezogen, dass die Welt zeitlich und räumlich begrenzt ist, auch wenn diese Grenzen in „Millionen" von Jahren und von Meilen verschwimmen, sich ins Unabsehbare verlieren.

Diese frühe Einsicht ist durch die moderne Kosmogonie nicht ersetzt, sondern präzisiert worden; Messergebnisse und Berechnungen legen jetzt den räumlichen und zeitlichen Horizont der Welt fest, aber deutlich erkennbar ist er auch für uns noch nicht. Fast jedes Jahr lässt uns tiefer in das Weltall blicken.

*Abb. 6: Schwimmende Gewächsinseln auf dem Nil. Nach den ägyptischen Schöpfungsmythen entstand die Welt aus der Urfinsternis und aus der Urflut; in dieser „Ursuppe" trieb der Schöpfergott Atum umher.*

## Schöpfungsmythen

Ägyptisches Denken hat diesen Horizont überstiegen, es hat Aussagen über den Zustand vor der Schöpfung und jenseits der geschaffenen Welt formuliert.

Solche Aussagen begegnen besonders häufig in den Texten der ptolemäischen und römischen Zeit Ägyptens, aber sie reichen bis zu den Pyramidentexten des Alten Reiches zurück. Danach kommt die Welt aus der Urfinsternis (*Keku semau*) und aus der Urflut (*Nun*), die beide miteinander „vermischt" waren und so gemeinsam das Ungeschaffene anschaulich machen.

Dieser Urzustand wird gern auch negativ umschrieben, als Verneinung aller Gegebenheiten, welche die geschaffene Welt auszeichnen; dazu bedient man sich einer besonderen Verbalform mit der Bedeutung „als noch nicht (...) war".

Götter und Menschen sind noch nicht entstanden, Himmel und Erde (dazu auch die Unterwelt *Dat*), Tag und Nacht ruhen noch ungetrennt in der Finsternis, die raumlos und zeitlos ist. Da es kein Leben gibt, gibt es auch keinen Tod.

Noch ist kein Name genannt, keine Form und „kein Ding" geschaffen worden; und mit der alten Formulierung „als noch kein Streit entstanden war", verneint man nicht nur den mythischen Streit von Horus und Seth, sondern jegliche Auseinandersetzung und Bewegung in diesem „trägen", noch undifferenziert-vermischten Zustand. Etwas später, in den Sargtexten um 2000 v. Chr., wird von ihm noch deutlicher ausgesagt, es habe „noch nicht zwei Dinge gegeben", also nur eine undifferenzierte Einheit.

In dieser „Ursuppe" treibt der Schöpfer dahin, ohne den festen Halt zu finden, den er für sein Schöpfungswerk braucht. Aber der Schlamm dieser Urflut ballt sich zusammen und taucht als Urhügel empor – ein Bild, das dem Ägypter jeden Herbst vor Augen stand, wenn die Wasser der jährlichen Nilüberschwemmung zurückwichen. Festes Land grenzt sich ab gegen die Wasserflut; auf ihm kann der Schöpfergott stehen, kann sein Werk entstehen.

*Abb. 7: Gott Huh, „Verkörperung der Endlosigkeit", mit Mittelrispen von Dattelpalmblättern in den Händen. Umzeichnung eines Details von einem Stuhl des Königs Tutanchamun (18. Dynastie).*

*Abb. 8: Tempel der Isis auf Agilkia; festes Land wie ein Urhügel, der sich gegen die Wasserflut abhebt. In der Spätzeit hatte jeder Göttertempel seine bevorzugte Kosmogonie, in ihnen konnten aber auch andere Schöpfergötter verehrt werden.*

### Die Natur und die Götter

*Abb. 9: Pyramide des Königs Unas (5. Dynastie) in der Nekropole von Sakkara; das erste Königsgrab, in dem religiöse Texte in die Wände der Grabräume gemeißelt wurden.*

Statt des Einen denkt man sich auch eine Achtheit, vier Paare von Urwesen, deren Name sie noch dem Ungeschaffenen zuweist: Urflut, Unendlichkeit, Finsternis, Verborgenheit (oder Leere). Erst aus ihrer Mitte geht die Sonne hervor und setzt durch das „Erste Mal" ihres Aufgangs den Anfang der Welt.

Das Motiv des Auftauchens wird nicht nur mit einem Erdhügel verbunden, dessen monumentales Abbild die Pyramiden darstellen (Abb. 9). Nicht weniger beliebt, wenn auch deutlich später, ist das Bild der Lotusblüte, die aus der schlammigen, dunklen Tiefe emportaucht; aus ihrem Blütenkelch entspringt das Sein, wiederum in Gestalt der Sonne. In der Zeit nach Amarna (um 1350 v. Chr.) tritt das Bildmotiv „Sonnengott auf der Blüte" hervor, meist als widderköpfiger Gott auf dem Urlotus, aber auch als Sonnenkind auf der Blüte (Abb. 11).

Nach einer weiteren Vorstellung, die sehr alt zu sein scheint, tauchte aus der Urflut eine gewaltige Kuh auf, welche die Sonne zwischen ihren Hörnern trägt. Seit den Pyramidentexten erscheint sie unter dem Namen *Mehet-weret*, „Große Schwimmerin", später auch als *Ihet* oder *Ahet* und Erscheinungsform von Göttinnen wie Hathor und Neith. Es ist die Himmelskuh, die bereits im Ausgang der Vorgeschichte als Kuhkopf mit Sternen bezeugt ist und seit den Sargtexten als Mutter des Sonnengottes Re gilt, die ihn täglich gebiert.

Urhügel, Urlotus und Urkuh sind verschiedene Umschreibungen für den tragenden Grund der Schöpfung, auch sie entstammen der „visuellen Begriffsbildung". Aus diesem Grund steigt die Sonne empor und gestaltet durch ihr Licht den Raum, durch ihren Lauf die Zeit. Der Urkeim der Welt lässt

*Abb. 10: „Neunheit von Heliopolis" mit den Gottheiten (v. r. n. l.) Re-Harachte, Atum, Schu, Tefnut, Geb, Nut, Osiris, Isis und Horus in der Sonnenbarke. Umzeichnung einer Darstellung im Grab des Königs Eje (18. Dynastie) im westlichen Tal der Könige in Theben-West (WV 23).*

sich überdies als Ei denken, das sich zu Anfang im Leib des „Großen Schreiers" befindet, des Urvogels, dessen Schrei die anfängliche Stille durchbricht, bevor die Sonne aus seinem Ei hervorgeht. Diesen Urvogel sieht man auch als den Reiher *Benu*, der sich als erstes Lebewesen auf dem Urhügel niederlässt und in der klassischen Tradition als *Phönix* weiterlebt. So erscheint der Schöpfer in vielen Gestalten – als Mensch, als Vogel und häufig als Schlange, die das eigentliche Urwesen ist; die Achtheit, von der wir sprachen, denkt man sich in der Spätzeit als Frösche und Schlangen, die wie der Skarabäus-Käfer scheinbar „von selbst" entstehen.

Spezifisch zur menschlichen Gestalt des Schöpfers gehören Vorstellungen, wonach er als Atum mit seiner Hand den ersten Samen erzeugt oder das erste Götterpaar „ausspeit" oder „aushustet". Denn das erste Paar muss ja, wie Adam und Eva, notwendig ungeschlechtlich entstanden sein. In Ägypten sind es Schu und Tefnut, die so aus Atum hervorgehen, und von Schu heißt es in den Sargtexten ausdrücklich, er sei „nicht in einem Ei gebildet". Mit diesem ersten Paar und seinen Kindern Geb und Nut kann die natürliche Fortpflanzung beginnen, und mit den vier Gottheiten der nächsten Generation (Osiris, Isis, Seth und Nephthys) ist das System der „Neunheit" abgeschlossen, die in der ägyptischen Theologie eine so wichtige Rolle spielt – unabhängig von Ort und Zeit, auch wenn man sie gern als die „heliopolitanische" Neunheit und diese Kosmogonie um Atum und die Neunheit als „heliopolitanisch" bezeichnet (Abb. 10).

*Abb. 11: König Iuput (23. Dynastie) sitzt in der Gestalt des Horus-Kindes auf einer Lotusblüte im „Urgewässer der Schöpfung". Umzeichnung einer Darstellung auf einer Fayence-Tafel (Royal Museum, Schottland).*

*Abb. 12: Isis mit dem Horus-Kind (Bronze, Höhe: 16,5 cm), Sitzfigur aus der Spätzeit (26.-31. Dynastie). Ägyptisches Museum der Universität Leipzig (Inv.-Nr. 1933).*

## Die Natur und die Götter

Ihr stellt man dann gern eine „memphitische" Kosmogonie gegenüber, in der Ptah (Abb. 13) oder Ptah-Tatenen als Schöpfer wirkt, und zwar durch das Wort, indem er die Welt in seinem Herzen ersinnt und dann durch seine Zunge ins Leben ruft. Als Hauptquelle für diesen Vorstellungskreis dient das „Denkmal Memphitischer Theologie" im British Museum in London, um 700 v. Chr. angeblich nach einer uralten, von Würmern zerfressenen Vorlage auf Stein kopiert. Die Ägyptologie war lange Zeit geneigt, in diesem so archaisch wirkenden Text tatsächlich ein uraltes, zumindest in das Alte Reich zurückreichendes Zeugnis zu sehen; inzwischen aber hat man erkannt, dass es der Zeit nach Echnatons Revolution, nach Amarna angehört, in der ja Memphis und sein Gott Ptah wieder stärker hervortreten.

Aber die Schöpfung durch das Wort reicht unabhängig von diesem späten Zeugnis bis zu den Pyramidentexten zurück und ist keineswegs nur mit Ptah verbunden. Der Sonnengott wirkt durch planende Einsicht (*Sia*), schaffenden Ausspruch (*Hu*) und wirksamen Zauber (*Heka*) – diese drei Schöpferkräfte begleiten ihn auf seiner Fahrt und helfen ihm nachts in der Unterwelt sein Schöpfungswerk zu erneuern.

Nach Kapitel 90 des „Leidener Amunshymnus", das wir am Ende dieses Kapitels zitieren, war im Anfang das Wort des Amun, der als Urvogel seine Stimme erhob, während nach anderen Quellen die Göttin Neith (Abb. 14) durch sieben Aussprüche die Welt ins Leben ruft, woraus in einem späten magischen Text ein siebenfaches Lachen des Schöpfergottes wird.

In der Gestalt der Neith tritt uns ein weiblicher Demiurg entgegen, was in Ägypten nicht ungewöhnlich und nicht erst eine späte, lokale Entwicklung ist. Deutlich fassen lässt sich diese Kosmogonie allerdings erst in späten Texten aus Sais und Esna, wo Neith besondere Zentren ihrer Verehrung hatte. Aber ihre enge Verbindung mit der Urkuh *Mehet-weret* führt uns zur uralten Vorstellung von der Himmelskuh zurück, welche die Sonne und alle Gestirne trägt. Denkt man dazu an die bedeutende

*Abb. 13: Ptah, Schöpfer- und Schutzgott von Memphis, nimmt eine königliche Opfergabe in Form der Maat entgegen. Darstellung im Ptah-Heiligtum im Großen Amun-Tempel in Karnak.*

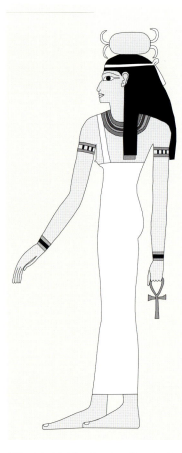

*Abb. 14: Neith, Göttin, die mit den Aspekten Schöpfung, Jagd, Krieg und Totenkult in Verbindung stand. Umzeichnung einer Szene aus dem Grab Ramses' I. (19. Dynastie) im Tal der Könige/Theben-West.*

*Abb. 15: Re-Harachte, heliopolitanischer Sonnengott in Menschengestalt mit Falkenkopf und Sonnenscheibe. Darstellung in der Geburtshalle des Totentempels der Hatschepsut (18. Dynastie) in Deir el-Bahari/Theben-West.*

*Abb. 16: Sonnengott in Morgengestalt, dem Skarabäus Chepri, bei seiner Fahrt in der Morgenbarke. Umzeichnung eines Details an der Westwand der Grabkammer des Tutanchamun (18. Dynastie) im Tal der Könige/Theben-West (KV 62).*

Rolle, die Neith schon in der Frühzeit spielt, und an ihre alte Verkörperung in einem Käfer, so kann man sie sich im Mittelpunkt früher kosmogonischer Vorstellungen denken, die später von anderen überlagert wurden; der Käfer der Neith verschwindet wieder und weicht dem Mistkäfer des Sonnengottes Re, dem Skarabäus (*Chepri;* Abb. 15, 16).

Neben der Neith wird in Esna auch Chnum als Schöpfer verehrt. Er ist derjenige Gott, der durch das Werk seiner Hände schafft, der den Menschen oder das Urei und mit ihm die Welt auf der Töpferscheibe formt, aus Lehm bildet. Auch Ptah, der Gott der Künstler und Handwerker, wird gern als ein solcher Bildner gesehen, der nicht nur durch sein Schöpferwort, sondern wie ein Künstler die Welt als sein Werk formt.

Diese so verschiedenartigen Aussagen über Schöpfung und Schöpfer lassen sich nicht in ein zeitliches Nacheinander oder ein geographisches Nebeneinander bringen. Sie durchdringen und ergänzen sich, sie sind Versuche, das überaus komplexe Phänomen der Weltentstehung möglichst differenziert zu sehen und so besser in den Griff zu bekommen. In der Spätzeit hat jeder Tempel seine bevorzugte Kosmogonie, aber im gleichen Tempel können auch andere Schöpfergötter und ihr Werk gepriesen werden.

So sind die Person des Schöpfers und die Art seines Wirkens nicht verbindlich festgelegt, aber es gibt doch eine ganze Reihe von gemeinsamen Aussagen. Der Schöpfer ist, wer immer es sei, „von selbst entstanden", ägyptisch *cheper djesef;* er hat keinen Vater und keine Mutter, sondern hat „sein Ei selber gebildet" („Leidener Amunshymnus" 100). Er gehört *vor* die geschlechtliche Differenzierung in Mann und Weib, ist daher „Vater und Mutter" in einem, mannweiblich, manchmal mit androgynen Zügen ausgestattet. Vor allem ist er der *Eine*, neben dem zunächst nichts anderes ist, aber „der Eine, der sich zu Millionen machte"; diese prägnante Definition hat sich nach der Amarnazeit herausgebildet, aber sie hat vielfache Vorläufer. Schon das alte System der „Neunheit", die aus Atum hervorgeht, meint diese Entfaltung des Differenzierten aus dem Einen – neun ist für den Ägypter die gesteigerte Vielzahl (drei mal drei) und damit Ausdruck einer allumfassenden Gesamtheit. In den Sargtexten[1] aus dem Mittleren Reich begegnet eine Aussage, die man als älteste Formulierung einer Dreieinigkeit gedeutet hat; es heißt dort vom Urgott Atum: „(...) als er Schu und Tefnut gebar in Heliopolis, als er Einer war (und) als er zu Dreien wurde." Dies ist nichts anderes als die einfachste Formel dafür, dass aus der Einheit eine Vielheit hervorgeht.

Der „Urmonotheismus" der alten Ägypter besteht also in der Vorstellung, dass Göttliches am Anfang Eines war und in der Kosmogonie zu Vielem wurde, als ein Werk des Einen. Die Sonderstellung dieses anfänglich Einen wird in geradezu monotheistischer Strenge durch immer neue Definitionen umschrieben, häufig in paradoxer Form. Er ist „der Eine, der seinen Erzeuger erzeugte, der seine Mutter hervorbrachte, seine Hand erschuf", wie es in einem Sonnenhymnus des Neuen Reiches heißt,[2] in Anspielung auf das Werk des Atum, der mit seiner Hand den ersten Samen hervorbrachte. Aber wenn im „Denkmal Memphitischer Theologie" der Gott Ptah an den Anfang gesetzt wird, erscheint er als „Vater des Atum", also Erzeuger des Einen, der keinen Erzeuger hat, und als Ptah-Nun, um auch die Urflut vor der Schöpfung in sein Wesen mit aufzunehmen.

Diese Urflut *Nun* verkörpert eigentlich das Nichtseiende, das als Wasser und Finsternis vor jeder Schöpfung und auch vor dem Einen des Anfangs war. „Als ich noch im *Nun* war" bedeutet: als die Welt noch nicht entstanden war.

Dies ist ja die eigentlich paradoxe Situation: Der Schöpfer befindet sich im Nichtseienden, wenn er die Welt ins Leben ruft! Seine eine Seite ist Finsternis, die andere Licht, er steht zwischen Nichtsein und Sein. Das kommt auch im Namen des Schöpfergottes Atum zum Ausdruck, der eine Umschreibung für „nicht sein", aber auch für „vollendet" und „vollständig sein" darstellt; als gemeinsamen Nenner habe ich „der Undifferenzierte" vorgeschlagen. Als der Eine gehört er noch dem Nichtseienden an, durch seine Entfaltung im ersten Götterpaar tritt er ins Sein.

Das Schöpfungswerk ist nichts anderes als Differenzierung der Welt aus dem Einen des Anfangs. Diese Entfaltung wird einmal durch die numerischen Formeln „die Eins wird zur Vielzahl" umschrieben. Auf ganz andere Weise wird diese Entfaltung anschaulich gemacht im Bilde der Trennung von Himmel und Erde, die im raumlosen Anfang noch ungeschieden waren. Schu, der Sohn des Urgottes Atum, trennt die Himmelsgöttin Nut vom Erdgott Geb (Abb. 17), die das System der „Neunheit" als Schus Kinder und zugleich als Eltern von Osiris und Isis erklärt.

Als sprachliches Bild ist diese Vorstellung schon den Pyramiden- und Sargtexten vertraut, begegnet als bildliche Darstellung jedoch erst seit dem Ende des Neuen Reiches, vor allem auf Papyri und Särgen der 21. Dynastie. Diese „Hochhebung" des Himmels durch Schu vollendet die Schöpfung, die der Urgott begonnen hat, sie grenzt die gestaltete Welt gegen das immer noch Ungestaltete ab und schafft den Raum.

Die Erde bevölkert sich mit Wesen aller Art, wobei der Ägypter die Erschaffung des Menschen nicht besonders heraushebt. Meist werden Götter und Menschen parallel genannt, beide sind vom Urgott erschaffen.

Aus Freude am Wortspiel, am Zusammenklang der Dinge und ihrer Namen, erwächst die Aussage, die Menschen seien aus den „Tränen" des Schöpfers entstanden, da beide Wörter fast gleichlautend sind. Aber das ist mehr als ein Anklang, es ist eine Erklärung für die zwiespältige Herkunft der Menschen, aus einer Trübung des Gottesauges, die der Urgott wieder überwunden hat – „die Menschen gehören der Blindheit, die hinter mir ist", sagt er in den Sargtexten,[3] und damit ist angedeutet, weshalb wir so oft mit Blindheit geschlagen sind!

Die Götter lässt man entsprechend aus dem „Schweiß" des Schöpfers entstehen. Bei den Göttern Ägyptens ist der „Schweiß" Träger des Wohlgeruches, der sie wie eine Aura umgibt und zugleich mit dem Glanz, der von ihnen ausstrahlt, ihre Anwesenheit verrät.

Am Anfang wohnen Götter und Menschen zusammen auf der Erde, unter der Herrschaft einer Götterdynastie, die den historischen Königen vorangeht. An ihrer Spitze steht der Sonnengott Re, der über alle Wesen herrscht. So können sich die Menschen in dieser ersten Phase an der ständigen Gegenwart der Sonne freuen; es gibt noch keinen Wechsel von Tag und Nacht, auch Tod und Unterwelt sind noch nicht vorhanden. Dies ist das goldene Zeitalter, die selige Urzeit (*pa'ut*), in der die *Maat*, die richtige, harmonische Ordnung der Dinge, als „Tochter" des Re zu den Menschen kommt und ihr Leben bestimmt.

Im „Buch von der Himmelskuh" wird geschildert, wie dieser vollkommene Anfangszustand zu Ende geht und der jetzige, keineswegs ideale Zustand der Welt eintritt. Der Grund dafür liegt in

*Abb. 17: Schu, der Luftgott, stützt die Himmelsgöttin Nut und trennt damit Himmel und Erde, die in Form des liegenden Gottes Geb dargestellt ist. Umzeichnung einer Darstellung aus dem Papyrus des Tentamun aus der 21. Dynastie.*

# Schöpfungsmythen

*Abb. 18: Himmelsgöttin Hathor, dargestellt als Kuh in einer ihr gewidmeten Kapelle im Totentempel der Hatschepsut (18. Dynastie) in Deir el-Bahari/Theben-West.*

*Abb. 19, unten: Teil eines Menits mit Hathor-Kuh im Papyrusdickicht (Fayence, Höhe: 6 cm, Breite: 6,3 cm). Ägyptisches Museum und Papyrussammlung Berlin (Inv.-Nr. 8939).*

der Alterung, der alles Seiende unterworfen ist. Die anfängliche Jugendfrische der Schöpfung geht verloren, die Sonne altert, während die Finsternis niemals altern kann. Der Text dieses Buches, das in der Amarnazeit entstand (14. Jahrhundert v. Chr.), beschreibt den Sonnengott als altgewordenen Greis, dem die Zügel der Herrschaft langsam entgleiten. Den ägyptischen Göttern eignet keine ewige Jugendfrische und Unsterblichkeit, auch sie sind dem Alterungsprozess der Welt unterworfen.

Die Schwäche des Sonnengottes ruft Gegenkräfte auf den Plan. Die Menschen „ersinnen Anschläge gegen Re" und müssen bestraft werden. Ein Teil von ihnen wird durch das feurige „Auge" des Gottes vernichtet, aber wie in den Sintflutmythen bleibt ein Rest übrig und bevölkert die Erde aufs Neue. Die Sonne entfernt sich auf dem Rücken der Himmelskuh von der Erde, es wird zum ersten Mal seit der Schöpfung wieder finster, die Menschen wenden sich in ihrer Blindheit gegeneinander und sind fortan von den Göttern getrennt. Diese ziehen sich mit dem Sonnengott in den Himmel zurück, nur Osiris erhält die Herrschaft über die Unterwelt, die jetzt erst geschaffen und eingerichtet wird. Denn die Alterung hat als unausweichliche Konsequenz den Tod, er setzt auch den Göttern und ihrer Herrschaft ein Ende; auf den Sonnengott, der den Mondgott Thot als seinen „Stellvertreter" eingesetzt hat, folgt sein Sohn Schu, auf Osiris folgt Horus.

Von nun an bestimmen Krieg und Gewalttat das Leben der Menschen. Sie haben die paradiesische Unschuld des Anfangs verloren, und die Welt der Götter wird ihnen erst im Tode wieder zugänglich. Die „Rebellion" der Menschen gegen ihren Schöpfer deutet die Gefahren an, die dem Bestand der Schöpfung drohen. Es gibt Mächte der Auflösung, die den Lauf der Welt, der im stetigen Lauf der Sonne sichtbar wird, zum Stillstand bringen wollen. Diese Gefahr verkörpert sich in dem Chaosdrachen Apophis (Abb. 20), der die Fahrbahn der Sonnenbarke trockenlegt, aber durch die Macht des Zaubers immer wieder überwunden wird.

## Die Natur und die Götter

Abb. 20: Sonnenkater, „die große Katze, die in Heliopolis ist", tötet unter einem Isched-Baum mit einem Messer die Apophis-Schlange. Szene im Eingangskorridor zur Grabkammer des Sennedjem (19. Dynastie) in Theben-West (TT 1). Detail aus der Grabkammereplik.

Die Drohung einer Aufhebung der Schöpfung äußert sich auch in der Angst des Ägypters, der Himmel könne auf die Erde stürzen, der Raum zusammenbrechen, die Allvermischung des Anfangs zurückkehren. Dies ist die furchtbarste Drohung, die ein ägyptischer Zauberer zur wirksamen Bekräftigung seines Spruches ausstoßen kann. Im „Buch von der Himmelskuh" werden sehr ausführlich die Bemühungen geschildert, den Himmel zu stützen und zu tragen, und das wichtigste dieser tragenden Elemente ist die Zeit.

Am Ende der Zeit werden sich Himmel und Erde wieder vereinigen. Dann endet der Sonnenlauf als Pulsschlag der Welt, erfüllen Urflut und Urfinsternis aufs Neue das All, und nur der Schöpfer überdauert als schlangengestaltiges Urwesen, in das Chaos zurückkehrend, aus dem er hervorging. Solche Überlegungen über die „letzten Dinge" (Eschatologie) werden nur selten in ägyptischen Texten ausgesprochen, aber sie waren durchaus vorhanden, wobei Anfang und Ende der Welt in einer gewissen Symmetrie zueinander stehen.

Die Schöpfung trägt in sich den Keim des Verfalls, aber nur so wird es möglich, dass sie sich regeneriert und verjüngt. Dies ist eine tragende Idee der altägyptischen Kultur, aus der sich viele ihrer schöpferischen Kräfte und Leistungen erklären. Die Schöpfung ist kein einmalig-abgeschlossener Akt, sie muss vielmehr ständig wiederholt und neu bestätigt werden. Die gestaltete Welt, die ihr entspringt, schwimmt auf der Uferlosigkeit des Ungestalteten, des Nichtseienden, welches das Sein aus unendlicher Tiefe her trägt, aber aus dieser Tiefe her auch mit Auflösung und völliger Auslöschung bedroht.

Aus Texten, die den Aufbau der Welt beschreiben (wie Unterwelts- und Himmelsbücher), geht klar hervor, dass sich der Ägypter die geformte und in sich abgeschlossene Schöpfungswelt allseitig umgeben von Urflut und Urfinsternis dachte, in denen das Ungeformte anschaulich wird.

Er hat dieses Umgebende der Welt immer als Drohung und Herausforderung empfunden – zumal es nicht nur außerhalb der geschaffenen Welt ist, sondern diese überall durchdringt, „ausgebreitet unter jedem Ort" ist,[4] immer bereit, als Chaosdrache das Seiende zu verschlingen. Zu seiner Erneuerung aber bedarf dieses Seiende auch der Abgründe, bleibt die Gestalt angewiesen auf das Ungestaltete; Regeneration ist nicht möglich ohne einen Gang durch das Nichtseiende, vor einer Schöpfung muss wieder das Chaos herrschen.

Die Idee der notwendigen Regeneration der Schöpfung wurde in unzähligen Symbolen gestaltet und beschworen, Amulette verliehen ihr Dauer und Wirksamkeit, in der ägyptischen Kunst sind diese Idee und ihre Symbole allgegenwärtig. Erwähnen wir als Beispiel nur das *Udjat*, das beschädigte und wieder geheilte Auge, oder den Skarabäus, den Mistkäfer, der immer neu aus der Erde ersteht.

Das Doppelgesicht der Drohung und der ständigen Erneuerung verkörpert sich im Bilde des *Uroboros*, des „Schwanzbeißers", der weltumringenden Schlange, deren riesiger Leib in sich zurückläuft und so das Sein schützend wie bedrohend auf allen Seiten umschließt. In der Amarnazeit, erstmals auf einem der Goldschreine Tutanchamuns, fand dieses Bildzeichen seine bleibende Form und hat im Zauber, in der Gnosis, Alchemie und Mystik weit über die Grenzen Ägyptens hinausgewirkt. Die moderne Physik könnte es als „Hieroglyphe" für ihr Raum-Zeit-Kontinuum wählen, so wie eine Sargmalerei der 21. Dynastie die ganze ägyptische Ontologie in dieses Bild einbezieht.

Die Darstellung, deren Kenntnis ich Andrzej Niwinski verdanke, zeigt einen Hasen, das ägyptische Schriftzeichen für *wen*, „sein", allseitig umgeben vom Schlangenleib des Uroboros, dazu auf eine Standarte, ein Tragholz gestellt, auf dem sonst Götterbilder stehen (Abb. 21). Sprachlich können wir nur andeuten, was dieses Bild vollendet zum Ausdruck bringt: Das göttliche Sein ist umschlossen vom Nichtseienden als Horizont der Welt, in dem es sich immer wieder verjüngt und am Ende der Zeit wieder auflösen wird. Der Schlangenleib ist zugleich der Ort, an welchem sich die nächtliche Regeneration des Seins vollzieht; schon das *Amduat* verlegt dieses Geschehen in den „Weltumringler", der sprachlich das spätere Bild vorwegnimmt.

## Schöpfungsmythen

Für den Ägypter wiederholt sich die Schöpfung mit jedem Sonnenaufgang, der ja ein Hervortreten des Schöpfergottes darstellt und der Welt die Jugendfrische des Anfangs zurückgibt. Das Licht der Sonne ist das aktive, schaffende Prinzip, das die Welt gestaltet und ständig erneuert. Das sprachliche Bild vom Schöpfergott als dem „Einen Einzigen mit vielen Händen" hat Echnaton im Gottessymbol seines „Strahlen-Aton" gestaltet und anschaulich gemacht: Die Strahlen der Sonnenscheibe, des Aton, laufen in Hände aus, die den König und seine Angehörigen schützen und beleben (Abb. 22). Aber Echnaton war zu ausschließlich auf dieses Bild der Segen spendenden Sonne fixiert, die er in seinen Hymnen pries; er wollte nicht wahrhaben, dass wir auch die Finsternis preisen müssen, weil sich das Licht in ihr verjüngt. Daran musste sein Werk scheitern.

In traditionellen ägyptischen Sonnenhymnen wird die Nachtseite des Lebens nicht ausgespart, da schildert man auch den Hinabstieg der Sonne in das Reich der Toten. Erst dieser Hindurchzug durch die Tiefe der Welt macht die morgendliche Erneuerung möglich. Neben dem Sonnenaufgang ist es der Anfang eines neuen Jahres, der die Welt regelmäßig erneuert und die Schöpfung wiederholt. Das Jahr ist ägyptisch „Das sich Verjüngende" (*Renpet*), an jedem Neujahrstag fängt es aufs Neue an, wird aus kleinen Anfängen groß. Der Anfangstag des Jahres gilt als Geburtstag des Sonnengottes Re und als „Anfang der Zeit" (*Neheh*), also als genaue Wiederkehr der Schöpfung.

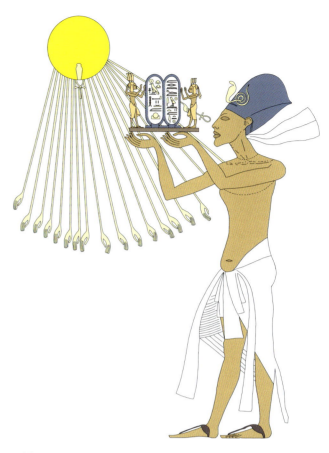

*Abb. 22: König Echnaton (18. Dynastie) erhebt den Namen des Aton wie eine Opfergabe zu seinem Gott, der in Form des Strahlen-Aton dargestellt ist. Umzeichnung eines Reliefs im Grab des Ipj auf dem Südfriedhof von Amarna.*

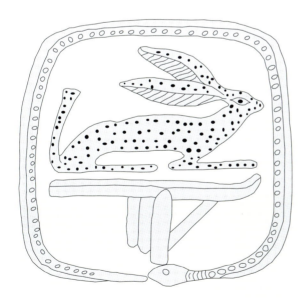

*Abb. 21: Hase auf einem Tragholz im Uroboros; „das göttliche Sein ist umschlossen vom Nichtseienden". Umzeichnung einer Malerei auf einem Sarg aus der 21. Dynastie im Ägyptischen Museum in Kairo.*

In größeren Zyklen erneuert sich die Schöpfung durch Pharao. Jede Thronbesteigung eines ägyptischen Königs bedeutet den Anbruch einer neuen Zeit. Ramses II. hat nach seinen Worten „die Welt aufs Neue gegründet, wie bei der Schöpfung" und nach dem Willen von Thutmosis III. soll Ägypten so sein, „als ob Re in ihm als König wäre", also wie in der Urzeit der Götterherrschaft auf Erden.

Der Forderung nach einer ständigen Regeneration des Seienden hat das Königtum durch die Einrichtung von Erneuerungsfesten entsprochen.

Nach dem Ablauf einer Generation, nach dreißigjähriger Herrschaft, ist die Alterung des Königs so weit fortgeschritten, dass sie die Ausübung der Herrschaft bedroht, es bedarf eines neuen oder zumindest eines erneuerten Königs, um den Bestand der Welt zu sichern. In einer Statue wird der alte König begraben, und die folgenden Rituale des Sedfestes geben seiner Herrschaft die Jugendfrische des Anfangs zurück, machen ihn fähig, weiterhin die Last der Welt zu tragen und den Himmel zu stützen, wie es Darstellungen seit der 18. Dynastie zeigen.

### Die Natur und die Götter

In allen seinen Taten soll sich der ideale Pharao nach dem Vorbild des Schöpfergottes richten, ist er doch Sohn und Bild dieses Gottes auf Erden. In besonders zeremonieller Form aber vollzog sich die Erneuerung der Schöpfung bei der Gründung eines Tempels, die ja einen ganzen Kosmos ins Leben ruft, den Göttern eine Wohnstatt auf Erden errichtet. So konnte der Ägypter im täglichen Sonnenaufgang, in der Wiederkehr eines neuen Jahres, im Regierungsbeginn eines neuen Königs und in dessen historischem Wirken den Atem des Schöpfergottes spüren und die lebendige Erneuerung seines Werkes erleben. Das machte ihn fähig zu Aussagen über den Anfang der Welt, der uns eigentlich verborgen ist.

Der Gott Amun (Abb. 23), der in den Hymnen des Neuen Reiches so oft als Schöpfer besungen wird, trägt einen Namen, der ihn als den „Verborgenen" kennzeichnet. Das ist ein passender Name für den Urgott, der keinen Zeugen seines Ursprungs hat, denn es gab ja am Anfang nichts außer ihm. Er war der Eine und Einzige, der Geheimnisvolle und Unerforschliche, wie ihn der „Leidener Amunshymnus" im 200. Lied schildert:

„Einzig ist Amun, der sich vor ihnen verborgen hat, der sich vor den Göttern verhüllt, so dass man sein Wesen nicht kennt; er ist ferner als der Himmel, tiefer als die Unterwelt.
Kein Gott kennt seine wahre Gestalt (...) er ist zu groß, um ihn zu erforschen, zu übermächtig, um ihn zu erkennen (...)"

Hier, in den Hymnen der Ramessidenzeit, wird der Schöpfer zu einer Art „Weltgott", der den ganzen Kosmos erfüllt, dessen Augen Sonne und Mond sind, dessen Leib vom Himmel bis in die Unterwelt reicht, der seine Schöpfung in Raum und Zeit übersteigt. Damit wird der Vielfalt der Aussagen, die uns die alten Ägypter über den Anfang der Welt hinterlassen haben, noch eine weitere Nuance hinzugefügt.

Der gleiche Leidener Hymnus spricht im 90. Lied vom „Ausspucken" des ersten Götterpaares durch den Uranfänglichen, um diesen gleich danach in seiner ganzen Hoheit und Schöpfermacht vorzustellen:

„Der erschienen ist auf seinem Thron, wie sein Herz es ihm eingab, und die Herrschaft antrat über alles Seiende durch seine [Macht].
Er hat ein Königtum von Ewigkeit zu Ewigkeit geknüpft und dauert als Einziger Herr.
Seine Gestalt leuchtete auf in der Schöpfung, und alles Seiende verstummte vor seiner Hoheit.
Da erhob er seine Stimme als der Große Schreivogel, zu überfliegen, was er geschaffen hatte, er ganz allein. Er sprach das (erste) Wort inmitten des Schweigens, er öffnete die Augen aller Wesen und ließ sie sehen.
Er begann zu schreien, als die Welt in Schweigen lag, und sein Ruf erfüllte (das All), niemand war außer ihm.
Er schuf das Seiende und machte es leben (...)"

Anmerkungen
[1] Siehe de Buck, Band II, S. 39.
[2] Assmann, Hymnen, Nr. 51.
[3] Siehe de Buck, Band VI, S. 344.
[4] Lange/Neugebauer, S. 31.

*Dieser Beitrag erschien erstmals 1989 im Buch des Autors „Geist der Pharaonenzeit" (Artemis-Verlag Zürich/München) und wurde von ihm für die vorliegende Publikation überarbeitet.*

*Abb. 24 >:
Landwirtschaftliches Anbaugebiet an einem Kanal in Mittelägypten.*

*Abb. 23:
Amun, „der Verborgene", mit Doppelfederkrone; Hauptgott von Theben. Relieffragment im Großen Amun-Tempel von Karnak.*

# Das Geschenk des Nils

Christian Tietze

# Der Nil

Der Nil bildet die Lebensader Ägyptens. Seine Länge von über 6600 km macht ihn zum zweitlängsten Fluss der Erde. Bevor er den 1. Katarakt – es ist eigentlich der letzte von vielen Wasserfällen – erreicht, hat er schon einen mehr als 5000 km langen Weg hinter sich. Auf ihm wusch er Granitbarren aus, bewässerte Niederungen, stürzte Wasserfälle hinab und durchfloss Wüsten. In Assuan verwandelt er sich in einen trägen Strom von großer Breite mit geringem Gefälle.

Nur einmal im Jahr veränderte der Fluss seinen Charakter: Mitte Juli schwoll er an, wenn die Schmelzwasser des Blauen Nils seine Wassermenge vervielfachen. Dieses Ereignis war so prägend, dass nach ihm der Beginn des Jahres und nach seinen Wirkungen die Einteilung der Jahreszeiten vorgenommen wurde: Der Jahresbeginn wurde mit dem Beginn der Überschwemmung gleichgesetzt, Anfang Oktober erreichte der Pegel seinen Höhepunkt, dann begann er zu sinken, und das Flusstal trocknete aus, um im Mai den tiefsten Punkt zu erreichen. So bot er im Jahresrhythmus einer großen Bevölkerung die wirtschaftliche Grundlage, die seine Versorgung kontinuierlich ermöglichte.

Überschwemmung, Aussaat, Wachstum und Ernte wechselten sich ab, wobei die eigentliche Wachstumsperiode nur vier bis fünf Monate dauerte. Die drei Jahreszeiten wurden *Achet* „Überschwemmung", *Peret* „Herauskommen (der Saat)" und *Schemu* „Hitze" genannt. Ihre Dauer wurde mit jeweils vier Monaten festgelegt. Mit dieser Einteilung besaß der Kalender eine einfache und einprägsame Struktur: Das Jahr bestand aus drei Jahreszeiten von vier Monaten Länge; jeder Monat zählte 30 Tage und die Woche hatte zehn Tage. Am Ende des Jahres folgten die „Überschüssigen" (Tage), die mit fünf, alle vier Jahre mit sechs Tagen festlich begangen wurden.

Mit dem Steigen des Nils wurden große Teile des Niltals überflutet. Über zahlreiche Kanäle leitete man das Wasser auf Flächen, die durch Dämme gesichert waren. Nachdem der Boden genügend durchtränkt war und der Wasserspiegel wieder sank, leitete man das überschüssige Wasser zurück in den Nil oder in tiefer gelegene Felder. Die Ableitung des Wassers war wichtig, da dadurch die im Wasser enthaltenen Salze mit abgeführt wurden. Die schachbrettartige Anlage der Felder, die durch kleine Dämme voneinander getrennt waren, lässt uns von Bassinbewässerung sprechen.

Für die Vegetation war nicht nur das Wasser von Bedeutung, sondern auch die im Fluss mitgeführten mineralischen und organischen Bestandteile, die eine Düngung bewirkten. Dadurch erforderte die Bearbeitung der Felder nur einen geringen Aufwand. Herodot meinte, dass die Ägypter „mit weniger Mühe als alle anderen Völker" ernten, denn „sie brauchen sich nicht damit zu quälen, das Land zu pflügen und zu behacken, und haben es nicht nötig, ihre Felder wie andere Leute mühsam zu bestellen, sondern der Fluss kommt von selbst und bewässert die Äcker. Hinterher, wenn er wieder zurücktritt, besät dann jeder sein Stück Land, treibt die Schweine darauf, und wenn die Schweine die Saat eingetreten haben, wartet er die Ernte ab."[1] Ganz so einfach wird es nicht immer gewesen sein, denn in den Gräbern ist die Feldbestellung zu sehen, die eine Bearbeitung des Ackers mit dem Rindergespann und dem Hakenpflug erforderte (Abb. 26).[2] Auch der Bau der Dämme und die Reinigung der Kanäle gehörten zu den mühsamen Aufgaben des Ackerbauern.

*Abb. 26: Landwirtschaftliche Arbeiten im alten Ägypten: Getreideernte mit der Sichel, Beladen der Esel, Pflügen mit dem Hakenpflug und Lockern des Bodens mit der Hacke. Umzeichnung einer Darstellung im Grab des Chnumhotep (12. Dynastie) in Beni Hassan.*

Das Geschenk des Nils

*Abb. 27: Uferzone des Nils in Mittelägypten. Der Fluss war die wirtschaftliche Grundlage des Landes. Er diente nicht nur der Bewässerung des Bodens, sondern war auch Transportweg, ermöglichte den Fischfang und bot durch seinen Bewuchs im Uferbereich wertvolles Baumaterial.*

*Abb. 28: Dreschplatz am Rande des Fruchtlandes. In der Ferne sind der Nil und seine fruchtbare Ebene zu erkennen. Ackerbau, Versorgung der Bevölkerung und Handel spielten sich in der weniger als 20 km breiten Nilebene ab, die Ägypten von Süden nach Norden durchzog.*

## Die Natur und die Götter

Der Nil besaß darüber hinaus einen großen Fischreichtum, der mit einfachen Methoden den Fischfang erlaubte. Auch der Vogelreichtum in den Papyrussümpfen war so groß, dass Wasservögel zum Speiseplan der Oberschicht gehörten. Erinnert sei an die Zauberflöte, mit der der Vogelfänger Papageno später in die Literatur einging. Auf vielen Darstellungen findet man den Ägypter, wie er das Papyrusdickicht mit seinem Kahn durchfährt, Fische mit dem Netz fängt oder mit einer Harpune sticht, Krokodile jagt oder Vögel fängt.[3] An den Ufern des Nils wächst die Papyruspflanze, die eine Höhe von 2,50-3 m erreicht. Sie ließ sich – nach einer aufwendigen Verarbeitung – nicht nur als Schreibunterlage verwenden, sondern wurde auch für den Bau großer und kleiner Schiffe eingesetzt, diente als Eindeckung für Dächer und fand für Möbel und Hausrat Verwendung.

Auch für den Bau der Wohnhäuser, Paläste, Speicher und Dämme brachte der Nil den wichtigsten Baustoff mit – den Nilschlamm. Der an der Luft trocknende Nilschlamm ließ sich – für Ziegel – in Formen pressen (Abb. 29), trocknete dann von selbst, besaß ein geringes Gewicht und bot somit ein Baumaterial, das den klimatischen Bedingungen des Landes in idealer Weise entsprach. Denn der Nilschlammziegel besitzt ein so gutes Wärmespeichervermögen, dass er am Tage die Bewohner der Häuser vor der intensiven Sonneneinstrahlung schützt und in den kühlen Nächten die am Tage gespeicherte Wärme wieder nach innen abgibt.

Darüber hinaus ist der Nil eine ideale Verkehrsader. Seine Geschwindigkeit betrug bei Niedrigwasser 3 km/h und bei Hochwasser waren es mehr als 6 km/h.[4] Aber auch die Fahrt flussaufwärts war möglich; in den breiten Niederungen an seinem Rand war die Fließgeschwindigkeit gering und der zumeist von Norden nach Süden wehende Wind ließ das Setzen von Segeln zu. So war ein regelmäßiger Verkehr von Waren und Informationen das ganze Jahr über möglich. Mit dieser technischen Infrastruktur ließ sich eine zuverlässige staatliche Verwaltung aufbauen, die eine Verwirklichung der großen Aufgaben – Erhalt der Wasseranlagen, Einnahme und Distribution der landwirtschaftlichen Produkte, insbesondere des Getreides, Einzug von Steuern und Abgaben, die Planung von Expeditionen und Kriegszügen und die Organisation religiöser Kulte und staatlicher Feste – gewährleistete.

Die Wirkung des Nils war also nicht nur für den Kalender und die Landwirtschaft prägend, sondern durchwirkte alle Lebensbereiche. So ist es treffend, Ägypten als ein Land mit einer potamischen Kultur zu bezeichnen.

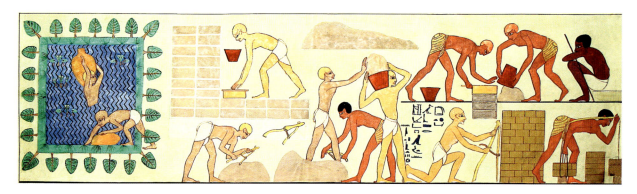

*Abb. 29: Altägyptische Ziegelherstellung und Verarbeitung. Zeichnung (Lepsius-Expedition) von einer Malerei im Grab des Rechmire in Theben-West (TT 100). Archiv des Altägyptischen Wörterbuches, Berlin-Brandenburgische Akademie der Wissenschaften, Berlin (Inv.-Nr. 820).*

*Abb. 30: Freigelegtes Kernmauerwerk der Pyramide Amenemhets III. bei Hawara. Für die Errichtung dieses Grabmals mussten Millionen von Ziegeln hergestellt und verbaut werden.*

Abb. 31: *Überschwemmte Uferzone nahe Amarna. Hochwasser in Ägypten war die Folge anschwellender Pegelstände des Nils, da sich jedes Jahr ab Mitte Juli seine Wassermenge aufgrund des Schmelzwassers des Blauen Nils vervielfachte.*

## Das Land

Ägypten besitzt keine einheitliche geografische Struktur, sondern weist im Norden und Süden große Unterschiede, ja sogar Gegensätze, auf, die in der ägyptischen Geschichte nie ganz aufgehoben wurden.[5] Unterägypten und Oberägypten unterschieden sich so sehr, dass bereits seit der Zeit der Reichseinigung (um 3000 v. Chr.) die Einheit des Landes mit dem Zeichen für die „Vereinigung der beiden Länder" (*Sema-taui*) beschworen wurde. Die sich immer wiederholende Darstellung, die seitdem die Seiten königlicher Throne ziert, zeigt die Wappenpflanzen von Ober- und Unterägypten, Lotuspflanze und Papyrus, die durch zwei Nilgötter dauerhaft verknotet werden.

„Unterägypten", schreibt Herodot, ist „neu entstandenes Land und ein Geschenk der Flusses".[6] „Denn das Land (…) ist vorzeiten offenbar ein Meerbusen gewesen".[7] Und er erläutert die Entstehung, wenn er schreibt: „Das Delta ist ja, wie die Ägypter selbst sagen und auch ich glaube, später angeschwemmtes Land und erst in neuerer Zeit sozusagen auf der Bildfläche erschienen".[8] „Jeder (…) kann sich davon überzeugen, dass Unterägypten (…) neu entstandenes Land und ein Geschenk des Flusses ist."[9]

Im Norden Ägyptens, zwischen dem Mittelmeer und dem ursprünglichen Mündungsgebiet bei Heliopolis, also im Delta, „ist Ägypten breit, und zwar das ganze Land flach, feucht und sumpfig".[10] Ganz anders dagegen sieht es in Oberägypten aus. „Oberhalb von Heliopolis wird Ägypten schmal", schreibt Herodot, „denn auf der einen Seite erhebt sich das arabische Gebirge, das sich von Norden nach Süden erstreckt und sich immer am Roten Meer hinzieht. An diesem Gebirge liegen Steinbrüche, aus denen die Steine zu den Pyramiden von Memphis gebrochen sind (…) Auf der gegenüberliegenden Seite nach Libyen zu, erstreckt sich ein anderes, sandiges Felsengebirge, an dem die Pyramiden liegen, und zwar in der selben Richtung wie das arabische, soweit dies von Norden nach Süden verläuft".[11] Zehn bis 20 km beträgt hier die Breite des Niltals. Erst bei dem 500 km südlicher liegenden Edfu verengt sich die Ebene auf wenige Kilometer und bei Assuan wird der Fluss von den Wüsten direkt eingeschlossen.

Das in der Mitte des Jahres steigende Nilhochwasser veränderte die Landschaft völlig. „Wenn der Nil das Land überschwemmt, sieht man die Städte aus dem Wasser hervorragen, beinahe wie die Inseln im Ägäischen Meer, und bis auf die Städte ist dann ganz Ägypten eine weite Wasserfläche", weiß Herodot zu berichten.[12]

Nun darf man sich die morphologische Struktur des Niltals keineswegs statisch vorstellen. Die Veränderungen ergaben sich nicht nur durch das jährlich steigende und sinkende Wasser und durch seine große Schwankungshöhe – die sieben fetten und die sieben mageren Jahre der Josephs-Legende erzählen davon –, sondern auch durch das Klima. Veränderungen von Fauna und Flora machen das deutlich.

### Die Natur und die Götter

Frühe Felszeichnungen zeugen von einer Tierwelt, die nur in Steppen leben konnte: Elefant, Antilope, Gazelle und Nashorn sowie der Wildesel waren in Ägypten zu finden. In der Zeit der Reichseinigung – um 3000 v. Chr. – verschwinden diese Tiere. Nur Strauß, Löwe und Wildesel wurden noch bis in die Zeit des Neuen Reiches gejagt. Die Ursache für diese Veränderung liegt in einer Klimaverschiebung, die zu einer Austrocknung der Libyschen und Arabischen Wüste führte.[13]

In der Erinnerungsgeschichte Ägyptens hat sich die ursprünglich gefahrvolle Situation einer Bevölkerung von Jägern in Zeichen und Symbolen erhalten. So wurden Tiere, die es zu erhalten oder zu überwinden galt, zu Gauzeichen und galten als Symbol für Stärke und Macht. Die Gleichsetzung des Königs mit dem Falken und dem Löwen wurde zu einem eindeutigen Zeichen seiner herausgehobenen Position.

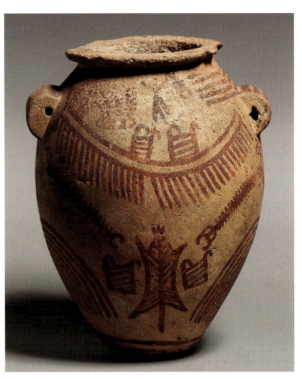

*Abb. 33: Schnurösengefäß mit der Darstellung eines vielruderigen Schiffes (oben) und einer Zwergbanane (Keramik, Höhe: 19,5 cm), aus der Negade-II-Zeit (um 3300 v. Chr.). Ägyptisches Museum und Papyrussammlung Berlin (Inv.-Nr. 13822).*

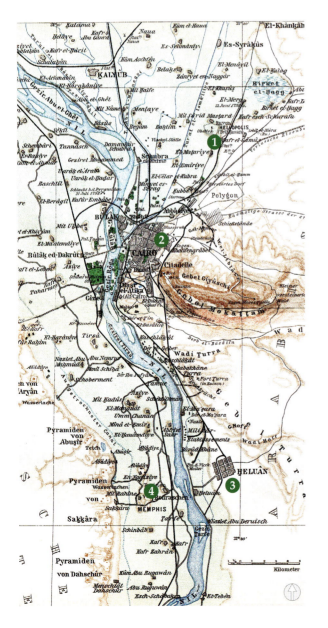

*Abb. 32:*
*„Umgebung von Cairo". Im Norden ist Heliopolis (1), die alte Hauptstadt des 13. unterägyptischen Gaus und ein geistiges und religiöses Zentrum des Landes zu finden, in der Mitte die arabische Hauptstadt Kairo (2), östlich des Nils Heluan (3), ehemals ein Kurort, heute ein Industriestandort, westlich davon das alte Memphis (4) mit den Pyramiden von Sakkara. Hier liegen auch die zahlreichen Pyramiden, die sich am Rand der Libyschen Wüste über eine Entfernung von 80 km verteilen. Im Osten begrenzt das Mokattam-Gebirge das Niltal. Kartenausschnitt aus Baedeker's Ägypten, Stuttgart 1897.*

*Abb. 34 >:*
*Übergang des Niltals zur westlichen Hochebene bei den Pyramiden von Abusir. Von rechts nach links die Grabmäler von Sahure, Niuserre und Neferirkare (alle 5. Dynastie). Im Vordergrund Ausläufer des Dorfes Abusir; dort lag einst ein Binnensee, über den die Taltempel der Pyramidenanlagen erreichbar waren.*

## Das Geschenk des Nils

Mit der Klimaverschiebung kam es auch zu einer Reduzierung des ehemals reichen Baumbestandes. Dazu trugen sicher auch die Bewohner im Randbereich des Nils und der in ihn mündenden Wadis (Trockentäler) bei, denn durch die Abholzung der Bäume zur Holzkohlegewinnung förderten sie die Verödung der Landschaft. Nicht zuletzt waren es dann die Viehherden, die die immer wieder sprießenden Schösslinge abfraßen. So ließen sich Akazien und Sykomoren in den heute unfruchtbaren Gebieten archäologisch nachweisen; sie sind also Zeichen einer ursprünglich vorhandenen natürlichen Bewaldung. Geblieben sind in dieser Region die seltenen und unwetterartigen Regenfälle, die für kurze Zeit eine reiche Fauna sprießen lassen.

Während also noch im 4. Jahrtausend v. Chr. der steppenähnliche Charakter der Landschaft mit seinem reichen Tierbestand einer Bevölkerung von Jägern eine Existenz bot, wurde diese durch den Klimawandel schmaler, und es lag nahe, nach einer neuen Lebensgrundlage zu suchen. Der Nil und sein breites sumpfiges Tal schienen hier zunächst keine Alternative zu bieten. Das wechselnde Hochwasser bot zwar eine reiche Fauna, aber noch größere Unsicherheiten und Gefahren für eine ständige Existenz.

Man beobachtete offenbar ein Phänomen, das den Anwohnern neue Chancen eröffnete: Während am Oberlauf der in der Regel schnell fließende Nil Sedimente mitnahm und damit das Flussbett vertiefte, setzte er diese Sedimente im Niltal und besonders im Delta wieder ab. Das führte zu Veränderungen der Landschaft, die den Nil als Lebensgrundlage interessant erscheinen ließen. In Oberägypten weniger, im Delta mehr, schuf der Nil im Verlauf der Jahrhunderte Flächen, die nicht immer überschwemmt waren und somit Sicherheit für eine Besiedlung boten. So führten die mitgeführten Sedimente zu einer Aufschwemmung des Landes und damit zu einer ständigen Düngung des Bodens, besonders in den Mündungsbereichen des Flusses. Dass dies kein einfacher, einheitlicher und kontinuierlicher Prozess war, ist daran zu erkennen, dass der Fluss sein Bett wechselte, Inseln schuf oder auch wieder verschwinden ließ. Auch die Uferzone veränderte sich ständig. Diese Situation führte dazu, dass die Niltalbewohner zu immer neuen Aufgaben herausgefordert wurden: Die Errichtung von Dämmen und die Anlage der Kanäle waren gemeinschaftsbildende und die Gemeinschaft fördernde Aufgaben, die nur durch staatliche Leitung und Kontrolle zu bewältigen waren.

Entscheidend war die unterschiedliche Höhe der Nilschwelle. War sie niedrig, dann bedeutete dies, dass der Strom eine geringere Geschwindigkeit hatte und nur wenig Wasser mit sich führte. Dann konnte es viel früher, d. h. schon im Niltal, zu einer Absetzung der Sedimente kommen. War die Nilschwelle stärker, vervielfachte sich also die Menge des Wassers, so verstärkte sich die Absetzung der Sedimente im Delta.

Ein kritischer Punkt war die Nahtstelle der beiden Länder, das nördliche Ende des oberägyptischen Niltals und der Beginn des Deltas. Dreißig Kilometer südlich dieser Verzweigung lag Memphis, die alte Hauptstadt des Landes, der Ort, an dem die beiden Landesteile durch eine weitläufige Stadt miteinander verbunden waren.

Die Natur und die Götter

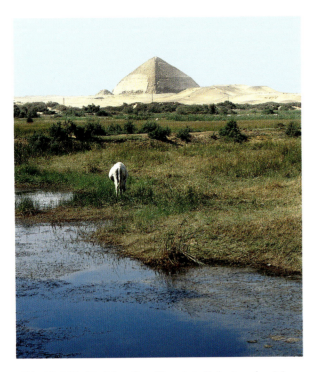

Abb. 35: Niltal bei der alten Hauptstadt des Landes, Memphis. Im Hintergrund ist die „Knickpyramide" in der Nekropole von Dahschur zu erkennen. Dort wurden Könige des Alten und Mittleren Reiches (4. und 12. Dynastie) bestattet. Die Landschaft von Dahschur ist von üppigen Wiesen, flachen Seen und fruchtbaren Gärten gekennzeichnet und bietet so einen ursprünglichen Eindruck.

Memphis' Schicksal ist für das alte Ägypten symptomatisch. Herodot ließ sich von ägyptischen Priestern über die Geschichte von Memphis unterrichten. „Der erste König von Ägypten", hieß es, „(...) hätte die Deiche bei Memphis angelegt. Früher war der ganze Fluss weiter westlich dicht an dem sandigen Gebirge geflossen. Min (Menes) aber hätte ihn etwa hundert Stadien (ca. 18 km) oberhalb Memphis', wo er sich nach Süden biegt, abgedeicht, das alte Bett trockengelegt und ihn in der Mitte zwischen die Gebirge geleitet. Auch jetzt unter persischer Herrschaft wird der Nildeich bei dieser Biegung immer noch sorgfältig unter Aufsicht gehalten und alle Jahre ausgebessert. Denn wenn der Fluss hier durchbräche und sich über das Land ergösse, würde Memphis Gefahr laufen, von den Wellen verschlungen zu werden."[14]

Was Herodot beim Anblick der gewaltigen Dämme und des Wassers befürchtete, trat später ein. Plinius berichtete von einer Schlammschicht, die die Stadt bedeckte.[15] Im 12. und 13. Jahrhundert n. Chr. bewunderten die Araber noch ihre Ruinen.[16] Wenige Jahrhunderte später – unter der Herrschaft der Mamelucken – zerstörte die Gewalt der Wassermassen die noch vorhandenen Reste. Memphis wurde nun zum Steinbruch der Hauptstadt Kairo.

## Ökologische Innovationen

Von der Gewalt des Wassers und seiner unterschiedlichen Wirkung in Ober- und Unterägypten kann sich jeder Ägyptenbesucher überzeugen. Die zerstörerische Wirkung des Nilhochwassers lässt sich noch heute an vielen Stellen des Niltals feststellen. Besonders im Uferbereich wird das deutlich. Hier fehlen archäologische Zeugnisse, weil die Wassermassen Hafenanlagen und Gärten, aber auch Paläste und Wohnhäuser hinweggeschwemmt haben.

Allein die Nilometer erlauben uns hier einen objektiven Blick in die Vergangenheit. An ihnen wurden die Wasserstände dauerhaft in die Felswände eingemeißelt. Sie sind an den Rampen von Steinbrüchen, an den Kaianlagen der Tempel und an Treppen, die zum Nil hinabführten, zu finden. Einige Beispiele seien hier genannt:

- Auf der Insel Philae befand sich an der Stützmauer des Isis-Tempels ein Nilometer, der in seinem unteren Teil mit dem Nil direkt verbunden war. Hier wurden der höchste, mittlere und tiefste Wasserstand festgehalten. Das Bauwerk stammt aus der römischen Kaiserzeit.
- Auf der Insel Elephantine gab es sogar zwei Nilometer; beide liegen am Ostufer der Insel (Abb. 36-38). Ein Nilometer befindet sich an der Flussterrasse des Satet-Heiligtums. Er liegt an einem überdachten Treppengang, der zum Fluss hinunter führt. Die Pegelskalen sind an seiner Westwand angebracht. Und auch an dem südlich von diesem gelegenen Chnum-Tempel befindet sich eine Nilometeranlage, die zeitgleich mit der des Satet-Heiligtums neu gestaltet wurde.[17]
- Auch in Karnak befindet sich ein Nilometer an einer zum Nil führenden Treppe des Amun-Tempels. Und einen zweiten Nilometer gibt es am Luxor-Tempel. Dieser stammt aus römischer Zeit.
- Am bekanntesten ist der Nilometer auf der Insel Roda, heute im südlichen Kairo gelegen. Bei ihm wurden die Höhenmarkierungen auf einer Säule in einem Brunnenhaus markiert. Allerdings stammt dieses Bauwerk erst aus islamischer Zeit.

Alle diese Bauwerke hatten dieselbe Funktion: Sie dienten zunächst der Feststellung der Wasserhöhe. Niedrigwasser, Höchststände des Wassers, aber auch der Wasserstand an bestimmten Tagen des Jahres und mittlere Wasserstände wurden dokumentiert. Die unterschiedlichen Angaben wurden an den Nilometern – in den unterschiedlichen Perioden der Geschichte – verschieden gehandhabt.[18] Daher stößt eine objektive Aussage, die das Steigen und Sinken des Nils deutlich macht, auf erhebliche Schwierigkeiten.

# Das Geschenk des Nils

*Abb. 36: Unterer Zugang zum Nilometer am Ostufer der Insel Elephantine. Nilmesser dienten zur Bestimmung der Höhe der Überschwemmung des Flusses.*

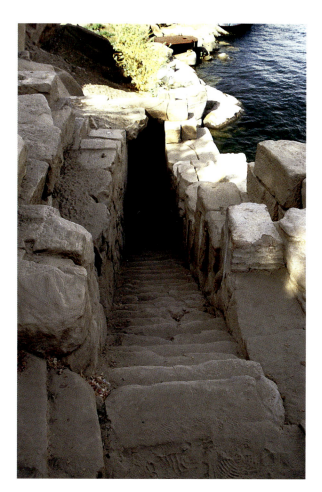

*Abb. 37: Konstruktion eines Nilmessers auf Elephantine in Form eines nach oben ansteigenden Korridors, an dessen Wände Markierungen angebracht wurden.*

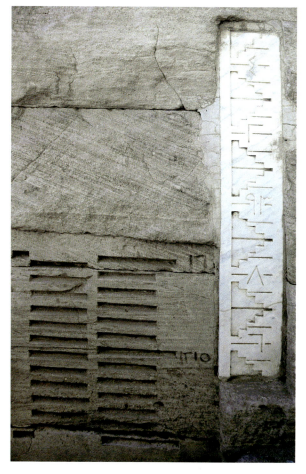

*Abb. 38: Messskala aus arabischer Zeit an einer Seitenwand des Korridors, um den Wasserstand des Nils z. B. zur Berechnung der Steuern abzulesen.*

## Die Natur und die Götter

Ganz allgemein lässt sich aber feststellen – und das bezeugen die antiken und arabischen Schriftsteller wie Herodot, Strabon, Plinius d. Ä., Plutarch und die arabischen Schriftsteller –, dass bei über 18 Ellen Höhe (9,45 m) Schäden an den Dämmen auftraten, zwischen 15 und 18 Ellen (7,88-9,45 m) eine leidlich bis gute Ernte zu erwarten war und dass es darunter zu Hungersnöten kam.[19]

Mit der Höhe des Wasserstandes war im alten Ägypten die Festlegung der jährlichen Grund- und Bodensteuern verbunden. So gibt Ibn Jubair an, dass schon bei einem Wasserstand von unter 16 Ellen die Regierung nicht mehr über Einkünfte verfügen konnte.[20] Diese Nilometer müssen aber auch unter dem Aspekt betrachtet werden, dass sich an ihnen die Aufschwemmung der Flusssohle durch Sedimentierung feststellen lässt. Das bedeutet auch, dass sich mit der Erhöhung der Flusssohle der Grundwasserspiegel gehoben hat. Messungen haben ergeben, dass die Mächtigkeit der Nilschlammschicht zwischen Kairo und Minia 9,70 m beträgt, zwischen Minia und Qena 8,50 m und zwischen Qena und Assuan 6,70 m.[21] Die Zunahme der Sedimentierung nach Norden ist deutlich.

Während sich nördlich von Assuan die Wassermassen immer durch die harten Granitbarrieren wälzen mussten, konnten sich mit der Verbreiterung des Niltals in Ober- und Mittelägypten – in Abhängigkeit von der Wassermenge und der Fließgeschwindigkeit – Sedimente in größerem Maße absetzen. Ganz allgemein geht man davon aus, dass durch die Ablagerungen der Boden des Flusses jährlich um etwas mehr als 1 mm stieg. Das kann allerdings nur als Mittelwert betrachtet werden.

Das führt aber dazu, dass in Ägypten im Verlauf der letzten 5000 Jahre der Boden der Wasser führenden Gewässer und damit auch der Grundwasserstand um mehr als 5 m anstiegen.

Memphis, die Hauptstadt des Alten Reiches, macht das deutlich. Wer heute die Stadt besucht und den südlich der Balsamierungsstätten liegenden Hathor-Tempel besichtigt, findet dort die Reste eines Peristylhofs mit Pfeilern. Die Kapitelle der Pfeiler ragen nur wenig aus dem Grundwasser heraus.[22] Stellt man sich die darunter liegenden Pfeiler dazu vor, so macht der Befund deutlich, dass der Grundwasserspiegel hier um mindestens 5 m, wahrscheinlich aber um 7-8 m anstieg. So macht Memphis die großen ökologischen Veränderungen im Niltal sichtbar. Aber wie geht es weiter im Niltal, nachdem der Fluss das Delta erreicht?

Morphologisch betrachtet, war das Nildelta ein Meerbusen, der ursprünglich an seiner Mündung – ca. 30 km nördlich von Kairo – durch die Zuführung des sedimentreichen Nilwassers zugeschwemmt wurde. Hier begann also eine Landgewinnung – das „Geschenk des Nils" –, da die Ufergrenze immer weiter nach Norden verschoben wurde.

Von diesem Prozess der Landgewinnung, der erst durch den Assuan-Staudamm vor einem halben Jahrhundert unterbrochen wurde, kann man sich heute noch im Nordosten des Deltas ein Bild machen.[23] Hier – im Gebiet des 2500 km² großen Manzala-Sees – findet man eine weite Lagunen-

*Abb. 39: Personifikationen verschiedener Ortschaften, die Opfergaben z. B. in Form von Lebensmitteln (u. a. Granatäpfel und Weintrauben) darbringen. Darstellung im Tempel Ramses' II. in Abydos.*

### Das Geschenk des Nils

*Abb. 40: Im Nordosten von Ägypten. Weite Lagunenlandschaft mit dem Manzala-See im Zentrum. Hier wird Schilf noch immer für den Bau von Hütten und Zäunen verwendet. Fischfang, Landwirtschaft und Viehhaltung bieten den Bewohnern noch heute eine Existenzgrundlage.*

landschaft. Die flachen Gewässer mit ihren Schilfrändern, die eleganten Boote der Bewohner mit Ausleger und dreieckiger Segelfläche, der reiche Bestand an Wasservögeln und Fischen, die „schwimmenden" Inseln und die Verwendung des Riedgrases für Zäune und Hütten an seinen Rändern lassen etwas von der Landgewinnung seit Urzeiten und von dem spezifischen Charakter der Niltalkultur erahnen (Abb. 40).

Den Prozess der Nilschwelle konnte man im alten Ägypten nicht steuern, aber beeinflussen und in gewissem Rahmen Vorkehrungen zur eigenen Sicherheit treffen. Der Wunsch nach günstigen, zumindest aber erträglichen Lebensbedingungen spiegelt sich auch in der Auswahl und den Darstellungen von Göttern wider, die mit dem Nil in Zusammenhang stehen. Es sind sowohl Götter, die zum Pantheon gehören, aber auch Götter, die dem Volksglauben näher stehen, Schutzgötter und auch Gaugötter.

Das gesamte Leben war durchdrungen von der Abhängigkeit zum Nil, sodass diese Götter zu einer lebendigen Wirklichkeit für alle Bewohner wurden: Zu ihnen zählt der Gott Hapi (Abb. 41), „die Nilüberschwemmung". Er verkörpert die Gefahren des Nils und weist auf seine Fruchtbarkeit hin; er erinnert in der ägyptischen Geschichte und Religion an diese Ungewissheiten. Hapi wird als fettleibiger Mann mit weiblicher Brust dargestellt, der Gaben trägt, die das Land hervorbringt (Getreide?, Fische).

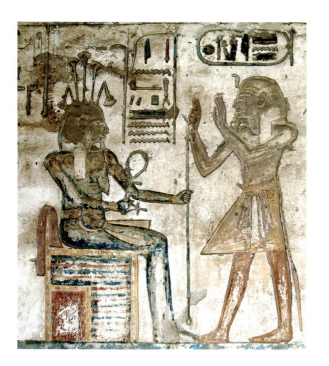

*Abb. 41:*
*König ehrerbietend vor dem Nilgott Hapi. Darstellung im Totentempel Ramses' III. (20. Dynastie) in Medinet Habu/Theben-West.*

## Die Natur und die Götter

*Abb. 42: Sakije, Anlage zum Wasserheben. Bei ihr wird über die Speichen eines Rades mit an Stricken befestigten Krügen das Wasser kontinuierlich gehoben. Spätere Anlagen besitzen ein Räderwerk und einen Antrieb durch Tiere.*

Die Nähe zum Volksglauben zeigt sich bei der Göttin Toeris, die als trächtiges Nilpferd mit Krokodilkopf und Löwenbeinen dargestellt wird. Sobek, der krokodilsköpfige Gott (Abb. 43), gilt als Schutzherr der Gewässer und Herr des Faijum; er spricht also für eine ganze Region. Schließlich sei die Göttin Satis genannt, die mit der weißen Krone Oberägyptens und mit zwei Antilopenhörnern dargestellt wurde. Sie wurde auf der Insel Elephantine verehrt und gilt als Spenderin des Nilwassers.

Wie kann man den Umgang der Ägypter mit dem Nil und die damit verbundene Umgestaltung der Landschaft charakterisieren?

*Abb. 43: Gott Sobek. Darstellung im Tempel von Kom Ombo.*

Die allgemeine Situation – das Steigen des Nils mit jährlich unterschiedlichem Pegelstand – verlangte eine ständige Aufmerksamkeit für die bestehenden Anlagen: den Schutz der Deiche, die Pflege der Kanäle, die Unterhaltung der Schleusen und Wehre. Gleichzeitig verlangte sie auch eine Vorsorge und Vorausschau für die nächsten Jahre, denn versandete Kanäle, die Bildung von Sandbänken im Nil sowie Veränderungen im Flusslauf konnten die Zerstörung der Hafenanlagen und andere Gefahren mit sich bringen. Deshalb lag die Verantwortung nicht in den einzelnen Gauen, sondern wurde zu einer gesamtstaatlichen Aufgabe. Die Registrierung der Nilpegelstände bedeutete, dass die einzelnen Landesteile Bauaufgaben erhielten, die das Gesamtwohl des Staates gewährleisteten und nicht nur – wie immer wieder dargestellt – dem König höhere Steuereinnahmen brachten. Es war damit so etwas wie eine – wenn auch bedrückende – Steuergerechtigkeit gegeben.

In der ägyptischen Geschichte gab es neben den vielfältigen Arbeiten, die Kontinuität verlangten, immer wieder Momente, die von Innovation, Vorausschau, Planung und langfristigen Überlegungen zeugten. Hier sollen drei dieser Aufgaben genannt werden: die Anlage des Josephs-Kanals, die Neulandgewinnung im Faijum und die Sicherung der Landwirtschaft im Delta.

## Der Josephs-Kanal

Etwa 10 km südlich von Amarna (östlich von Dairut el-Shirif) zweigt der Josephs-Kanal/Bahr Jusuf vom Nil ab (Abb. 44). Von hier bis zum Eingang des Faijum hat der Nilarm – bei 180 km Luftlinie – eine Länge von mehr als 330 km. Bei einer Breite von 80-120 m wird er durch sein geringes Gefälle zu einem träge dahinfließenden Wasserweg. Als sein Erbauer gilt Amenemhet III., dem nicht nur der Bau des Kanals, sondern auch die Nutzung des nördlich gelegenen Faijum zugeschrieben wird.

Schon in der östlich von Amarna gelegenen Ebene erreicht der Kanal den Westrand des Niltals und schließt fortan das Niltal von der Westseite ein, während der Nil zumeist auf der Ostseite die Ebene begrenzt. Die hohe Fließgeschwindigkeit des Nils bei Amarna und die geringe Geschwindigkeit des Josephs-Kanals führen schon nach wenigen Kilometern zu einer Höhendifferenz, die im weiteren Verlauf zu einigen Metern ansteigt. Damit war das Niltal in Mittelägypten von der Westseite her bewässerbar.

Nehmen wir eine durchschnittliche Entfernung der beiden Wasseradern von 10 km an, so wurde durch den Josephs-Kanal eine Fläche von ungefähr 1800 km² fruchtbaren Landes gewonnen. Sie war permanent bewässerbar und damit nutzbar. Auf dieser Fläche wurden nun zwei Ernten im Jahr möglich. Das stellte eine Sicherung der Versorgung der Niltalbewohner in hervorragender Weise dar.

So war nicht nur die Abhängigkeit vom Wasserstand des Nils geringer geworden, es gab dadurch auch eine permanente Versorgung der Bewohner mit Obst und Gemüse, Getreide und Hülsenfrüchten. Dieser Vorgang wird zumeist als Teil der inneren Kolonisation dargestellt, ist aber wohl eher eine Innovation, die zu einer Intensivierung der Landwirtschaft führte und Ägypten damit in wirtschaftlicher Hinsicht eine große innere Stabilität gab.

Dieser Erfolg gab den Herrschern des Mittleren Reiches eine ökonomische Grundlage, die durch politische Maßnahmen – den Ausbau der Befestigungen im Norden und im Süden – verstärkt wurde. Wir können hier die Faktoren finden, die die politische Stabilität des Mittleren Reiches gewährleisteten.

Der Gewinn dieser Maßnahmen war unumstritten und die Konsequenzen an weiteren Baumaßnahmen sichtbar. So verlegte man die Hauptstadt nach Norden, an einen Ort, der bequem und gefahrlos auf dem Wasserweg erreicht werden konnte. Man nannte ihn *Itj-taui*, „die Bezwingerin der Beiden Länder". Seine genaue Lage ist allerdings bis heute umstritten. Man nimmt ihn bei Lischt, etwa 30 km südlich von Memphis, an.

Hier befinden sich die Pyramiden der ersten Könige der 12. Dynastie (Mittleres Reich): Amenemhet I. und Sesostris I. Die Hauptstadt lag etwa 40 km nördlich des Zuflusses zum Faijum. Damals gab es hier eine Fortführung des Josephs-Kanals nach Norden (Bahr el-Lebeini), der über Giza bis nach Abu Roasch führte und nördlich davon als Totarm endete. *Itj-taui* lag damit auf halbem Weg zwischen dem Faijum und der alten Hauptstadt Memphis.

In dieser Stadt konnten – sicherer als auf dem Nil mit seinem schwankenden Wasserstand – Versorgung und Verbindungen gewährleistet werden. Hier gab es ein Zentrum, von dem Nachrichten und Informationen, Steuern und Abgaben, Getreidelieferungen und Expeditionen sicher aufgenommen und versendet werden konnten. Damit war der Josephs-Kanal zum Rückgrat einer funktionierenden Infrastruktur geworden. Somit standen die Kultivierung des Landes und die politische und ökonomische Entwicklung in einem engen Zusammenhang.

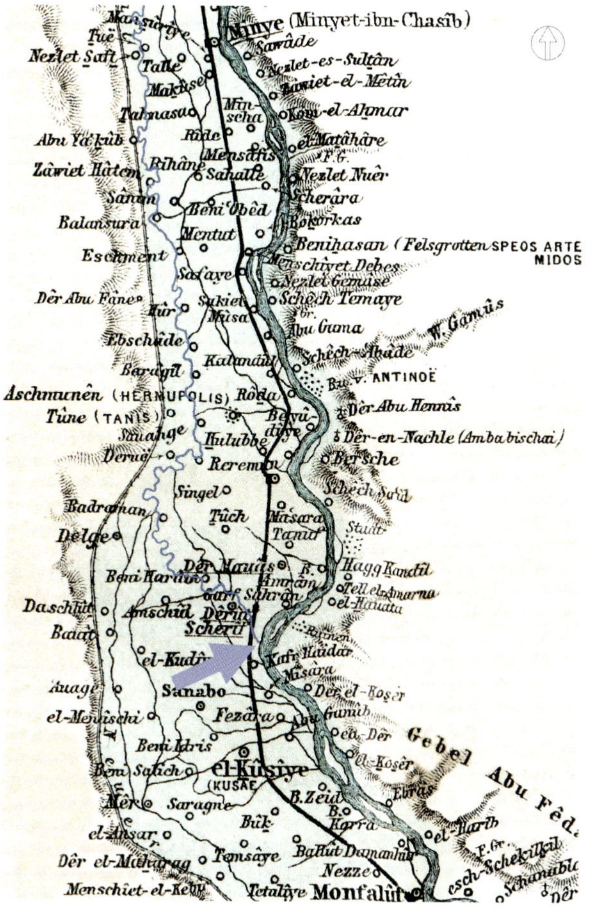

*Abb. 44:*
*Niltal bei Amarna mit dem Beginn des Josephs-Kanals (Pfeil). Der Josephs-Kanal liegt am westlichen Rand des Niltals und bewässert die Ebene zwischen Kanal und Flusslauf über eine Entfernung von 180 km. Überarbeiteter Kartenausschnitt aus Baedeker's Ägypten, Stuttgart 1897.*

Die Natur und die Götter

Abb. 45: Moderne Landwirtschaft im Schatten der Pyramidenanlage Sesostris' II. (12. Dynastie) bei Illahun. Die intensive Landwirtschaft ist durch schnellen Fruchtwechsel charakterisiert. Doch durch die hohen Palmen verändert sich das Bild der Landschaft nur wenig.

Abb. 46: Nebenarm des Josephs-Kanals nahe der Pyramide Amenemhets III. (12. Dynastie) bei Hawara. Mit ihm wird das nordöstliche Gebiet der Oase Faijum bewässert.

## Das Faijum

Eine Fortführung des Gedankens, neues Land zu gewinnen und dieses möglichst kontinuierlich zu nutzen, ergab sich durch die Verbindung des „Seelands" der alten Ägypter, also der Oase Faijum (Abb. 47, 48), mit dem Niltal. Im Niltal, bei der Stadt Illahun, ließ Sesostris II. eine Pyramide errichten, die uns zusammen mit der dazugehörigen, planmäßig angelegten Siedlung Einblick in die differenzierte Sozialstruktur des alten Ägypten gibt. Hier kann man erkennen, dass die ägyptische Gesellschaft keineswegs nur aus einer bäuerlichen Landbevölkerung bestand, sondern dass es auch eine städtische Gesellschaft gab, die den Bau und die Unterhaltung der großen Pyramiden gewährleistete.

Am Ort der Pyramide Sesostris' II. (Abb. 45) biegt der Josephs-Kanal nach Westen ab. Nach 7 km verzweigt er sich. An seinem nördlichen Nebenarm (Abb. 46) liegt eine weitere Pyramide, die von der Bautätigkeit Amenemhets III. zeugt. Als seine Hauptleistung gilt die Erschließung des Faijum.[24] Hier ließ er eine seiner beiden Pyramiden errichten – die andere liegt 40 km weiter nördlich bei Dahschur. Die Pyramide am Eingang zum Faijum zeichnet sich durch ein gewaltiges, die Pyramide ergänzendes Bauwerk an der Südseite aus, das von Herodot mit dem Labyrinth verglichen wurde.[25] Zwölf Höfe soll es dort gegeben haben, und von jeweils 1500 Räumen spricht Herodot.[26] Auch dieses Bauwerk darf als Zeichen angesehen werden, dass von diesem Herrscher Impulse für die Geschichte des Mittleren Reiches ausgingen.

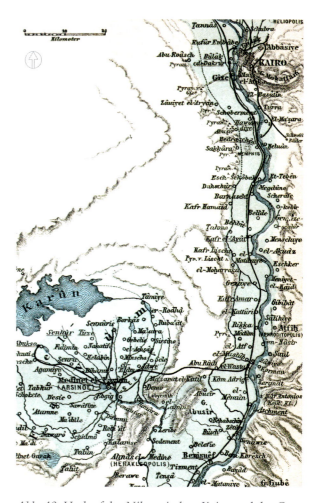

Abb. 48: Verlauf des Nils zwischen Kairo und der Oase Faijum. Überarbeiteter Kartenausschnitt aus Baedeker's Ägypten, Stuttgart 1897.

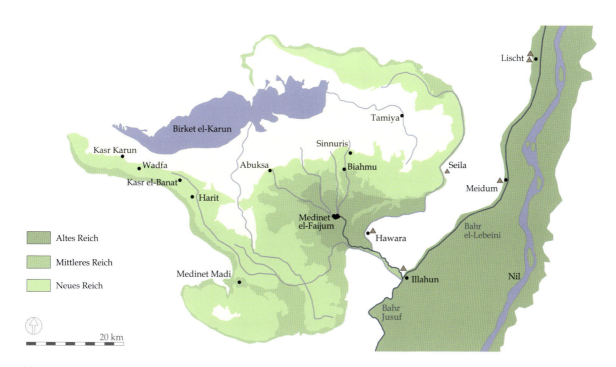

Abb. 47: Ausdehnung der Oase Faijum zwischen dem Alten und Neuen Reich. Vom östlichen Beginn der Oase sinkt das Niveau der Landschaft nach Westen, bis es am See Birket el-Karun 45 m unter dem Meeresspiegel liegt.

Die weite Ebene, die sich nach Westen anschloss, wurde schon von Strabon wegen ihrer Gartenkultur gelobt.[27] Hier wurden Wein und Getreide angebaut und Olivenhaine angelegt. Im Alten Reich war das eine Gartenfläche, die halbinselartig etwa 15 km in den Faijum-See hineinragte. Die Pharaonen des Mittleren Reichs senkten den Grundwasserspiegel dieses fruchtbaren Landes – durch Austrocknung – um etwa 5 m ab und verdoppelten damit die Anbaufläche. Dieser Prozess wurde dann in den späteren Perioden der ägyptischen Geschichte fortgesetzt: durch die Ptolemäer, die Römer, die Ayubiden und schließlich – am Beginn des 19. Jahrhunderts – auch durch Mohamed Ali, sodass der Spiegel des Sees weiter und weiter sank. Heute zeugt nur noch der im Westen der Oase liegende Karun-See – seine Oberfläche liegt 45 m unter dem Meeresspiegel – von der ursprünglichen Situation. Dieser See ist heute ein Binnengewässer mit einem hohen Salzgehalt.

Der Prozess der Absenkung verwandelte in drei Jahrtausenden eine Landschaft, die immer noch sehr fruchtbar ist und als der Garten Ägyptens bezeichnet wird. Technisch gesehen wurde dieser Vorgang durch eine Wehranlage am Abzweig des Nils realisiert. Hier wurde nur das benötigte Wasser in die Oase geleitet; das überschüssige Wasser dagegen floss zurück in den Nil. Dadurch entstand bei Herodot der Eindruck, dass das Wasser sechs Monate in den See hineinfließt und sechs Monate wieder in den Nil zurückfließt.[28]

Durch die Regulierung des Wassers wurde das Seeland zu einem sicheren Jagdrevier für den Pharao und die herrschende Oberschicht: Fischfang und Vogelfang, aber auch die Jagd auf Krokodile stellen die Bilder in den Gräbern dar. Beeindruckend lebendig sind die Darstellungen im Grab des königlichen Oberbaumeisters und Vorstehers der Pyramiden Ti in Sakkara (Abb. 49).

## Das Delta

Die prinzipiellen Probleme der Nilschwelle wurden schon bei der Darstellung von Memphis deutlich. Mit der Verzweigung des Nils in seine ursprünglich sieben, heute nur noch zwei Arme beginnt das Delta. Durch die Verteilung des Nilwassers in die damals vorhandenen sieben Nilarme, verringerte sich die Gefahr einer Überflutung. Allerdings stellte sich bald heraus, dass durch die Kanalisierung des Nils neue Probleme auftraten. Der mitgeführte Schwemmsand erhöhte auch hier die Flusssohle, was eine Erhöhung der seitlichen Dämme notwendig machte. Dieser Prozess setzte sich kontinuierlich fort, sodass der Eindruck entstand, dass die Felder immer tiefer lagen. Die Gefahr von Dammbrüchen war damit immer gegenwärtig. Erst durch die fehlenden Sedimente seit dem Bau des Assuan-Staudamms ist dieser Prozess weitgehend zum Stillstand gekommen.

Insgesamt muss man hier feststellen, dass die Infrastrukturmaßnahmen des alten Ägypten prägend für die gesamte Kultur und Wirtschaft, aber auch für die Politik und Sozialgeschichte waren. Gartenbau war in diesem Rahmen ein wichtiges Element zur Versorgung der Bevölkerung; Ziergärten jedoch konnten nur auf einem hohen Niveau der gesamtgesellschaftlichen Entwicklung entstehen. Und das war erst im Neuen Reich der Fall.

Anmerkungen
[1] Herodot, II, 14
[2] Shedid, S. 30, S. 80. Noch in den 1990er Jahren konnte der Verfasser die Bearbeitung der Felder mit Rindergespannen und Hakenpflug beobachten.
[3] Siehe Steindorff.
[4] Siehe Schenkel, „Be- und Entwässerung".
[5] Man unterscheidet in der Frühzeit semitische Einflüsse in Unterägypten und hamitische Einflüsse in Oberägypten. Jan Assmann spricht sogar von einem „Nord-Süd-Dualismus", Assmann, Sinngeschichte, S. 43.
[6] Herodot, II, 5.
[7] Herodot, II, 10.
[8] Herodot, II, 15.
[9] Herodot, II, 5.
[10] Herodot, II, 7.
[11] Herodot, II, 8.
[12] Herodot, II, 97.
[13] Kees, Landeskunde, S. 2.
[14] Herodot, II, 99.
[15] Plinius, Naturalis historia XIII, 19.
[16] Der arabische Schriftsteller Abdellatif (1162-1231), nach Brunner-Traut, Ägypten, S. 475.
[17] Seidlmayer, S. 55.
[18] Siehe Seidlmayer.
[19] Seidlmayer, S. 33-35.
[20] Seidlmayer, S. 35.
[21] Butzer, Vorgeschichte, S. 24.
[22] Arnold, Tempel Ägyptens, S. 196.
[23] Für den Assuan-Staudamm gab es ursprünglich zwei Projekte. Das deutsche Konzept sah vor, dass durch Öffnungen an der Talsohle des Staudamms der Schwemmsand mitgeführt wurde. Das ausgeführte sowjetische Projekt verzichtete auf diesen Mechanismus. Daher kommt es seitdem zu einer Sedimentierung im Nassersee und damit zum Auffüllen. Mit dieser „Lösung" fehlen dem Nil die wertvollen Sinkstoffe zur Düngung, sodass diese künstlich vorgenommen werden muss.
[24] Siehe unter Amenemhet III., Schneider, Lexikon, S. 56.
[25] Herodot, II, 148.
[26] Herodot, II, 148.
[27] Strabon, XVII, 809.
[28] Herodot, II, 149.

*Abb. 49 >:*
*Wesir Ti auf der Fahrt in den Sümpfen. Reliefdarstellung im Grab des Ti (6. Dynastie) in Sakkara. Überarbeitete Zeichnung aus Baedeker's Ägypten, Stuttgart 1897.*

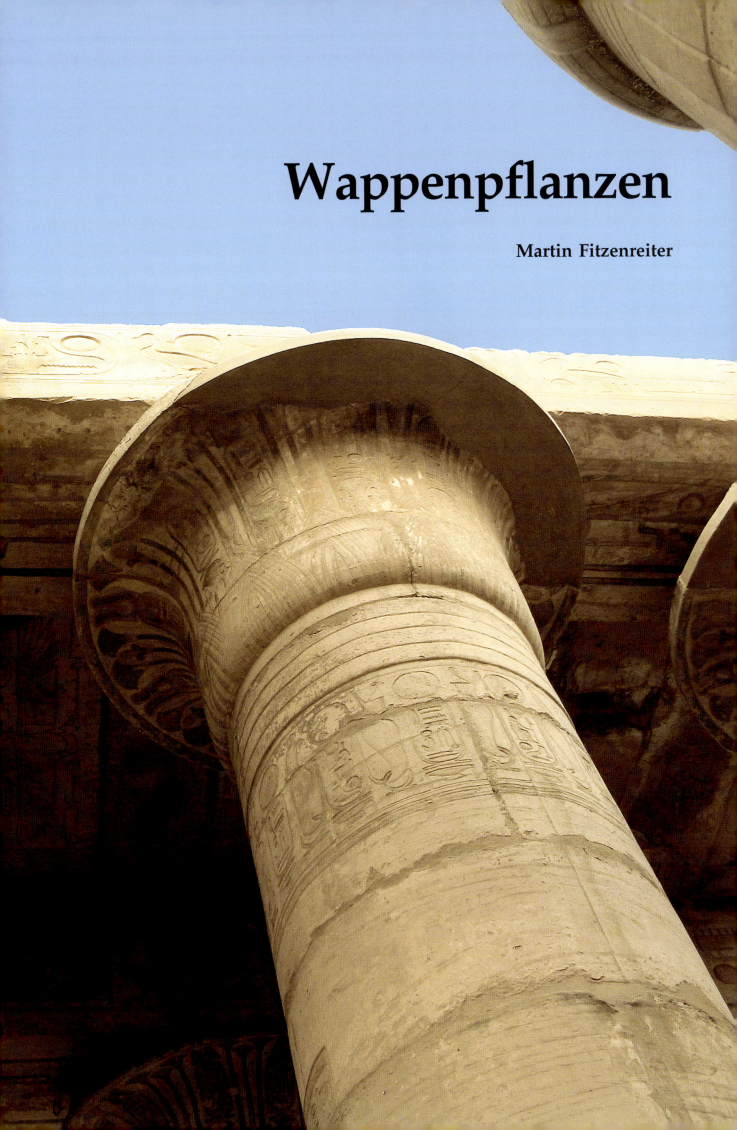

# Wappenpflanzen

Martin Fitzenreiter

## Die Natur und die Götter

Ein beeindruckendes Zeichen der ursprünglichen Verbundenheit von Landschaft, Macht und Kultur sind die Wappenpflanzen Ägyptens. Als Embleme des durch die Macht des Königs geeinten und in seiner Gesamtheit garantierten Landes zieren sie in monumentaler Form kolossale Statuen und Tempel ebenso, wie sie miniaturisiert auf Skarabäen und Schmuckstücken erscheinen. Die beiden Wappenpflanzen stehen gewissermaßen für den „gewachsenen", ursprünglichen und in der Schöpfung verwurzelten Anspruch der Pharaonen auf die Herrschaft über den belebten, fruchtbaren Raum Ägyptens, aber auch für die Herrschaft über Welt und Schöpfung schlechthin.

### Lotus und Papyrus

Zwei Pflanzenbüschel symbolisieren seit frühdynastischer Zeit die beiden Landesteile Ägyptens. Die sogenannte „Lilie" oder Lotuspflanze[1] steht für das südlich gelegene und weitgehend trockene Oberägypten. Ihr Bild zeigt eine grasartige Pflanze mit kleinen Blüten an den Enden jedes Halmes. Die feuchte, sumpfige Landschaft Unterägyptens symbolisiert die Papyrusstaude mit ihrer charakteristischen kelchartigen Blüte. Beide Pflanzen können auch als Schriftzeichen auftreten und die zwei Landesteile Ägyptens bezeichnen (Abb. 51): Das Lotusbüschel steht dann für den Lautwert *Schemau* (Oberägypten); die Papyrusstaude für den Lautwert *Ta-Mechu* (Unterägypten).

Über die Bedeutungszuschreibung an Ober- und Unterägypten wird den Bildern von Lotus und Papyrus ein weites Feld möglicher Zusatzbedeutungen erschlossen. Sie können gewissermaßen für alles stehen, was als typisch für den einen und verschieden vom anderen Landesteil gilt. Der Papyrus steht in Reliefbildern z. B. für feuchte Regionen (Abb. 52), im Gegensatz zu trockenen Regionen mit Feldbau und Buschvegetation; der Papyrus steht für die zu unterwerfenden Landesteile im Delta, der Lotus für das siegreiche Oberägypten. Schließlich kann der Papyrus ganz allgemein für die Himmelsrichtung Norden stehen, der Lotus für Süden. Letzteres wird an zwei dekorativen Pfeilern in der Wabet-Halle des Tempels von Karnak demonstriert. Der nördliche Monolith ist mit dem Relief der Papyruspflanze dekoriert (Abb. 65), der südliche mit dem des Lotus (Abb. 54).

Sogar zwei der typisch ägyptischen Säulenformen lassen sich als Bilder der beiden Wappenpflanzen verstehen, über deren Blüten sich der gestirnte Himmel erhebt. Im symbolischen Weltgebäude des Tempels liegt die Säulenhalle gewöhnlich quer vor der eigentlichen, höhlenartigen Götterwohnung im hinteren Teil und trennt diese vom offenen, den Menschen zugänglichen Hof. In dieser Halle bilden die eng stehenden Pflanzensäulen ein mystisches Dickicht, in dem sich das Zusammentreffen der Götter mit den Menschen vollzieht (Abb. 53).

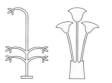

*Abb. 51: Hieroglyphische Zeichen für Schemau/„Oberägypten" (links) und Ta-Mechu/„Unterägypten" (rechts).*

*Abb. 52: Papyrusdickicht als Bild der feuchten Marschenlandschaft. Originale Zeichnung (Lepsius-Expedition) eines Reliefs im Grab des Gaufürsten Chnumhotep in Beni Hassan (12. Dynastie). Archiv des Altägyptischen Wörterbuches, Berlin-Brandenburgische Akademie der Wissenschaften, Berlin (Inv.-Nr. 525).*

Dabei zieht im Tempel von Karnak der Gott durch eine Allee von Papyrusbündelsäulen, was u. a. auch mit der mythologisch oft thematisierten Herkunft der Götter aus dem Norden und den unzugänglichen Papyrussümpfen konnotiert ist. Die Menschen dagegen treten aus von Lotusbündelsäulen getragenen, niedrigeren Seitenschiffen hinzu. In vergleichbaren, sakral aufgeladenen Zusammenhängen spielen die beiden Wappenpflanzen somit nicht nur auf die realweltlichen Orte Ober- und Unterägypten an. Vielmehr stehen sie als Sinnbilder einer Menschen und Götter vereinenden Welt überhaupt. In der Tempeldekoration tritt daher häufig ein Fries aus Papyrus und Lotus auf, der gewissermaßen den Raum der Interaktion von Menschen und Göttern beschreibt.

Selbst in eher dekorativen Zusammenhängen wird gern auf die symbolische Bedeutung der beiden Wappenpflanzen angespielt. So zeigt z. B. ein Fußboden aus einem Palast in Amarna eine scheinbar idyllische Szene, in der Enten aus einem Gebüsch auffliegen. Bei genauer Betrachtung erweisen sich die beiden Pflanzen als die Wappenpflanzen Ägyptens und der Fußboden erhält so eine hochoffizielle Konnotation, stellt er doch gewissermaßen ganz Ägypten dar, das sich zu Füßen des Pharao erstreckt.

*Abb. 54: Wappenpflanze von Oberägypten. Südlicher Pfeiler in der Wabet-Halle des Großen Amun-Tempels von Karnak.*

*Abb. 53: Lotussäulen in einem Seitenschiff der Pfeilerhalle des Großen Amun-Tempels von Karnak.*

## Die Natur und die Götter

*Abb. 57: Papyrus-Kapitell (Kalkstein, Höhe: 17,5 cm); Architekturmodell aus der Spätzeit. Ägyptisches Museum und Papyrussammlung Berlin (Inv.-Nr. 20349).*

*Abb. 55:*
*Lotus-Kapitell (Kalkstein, Höhe: 22,8 cm, Durchmesser: 8,4 cm), Architekturmodell aus der Ptolemäerzeit (3.-1. Jahrhundert v. Chr.). Ägyptisches Museum und Papyrussammlung Berlin (Inv.-Nr. 14135).*

*Abb. 56: Dekorativer Pflanzenfries mit geschlossenen und offenen Lotusblüten. Umzeichnung einer Wandmalerei im Grab des Nebamun (18. Dynastie) in Theben-West (TT 90).*

## Personifikationen – Pflanzen und Landschaft

Papyrus und Lotus sind nicht die einzigen Pflanzen, die als Symbole überhöht in der Darstellungswelt des pharaonischen Ägyptens eine Rolle spielen. Werden Landschaften als Handelnde gezeigt, dann haben sie oft menschliche Form und tragen ein sie bestimmendes Bildzeichen auf dem Kopf. Meist sind solche Personifikationen als „Nilgötter" oder „Fruchtbarkeitsgötter" gestaltet; die Männer mit fetten, faltigen Bäuchen und hängenden Brüsten, die Frauen in der Regel schlanker.

Auf Darstellungen aus dem Tempel von Wadi es-Sebua treten jeweils drei solcher Personifikationen auf (Abb. 58): An erster Stelle je ein Mann, der durch seinen Kopfschmuck als Korngottheit gekennzeichnet ist und Getreidegarben darbietet. Es folgt eine Frau, die das Zeichen für „Feld/Wiese" auf dem Kopf trägt und Geflügel und Fische bringt. Schließlich folgt jeweils ein Gott mit Brot, Gemüse und Obst, und diese Personifikationen sind durch ihren Kopfschmuck als Ober- und Unterägypten ausgezeichnet.

In ganz ähnlicher Weise werden auch Verkörperungen einzelner Landesteile dargestellt, die in sogenannten Gaulisten auftreten. Die dort gezeigten Genien tragen eine für jeden Gau typische Kombination von sakralen Objekten auf dem Kopf: Standarten, Waffen, aber auch Tiere und heilige Pflanzen. Nach seinem Gauzeichen wird z. B. daher der 13. oberägyptische Gau auch als „vorderer Sykomoren-Gau", der 14. oberägyptische Gau als „hinterer Sykomoren-Gau"[2], der 20. oberägyptische Gau als „vorderer Oleander-Gau" und der 21. oberägyptische Gau als „hinterer Oleander-Gau" bezeichnet (Abb. 59). Wahrscheinlich handelt es sich bei den hier gezeigten Pflanzen um die heiligen Pflanzen der jeweiligen Region. Solche heiligen Pflanzen werden auch noch in geographischen Listen der römischen Zeit aufgeführt, wo sie neben Göttern, heiligen Tieren und anderen sakralen Objekten genannt sind.

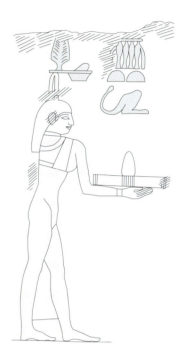

*Abb. 59: Personifikation des 20./21. oberägyptischen Gaues (vorderer und hinterer Oleander-Gau). Umzeichnung einer Darstellung aus einem Gauaufzug im Sonnenheiligtum des Niuserre (5. Dynastie) in Abu Gurob.*

*Abb. 58: Aufzug von Gaben bringenden Landschaftspersonifikationen aus dem Tempel von Wadi es-Sebua (18. Dynastie, Zeit Amenophis' III.): eine Korngottheit, eine Feldgöttin und die Personifikation von Oberägypten (v. r. n. l.).*

Die Natur und die Götter

*Abb. 60: Südlicher Memnonkoloss mit der Darstellung der „Vereinigung der Beiden Länder" an der Thronseite. Die Kolosse standen am 1. Pylon des Totentempels Amenophis' III. (18. Dynastie) in Theben-West.*

*Abb. 62 >:*
*Darstellung einer Statue des Königs Adj-Ib (1. Dynastie) mit der Wortverbindung „Vereinigen von Ober- und Unterägypten". Umzeichnung von einem Gefäßfragment aus Abydos.*

## Die Vereinigung der beiden Länder – Landschaft und Macht

Für das religiöse und auch politische Denken in pharaonischer Zeit ist ein ausgeprägter Dualismus kennzeichnend. Seine bekannteste Fassung findet dieser Dualismus in der archetypischen Zweiteilung des Landes und der Bezeichnung des Pharao als „König von Ober- und Unterägypten" (Abb. 61). In diesem Titel wird der Bezug zu Oberägypten durch die Schreibung mit dem Bild einer Pflanze – der sogenannten „Binse" – hergestellt. Das Bild einer Biene bezeichnet das unterägyptische Königtum. Verstand man diese Bildzeichen in der älteren Forschung als Symbole der Königsherrschaft, so sind neuere Untersuchungen zu dem Schluss gelangt, dass „Binse" und Biene nur über ihre Lautwerte mit dem Königtum verbunden sind. Sie können daher nicht als Abzeichen oder Symbole einer Region angesehen werden, sondern stellen Begriffe der Herrschaft ganz allgemein dar. Demgegenüber sind die Wappenpflanzen Lotus und Papyrus nicht nur abstrakte Zeichen für die beiden Landesteile. Vielmehr werden sie im Bild der „Vereinigung der Beiden Länder" in ein zentrales Emblem des pharaonischen Staatswesens transformiert und auf das Engste mit dem politischen Wirken des Pharao verbunden. Da aber politisches Handeln sehr viel konkreter zu fassen ist, als das sich in großen Bögen entwickelnde mythische Denken, wird an diesem Emblem die historische Wirklichkeit in ihrer zeitlichen Konstanz über mehr als 3000 Jahre, aber auch ihren Brüchen fassbar.

Bereits ein sehr früher Beleg zeigt die wesentlichen Elemente dieses Emblems. Es handelt sich um ein Gefäßfragment mit dem Bild einer Statue eines Königs der 1. Dynastie (Abb. 62). Die Statue heißt „(König) Adj-Ib, der Vereiniger von Ober- und Unterägypten". Rechts neben dem Bild der Statue ist oben der Königsname geschrieben, darunter aus drei Zeichen die Wortgruppe „Vereiniger/Vereinigung von Ober- und Unterägypten". Dabei stehen das Papyrusbündel für „Unterägypten" und eine stilisierte Luftröhre mit Lungenflügeln für den Lautwert des Wortes „vereinigen"; vom rechts stehenden Lotuszeichen für „Oberägypten" ist nur ein Strich erhalten. Die Darstellung bezeugt nicht nur die Wortverbindung „Vereinigen von Ober- und Unterägypten" bereits in der 1. Dynastie, sondern ebenso die heraldische, später immer wiederholte Anordnung der Zeichen: Im Zentrum die Luftröhre, rechts und links die Symbolpflanzen der Landschaften. Ab der 2. Dynastie ist die Kombination dann so belegt, dass die Stängel der beiden Pflanzenzeichen um die Luftröhre geschlungen sind und den Akt der Vereinigung eindrücklich visualisieren.

*Abb. 61: Hieroglyphische Schreibung des Titels „König von Ober- und Unterägypten".*

Der so zu einem Emblem stilisierte Schriftzug wird in der pharaonischen Bildkunst variiert und weiterentwickelt. Schon in der 4. Dynastie treten Nilgötter dazu, zuerst im Motiv des Gabenbringers, also als Zeichen für die Erträge und Abgaben der betreffenden Landesteile, dann aber auch aktiv, die Stängel der beiden Wappenpflanzen verknotend. In dieser Rolle können sie von Göttern abgelöst werden, die ebenfalls den beiden Landesteilen zugewiesen sind: der Königs- und Sonnengott Horus und der Königs- und Chaosgott Seth (Abb. 63) – dieser später meist durch den Mondgott Thot ersetzt – und schließlich ist es auch der König selbst, der Hand anlegt.[3] Das Bild bleibt die gesamte pharaonische Zeit bis zur römischen Besetzung des Landes in Gebrauch. Es wird in der 25. Dynastie auch von den nubischen Herrschern übernommen und noch in meroitischer Zeit auf Statuen und Altären gezeigt.

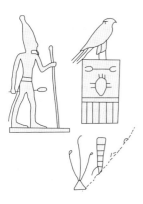

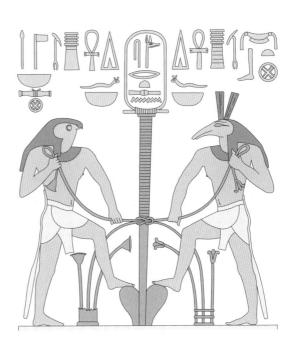

*Abb. 63 >: Horus und Seth beim Verschnüren der Wappenpflanzen. Umzeichnung einer Darstellung vom Thronsitz einer Statue Sesostris' I. (12. Dynastie) aus der Pyramidenanlage des Königs in Lischt.*

Die Natur und die Götter

## Ritual und Wirklichkeit

Im Emblem der „Vereinigung der Beiden Länder" werden sehr komplexe Inhalte dargestellt. Die gezeigte Verbindung der beiden Landesteile ist nicht nur ein dekoratives Element auf Thronen, Altären, Tempelwänden und Skarabäen. Sie stellt auch ein Konzept vor, das in der Vorstellungswelt der Ägypter offenbar fest verwurzelt war und über diese emblematische Fassung auch immer wieder tradiert und neu belebt wurde. Es ist die Idee von einer gewissen Einheit des Landes, die sich aus Gegensätzen ergibt und eines ordnenden Aktes – der der beständigen „Vereinigung" – bedarf. Die beiden Wappenpflanzen stehen dabei als Symbole für ein ganzes Konglomerat von sich bedingenden Gegensätzen: trocken/feucht; Nord/Süd; kultiviert/wild (der Gott der geordneten Welt Horus und der Gott des ungeordneten Chaos Seth), Tag/Nacht (der Sonnengott Horus und der Mondgott Thot) usw.

Das abstrakte „Vereinigungs"-Zeichen und die um es kreisenden Handlungen der Nebenfiguren dagegen zeigen das aktive Einwirken der pharaonischen Macht. So wird durch dieses Bild magisch die Einheit des dual verstandenen Landes heraufbeschworen; ebenso demonstriert es auch einen konkreten politischen Akt, wie etwa die militärische Unterwerfung des Nordens während der 2. Dynastie (Abb. 64) oder der 11. Dynastie, aber auch die Bezwingung von Feinden Ägyptens aus der nördlichen und südlichen Hemisphäre überhaupt. Die „Vereinigung der Beiden Länder" hat damit den Charakter eines Rituals, das einerseits in symbolischer Weise als perpetueller Akt auf der Ebene der Genien und Götter beschworen wird, andererseits auch dem politischen und dabei gegebenenfalls militärischen Handeln des Herrschers Legitimation und Sinn verleiht. Es reiht sich damit in die Sequenz welterhaltender Taten ein, zu denen der Pharao als oberster Priester und irdischer Machthaber befugt und zugleich verpflichtet ist.

Der bereits in der Zeit der Entstehung des ägyptischen Staatswesens um 3000 v. Chr. zu einem Symbol gewordene Begriff „Vereinigung der Beiden Länder" hält sich als Ideal bis in die Spätzeit und dient so durchaus auch als Handlungsmuster der politischen Realität. Nur der Pharao, der effektiv für die Einheit der Gegensätze wirkt, ist rechtmäßiger Herrscher, und umgekehrt ist es pharaonische Pflicht, für diese Einheit zu wirken. Die beiden Wappenpflanzen treten daher häufig als propagandistisches Medium auf, u. a. auf Skarabäen, Objekten der Kleinkunst und in der Palastdekoration.

Geradezu obligatorisch ist das Bild der „Vereinigung der Beiden Länder" aber für das zentrale Möbel der königlichen Repräsentation: für den Thron. Die Seitenflächen der königlichen Sitzgelegenheiten werden seit dem Alten Reich immer wieder mit Varianten dieses Bildes verziert. Seine mit über 4 m Höhe vielleicht gewaltigste Fassung erhielt das Emblem daher auf den Seitenflächen der Throne der Memnonkolosse Amenophis' III. in Theben-West, wo es vom Ideal und Anspruch pharaonischer Herrschaft kündet (Abb. 60).

*Abb. 64: Oberägyptische (geiergestaltige) Krönengöttin Nechbet, die die Zeichen für „Vereinigung von Ober- und Unterägypten" hält. Links der Name des Königs Chasechem, rechts eine Jahresrispe mit dem Eintrag „Schlagen von Unterägypten". Umzeichnung einer Gefäßinschrift aus der 2. Dynastie aus Hierakonpolis.*

Anmerkungen
[1] Die Spezies ist nicht genau bestimmbar. Offenbar handelt es sich um eine in feuchter Umgebung gedeihende Pflanze.
[2] Eine andere Lesung des Pflanzenzeichens ist jeweils „Granatapfelbaum".
[3] Die Zuschreibung der Götter ist dabei nicht eindeutig; üblicherweise stehen Seth für Ober- und Horus für Unterägypten; Horus kann aber auch auf der Seite von Oberägypten auftreten, Thot auf der für Unterägypten.

*Abb. 65 >:
Wappenpflanze von Unterägypten. Nördlicher Pfeiler in der Wabet-Halle des Großen Amun-Tempels von Karnak. Der Pfeiler wurde unter Thutmosis III. (18. Dynastie) errichtet.*

# Der Garten in der Poesie

Hermann A. Schlögl

### Die Natur und die Götter

Gartenanlagen im alten Ägypten waren im allgemeinen Nutzgärten, dienten also landwirtschaftlichen Zwecken; in ihnen wurden vor allem Gemüse und Früchte angebaut. Aber es gab auch Bereiche, in denen Blumen angepflanzt und Teiche kunstvoll angelegt wurden (Abb. 67). Dort fanden die Menschen in ihnen Erbauung und Erholung.

In einem Musterbrief, der eigentlich für Schreibschüler verfasst wurde, die an seinem Beispiel eine sprachliche Gewandtheit und die Schönheit der Ausdrucksweise erlernen sollten, heißt es über die Stadt Piramesse, die neue Residenz König Ramses' II.:

„Ich fand sie über alle Maßen prächtig, eine herrliche Gegend, die nicht ihresgleichen hat, genau nach dem Grundriss von Theben. (Gott) Re selbst hat sie gegründet. Eine Residenzstadt, wo man angenehm lebt! Ihre Felder gedeihen mit allen guten Dingen, und sie spenden Speise und Nahrung tagtäglich. Ihre Gewässer sind voller Fische und ihre Seen voller Vögel. Ihre Wiesen grünen von Kräutern und Pflanzen, die ein und eine halbe Elle hoch sind. Die Früchte des Johannisbeerbaums besitzen den Geschmack des Honigs von feuchten Feldern. Ihre Scheunen sind voll von Gerste und Emmer: Bis zum Himmel reichen sie hinauf! Zwiebeln und Lauch, Lattich in den Hainen, Granatäpfel, Äpfel und Oliven; Feigen in den Obstgärten und dazu der süße Wein von Kankame (ein Weinberg in der Nähe der Stadt), der den Honig übertrifft."[1]

Neben ihrem Nutzen waren die Gärten aber auch Abbild religiöser Gedanken: Die jährlich wiederkehrende Entwicklung von Blüten und Früchten und das regelmäßige Sterben der Flora in der Erntezeit standen für das Werden und Vergehen des menschlichen Lebens.[2] So zeigten die Gärten das Weltgeschehen im Kleinen.

Viele altägyptische Liebeslieder sind mit der Natur verbunden, und immer wieder kommen in diesen Dichtungen poetische Schilderungen von Gärten mit ihren Teichen, mit Tieren, mit Bäumen und vielen anderen Pflanzen vor. Es wäre allerdings falsch, hier die Schilderung konkreter Örtlichkeiten zu suchen, sondern es sind Lieder voll der poetischen Ausdruckskraft und der überbordenden Lebendigkeit, und sie spielen alle im Reich der Phantasie. Die Liebenden befinden sich, so könnte man es sagen, poetisch im Garten Eden. Wie es Johann Wolfgang von Goethe in seinen Gesprächen mit dem Dichter Johann Peter Eckermann im Jahre 1826 sagte: „Da wollen sie wissen, welche Stadt am Rhein bei meinem Hermann und Dorothea gemeint sei! – Als ob es nicht besser wäre, sich jede beliebige zu denken! – Man will Wahrheit, man will Wirklichkeit und verdirbt dadurch die Poesie."[3]

In einem Gedicht über das Kranzbinden windet das liebende Mädchen mit den Blumen auch Gedanken der Liebe in den Kranz ein. Voller Sinnlichkeit vergleicht sie sich selbst mit einem Garten, in welchem ihr Geliebter gräbt:

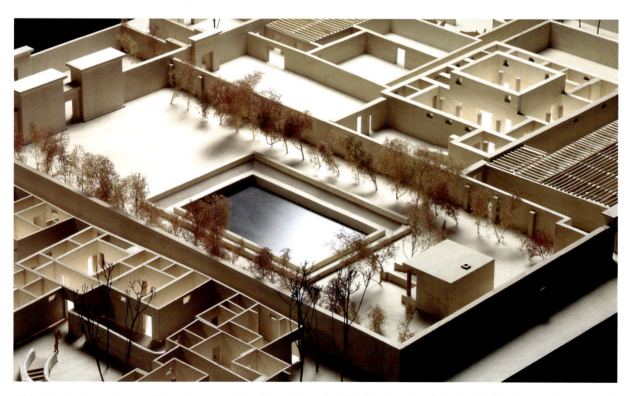

*Abb. 67: Gartenanlage auf dem Anwesen des „Vorstehers der Rinder des Aton" in der Südstadt von Amarna mit Kultkapelle und zentralem Wasserbecken. Am Eingang der Kapelle standen Sykomoren. Modellausschnitt.*

**Der Garten in der Poesie**

*Abb. 68: Maj und seine Frau Werel in Festtagstracht. Maj trägt einen Stabstrauß in der Hand, seine Gemahlin ein Blütendiadem mit einer Lotusblüte an der Stirn. Darstellung im Grab des Wesirs Ramose in Theben-West (TT 55).*

„Die Keuschlamm-Blüten[4] hier, von ihnen wird man erhoben: Ich bin deine Geliebte, die Allerbeste.
Ich gehöre dir wie der Garten, in dem ich Blumen wachsen ließ und allerlei Sorten von Pflanzen, deren Duft süß ist.
Lieblich ist der Teich darin, den du mit eigener Hand gegraben hast, uns im Nordwind zu kühlen, ein wunderbarer Platz zum Lustwandeln.
Deine Hand ist in meiner Hand.
Mein Leib ist zufrieden, und mein Herz freut sich, weil wir zusammen gehen.
Deine Stimme zu hören, ist wie süßer Wein für mich, ja ich lebe davon, wenn ich sie höre.
Wenn ich dich nur anschauen darf, dann ist mir jeder einzelne Blick wichtiger als Essen und Trinken."[5]

Und ein liebender Jüngling spricht:

„Trunken machen die Pflanzen des Sumpflandes. Der Mund meiner Geliebten ist eine Lotusknospe, ihre Brüste sind die Früchte von Mandragora,[6] ihre Arme sind Schlingpflanzen, ihre Stirn ist eine Falle aus Nadelholz.
Ich aber bin die Wildgans, ich erblicke ihr Haar als Vogelköder in einer Falle, die zuschlagen wird."[7]

Der in Liebe entbrannte Jüngling erscheint hier in der Rolle einer Wildgans: Travestien sind ein beliebtes Motiv in den ägyptischen Liebesliedern. In einem weiteren Lied vergleicht sich das Mädchen wieder mit einem Garten, in dem sich die Wildgans eingenistet hat und sie von der Arbeit abhält:

„Die Wildgans fliegt auf und lässt sich nieder, sie beschädigt den Garten damit; die gewöhnlichen Vögel kreisen nur.
Ich habe doch so viel zu tun, aber ich wende mich allein meiner Liebe zu, denn mein Herz befindet sich mit dem deinen im Einklang.
Oh, dass ich nie fern sei von deiner Schönheit!"[8]

Und in einem anderen Gedicht ist die Wildgans in die Falle des Mädchens geraten, das durch die Liebe selbst eine Gefangene ist. Beide können sich nicht mehr befreien:

„Die Stimme der Wildgans schreit auf, weil mein Köder sie festhält.
Mich aber fesselt deine Liebe, ich weiß nicht, wie ich sie lösen kann.
Mein Netz will ich fortlegen, doch, was sage ich nur meiner Mutter, zu der ich täglich gehe, beladen mit gefangenen Vögeln?
Heute kann ich keine Fallen aufstellen, denn deine Liebe hält mich fest."[9]

## Die Natur und die Götter

Besonders beliebt sind in Ägypten die Schatten spendenden Baumgärten. Ineni, der erste Bauleiter und Architekt im Tal der Könige, der unter mehreren Pharaonen (von Amenophis I. bis Thutmosis III., 18. Dynastie) wirkt und der später zum Bürgermeister von Theben und zum Scheunenvorsteher des Amun-Tempels aufsteigt, berichtet in seinem thebanischen Grab (TT 81) von seiner beruflichen Tätigkeit. Und in den Bildern aus seinem langen Leben heißt es über den Baumgarten, den er sich am Westufer Thebens angelegt hatte:

„Er ergeht sich in seinem Baumgarten am Westufer von Theben, wo er sich Kühlung verschafft unter seinen Sykomorenbäumen.
Seine Parkanlagen, die großen Felder und die Blumen besichtigt er, wie er es schon auf Erden tat unter der Gunst des herrlichen Gottes, Amuns, des Herrn der Throne der Beiden Länder."[10]

Dann folgt eine Aufzählung aller Bäume und Pflanzen des Gartens. Unter dieser Schrift ist dann Ineni zusammen mit seiner Frau dargestellt, wie sie in einer Gartenlaube sitzen.

Im Grab des Rechmire (TT 100), des Wesirs König Thutmosis' III., wird eine Feier in seiner Parkanlage geschildert. Der verstorbene Grabherr und seine Frau nehmen die Erzeugnisse des Gartens entgegen, die ihr Sohn Amenophis mit den Worten begleitet:

„Nimm dir die Lotusblumen, die aus deinem Garten kommen. Man hat ihn dir nicht fortgenommen!
Er trägt dir Geschenke von allerlei frischen Pflanzen, die in ihm sind.
Zufrieden wirst du sein mit seiner Nahrung, überschüttet wirst du mit seinen Gaben!
An seinen Blumen erfreue dich und verschaffe dir Kühlung im Schatten seiner Bäume.
In ihm tust du, was du möchtest für immer und ewig."[11]

Eine eigene Kategorie in der altägyptischen Literatur sind die sogenannten „Baumgartenlieder".[12] Hierin treten die Bäume als empfindsame Wesen auf, die auf eine schlechte Behandlung gekränkt, ja zornig reagieren, eine freundliche Behandlung aber auch zu belohnen wissen:

*Abb. 69:*
*Gott Nefertem (Fayence, Höhe: 10,9 cm, Tiefe: 3,1 cm) mit Lotusblüte als Kopfschmuck stehend auf einem liegenden Löwen. Statuette aus dem späten Neuen Reich bis 3. Zwischenzeit. Ägyptisches Museum und Papyrussammlung Berlin (Inv.-Nr. 5392).*

# Der Garten in der Poesie

*Abb. 70: Gartenanlage des „Vorstehers der Rinder des Aton" in Amarna. Im Hintergrund eine Kultkapelle für den Gott Aton. Mittig den Eingang flankierend zwei Sykomoren; beidseitig davon Granatapfelbäume. Am Rand Dumpalmen, an den Mauern Weinreben, rechts am Beckenrand Klatschmohn, links Kornblumen. Rekonstruktionszeichnung.*

*Abb. 71: Grabherr und Ehefrau beim Angeln im Gartenteich, der mit Lotus, Mandragora und weiteren Blumen bepflanzt wurde. Umzeichnung einer Darstellung im Grab des Hatiai (18. Dynastie) in Theben-West (TT 324).*

„Die Feigensykomore[13] bewegte ihren Mund, und ihre Zweige rauschten: Lasst uns sehen, was ich tun will: Ich will mich erfolgreich gegen die Herrin durchsetzen!
Gibt es denn eine Edlere als mich?
Nur weil ich keinen Diener für mich habe, soll ich die Sklavin sein?
Ich wurde aus Syrien hergebracht als eine Kriegsbeute für die Liebende, und sie ließ mich in ihren Baumgarten setzen.
Aber sie gab mir kein Wasser, wenn ich trinken wollte. Nie füllte sie meinen Leib mit Wasser aus Schläuchen.
Nur zum Vergnügen fand sie mich und ging davon, ohne mich trinken zu lassen. So wahr ich lebe, du Liebende, ich zahl es dir heim!"[14]

## Die Natur und die Götter

*Abb. 72: Sennefer und seine Frau an einem Opfertisch vor einer Sykomore. Darstellung in der Sargkammer im Grab des Sennefer (18. Dynastie) in Theben-West (TT 96).*

Auch ein Persea-Baum[15] hat Anlass, ein Klagelied über die nachlässige und schlechte Behandlung in seinem Garten anzustimmen. Seine Rede steigert sich immer mehr hinein in Wut und Zorn. Aber dann erhält er von den Liebenden doch Genugtuung:

„Meine Kerne schauen aus wie ihre Zähne, meine Früchte gleichen ihren Brüsten, denn ich bin der Beste des Baumgartens.
Ich bleibe zu jeder Jahreszeit, in der die Geliebte bei ihrem Geliebten ist.
Unter dem Schutz meiner Zweige verweilen sie, trunken von Wein und Süßwein, benetzt von Moringa-Öl[16] und Balsam.
Alle Bäume – außer mir – verblühen auf der Flur. Ich aber blühe zwölf Monate im Garten, denn ich bin von Dauer.
Fällt eine Blüte ab, dann blüht sie wieder im nächsten Jahr.
Der Beste im Garten bin ich, aber für minderwertig sieht man mich an!
Wenn das nur noch einmal vorkommt, dann werde ich für sie nicht mehr stillhalten, ihrem Freund werde ich Mitteilung machen.
Dann soll man ihr Treiben offen erkennen.

Eine Lehre wird man der Liebenden erteilen, sie wird nicht mehr ihre Stöcke aufstellen, noch die Lotusblüten und Knospen, weder die angenehm duftenden Salben, den Wein und das Starkbier, noch irgend etwas in der Art.
(Die Liebenden:) O, sie möge dich doch den Tag zubringen lassen, auf das Schönste mit einer Hütte aus Schilf, am behüteten Ort!
Schau doch, er, der Perseabaum hat wirklich recht! Lass uns ihm schmeicheln!
Gib, dass er seinen ganzen Tag zubringt, mit uns in seinem Schatten."[17]

Ganz anders ist das Befinden einer kleinen Sykomore, die gepflegt und gehegt wird. Sie ist mit ihrem Schicksal glücklich und zufrieden und lädt die Liebenden ein, unter ihrem Laubdach zu feiern und vergnügt zu sein:

„Die kleine Sykomore, die sie mit eigener Hand gepflanzt hat, öffnet ihren Mund, um zu reden. Die Tropfen ihres Mundes – Sie sind wie Bienenhonig. Sie ist schön, ihre Blätter gar lieblich, sie grünt und ist frisch.
Beladen ist sie mit reifen Früchten, die röter sind als roter Jaspis. Ihre Blätter sind wie Türkis, ihre Haut ist wie Fayence. Ihr Holz zeigt die Farbe vom grünen Feldspat, und die Wurzeln sind wie Fenchel.
Die nicht unter ihr weilen, holt sie zu sich, denn ihr Schatten kühlt die Luft.
Sie gibt eine Nachricht an ein kleines Mädchen. Zum Liebenden lässt sie es eilen:
,Komm, verbringe eine kurze Zeit bei der Jugend! Die Flur feiert ihren Tag.
Unter mir stehen schon Laube und Zelt, und meine Gutsbesitzer freuen sich, ja, sie werden jauchzen, wenn sie dich sehen!
Lass deine Diener mit deinen Anordnungen schicken, ausgerüstet sollen sie sein mit ihren Gefäßen. Eilt man zu mir, ist man schon berauscht, noch bevor man getrunken hat.
Schon sind die Landleute eingetroffen mit ihren Gaben, sie brachten verschiedene Biere und vielerlei Formen von Brot, viele Blumen von gestern und heute, auch allerlei Früchte zur Erfrischung.
Komm doch, verbringe den Tag in Freude, einen Morgen und noch einen, also zwei Tage, während du in meinem Schatten sitzest.
Zur rechten Seite ist dein Freund, du machst ihn trunken, tust aber das, was er sagt.
Das Bier-Zelt gerät durch Trunkenheit in Verwirrung, du aber bleibst mit deinem Geliebten zurück.
Die Kleidungsstücke liegen verstreut unter mir, während der Geliebte sich hin und her bewegt. – Aber ich bin verschwiegen, mit keinem Wort spreche ich von dem, was ich sehe.'"[18]

## Der Garten in der Poesie

Auch in der gegenwartsnahen Literatur findet man diese poetischen Vorstellungen. Else Lasker-Schüler (1869–1945), die Dichterin mit der großen schweifenden Phantasie, war zutiefst davon überzeugt, mit Bäumen, überhaupt mit jeder Pflanze, eine herzliche Verbindung eingehen zu können:

„Ich kam vom Meer. Als die Bäume mich wiedersahen, hob ein weiches Wehen ihre Zweige, mich zu grüßen.
Wind und Sturm ermöglichen den großen und kleinen Bäumen, den Sträuchern und Büschen, allen Kräutern und den zartesten Stängeln der Blumen, sie nach ihrem Gutdünken zu bewegen. Sich zu äußern bedient die Pflanze sich der Atmosphäre; ja sie entwickelt selbst, indem sie die Substanz ihres Temperaments mit den Stoffen der Luft vermischt, ein Wehen oder ein Stürmen, ein Donnern in der Natur (...)
Und wisse, wenn du dich unter die Weide legst, ihre langen laubbehaarten Äste singen mit den Lüften der Ferne das Lied der bangen Sehnsucht. Reize nicht den träumenden Wacholderbaum oder den Vogelbeerstrauch! Schone die Nester der Vögel in ihren gastlich, kühlen Armen."[19]

Nicht nur in der Liebeslyrik, sondern auch in der Fabel- und Märchenwelt finden sich Bäume, die in die Handlung eingreifen. So beispielsweise im „Zweibrüdermärchen", dem bedeutendsten Märchentext des alten Ägypten, das der Schreiber Enene mit schöner Handschrift im 1. Regierungsjahr König Sethos' II. (19. Dynastie) aufgeschrieben hat (Papyrus d'Orbiney). Der Text befindet sich heute im British Museum in London.

Bata, der im „Tal der Pinien" in Phönikien lebt, warnt seine schöne Frau vor dem Meer, vor dem er sie nicht beschützen kann, und verbietet ihr deshalb, das Haus zu verlassen. Doch sie missachtet die Warnung:

„Da geht die junge Frau hinaus, um unter der Schirmpinie[20] neben ihrem Haus spazieren zu gehen. Plötzlich erblickt sie das Meer, das hinter ihr herwirbelt. Sie eilt, von ihm fortzukommen und rennt in ihr Haus.
Aber das Meer ruft der Schirmpinie zu: 'Halte sie mir fest!' Da holt die Schirmpinie eine Locke von ihrem Haar, und das Meer bringt diese nach Ägypten."[21]

Das Märchen fährt damit fort, dass der Pharao vom Duft der Locke berauscht ist.

Natürlich kann ein Garten auch der Ort von Sünde und Verfehlung sein, wie dies ein Text aus dem Papyrus Westcar (heute im Ägyptischen Museum

*Abb. 73: Idyllischer Garten am Nil bei Luxor.*

Die Natur und die Götter

Berlin) schildert. Prinz Chephren erzählt darin seinem Vater, König Cheops (4. Dynastie), die Geschichte des Obersten Vorlesepriesters Uba-oner:

„Es gab ein Sommerhaus am See des Uba-oner, und (ein gewisser) Mann sagte zur Frau des Uba-oner: ‚Es gibt doch ein Sommerhaus hier am See des Uba-oner. Lass uns doch ein Schäferstündchen dort verbringen!'
Da schickte die Frau des Uba-oner zum Obergärtner, der auch die Aufsicht über den See hatte mit der Nachricht: ‚Lass das Sommerhaus am See herrichten!'
Dann verbrachte sie den ganzen Tag zusammen mit ihm, und sie tranken bis zum Sonnenuntergang.
Danach wollte er zum See hinunter, um schwimmen zu gehen, und die Dienerin (begleitete) ihn, aber der Obergärtner (sah es und dachte): ‚Das werde ich Uba-oner melden!'
Als die Erde wieder hell war und der nächste Tag angebrochen war, eilte der Obergärtner zu Uba-oner und (meldete es) (...)
Da sprach Uba-oner: ‚Geh und bringe mir (das Buch und die Dinge, die in dem) Kästchen aus Ebenholz und Gold sind.'
Er öffnete es und modellierte ein Krokodil aus Wachs von sieben Fingern Länge und sprach über dieses einen Zauberspruch: ‚Wenn er kommen wird, um in meinem See zu baden, dann sollst du den Mann packen!'
Dann gab er es dem Obergärtner und sagte ihm: ‚Wenn der Mann in den See gestiegen ist, wie er es täglich zu tun pflegt, dann wirf das Krokodil hinter ihm her!'
Der Obergärtner ging eilend weg, das Krokodil aus Wachs nahm er mit.
Die Frau des Uba-oner sandte wieder zum Obergärtner, der die Aufsicht über den See hatte, um zu sagen: ‚Lass das Sommerhaus am See herrichten, denn siehe, ich komme, um darin zu verweilen!'
Da wurde das Sommerhaus mit allerlei guten Dingen ausgestattet. Und sie kam und verbrachte einen schönen Tag mit dem Mann.
Als es Abend geworden war, kam der Mann (zum See), wie er es täglich zu tun pflegte.
Der Obergärtner aber warf das Krokodil aus Wachs hinter ihm her ins Wasser.
Da wurde es zu einem Krokodil von sieben Ellen (3,64 m) Länge, und es ergriff den Mann."[22]

Die beiden Ehebrecher kommen ums Leben.
Aber auch außerhalb der Welt der Märchen und Lieder und trotz aller Freude an der Natur sahen die Ägypter ihre paradiesischen Gärten nicht frei von Gefahren und Feinden. Schon vor 4000 Jahren spürten sie eine Bedrohung, die uns heute so vertraut geworden ist, und schilderten sie in poetischer Weise:

„Die schönen Dinge werden zugrunde gehen, die tierreichen Gewässer, die für das Jagen bestimmt sind, an Fischen und Vögeln übervoll.
All diese Schönheit wird verschwinden, ins Elend wird die Welt kommen durch jene, die sich bereichern."[23]

Die ägyptische Poesie ist erst spät in unserer Welt bekannt geworden. Aber schon der Vergleich mit der Dichtung Else Lasker-Schülers zeigt, dass die poetischen Gedanken über die uns umgebende Natur eine Frische behalten, denen auch Jahrtausende nichts anhaben können.

Anmerkungen
[1] Gardiner, Miscellanies, 21,12-22,5.
[2] Wildung; Germer, Flora; Germer, Gardens, S. 3-5.
[3] Eckermann, S. 273-274.
[4] Vitex agnus castus, auch „Mönchspfeffer" genannt.
[5] Papyrus Harris 500 recto: 7,7-7,11: Fox, S. 381 (18)-382 (19); Mathieu, Tafel 13,7-13,11.
[6] Germer, Heilpflanzen, S. 128–133. Die Pflanze (*Mandragora officinalis Mill*) auch Alraunwurzel genannt, wächst vertikal am Boden. Sie war nicht in Ägypten heimisch, wurde aber aus den Mittelmeerländern eingeführt und in Gärten gezogen. Die Frucht diente als Aphrodisiakum; es entströmt ihr ein angenehmer Duft. Auf Darstellungen häufig mit denen des Persea-Baumes verwechselt: Schoske/Kreißl/Germer, S. 49-53; Hepper, S. 15.
[7] Papyrus Harris 500 recto: 1,10-2,1: Fox, S. 371(3)-371 (4); Mathieu, Tafel 8,10-9,1.
[8] Papyrus Harris recto: 4,9-4,11: Fox, S. 376 (11)-376 (12); Mathieu, Tafel 11,9-11,11.
[9] Papyrus Harris 500 recto: 4,7-4,9: Fox, S. 375 (10)-376 (11); Mathieu, Tafel 11,7-11,9.
[10] Sethe, Urkunden, S. 73, 6-10.
[11] Davies, Rekh-mi-Re, Tafel 69, 30; Sethe, Urkunden, S. 1165, 10-17.
[12] Brunner, S. 88.
[13] *Ficus sycomorus*: Germer, Sykomore.
[14] Papyrus Turin Cat. Nr. 1966; Fox, S. 390-391 (Nr. 29); Mathieu, Tafel 15, 11-15.
[15] *Mimusops schimperi Hochstett*: Germer, Persea. Immergrüner Zierbaum mit gelben Früchten, der in pharaonischer Zeit in Ägypten sehr beliebt war. Fast alle Sträuße, die in Gräbern gefunden wurden, bestehen aus Persea-Zweigen: Dittmar, S. 26-28.
[16] Das Öl gewann man aus dem Baum *Moringa peregrina*. Es wurde vor allem in der Kosmetik, aber auch in der Küche verwendet.
[17] Papyrus Turin Cat. Nr. 1966; Fox, S. 389 (28)-390 (29); Mathieu, Tafel 15, 1-11.
[18] Papyrus Turin Cat. Nr. 1966; Fox, S. 391(30)-393 (5. Zeile); Mathieu, Tafel 15,15-16,15.
[19] Lasker-Schüler, S. 301-302.
[20] Cheers, S. 643.
[21] Gardiner, Stories, S. 20,4-9; Blumenthal, S. 1-25; Wettengel.
[22] Blackman, S. 2,2-3,13; Schlögl, S. 80.
[23] Helck, Prophezeiung, S. VII a-VII d.

*Abb. 74 >:*
*Privatgrundstück in Theben-West. Gartenbepflanzung.*

# Heilige Bäume

Martin von Falck / Wolfgang Waitkus

## Götter in Bäumen

Altägyptische Bezeichnungen von Bäumen sind noch nicht in jedem Fall eindeutig einer Spezies zugeordnet: Unstrittig scheinen die Identifikationen von Zeder (ꜥš), Sykomore (nht) und Christusdorn (nbs). Mit relativer Sicherheit wurden der Moringa-Baum (b(ꜣ)k-Baum) und die Libanonzeder (mry-Baum) bestimmt. Umstritten sind die Gleichsetzungen zweier ägyptischer Bezeichnungen mit der *Maerua crassifolia* (jmꜣ-Baum),[1] einem Kaperngewächs, sowie dem Kassia-Baum (ḳdt-Baum).

Die Ägypter unterschieden nicht zwischen Naturerkenntnis und Glauben, denn natürliche Vorgänge wie der Sonnenlauf oder der Vegetationszyklus gaben ihnen die Gewissheit, in einer göttlich durchwirkten Weltordnung zu leben. Überall in der Natur sahen sie göttliche Kräfte am Werk. Diesem als „kosmotheistisch" bezeichneten Naturverständnis der Ägypter entsprach die Verehrung Heiliger Tiere als fallweise Verkörperungen bestimmter Götter, die Vergottung einzelner Tierindividuen als „lebende Götter" (z. B. Apis-Stier) und sogar die Beschreibung von Mineralien als „hervorgegangen aus" bestimmten Göttern.

Auch in Abhandlungen über Naturphänomene, die zunächst beobachtbare natürliche Eigenschaften von Lebewesen aufzählen, sind Angaben zur Manifestation von einzelnen oder mehreren unterschiedlichen Göttern im jeweiligen Tier enthalten. Aufschlussreich in Bezug auf den Stellenwert der Pflanzen, insbesondere der Bäume, in diesem „kosmotheistischen" System ägyptischer Theologie, das vor allem in den Tempeln entwickelt wurde, ist ein jüngst veröffentlichter, wohl saitenzeitlicher (7.-6. Jahrhundert v. Chr.) Papyrus in Berlin:[2] Mit der Formel „betreffs der X-Bäume der Gott Y (ist es)" werden Bäume gattungsweise mit Göttern gleichgesetzt, so die jmꜣ-Bäume (*Maerua crassifolia*) mit dem Schöpfergott Atum, seinen Kindern Schu (leerer Raum) und Tefnut (Feuchtigkeit), die Zedern ebenso wie die Libanonzedern und die Kassia-Bäume mit dem Jenseitsherrscher Osiris, die Moringa-Bäume mit dem Schreibergott Thot und dem Königsgott Horus, die Sykomore und der Christusdorn mit der Himmelsgöttin Nut usw.

*Abb. 76: Zwei Sykomoren markieren den Osthimmel als Ort des Sonnenaufgangs. Davor der falkenköpfige Sonnengott Re-Harachte und ein Gott auf einem Kalb, das die neugeborene Sonne symbolisiert. Darstellung aus dem Grab des Sennedjem (19. Dynastie) in Theben-West (TT 1). Detail aus der Grabkammerreplik.*

## Die Sykomore und die ägyptische Baumgöttin

Schon in einem Spruch der Pyramidentexte (PT 574) wird eine Sykomore beschrieben, die „innen verkohlt und außen verbrannt" ist und die Bewohner des Nun (d. h. der Unterwelt) und des Himmelraumes sammelt.[3] Diese als „Weltenbaum" charakterisierte Sykomore dürfte ihres Namens „Gottes-Vereinerin/Gottes-Brunnen" wegen mit der Himmelsgöttin Nut identisch sein.

Konzeptionell bedeutungsvoller für die Zukunft sollte aber die Verbindung der Sykomore mit dem östlichen Horizont werden: Einerseits ist in den Pyramidentexten (PT 470) der Wipfel dieses Baumes als Geburtsort der Götter beschrieben.[4] Andererseits flankiert ein Baumpaar die Öffnung des Horizontes als Ort des Sonnenaufgangs (Abb. 76): So sind in den Sargtexten und später im Totenbuch, den auch von Privatleuten genutzten Jenseitstexten des Mittleren und Neuen Reiches, zwei am Horizont aufwachsende Sykomoren aus Türkis (CT 159, Tb 109) belegt.[5] Ein Baumpaar definiert also den „horizontischen" Raum, in dem sich beispielsweise die Verwandlung der Sonne vom Nacht- zum Tagesgestirn (d. h. von Osiris zu Re) vollzieht.

Nicht selten stehen Architekturelemente wie ein Obeliskenpaar, eine Scheintür, eine Passage oder ein Gartenteich mit Baumpaar für den transitorischen Charakter des Horizontes.[6] Entsprechende Bauteile in Gräbern können dann mit Baumgöttinnen- und Gartenszenen dekoriert sein.[7] Das obligatorische Becken im Garten wurde zum einen als (horizontischer) Ort der Reinigung des Sonnengottes vor seinem Aufgang angesehen, zum anderen konnte dort die Überfahrt in den Westen als Bootsfahrt inszeniert bzw. dargestellt werden.[8] So nahm der jenseitige Bezirk die Gestalt eines diesseitigen Gartens an.

Als Geburtsort der aufgehenden Sonne und damit auch Stätte der Reinigung und der Opferversorgung stellt in den Pyramidentexten der östliche Horizont das Ziel der Jenseitsreise des verstorbenen Königs dar,[9] die im Westen beginnt und über den Himmel bzw. durch den Leib der Himmelsgöttin führt. Dort im Osten liegt das Opferfilde, wo der Tote das „Holz des Lebens" erhält (PT 519), was hier sicherlich „Nahrung" meint.[10] Nahrung scheint also ohne weiteres mit „Baum" assoziiert werden zu können. Im Baumpaar (PT 568) bzw. in der Sykomore des Osthorizontes aber verkörperte sich vor allem die Himmelsgöttin Nut als Leben gebende Göttermutter und Spenderin der lebensnotwendigen Mitgift Wasser und Luft. Dies geht eindeutig aus dem Totenbuchspruch 59 hervor: „Heil Dir, Sykomore der Nut, gib mir doch von dem Wasser und der Luft, die in Dir sind".[11]

Eine Passage im Totenbuchspruch 64 schildert, dass auch die untergehende Sonne von der Sykomore aufgenommen wird.[12] Also steht am westlichen Horizont, dem Land des Sonnenuntergangs, ebenfalls eine Heilige Sykomore, in der sich eine Göttin verkörpern kann. Die zu dem sehr umfassenden Totenbuchspruch 64 gehörige Vignette zeigt den Verstorbenen aber offensichtlich bei der Verehrung der aufgehenden Sonne im Wipfel eines Baumes (Abb. 77).[13]

Im Alten Reich wird nun Hathor im memphitischen Raum unter dem spezifischen Namen „Herrin der Sykomore" verehrt, weswegen sie in der früheren Forschung als Baumgöttin schlechthin galt.[14] Möglicherweise handelte es sich bei der Sykomore der Hathor um einen uralten Heiligen Baum am Eingang des Giza-Plateaus,[15] doch kann dies nicht als gesichert gelten. Jedenfalls wird die Sykomore der Hathor noch im Neuen Reich gelegentlich als abgestorbener Baum ohne Laub und mit Löchern im Stamm dargestellt, worauf der oben zitierte Pyramidentextspruch 574 angespielt haben könnte.

In den Sargtexten des Mittleren Reiches wird Hathor hingegen häufig als Herrin des Gartens angesprochen (CT 199, 173, 225), in dem der Verstorbene zu ruhen und zu speisen wünscht.[16] Dort befindet sich Hathor „unter ihren Sykomoren" und der Verstorbene wünscht in ihrem Gefolge zu sein (CT 710).[17]

*Abb. 77:*
*Verehrung der aufgehenden Sonne im Wipfel einer Sykomore durch einen Verstorbenen. Umzeichnung einer Vignette zu Totenbuchspruch 64 aus dem Neuen Reich.*

## Die Natur und die Götter

Dieser Garten der Hathor entspricht in vielem dem östlichen Opfergefilde der älteren Pyramidentexte. Er ist mit dem Horizont verknüpft, wo die beiden Sykomoren der (Ur-)Flut stehen (CT 203).[18] Ein wesenhafter Unterschied zwischen den Göttinnen Nut und Hathor liegt offenbar darin, dass erstere sich im Baum selbst verkörperte, letztere aber als Herrin der Bäume galt.[19]

In thebanischen Privatgräbern des Neuen Reiches sind Baumgöttinnen zunächst als weibliche Personifikationen mit Sykomoren auf dem Haupt dargestellt (Abb. 78), die Opfer herbeibringen, womit die Gartensymbolik der Sargtexte und der alte Gedanke der Versorgung durch das horizontische Baumpaar ikonographisch zusammengeführt werden.

In einem voramarnazeitlichen Text aus dem Grab des Kenamun (TT 93) wird nun aber eine prominent dargestellte Sykomore als Spenderin von Wasser und Nahrung ganz eindeutig mit Nut gleichgesetzt: „Worte zu sprechen durch die Sykomore der Nut: Ich bin Nut, hoch und groß im Horizont, (...) [mögest Du Platz nehmen] unter mir, damit Du Dich abkühlst unter meinen Zweigen, mögest Du zufrieden sein mit den Opferspeisen, mögest Du durch mein Brot leben und von meinem Bier trinken. Ich lasse Dich von meiner Milch saugen,[20] damit Du lebst (...)".[21] Der Verstorbene wird also nicht in einem baumbestandenen Garten versorgt, sondern durch den Nut-Baum selbst.

Von der Konzeption her personifiziert Nut als kosmologische Gottheit den Raum, in dem sich der Verstorbene regeneriert, und das zur Regeneration notwendige Wasser.[22] Es liegt daher nahe, dass Nut im Bild des Baumes dargestellt wird, da Bäume in Wüstenregionen von jeher eng mit Wasser verbunden waren. Umgekehrt waren die abstrakten räumlichen Qualitäten der Nut wesentlich schwieriger abzubilden.[23]

Nicht nur in der Vignette von Totenbuchspruch 59, in dessen Text es um die Wasserversorgung und das primäre Ei am Anbeginn der Schöpfung geht,[24] sondern bei fast allen späteren Wiedergaben der Baumgöttin in thebanischen Gräbern wird Nut als Frau, die aus einer Sykomore emporwächst, zur Baumgöttin schlechthin (Abb. 79).[25]

Seit dem Ende der Amarnazeit nimmt der Tote auch in Gestalt seines Ba (mit Vogelleib und Menschenkopf) aus einem Teich in ihrem Schatten Wasser zu sich.[26] Dieser Teich steht für das Lebenswasser und geht mit dem Baum, der gleichfalls Wasser birgt und spendet, eine enge Verbindung ein.

Im memphitischen Raum übernehmen hingegen oft Isis oder Hathor die Rolle der Baumgöttin (Abb. 80). Bei Stelen, auf denen diese als Nahrungsspenderin auftritt, hängt ihre Identifikation von den im oberen Register verehrten Göttern ab:[27] Ist Osiris allein dargestellt, erscheint meist seine Schwester, die Göttin Isis, im Baum. Wird diese im oberen Register zusammen mit Osiris verehrt, nimmt Nut im unteren Register ihre klassische Rolle als Baumgöttin ein.

Auch auf den thebanischen Särgen der 21. Dynastie erscheint Nut unzählige Male als Baumgöttin,[28] meist in oder neben dem Gewächs stehend. Bei diesen Denkmälern besteht die Tendenz, sie mit der Westgöttin gleichzusetzen.[29]

*Abb. 78:*
*Baumgöttin (symbolisiert durch eine Sykomore auf dem Kopf) als Gabenspenderin. Umzeichnung einer Darstellung im Grab des Nacht (18. Dynastie) in Theben-West (TT 52).*

## Heilige Bäume

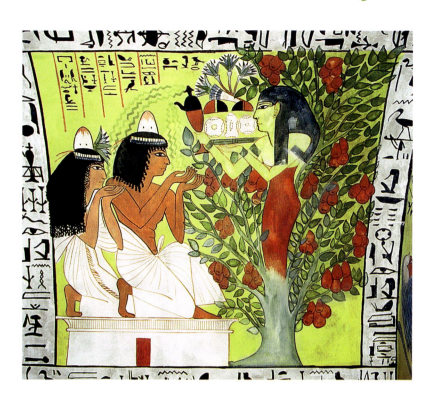

*Abb. 79:*
*Baumgöttin Nut spendet Nahrung und Wasser. Darstellung aus dem Grab des Sennedjem (19. Dynastie) in Theben-West (TT 1). Detail aus der Grabkammerreplik.*

*Abb. 80, unten:*
*Ehepaar betend sowie Speise und Trank empfangend vor einer Sykomore, in der sich Isis als Baumgöttin manifestiert (Kalkstein, Höhe: 56 cm, Breite: 59,5 cm), vielleicht aus Abusir (Anfang 19. Dynastie). Am Fuß des Baumes ein Bassin, aus dem die Ba-Vögel des Ehepaares Wasser trinken. Museum August Kestner Hannover (Inv.-Nr. 2933).*

Die Natur und die Götter

## Palmen als Heilige Bäume

Auch die Palme inspirierte bereits frühzeitig zu ähnlichen Vorstellungen wie die Sykomore: In einem Pyramidentextspruch ernährt die Palme den Sonnengott und sein Gefolge. In Sargtextsprüchen erscheint der Sonnengott selbst in der Palme (CT 325) oder der Verstorbene wünscht wie das Gefolge des Sonnengottes auf ihr zu leben und sich von ihr zu ernähren (CT 186, 202).[30]

Vor allem in den Wandmalereien der Gräber, aber auch auf anderen Bildträgern, kann die Dattelpalme seit der zweiten Hälfte der 18. Dynastie die Sykomore der Baumgöttin bildlich vertreten.[31]

Dabei wird fallweise in den Begleittexten die Dumpalme (Abb. 81), die dem Min heilig ist, mit dem Verstorbenen und die Dattelpalme mit seiner Ehefrau als Nut gleichgesetzt.[32] Beide trinken häufig in Gestalt von Ba-Vögeln aus einem Teich im Schatten der Palme, womit auch hier das Gartenmotiv der Sargtexte wieder anklingt. Dementsprechend stießen Archäologen in den Vorhöfen der Gräber auf Reste dort gepflanzter Dattelpalmen, aber auch auf solche von Dumpalmen.

Bereits seit der 5. Dynastie sind die ersten Palmsäulen in der Monumentalarchitektur, und zwar in den Pyramidentempeln, belegt (Abb. 83). Theologisch wurden Säulen als Himmelsstützen interpretiert.[33]

*Abb. 81:*
*Dumpalme nahe des Osttores des Großen Amun-Tempels in Karnak.*

*Abb. 83 >:*
*Ruinen des Taltempels der Pyramidenanlage des Unas (5. Dynastie) in Sakkara. Als Architekturelemente wurden auch Granitsäulen mit Palmkapitellen verwendet.*

*Abb. 82, unten:*
*Heiliger Bezirk mit Dattelpalmen und Sykomoren neben einem Teich und mehreren Kapellen unterägyptischen Stils (Kalkstein, Höhe: 28 cm, Breite: 68 cm); Teilrelief einer privaten Grabdekoration aus der 18. Dynastie (Neues Reich). Museum August Kestner Hannover (Inv.-Nr. 1935.200.174).*

# Heilige Bäume

## Die Natur und die Götter

### Die Akazie als Geburtsort von Göttern

In Heliopolis ist dem Schöpfergott Atum als weibliches Schöpfungsprinzip die Göttin Juesaes beigesellt. Pyramidentextspruch 519 berichtet nun, wie Horus aus den Haaren der Juesaes geboren wird. Mit den Haaren dieser Göttin sind eigentlich die Zweige einer Akazie gemeint, die im heliopolitanischen Heiligtum der Juesaes gestanden hat.[34] Deutlich wird bei dieser Vorstellung zum einen das typisch ägyptische Denken in Analogien – hier eine solche von Körper und Baum – sowie das Motiv der Geburt auf dem Baumwipfel als Archetyp ägyptischen Denkens. Notwendigerweise führt dann das Geburtsmotiv zur Gleichsetzung des jeweiligen Heiligen Baumes mit einer Muttergottheit.

### Heilige Bäume und Osiris

Neben der Sykomore, der Palme und der Akazie spielen auch andere Baumarten in der ägyptischen Mythologie eine Rolle, so zum Beispiel die Zeder im Osiris-Mythos, wie er nach Plutarch überliefert ist. Die Leiche des Osiris (Abb. 86) wird hiernach in Byblos angeschwemmt, und eine Zeder wächst über seinen Sarg und verbirgt ihn. Auch der mit Osiris verbundene Meri-Baum, der nach einem späten Text aus ihm entsteht, wird als Zedernart gedeutet.[35]

Zu den Schutzgöttern in der Leichenhalle des Osiris, wie sie uns in einem späten Ritual überliefert sind, gehört „Der-unter-seinem-Ölbaum", wobei es sich bei dem Baum wahrscheinlich um einen Moringa-Baum handelt.[36]

### Der Isched-Baum in Heliopolis und das Königtum

Der Isched-Baum ist aus dem Obeliskenhaus in Heliopolis, der Sonnenstadt, als „Isched, der sich neben Re spaltet" bekannt. Der Name erklärt sich als Anspielung auf einen Mythos, demzufolge dieses im Zusammenhang mit der Besiegung der Sonnenfeinde im Osten des Himmels geschah.[37] Bei diesem Baum handelt es sich nicht, wie früher angenommen, um den Persea-Baum, sondern um die Wüstendattel (*Balanatis aegyptiaca*).

Darstellungen in den Tempeln zeigen, wie durch die Göttin Seschat, die göttliche Herrin der Schrift und der Bücherhäuser, und den Gott Thot, in seiner Eigenschaft als Herr der Zeit und Rechner der Jahre, die Namen des Königs auf den Blättern und Früchten dieses Baumes aufgezeichnet werden, wodurch bildhaft die göttliche Legitimation des Königtums und die göttliche Bestimmung der Regierungsdauer des Herrschers zum Ausdruck gebracht werden (Abb. 84).

### Weide, Mond und Nilschwelle

Manchmal stehen Bäume auch in einer Beziehung zu Zyklen des Himmels und der Natur, wie es sich am Beispiel der Weide zeigt. In der Zeit nach der Sommersonnenwende drehen sich ihre Blätter, und sie bekommt durch die nunmehr sichtbaren Blattunterseiten eine silbergraue Färbung. Da in dieser Zeit die Nilschwelle begann, brachte man dieses Phänomen mit der Nilschwelle und dem ersten Neumond nach der Sommersonnenwende in Zusammenhang und sah in der Weide einen Vorboten der Nilschwemme. In der Mythologie ist die Weide auch der Ort, an dem der Phönix in der Stadt Heliopolis geboren wurde. Hier gab es in einem Tempel eigens einen Raum, in dem das Ritual des „Aufrichtens der Weide" durchgeführt wurde, eine Handlung, die der Unterstützung der Mondphasen und der – nach ägyptischer Anschauung – durch sie bestimmten Naturzyklen diente.[38]

*Abb. 84:*
*Thot und Seschat beschreiben den Isched-Baum, worin König Ramses' II. thront. Umzeichnung einer Darstellung im Totentempel Ramses' II. (19. Dynastie) in Theben-West.*

# Heilige Bäume

## Bäume und Kultbezirke

Durch die Mythologie begründet, fanden Heilige Bäume Eingang in spezielle Kultbezirke, über die als Annex zumindest die jeweiligen Haupttempel der Metropolen des Landes verfügten und mit ihnen in einer kultischen Verbindung standen. Zusammen mit einem mythischen Osiris-Grab, den Urgöttergräbern, der Nekropole für die jährlich angefertigten Osiris-Figuren aus Getreide und Lehm, und dem Heiligen See bildeten die Heiligen Bäume einen wesentlichen Bestandteil dieser Heiligen Stätten.[39]

Eine der bekanntesten Stätten dieser Art, über die bereits die antiken Schriftsteller berichten, ist das Abaton auf der Insel Bigge, am Südende des 1. Nil-Kataraktes. Hier auf Bigge wie auch in den anderen Heiligen Stätten des Landes beschattete ein Heiliger Baum ein mythisches Osiris-Grab, wie uns verschiedene Darstellungen auch zeigen (Abb. 85).[40]

Anzahl und Art der Bäume sind von Ort zu Ort verschieden und stehen wohl in Beziehung zu den lokalen Mythen. Am häufigsten sind Akazie, Christusdorn und Wüstendattel vertreten.[41] Die Bedeutsamkeit der Heiligen Bäume zeigt sich auch darin, dass gelegentlich ein Heiliger Baum sogar namengebend für den Kultbezirk sein kann, so z. B. im damals östlichsten Distrikt Unterägyptens, wo die Heilige Stätte „Stätte des Christusdornbaumes" heißt.[42]

*Abb. 85: Akazie auf dem Osireion von Karnak. Umzeichnung einer Darstellung im Gebäude des nubischen Königs Taharka (25. Dynastie) im Großen Amun-Tempel von Karnak.*

*Abb. 86: Gott Osiris (Bronze, vergoldet mit Einlagen aus verschiedenen Materialien, Höhe: 28,3 cm, Breite: 8,8 cm, Tiefe: 4,8 cm), Spätzeit. Museum August Kestner Hannover (Inv.-Nr. 2448).*

## Kraft und Macht der Heiligen Bäume

Diese mit den Heiligen Stätten verbundenen Bäume waren als unantastbar mit einem Fällverbot belegt; erlaubt war es jedoch, Zweige abzuschneiden, die im Tempelkult den Göttern als Gebinde dargebracht wurden, damit die Kräfte der Heiligen Bäume den Göttern zuteil wurden.[43] Auch Götterstatuen erhielten ihre Macht und Kraft daraus, dass sie aus der Holzart des lokalen Heiligen Baumes bestehen, ebenso auch andere Kultobjekte.

Heilige Bäume bildeten auch die Hoheitszeichen einiger Distrikte Ägyptens, gelegentlich durch Arme anthropomorphisiert, wie uns Darstellungen zeigen. Als Hoheitszeichen mit Armen versehene Bäume im Grab des Ptahhotep aus der 5. Dynastie in Sakkara stellen die ältesten fassbaren Darstellungen Heiliger Bäume in Ägypten dar (Abb. 87).

*Abb. 87:*
*Anthropomorphisierter Baum auf einer Gau-Standarte innerhalb einer Darstellung im Grab des Wesirs Ptahhotep (5. Dynastie) in Sakkara.*

*Abb. 88 >:*
*Dumpalme im Großen Amun-Tempel von Karnak.*

## Anmerkungen

1. Vergleiche Baum, S. 183-196.
2. Es handelt sich um den Papyrus pBerlin P.29027: siehe von Lieven, S. 169-172.
3. Siehe Billing, Nut, S. 225-226; Hermsen, S. 30-31. Zu diesem wohl abgestorbenen Baum siehe unten.
4. Siehe Billing, Nut, S. 224; Hermsen, S. 32-33: „Die hohen Hügel geben ihn [dem König] (...) an jene hohe Sykomore des östlichen Horizontes, die bebt, auf der die Götter sitzen, weil König NN wirklich der lebende Horus ist, der das Firmament öffnet."
5. Sargtextspruch 159: „Ich kenne diese beiden Sykomoren, die aus Türkis sind, aus denen Re hervorkommt (...)" Siehe Billing, Nut, S. 206-207; Hermsen, S. 90-91.
6. Vergleiche Billing, Nut, S. 202-203. Zum Kontext in der Grabdekoration Billing, Nut, S. 262-265.
7. Vergleiche Billing, Image, S. 40.
8. Vergleiche Hermsen, S. 105-108.
9. Vergleiche Billing, Nut, S. 222-223; Hermsen, S. 36-39.
10. Siehe Hermsen, S. 95-97.
11. Zitiert nach Hornung, Totenbuch, S. 129; vergleiche Billing, Image, S. 45.
12. Siehe Hermsen, S. 92-94; Hornung, Totenbuch, S. 138 (Spruch 64).
13. Totenbuch-Vignetten sind standardisierte Illustrationen, welche die im Text enthaltenen Aussagen ergänzen oder eine eigene inhaltliche Aussage formulieren.
14. Vergleiche Billing, Image, S. 37.
15. Siehe Moftah, Sykomore, S. 40-42; vergleiche Hermsen, S. 74-76.
16. Siehe Billing, Nut, S. 228; Billing, Image, S. 39, S. 43.
17. Siehe Hermsen, S. 98. Im Totenbuch (Tb 68) befindet sich Hathor hingegen unter ihrem *jmꜣ*-Baum: Hermsen, S. 100; Hornung, Totenbuch, S. 144 und S. 145, Abb. 36.
18. Siehe Billing, Nut, S. 230-231.
19. Vergleiche Billing, Nut, S. 229; Billing, Image, S. 43. Hathor ist „Herrin der Sykomore" oder „Herrin des *jmꜣ*-Baumes" so wie sie auch „Herrin des Himmels" ist; diese Bäume sind jedoch keine Manifestationen der Göttin selbst. Umgekehrt wird eine Baumgöttin auch niemals als *jmꜣ*-Baum dargestellt.
20. Diese Passage lässt die Muttergotteigenschaften der Baumgöttin besonders klar hervortreten. Vergleiche auch die berühmte Darstellung der säugenden Baumgöttin im Grab Thutmosis' III. Dort heißt die Baumgöttin, sicher in Anspielung auf den Namen der irdischen Mutter des Königs, Isis.
21. Vergleiche Billing, Nut, S. 247-248 und S. 360, Abb. C.4.
22. Vergleiche Billing, Image, S. 38, S. 46-48. Damit verfügt sie über weitgehend ähnliche Qualitäten wie der heliopolitanische Schöpfergott Atum. Siehe auch Billing, Nut, S. 233-234, S. 243, S. 310, S. 314.
23. Die „räumlichen" Darstellungen der Nut mit ausgebreiteten Armen an den Unterseiten der Sargdeckel oder die Trennung von Geb und Nut durch Schu erschweren jedenfalls die Interaktion der Göttin mit Stiftern, Mittlern oder Verstorbenen.
24. Vergleiche Billing, Nut, S. 234, und Hermsen, S. 116-117. Beide verweisen auch auf den Gleichklang von „Ei" *swht* und „Luft" *swh*.
25. Vergleiche Auswertung bei Billing, Nut, S. 259-261.
26. Vergleiche Billing, Nut, S. 255; Hermsen, S. 119-120.
27. Vergleiche Billing, Nut, S. 288-293.
28. Vergleiche Billing, Nut, S. 300-305.
29. Vergleiche von Falck/Martinssen-von Falck, S. 104.
30. Siehe Billing, Nut, S. 227-228; Gamer-Wallert, Sp. 658; Hermsen, S. 110-111.
31. Vergleiche Gamer-Wallert, Sp. 657.
32. Vergleiche Billing, Nut, S. 267-272.
33. Vergleiche Hermsen, S. 45-48, S. 51-53.
34. Vergleiche Hermsen, S. 78-80.
35. Vergleiche von Lieven, S. 170.
36. Vergleiche Baum, S. 129 ff.
37. Siehe Hornung, Totenbuch, S. 68 (Spruch 17).
38. Vergleiche Erroux-Morfin, S. 293 ff.
39. Vergleiche Waitkus, S. 131-132.
40. Vergleiche Junker, passim.
41. Vergleiche Aufrère, S. 121 ff.
42. Siehe de Rochemonteix/Chassinat, S. 335, (11); vergleiche Aufrère, S. 183 ff.
43. Vergleiche El-Kordy, S. 269 ff.

*Abb. 89: Duftender und blühender Sellerie, Kornblumen und Ölbaumblätter zu Girlanden geflochten, wie sie auf der Brust der Mumie des Tutanchamun lagen. Rekonstruktionsidee: Marina Heilmeyer; Ausführung: Sigrid Weiß und Marina Heilmeyer.*

# Amarnas blaue Blumen

Marina Heilmeyer

## Die Natur und die Götter

Die kleineren und größeren Gartenanlagen und Gartenhöfe von Amarna mit ihren unterschiedlich großen Wasserbecken lassen erahnen, welche Rolle die Kühle des Wassers und der Schatten der Bäume im täglichen Leben der Königsfamilie und der reichen Oberschicht spielten.

Malereien auf den Wänden und den Fußböden der Häuser gewähren einen Einblick in die Pflanzenwelt dieser Gartenanlagen. Neben den roten Mohnblüten und den gelben Kronwucherblumen fallen vor allem die blaue ägyptische Lotusblüte und die Kornblume auf. Garten und Blumenschmuck dienten jedoch nicht nur der Erholung und dem ästhetischen Genuss, sondern waren auch verbunden mit religiösen Vorstellungen. Die Blumen aus den Gärten dienten zu kultischen Handlungen und zum Schmuck der Tempel und Altäre ebenso wie zur Ausstattung von Festen und Feiern.

Blumenopfer haben eine lange Tradition in Ägypten und lassen sich seit der 5. Dynastie nachweisen. Nach einer der vielen Schöpfungsgeschichten war die aus den Urwassern auftauchende Lotusblüte die Wiege der Sonne.

Mit Beginn des Neuen Reiches traten neben der Lotusblüte auch andere Blumen in Erscheinung. Kunstvoll gebundene Sträuße wurden an Götter wie Menschen überreicht, in der Hoffnung, dass sie Glück und Segen bringen möchten (Abb. 90). Gastgeber reichten ihren Gästen kunstvoll aus frischen Blüten und Blättern gefertigte Halskragen. Zum rituellen Totenmahl schmückte man sich mit frischen Kränzen, und auch die Toten wurden für ihre Reise ins Jenseits mit Girlanden, Kränzen und Blütenkragen ausgestattet. Durch lange Listen ist die unendliche Zahl der Sträuße belegt, die den Göttern täglich in den Tempeln geweiht wurden.

### Kornblume und blaue Lotusblüte

Betrachtet man die in Amarna erhaltenen Malereien und Reliefs und die vielen Gegenstände des Kunsthandwerks, so scheint in dieser Zeit zwei blau blühenden Pflanzen eine ganz besondere Begeisterung gegolten zu haben. Der blauen Teichrose mit dem botanischen Namen *Nymphaea caerulea* und der Kornblume oder *Centaurea depressa* wurde anscheinend eine besondere Verehrung entgegen gebracht.

Bemalte Fußböden zeigen in Amarna blaue Teichrosen in den zahlreichen Wasserbecken der Palastgärten und Büsche mit dunkelblauen Kornblumen, die am Rand der Wasserflächen in voller Blüte stehen. Dabei erfordert eine gleichzeitige Blüte dieser beiden Pflanzen hohes gärtnerisches Wissen und Können. Denn die natürliche Blütezeit der auch als „Blauer ägyptischer Lotus" bezeichneten Teichrosen hängt vom Wasserstand des Nils ab. Das heißt, dass ihre Blüte in der Natur mit dem Steigen des Wassers im Juli beginnt und mit seinem Rückgang im November zu Ende geht – wie Beobachtungen im Deltagebiet des Nils belegen.[1]

Die Kornblume blüht in Ägypten bereits im März und April (Abb. 91). Da sie auf große Hitze sehr empfindlich reagiert, wird auch Gärtnerkunst hier keine wesentliche Veränderung der Blütezeit bewirkt haben. Anders sieht es bei den Teichrosen aus. Mit einem konstanten Wasserspiegel in den Gartenteichen, vor allem aber mit wohldosierter Zugabe von Rinderdung[2], lässt sich die Blütezeit des Blauen wie des Weißen Lotus deutlich verändern.

*Abb. 90: König Echnaton (18. Dynastie) beim Blumenopfer vor dem Gott Aton (Kalkstein, Höhe: 13,8 cm, Breite: 15,6 cm), aus Haus P 49.1 in Amarna. Ägyptisches Museum und Papyrussammlung Berlin (Inv.-Nr. 22265).*

### Amarnas blaue Blumen

*Abb. 91: Kornblume (Centaurea depressa), die um 1300 v. Chr. die Gärten Ägyptens eroberte.*

*Abb. 93: Kornblumen. Umzeichnung einer bemalten Kachelscherbe aus Fayence aus der Dienstvilla des Panehesi in Amarna; heute im Ägyptischen Museum Kairo.*

Nur eine hohe Kunst der Pflanzenkultivierung erklärt die vielen Gebinde und Girlanden, in denen Blauer Lotus und Kornblumen gemeinsam verwendet wurden.[3]

Dass diese künstlichen Bedingungen nicht nur von den Gärtnern in Amarna geschaffen werden konnten, sondern mindestens in der Thebais zwischen 1450 und 600 v. Chr. weit verbreitet waren, bestätigt sich nicht nur in Abbildungen in der Kunst, sondern vor allem durch die floristischen Meisterwerke, die sich dank des extrem trockenen Klimas von Ägypten bis heute erhalten haben: Ein besonders schönes Exemplar dieser Kunst, das die Gemeinsamkeit von Kornblume und blauer Lotusblüte eindrucksvoll vor Augen führt, ist ein auf dem Leinentuch über dem zweiten Goldsarg des Tutanchamun (18. Dynastie) angebrachter Stirnkranz. Die Teilrekonstruktion dieses Kranzes zeigt, wie wunderbar sich vor dem alternierenden Graugrün der Ölbaumblätter das zarte Blau der Seerose mit dem kräftigen Violettblau der Kornblumen verbindet (Abb. 92).

*Abb. 92: Teil eines Stirnkranzes, wie er auf dem zweiten Sarg des Tutanchamun über Uräus- und Geierkopf angebracht war. Gefertigt aus Kornblumen (Centaurea depressa), Blütenblättern des Blauen Lotus (Nymphaea caerulea) und Ölbaumblättern (Olea europea). Rekonstruktionsidee: Marina Heilmeyer; Ausführung: Sigrid Weiß und Marina Heilmeyer.*

*Abb. 94: Blütengirlande aus duftendem Steinklee (Melilotus officinalis) und Kornblumen (Centaurea depressa), wie sie über dem Sarkophag des Cha angebracht war, der unter Thutmosis III. (18. Dynastie) als Architekt arbeitete. Rekonstruktionsidee: Marina Heilmeyer; Ausführung: Sigrid Weiß und Marina Heilmeyer.*

Das Blau der Kornblume war zur Zeit Echnatons und Tutanchamuns noch immer eine Sensation in der Farbenskala ägyptischer Blütenträume. Ihre Ankunft in Ägypten lässt sich gut datieren. Erstmals ist sie im „Botanischen Garten" Thutmosis' III. (1479-1426 v. Chr.) abgebildet. Hier ist sie im Großen Festtempel von Karnak unter den Darstellungen seltener Pflanzen auf den Wandreliefs zu finden.[4] Schnell muss sie sich in den Gärten ausgebreitet haben, denn bereits aus der Zeit Amenophis II. (1428-1397 v. Chr.) sind aus dem unversehrten Grab eines Architekten namens Cha Girlanden und Blütenkränze erhalten, die mit Kornblumen reich verziert waren (Abb. 94).[5]

Die Verwendung des aromatischen Steinklees (*Melilotus officinalis*) als grüner Hintergrund für die duftlosen Kornblumen in den Blütenkränzen des Architekten ist bisher einmalig unter dem erhaltenen Blumenschmuck aus Ägypten (Abb. 96).

## Blumenschmuck aus ägyptischen Gräbern
*Die Sammlung Schweinfurth*

Für die Erforschung der Blumen des pharaonischen Ägypten war 1881 der Fund der sogenannten „Cachette" von Deir el-Bahari/Theben-West von großer Bedeutung.[6] Die hier entdeckten Mumien der wichtigsten Könige des Neuen Reiches waren mit zahlreichen Blütengirlanden und Kränzen geschmückt. Diese archäobotanischen Fundstücke überreichte der damalige Direktor des An-

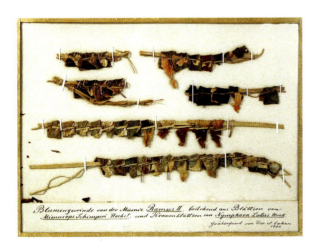

*Abb. 95:*
*Blumengewinde von der Mumie Ramses' II. (19. Dynastie; aus dem Gräberfund von Deir el-Bahari, 1881); bestehend aus Blättern von Mimusops laurifolia und Kronenblättern von Nymphaea lotus. Botanischer Garten und Botanisches Museum Berlin-Dahlem, Freie Universität Berlin (Sammlung Schweinfurth Nr. 238).*

**Amarnas blaue Blumen**

*Abb. 96: Halskragen einer Statuette aus dem Grab des Cha (18. Dynastie) in Theben-West. Der Blütenkragen ist gebunden aus blühendem Steinklee (Melilotus officinalis) und Kornblumen (Centaurea depressa) über Papyrusmark. Rekonstruktionsidee: Marina Heilmeyer; Ausführung: Sigrid Weiß und Marina Heilmeyer.*

tikendienstes in Kairo, Gaston Maspero, dem deutschen Botaniker Georg Schweinfurth, der sich seit 1863 in Ägypten aufhielt. Schweinfurth verfügte über das botanische Wissen, um die Pflanzen alle zu identifizieren, und über das technische Können, die erhaltenen Pflanzenreste so zu präparieren, dass sie für die Nachwelt erhalten blieben. In seinen Aufzeichnungen von 1884 bedauert er nur, dass die vegetabilen Zeugnisse der Vergangenheit von den Ausgräbern nicht sorgfältiger behandelt wurden. Begeistert aber ist er über die Funde, von denen er schreibt: „Dieser Gräberfund hat für die Kenntnisse des Kulturlebens der alten Ägypter besondere Bedeutung durch die Fülle von natürlichem Blumenschmuck, der an den Mumien angebracht war und der sich in so vollkommner Weise erhalten hat, dass die botanische Untersuchung der dreitausendjährigen Blatt- und Blütenteile nichts zu wünschen übrig lässt."

Seit 1883 hat Schweinfurth immer wieder Pflanzenreste aus vielen Grabungen in Ägypten zur Bestimmung erhalten, so auch einen Teil eines kleinen Kranzes aus Ölbaumblättern und Kornblumen. Er stammt aus einer Grabanlage in Schech Abd el-Qurna/Theben-West, wo die soziale Oberschicht der Thutmosidenzeit und die Familien hoher Beamter aus der unmittelbaren Umgebung des Königshofes begraben wurden.

Dieses Kranzstück ist deswegen so wichtig für die Geschichte der Blumengebinde in Ägypten, weil es in Flechttechnik und Zusammensetzung der Pflanzen den Kränzen aus dem Grab des Tutanchamun gleicht, die durch die ungünstigen Bedingungen im Grab, bald nach ihrer Entdeckung, zu Staub zerfallen sind (Abb. 97).

*Abb. 97:*
*Blumenkranz, wie er um Uräus- und Geierkopf auf dem äußersten Sarg des Tutanchamun (18. Dynastie) lag. Er ist geflochten aus Kornblumen (Centaurea depressa) und alternierend mit Blattober- und unterseiten von Ölbaumblättern (Olea europea). Rekonstruktionsidee: Marina Heilmeyer; Ausführung: Sigrid Weiß und Marina Heilmeyer.*

## Die Natur und die Götter

Abb. 98:
Blütenhalskragen aus dem Balsamierungsdepot KV 54 im Tal der Könige/Theben-West mit Blättern des Mimusops laurifolia, Blüten der Centaurea depressa und Beeren der Withania somnifera. Rekonstruktionsidee: Marina Heilmeyer; Ausführung: Sigrid Weiß und Marina Heilmeyer.

In der reichen Sammlung von Georg Schweinfurth finden sich Kornblumen aus Gräbern von der 18. Dynastie (um 1450 v. Chr.) bis zur 26. Dynastie (um 600 v. Chr.). Er konnte so die genaue Art dieser beliebten Pflanzen bestimmen. Es handelt sich um die orientalische Kornblume (*Centaurea depressa*) mit ihren besonders dicken und farbintensiven Blütenköpfen (Abb. 91). „In der heutigen Flora von Ägypten sowie in den zunächst angrenzenden Ländern fehlt diese Art, die als Unkraut von Kornfeldern in allen Theilen von Kleinasien, Armenien, Persien, Afghanistan, Belutschistan und Westthibet verbreitet erscheint.",[7] schreibt Schweinfurth.

Obwohl die Kornblume früh neben dem Blauen Lotus Verwendung fand, wird immer wieder in der Literatur die Meinung geäußert, die Kornblumen seien zufällig als Ackerunkraut dem nach Ägypten eingeführten Getreide beigemischt gewesen. Betrachtet man aber die Begeisterung für diese blauen Blumen, wie sie sich in Malerei, Kunsthandwerk und Floristik zeigt, dann kann es sich nur um die sehr bewusste Einführung auffallend schöner Blüten gehandelt haben.

Das Blau der Kornblume dominiert geradezu in den Halskragen, den Girlanden und Kränzen, die zu Ehren des Tutanchamun hergestellt wurden. So-

Abb. 99:
Blütenhalskragen von der in Schech Abd el-Qurna/Theben-West von Ernesto Schiaparelli entdeckten Mumie eines Mannes namens Kent, der vermutlich um 1100 v. Chr. (20. Dynastie) lebte. Sein Name war auf seinem Sarg verzeichnet. Der Blumenschmuck aus blühendem Sellerie (Apium graveolens) und Kornblumen (Centaurea depressa) lag auf seiner Brust.
Rekonstruktionsidee: Marina Heilmeyer; Ausführung: Sigrid Weiß und Marina Heilmeyer.

wohl auf dem Brustschmuck der Königsmumie wie auch auf den Blütenkragen, die von Würdenträgern bei seinen Begräbnisfeierlichkeiten umgelegt wurden, ist die Kornblume sogar stärker vertreten als die blaue Lotusblüte. Dies gilt auch für den Schmuck der Statuen und Statuetten im Grab des Tutanchamun, die fast alle Blütengirlanden aus Ölbaumblättern und Kornblumen tragen. Selbst Anubis, der Wächter, hatte zwei Girlanden mit Kornblumen um den Hals.

Der duftlosen Kornblume wurde als grüner Hintergrund gerne stark duftendes Blattwerk beigegeben, wie der blühende Steinklee im Grab des Cha oder der blühende Sellerie auf dem mumifizierten Körper eines Mannes namens Kent (Abb. 99).

Auch in der 21. Dynastie ist die Kornblume in vielen Blütengebinden präsent.[8] Letzte Exemplare sind in Girlanden aus der 26. Dynastie zu finden. Danach verschwindet ihr Blau aus den Blumengebinden.

## Ägyptens blaue Lotusblüte

Gegen das schöne Blau der Kornblume konnte die blaue Lotusblüte (*Nymphaea caerulea*, Abb. 100) ihren Duft, ihre raffinierte Farbigkeit und die mit ihrem Blühverhalten zusammenhängende Bedeutung setzen.

Wann immer Lotusblüten im rituellen Bereich auftauchen, nehmen sie Bezug auf den Urlotus und den damit verbundenen Mythenkreis. Nach einer ägyptischen Schöpfungsgeschichte war der Blaue Lotus die erste Pflanze, die aus dem Urwasser entstanden ist, und in deren Blüte die Sonne verborgen war. „Ich bin jene reine Lotusblüte, die hervorging aus dem Lichtglanz des Sonnengottes", heißt es in alten Texten.[9]

Wie eine Aura umgibt die blaue Lotusblüte ein Wohlgeruch, der entfernt an die Süße der Hyazinthen erinnert. An drei aufeinander folgenden Tagen öffnet sich ihre Blüte mit den ersten Sonnenstrahlen, um sich abends wieder zu schließen und ins Wasser zurückzusinken. Dann reift ihre Frucht für den neuerlichen Beginn des Kreislaufs heran. In diesem Ablauf sah man symbolhaft den Zyklus der Sonne und des Lebens reflektiert.

Über einen langen Zeitraum war es in Ägypten üblich, die toten Könige mit den Blüten der duftenden blauen Seerosen zu schmücken. So lagen auf der Mumie von Ramses II. (19. Dynastie) neben vielen Reihen von Girlanden noch mindestens 20 ganze Seerosenblüten. In diesen Girlanden sind erstmals nicht nur Blütenblätter der blauen, sondern auch solche der weißen Teichrosen und die glänzend grünen Blätter des Mimusops verwendet worden.

Die weiße Lotusblüte (*Nymphaea lotus*, Abb. 101) gehört zur faszinierenden Gruppe der nachts blühenden Pflanzen: Sie öffnet ihre duftlosen Blüten in den Abendstunden, um sie am Morgen zu schließen, wenn ihre nahe Verwandte, die blaue Teichrose, zu blühen beginnt. So sind in den Girlanden von Ramses II. zwei Blüten vereint, die Tag und Nacht verbinden und damit den ewigen Zyklus des Lebens in perfekter Weise versinnbildlichen.

Einmal abgeschnitten und aus dem Wasser geholt, schließen sich die Blüten des Blauen wie des Weißen Lotus sehr rasch. Um diesem Prozess zuvorzukommen, haben die ägyptischen Floristen die Lotusblüten auseinandergenommen und die Blütenblätter einzeln verwendet, wie dies bei den Girlanden des Ramses II., aber auch auf dem Kranz aus dem Grab des Tutanchamun sehr schön zu beobachten ist.

*Abb. 100: Der mittäglichen Sonne zugewandte Blüte einer blauen Teichrose (Nymphaea caerulea).*

*Abb. 101: Am späten Abend und nachts blühende weiße Teichrose (Nymphaea lotus).*

Die Natur und die Götter

Abb. 102:
Blumenhalskragen in Grüntönen, wie er im Balsamierungsdepot KV 54 in der Nähe des Grabes des Tutanchamun gefunden wurde. Der Original-Kragen befindet sich heute im Metropolitan Museum of Art in New York. Die Rekonstruktion aus Schlafbeeren (Withania somnifera), Ölbaumblättern (Olea europea), Mimusops-Blättern (Mimusops laurifolia) und Blättern des Sellerie (Apium graveolens) ist im Botanischen Museum Berlin-Dahlem ausgestellt.
Rekonstruktionsidee: Marina Heilmeyer; Ausführung: Sigrid Weiß und Marina Heilmeyer.

Leider sind aus den Gräbern von Amarna keine Pflanzenreste geborgen worden. Einzig aus einem Haus in der Stadt ist ein Blütenhalskragen erhalten, der sich heute im Ashmolean Museum in Oxford befindet.[10] Der Kragen ist zusammengefaltet und noch voller Harz, sodass eine Analyse der verwendeten Pflanzen schwierig ist. Erkennbar sind einige Reihen mit Olivenblättern (Olea europea), Blättern des Mimusops (Mimusops schimperi)[11] sowie vermutlich mit Blättern des Sellerie (Apium graveolens). Das heißt, es handelt sich um einen Halskragen in Grüntönen, wie ihn auch einer der an den Bestattungsfeierlichkeiten für Echnatons Sohn Tutanchamun beteiligten Würdenträger getragen hat (Abb. 102).[12]

## Neue Blüten – Neue Farben

Bei der Verwendung von Farben in der Blumenkunst ist zu beobachten, dass das intensive Blau der Kornblumen nur bis um 700 v. Chr. beliebt war. Auch das zarte Blau der Teichrosen fand dann nur noch wenig Verwendung. Dagegen traten mit dem zunehmenden Einfluss von griechischer und römischer Kultur Blüten in Rottönen in den Vordergrund. Dies wird gewiss nicht nur mit der Verfügbarkeit der Pflanzen und mit der Einfuhr neuer Blumen, wie Indischem Lotus (Nelumbo nucifera) oder Rosen (Rosa sancta), zu tun haben. Die Einflüsse und Ideen neuer Philosophien und Religionen mögen sich ebenfalls ausgewirkt haben.

So bleibt die Verbindung von Kornblume und blauer Lotusblüte eine Besonderheit der Zeit der 18. bis 20. Dynastie, mit einem deutlichen Schwerpunkt für die Kornblume in den Gärten und Häusern von Amarna. Die blaue Blume der Romantik – so könnte man sagen – hat schon Nofretete gefallen.

Anmerkungen
[1] Herbarbelege aus der Sammlung von Prof. Loutfy Boulos in Kairo belegen Blühdaten der *Nymphaea caerulea* aus dem Deltagebiet des Nil in den Jahren 1922-1927 vom 30. Juli bis zum 30. November.
[2] Auskunft von Daniela Bunde, Reviergärtnerin für Wasserpflanzen, Botanischer Garten und Botanisches Museum Berlin.
[3] Krauss, Bestattungszeit, S. 230.
[4] Beaux, S. 91.
[5] Schiaparelli, S. 65, Abb. 32.
[6] Maspero, Momies, S. 559.
[7] Georg Schweinfurth, in: Bot. Jahrbücher, Band 5, 1884, S. 193.
[8] Blütengirlanden der Nsi Chonsu, siehe Germer, Pflanzenreste, S. 11-12.
[9] Hornung, Totenbuch, S. 167.
[10] Germer, Blütenhalskragen, S. 90.
[11] Es handelt sich um eine in Äthiopien heimische, heute in Ägypten ausgestorbene Baumart, für die es keine deutsche Bezeichnung gibt.
[12] KV 54 im Tal der Könige, ausgegraben 1907 von Edward Ayrton und Theodore M. Davis.

Abb. 103 >:
Nach Hyazinthen duftende blaue Lotusblüte (Nymphaea caerulea).

# Gartendarstellungen in Gräbern

Wafaa el-Saddik

## Die Natur und die Götter

Das Interesse an altägyptischen Gartendarstellungen besteht schon seit mehr als einhundert Jahren. Viele der Bäume und ein Teil der Gartenpflanzen lassen sich heute identifizieren. Diese Gärten sind durch Texte, aber insbesondere durch Darstellungen in Gräbern bezeugt. Hausmodelle mit Bäumen und Wasserbecken bilden eine weitere Quelle. Archäologisch lassen sich Baumgruben und Wasserbecken nachweisen, die in geschlossenen Höfen liegen. Solche Gärten gehörten zur Ausstattung der villenartigen Gehöfte der Oberschicht.

Die Wandmalereien in den Gräbern des Neuen Reiches dokumentieren vier verschiedene Arten von Gärten: Tempel- und Palastgärten, Grab- und Privatgärten. Hier sollen nur einige der Privat- und Grabgärten aus dem Neuen Reich vorgestellt werden, die in der Hauptstadt Theben angelegt wurden. Sie zeugen von dem feinen ästhetischen Empfinden der alten Ägypter, das gepaart war mit praktischem Nutzen, von dem Wunsch nach Entspannung und Erholung, aber auch von den Jenseitsvorstellungen, die mit den Gärten verknüpft waren.

### Der Garten des Ineni, Bürgermeister von Theben (TT 81)

Das Grab des Ineni bietet das älteste Beispiel einer Gartendarstellung aus dem Neuen Reich (Abb. 106).[1] Als Bauleiter sowie als Bürgermeister von Theben gehörte Ineni zur Elite. Er konnte sich ein sogenanntes Saff-Grab anlegen, bestehend aus einem Vorhof mit Pfeilerreihe und einer dahinter liegenden unterirdischen Grabkammer. Die wettergeschützte Rückseite eines Pfeilers trägt eine schematische Darstellung von Inenis Wohnhaus mit dem dazugehörenden großen Garten, insgesamt ein herrschaftliches Anwesen.

Das unterste Register zeigt eine Umfassungsmauer mit einer Wellenkrone; vermutlich ist das gesamte Grundstück von einer Mauer umgeben, auch wenn sie nicht auf allen Seiten im Bild erscheint. Zwei Türen führen durch die Mauer; dahinter ist die Hausfassade mit Fenstern dargestellt, neben dem Haus stehen Getreidesilos und Magazine.

Im zweiten Register von unten liegt ein Teich inmitten schematischer Baumreihen. Dumpalmen sind an ihren gegabelten Stämmen zu erkennen; die Laubbäume sind eher summarisch wiedergegeben. Ein Gärtner schöpft Wasser aus einem Teich; er führt ein Joch bei sich, mit dem er die gefüllten Gefäße trägt.

*Abb. 105: Priester, die Opfergaben zu einem Grab tragen (Kalkstein, Höhe: 35 cm, Breite: 51 cm), Ende 18./ Anfang 19. Dynastie. Museum August Kestner Hannover (Inv.-Nr. 1935.200.176).*

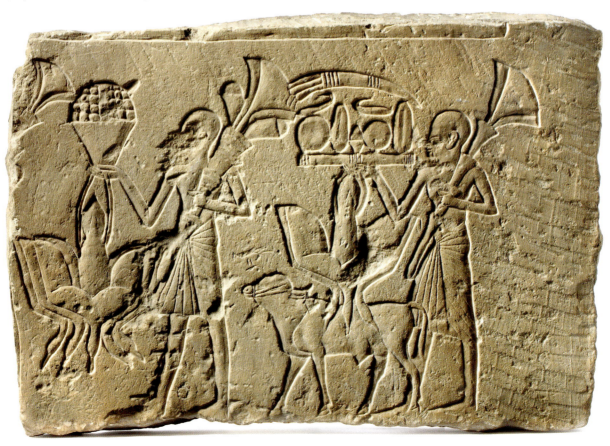

# Gartendarstellungen in Gräbern

*Abb. 106: Baumgarten mit Teich und Kiosk auf dem Anwesen des Ineni. Gemäß einer Beischrift gehörten fast 500 Bäume (darunter Sykomoren, Persea-Bäume sowie Dattel- und Dumpalmen) zum Gehöft. Umzeichnung einer Darstellung im Grab des Ineni (18. Dynastie) in Theben-West (TT 81).*

Im dritten Register sitzen Ineni und seine Frau in einer Laube; ein Gärtner bringt zwei Krüge mit Wasser.

Ein Text über der Laube beschreibt die Funktion, die der Garten für den im Jenseits weiter existierenden Ineni haben soll: „Seinen Garten im Westen durchqueren, sich erfrischen unter seinen Sykomoren, diese schönen Bäume sehen, die er auf der Erde gepflanzt hat in der Gunst dieses edlen Gottes, Amun, Herr von Karnak."

Mit dem „Garten im Westen" ist offensichtlich nicht ein im westlichen Totenreich liegender Garten gemeint, sondern Inenis Garten im thebanischen Fruchtland, dessen Besitz er auch als verklärter Toter beansprucht. Die auf den Garten bezogenen Wünsche für das Jenseits entsprechen dem Genuss, den Ineni auch im Diesseits von seinem Garten haben wollte – nämlich im Garten umherzugehen, den kühlen Schatten der Laubbäume zu genießen und zu betrachten, was er gepflanzt hat.[2]

Der Text endet mit einer Liste von Bäumen und Sträuchern auf Inenis Anwesen: 12 Weinstöcke, 170 Dattelpalmen, 120 Dumpalmen, 73 Sykomoren, 31 Persea und etliche andere Bäume, in Summe an die 500 Bäume. Inenis Garten ließe sich mithin eher als Plantage bezeichnen.

## Die Natur und die Götter

### Der Garten des Schatzmeisters Sobekhotep (TT 63)

Sobekhotep amtierte unter König Thutmosis IV., rund ein Jahrhundert nach Ineni. Wie Ineni lebte Sobekhotep in Theben, wo auch sein Grab liegt. Auf einer Grabwand breitet sich eine Gartendarstellung über sechs Register aus (Abb. 107). Fünf Register sind von gleicher Höhe; hier wechseln sich Sykomoren mit Dattel- und Dumpalmen ab. Das Register mit dem Teich ist doppelt so hoch wie die anderen.

Fische und Wasserpflanzen beleben den Teich. Sobekhotep und seine Frau stehen am Beckenrand, nicht genau in der Mitte, sondern nach links versetzt. Beide trinken aus hohlen Händepaaren; dabei bücken sie sich leicht in einer wenig realistischen Körperhaltung, die aber einer konventionellen Darstellungsform entspricht. Die gleiche Konvention findet sich z. B. auch im Grab des Hatiai (TT 324), der das von der Baumgöttin gespendete Wasser in den Händen auffängt und trinkt. Vergleichsweise gibt es Darstellungen, in denen ein Trinkender kniet und mit den Händen Wasser schöpft. Jedoch kann man im Jenseits auch eine Trinkschale benutzen.

Weder der Teich in Sobekhoteps Garten noch die anderen hier illustrierten Teiche scheinen eine Wasserzufuhr zu haben. Zufuhrkanäle können in den Darstellungen weggelassen sein; möglicherweise wurden Gartenteiche vom Grundwasser gespeist oder auch durch aufgefangenes Überschwemmungswasser. Es stellt sich nur die Frage, ob es hygienisch unbedenklich ist, aus einem stehenden Gewässer zu trinken, in dem Fische leben und das von Wasservögeln besucht wird.

Sobekhotep und seine Gemahlin sind nochmals auf beiden Seiten des Teiches dargestellt, in beiden Fällen bedient von einer Sykomorengöttin. Jeweils eine weitere große Sykomore ist vermutlich als Schattenspender für das Paar zu verstehen. Für einen flüchtigen Betrachter sieht die Darstellung symmetrisch aus, aber nur auf einer Seite steht ein Opfertisch. Auf der anderen Seite hat der Vorzeichner den Opfertisch weggelassen, und daher konnte er dort das Ehepaar in größerem Format wiedergeben.

Die Baumgöttinnen heißen einmal „Sykomore auf der östlichen Seite des Teiches" und einmal „Sykomore auf der westlichen Seite". Das Wort für

*Abb. 107: Neben einem Teich reichen Baumgöttinnen (in Form von Sykomoren) dem Grabherrn und seiner Frau Opfergaben. Umzeichnung einer Gartenlandschaft im Grab des Sobekhotep (18. Dynastie) in Theben-West (TT 63). Ausschnitt.*

## Gartendarstellungen in Gräbern

*Abb. 108: Detail einer Teichlandschaft: Lotusblüten und Fischmotiv. Fragment einer Wandmalerei (Nilschlamm, Stroh, Stuck; bemalt; Höhe: 17,1 cm, Breite: 22,3 cm), 18. Dynastie, möglicherweise aus dem Grab des Sobekhotep in Theben-West (TT 63). Badisches Landesmuseum Karlsruhe (Inv.-Nr. 69/75).*

*Abb. 109, unten: Blauer Lotus (Nymphaea caerulea).*

„östlich" bedeutet auch „links" und das Wort für „westlich" auch „rechts", denn für die alten Ägypter lag der Süden vorn, Osten daher links und Westen rechts. Hier liegt für den Betrachter Süden oben auf der Grabwand, denn beispielsweise die „Sykomore auf der westlichen Seite des Teiches" steht rechts vom Teich. Sie trägt den Namen: „Die ihren Herrn ernährt". Entsprechend ihrem Namen reicht sie Speisen sowie Getränke und richtet folgende Worte an ihren Herrn, den Schatzmeister Sobekhotep, den wir in Begleitung seiner Frau sehen: „Sei gegrüßt seitens des Sonnengottes. Du wirst gespeist mit [allen guten und reinen Dingen welche in mir sind]".

Die Sykomore auf der linken (östlichen) Seite des Teiches heißt: „Die ihren Herrn schützt". Entsprechend sagt sie laut Beischrift: „Ich bin gekommen (als) Schutz für meinen Herrn (...)"; ihre Gaben sind nicht erhalten. Es ist bemerkenswert, dass Sobekhotep als Herr des Gartens auch von den Sykomorengöttinnen als Herr anerkannt wird.

Die Sykomore ist nicht nur ein Baum mit essbaren Früchten, sondern mit ihrer ausladenden Krone und reichem Laub ist sie vor allem ein Schatten gebender Baum, was beispielsweise für Dattel- und Dumpalme nicht gilt. Zu Beginn des Neuen Reiches taucht als neues Bildmotiv die sogenannte Sykomorengöttin auf, zunächst als Baum, der links und rechts von den für einen Toten bestimmten Opfergaben steht. Eine Variante ersetzt den Baum durch eine Göttin mit einer Baumhieroglyphe auf dem Kopf.

Allgemeine Verbreitung gefunden hat schließlich die bildliche Idee der aus dem Sykomorenstamm herauswachsenden Göttin. Die Ägypter fühlten sich frei, die Baumgöttin mit verschiedenen großen Göttinnen wie Hathor, Isis oder Nut gleichzusetzen. Vergleichsweise handelt es sich bei den personifizierten Sykomoren in Sobekhoteps Garten um keine der großen Göttinnen, eher sind sie eine Art Baumgeister, vergleichbar den Dryaden im antiken Griechenland.

## Der Garten in den Nebamun-Fragmenten im British Museum

Die elf Fragmente mit Malereien aus dem Grab eines Schreibers und Getreideverwalters namens Nebamun befinden sich seit 190 Jahren im British Museum in London; das Grab selbst und seine Lage in Theben sind heute nicht mehr bekannt. Die Fragmente galten seit jeher als künstlerisch außerordentlich hochstehend, wurden aber erst in jüngster Zeit in einer detaillierten Publikation beschrieben.[3]

Als Getreideverwalter im Tempel des Gottes Amun war Nebamun kein hoher Beamter; nach dem Stil seiner Grabmalereien lebte er ungefähr zur Zeit des Schatzmeisters Sobekhotep.

Eines der elf Fragmente illustriert einen Garten (Abb. 110). In der Mitte liegt ein rechteckiger Teich, den auf drei Seiten Bäume umgeben. Im Wasser schwimmen Tilapia-Fische (Buntbarsche), aus dem Wasser tauchen Blätter, Knospen und Blüten der Blauen Wasserlilie auf. Auf dem Wasser liegen ein Paar ägyptische Gänse mit drei Gösseln sowie ein Paar Enten. Wellenlinien deuten in konventioneller Weise eine bewegte Wasseroberfläche an. Der Vorzeichner sorgte für asymmetrische Abwechslung, indem er Fische und Geflügel mehrheitlich nach rechts ausgerichtet hat und nur die Fische und Enten in der linken Ecke des Teiches entgegengesetzt blicken ließ. Die Einfassung des Bassins ist mit Papyrus, Klatschmohn und Hundskamille, vielleicht auch mit Kornblumen, bepflanzt.

An der Längsseite des Teiches – in konventioneller Weise auf den Teichrand gestellt – wachsen eine Sykomore mit heller Rinde und roten Früchten, Dumpalmen mit und ohne gegabeltem Stamm, aber jeweils mit großen Nussfrüchten, je ein Feigenbaum mit und ohne Früchten, schließlich eine Mandragora in konventioneller Darstellung mit sichtbar gemachter Blattrosette und gelben Früchten, beides in der Wirklichkeit auf dem Boden liegend.

*Abb. 110: Baumgöttin (rechts oben) im Teichgarten, die dem Verstorbenen Opfergaben darbringt. Umzeichnung einer Wandmalerei aus dem Grab des Nebamun (18. Dynastie) in Theben-West (TT 146); heute im British Museum London.*

## Gartendarstellungen in Gräbern

*Abb. 111: Papyrusdickicht. Papyruspflanzen waren auch an altägyptischen Gartenteichen sehr beliebt.*

*Abb. 112: Dattelpalmen gehörten zur Standardbepflanzung innerhalb der altägyptischen Gärten und flankierten oftmals die Gartenteiche.*

An die Schmalseite des Teiches hat der Vorzeichner drei Feigenbäume gestellt, zwei ohne und einen mit gelben Früchten, dazwischen eine Mandragora mit reifen Früchten. In der unteren Reihe wechseln sich Sykomoren und Feigenbäume mit Dattelpalmen ab; ganz links die schlecht erhaltene Malerei eines Weinstocks.

Entgegen der Wirklichkeit gab der Vorzeichner allen Bäumen die gleiche Höhe und ferner allen Laubbäumen den Umriss des hieroglyphischen Determinativs für Laubbaum, ohne Rücksicht auf die verschieden geformten Kronen von Sykomoren und Feigenbäumen.

Im Garten erscheinen zwei Sykomorengöttinnen. Die Göttin an der rechten oberen Ecke des Teiches reicht Speisen und Getränke. Der darunter stehende Begleittext ist bis auf die äußeren Kolumnentrenner verschwunden. Auf der linken Seite des Gartens war eine weitere Sykomorengöttin abgebildet, aber in weit größerem Maßstab als rechts. Die zweite Sykomorengöttin oder vielmehr ihr Baum hat im originalen Zustand die gesamte Registerhöhe von Teich und Baumreihen ausgefüllt.

Vom Begleittext ist die Anrede der Göttin an den Grabherrn erhalten: „Worte gesprochen von der Sykomore (namens Himmelsgöttin) Nut zum Herrn dieses Gartens, dem Getreideschreiber (Nebamun)". Während die Himmelsgöttin den Nebamun als Herrn seines Gartens anerkennt, wäre es erstaunlich, wenn sie in Nebamun auch ihren Herrn sehen würde, wie es bei den Sykomorengöttinnen im Garten von Sobekhotep der Fall ist.

## Das Grab des Amun-Priesters Tjanefer (TT 158)

Tjanefer lebte Ende 19./Anfang 20. Dynastie, in einer Zeit, in der Gärten in den Grabdekorationen selten werden. Drei Szenen sind erhalten, die den Grabherrn im Garten zeigen. Eine Szene spielt an einem T-förmigen Teich, an dessen Rand Mandragora und Kornblume wachsen; in einer Weinpergola neben dem Teich ernten Gärtner die Trauben. Der Grabherr angelt Fische aus dem Teich; seine Frau nimmt die Fische entgegen und soll sie vermutlich vom Angelhaken ablösen. Von der Angelrute scheinen zwei Schnüre auszugehen; der Vorzeichner hat eine der Angelruten in zwei verschiedenen Positionen wiedergegeben.

Das Bildmotiv des Fische Angelns kommt auch in anderen Gräbern vor, und in der Tat empfiehlt der Jahrhunderte vor Tjanefer geschriebene Sargtext Spruch Nr. 62 diesen Zeitvertreib. Bei den geangelten Fischen wird es sich um Nutzfische handeln, auch wenn ihr letztendlicher Verzehr nicht gezeigt wird. Eine symbolische Bedeutung der Fische oder des Angelns ist aus der Abbildung und den Begleittexten nicht zu erschließen.

Als ikonographische Einzelheit, die in älteren Gräbern noch nicht vorkommt, findet sich bei Tjanefer die Darstellung des Ba als Empfänger von Gaben der Baumgöttin. Der als Vogel mit Menschenkopf dargestellte Ba gehört zu den Komponenten, aus denen sich ein lebender Mensch zusammensetzt und zu denen beispielsweise auch sein Schatten gehört.[4] Bei einer Ohnmacht verlässt der Ba den Menschen;[5] bei einem Bierrausch „wandert" er.[6] Nach dem Tod eines Menschen hält sich sein Ba tagsüber außerhalb des Grabes auf und kehrt für die Nacht ins Grab und zur Mumie zurück. Wenn es in den Texten heißt, dass ein Mensch nach seinem Tod noch aktiv ist und beispielsweise Opfergaben genießt, dann dürfte sein Ba gemeint sein.

In einer weiteren Grabdarstellung sieht man Tjanefer im Garten vor einem Opfertisch sitzen, während daneben sein Ba eine Wasserspende der Baumgöttin entgegennimmt; links daneben trinkt Tjanefer vom Wasser eines von Dattelpalmen umstandenen T-förmigen Gartenteiches (Abb. 113). Auch hier ist der Ba nochmals, diesmal fliegend dargestellt, vielleicht entsprechend dem bekannten Wunsch: „Möge mein Ba sich niederlassen auf den Zweigen der Bäume, die ich gepflanzt habe."[7]

Auch in einer dritten Szene trinkt Tjanefer vom Wasser eines T-förmigen Beckens (Abb. 114); an der gegenüberliegenden Seite des Beckens sitzt der Ba vor einem Opferständer und scheint ein Räucheropfer entgegen zu nehmen. Bäume und Papyrusstauden säumen das Teichbecken, soweit die Bildfläche noch Platz bietet. Nach dem unvollständigen Begleittext lässt sich vermuten, dass Tjanefer hier in einem Grabgarten dargestellt ist, ein Ort, in dem sich bei einer Bestattung das Trauergeleit eingefunden und die Opfergaben überreicht haben kann. Zu lokalisieren sind die Grabgärten in den Vorhöfen der Grabanlagen, wo der verfügbare Platz nur die Andeutung eines Gartens erlaubte. Archäologisch sind in solchen Vorhöfen Wasserbecken und einzelne Dum- oder Dattelpalmen nachgewiesen.[8]

*Abb. 113: Tjanefer trinkt vom Wasser seines Gartenteiches; eine Baumgöttin spendet seinem Ba Wasser. Umzeichnung einer Darstellung im Grab des Tjanefer (Ende 19./Anfang 20. Dynastie) in Theben-West (TT 158).*

### Gartendarstellungen in Gräbern

## Der Garten des Oberdomänenvorstehers Kenamun (TT 93)

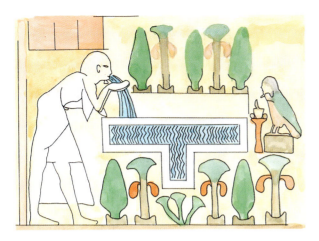

Abb. 114: Tjanefer trinkt Wasser aus einem T-förmigen Becken; ihm gegenüber sitzt sein Ba-Vogel. Umzeichnung einer Darstellung im Grab des Tjanefer in Theben-West (TT 158).

Zu den auch ikonographisch wichtigen Pflanzen gehört der Weinstock. Ein Beispiel dafür bietet der im Grab des Kenamun dargestellte Garten (Abb. 115). Er enthält einen rechteckigen Teich, der von einer Weinpergola zwischen zwei Säulenreihen umgeben ist. In den Registern darüber und darunter stehen Sykomoren zwischen Dattel- und Dumpalmen.

Am linken Bildrand sind Reste von einer Kapelle zu erkennen, umgeben von Bäumen und Papyrusstauden. Eine in einem Garten stehende Kapelle ist relativ selten, aber als Hausverwalter von König Amenophis II. gehörte Kenamun zur Elite und konnte sich daher Dinge leisten, zu denen gewöhnliche Untertanen nicht in der Lage waren.

Abb. 115: Privater Garten mit Weinstöcken, die um einen Teich gruppiert sind. Umzeichnung einer Darstellung im Grab des Kenamun (18. Dynastie) in Theben-West (TT 93).

Die Natur und die Götter

## Kapelle und Teich im Garten des Wesirs Rechmire (TT 100)

Was bei Kenamun nur andeutungsweise zu erkennen ist, findet sich ausführlich im Grab des Rechmire. Hier liegen eine Kapelle und ein Teich in einem Baumgarten, bestehend aus Dattel- und Dumpalmen, ferner Sykomoren mit gelber Rinde und roten Früchten sowie einer zweiten Baumsorte mit roter Rinde und ohne Früchten, vielleicht Persea (Abb. 116). Der Vorzeichner setzte die Bäume auf rechteckig aufeinander stehende Linien und auf den Rand des Teiches. Bei den Linien soll es sich nach einer Deutung um Bewässerungsrinnen handeln. Zwei Gärtner tragen Wasser; ein weiterer Gärtner pflückt Datteln.

Das eigentliche Bildthema ist aber eine Statuen-Zeremonie; ihrerseits nur ein einzelner Akt in einem langwierigen Statuenritual, dessen Wiedergabe im Grab eine ganze Wand einnimmt. In dieser Darstellung treideln zwei Mannschaften eine Neschmet-Barke an langen Seilen. In der Barke steht eine Statue von Rechmire in einem Schrein; ein Mann räuchert vor der Statue, ein anderer assistiert da-

*Abb. 117: Gott Osiris. Darstellung aus dem Grab des Sennedjem (19. Dynastie) in Theben-West (TT 1). Detail aus der Grabkammerreplik.*

*Abb. 116: Treideln einer Neschmet-Barke auf einem Gartenteich. Auf dem Boot steht eine Statue des Wesirs Rechmire in einem Schrein; der Teich ist von zahlreichen Bäumen (wie Sykomoren, Dattel- und Dumpalmen) umgeben, die von Gärtnern gepflegt werden. Ziel dieses Statuentransports ist eine kleine Kapelle. Umzeichnung einer Gartenlandschaft im Grab des Rechmire (18. Dynastie) in Theben-West (TT 100).*

bei, und am Ufer steht ein weiterer Offiziant mit einem Stabstrauß.

Eine Neschmet-Barke ist gekennzeichnet durch einen lotus- oder papyrusförmigen Bug und Steven. In einem Schiff von diesem Typ wurde eine Statue des Gottes Osiris (Abb. 117) bei seinem jährlichen großen Fest in der Wallfahrtstadt Abydos auf dem Nil gefahren. Vermutlich findet auf Rechmires Teich ein ähnliches Ritual statt.

Barke und Statuenschrein sind auf den Eingang der Kapelle ausgerichtet, der seinerseits auf der Längsachse des Teiches liegt; vermutlich ist die Kapelle der reguläre Aufstellungsplatz für die Statue. In einer Inschrift in seinem Grab berichtet Rechmire, der König selbst hätte für die immerwährende Dauer seiner Grabkapelle gesorgt.

Als Wesir war Rechmire der höchste Verwaltungsbeamte gegen Ende der Regierungszeit von Thutmosis III. Aber er hatte Feinde; vielleicht fiel er bei einem Regierungswechsel in Ungnade. Wie auch immer, so wurden Name und Darstellung von Rechmire an mehreren Stellen im Grab absichtlich beschädigt; die Statue in der Neschmet-Barke ist ausgekratzt.

## Eine Gartendarstellung im Grab des Bildhauers Ipui (TT 217)

Der Bildhauer Ipui lebte zu Beginn der 19. Dynastie. Er gehörte zur Gemeinschaft der Kunsthandwerker und Arbeiter, die in erster Linie die Königsgräber auszuschachten und zu dekorieren hatten. Die Männer wohnten mit ihren Familien in einer nur für sie bestimmten Siedlung, heute Deir el-Medina genannt. Die Siedlung lag außerhalb des Fruchtlandes, praktisch in der Wüste; ihre Gräber errichteten die Bewohner von Deir el-Medina in nächster Nähe ihrer Siedlung, so auch Ipui.

In Ipuis Grab ist im mittleren Register einer stark zerstörten Wand eine Kapelle in einem Garten abgebildet, ähnlich wie bei Rechmire. Die Kapelle liegt an einem Kanal oder einem großen Wasserbecken und ist daher nicht in Deir el-Medina zu suchen. Dort konnte es aufgrund der Wasserknappheit weder große Gärten noch Teiche geben. Es wird sich bei Ipuis Garten um eine Wunschvorstellung handeln; was er sich gewünscht zu haben scheint, war eine Kapelle für seinen Totenkult, inmitten eines Gartens mit Sykomoren, Granatapfelbäumen und Weiden, Mandragora, Kornblumen und Mohn.

Die Bäume sind vom Vorzeichner nicht schematisch, sondern abwechslungsreich ausgeführt, was bereits Norman de Garis Davies, der die Malereien in Ipuis Grab kopierte und publizierte, gebührlich bewundert hat. Links und rechts von der Kapelle sind je zwei Gärtner bei der Bewässerungsarbeit dargestellt (Abb. 118). Die Symmetrie der Figurengruppe ist gebrochen, insofern ein Gärtner den Kopf wendet und nur er und der Gärtner neben ihm einen Hund zur Gesellschaft haben, nicht aber die Männer auf der anderen Seite. Jeder der vier Gärtner arbeitet an einem Schaduf, einer einfachen Hebelkonstruktion, die es erlaubte, einen Behälter mit Wasser vertikal rund 2 m zu heben. Die Ägypter haben das Schaduf etwa zu Beginn des Neuen Reiches aus Mesopotamien eingeführt.

*Abb. 118: Gärtner beim Bewässern eines Gartens mittels Schadufs. Umzeichnung einer Wandmalerei im Grab des Ipui (19. Dynastie) in Deir el-Medina/Theben-West (TT 217). Ausschnitt.*

## Die Natur und die Götter

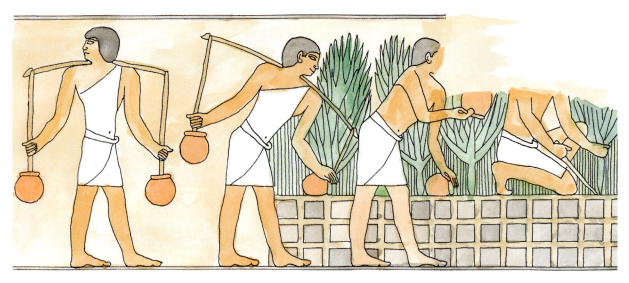

*Abb. 119: Gärtner bei der Bewässerung eines Beetes mit Kopfsalat. Umzeichnung einer Darstellung im Grab des Wesirs Mereruka (6. Dynastie) in Sakkara.*

*Abb. 120 >:
Dattelpalmenhain in Theben-West.*

### Zusammenfassung

Ein Grabherr war im allgemeinen ein Angehöriger der Elite und als solcher Landbesitzer und Herr von zahlreichen Dienern. Die großen thebanischen Privatgärten gehörten anscheinend zu den jeweiligen herrschaftlichen Häusern und dort zum privaten Bereich, jedenfalls scheinen Hinweise zu fehlen, dass es in den Gärten Feste mit geladenen Gästen gab. Die konventionellen Bildmotive in den Grabmalereien lassen erkennen, was ein Grabherr am Besitz eines Gartens schätzte: Er inspiziert den Garten, in dem die Gärtner arbeiten; er lässt sich zusammen mit seiner Frau bedienen, er genießt den Schatten der Laubbäume und erfreut sich kurz gesagt an seinem Besitz.

Im Jenseits erwartet der Grabbesitzer den gleichen Gebrauch seines Gartens wie im Diesseits. Darüber hinaus rechnet er im Jenseits mit den Gaben der Baumgöttinnen und auch damit, dass seine Diener Rituale zu seinen Gunsten ausführen. Gelegentlich finden sich in den Gräbern Texte, die daran erinnern, dass das Wohlergehen des Grabherrn von der Gunst der Götter abhängt, insbesondere von der des Gottes Amun, des Hauptgottes im Gau von Theben.

Außer den Grabbesitzern werden auf den Darstellungen die Gärtner gezeigt. Wie die Gärtnerschaft in einem großen Privatgarten organisiert war, wissen wir nicht. Einige wenige Arbeiten der Gärtner gehören zu den Bildmotiven der Grabmalereien, in erster Linie die Bewässerung (Abb. 119) sowie die Dattel- und Traubenernte. Nur zum Teil aus den Grabmalereien und mehr aus Texten geht hervor, dass die Gärtner auch Körbe geflochten und Blumensträuße gebunden haben. Ein Beispiel für Letzteres ist der große Stabstrauß, den der Offiziant in der Grabdarstellung des Rechmire hält.

Ein Text, den ein Ägyptologe nicht verschweigen kann, wenn die Rede auf Gärtner kommt, ist die sogenannte Berufssatire. Der Verfasser lässt nur den Schreiberberuf gelten und sagt beispielsweise über die Arbeit des Gärtners: „Der Gärtner trägt ein Joch, seine Schultern sind wie vom Alter gebeugt, eine Beule ist an seinem Nacken und sie eitert." Ferner ist die Rede davon, dass der Gärtner morgens das Gemüse wässert, abends die Kräuter besorgt und die Mittagszeit im Obstgarten verbringt. Die Beschreibung läuft darauf hinaus, dass ein Gärtner sich zu Tode arbeitet, mehr als jeder andere Berufsstand. Der Text wurde wahrscheinlich noch vor der Einführung des Schadufs verfasst, aber vielleicht hätte der satirisch geneigte Verfasser auch etwas Nachteiliges über die Arbeit mit dem Schaduf zu sagen gewusst.

Anmerkungen
[1] Siehe Dziobek, Ineni.
[2] Vergleiche Helck, Urkunden, S. 1515-1539 (Der große Stelentext).
[3] Siehe Parkinson.
[4] Ein Text zählt auf: Ka, Stele, Ba, Ach, Leichnam und Schatten, siehe Hermann, S. 152.
[5] Beschrieben in der Sinuhe-Novelle.
[6] Kees, Totenglauben, S. 40-43.
[7] Helck, Urkunden, S. 1515-1539 (Der große Stelentext).
[8] Siehe Gamer-Wallert, Sp. 657.

Der Garten als Brücke zum Jenseits

Jan Assmann

Wie für alle Menschen auf der Erde war auch für die alten Ägypter der Garten ein Ort der Erquickung und der Versorgung.[1] Darüber hinaus aber trat für sie, zumindest ab der Mitte des 2. Jahrtausends, noch eine andere Bedeutung des Gartens immer mehr in den Vordergrund, die mit ihren Vorstellungen vom Leben nach dem Tode zusammenhing. Für die Ägypter war das Leben mit dem physischen Tod nicht zu Ende; vielmehr gab es für sie Leben zu beiden Seiten der Todesschwelle, und es sieht ganz so aus, als hätten sie das Leben „dort" fast höher bewertet als das Leben „hier". Zumindest was die zeitliche Erstreckung angeht, hielt das diesseitige Leben für sie keinen Vergleich aus mit dem jenseitigen. So kann man in einer Grabinschrift lesen: „Ein Weniges nur an Leben ist das Diesseits, die Ewigkeit (aber) ist im Totenreich."[2] So richteten sie all ihr Sinnen und Trachten auf das Jenseits und malten es sich in einer unerhörten Fülle von Bildern und Beschreibungen aus.

Zu diesen Bildern gehört auch die Vorstellung eines jenseitigen Gartens. Sein ägyptischer Name bedeutet übersetzt „das Binsengefilde"; es ist die ägyptische Entsprechung zu dem, was in der griechischen Mythologie „Elysion" heißt und in der abendländischen Kultur in vielfachen Abwandlungen (bis hin zu der Pariser Prachtstraße Champs Élysées) weiterlebt. Der Sonnengott besucht das Binsengefilde in der 9. Tagesstunde, also liegt es im Südwesthimmel, aber es wird in den Texten auch mit der Unterwelt in Verbindung gebracht. Jedenfalls handelt es sich um einen jenseitigen Ort; es ist nicht leicht, dorthin zu gelangen, und auf keinen Fall bekommen Lebende ihn je zu Gesicht. Wer nach dem Tod dahin strebte, musste das Totengericht bestehen, wo dem Gerechtfertigten das ewige Leben und ein Grundstück im Binsengefilde zugesprochen wurde, das er selbst bebauen muss und von dessen Erträgen er in der Ewigkeit ein sorgloses Leben führen kann.[3] Das Binsengefilde ist ein von Teichen und breiten Kanälen bewässerter Ort der Fülle; das Getreide steht dort unglaublich hoch, aber es muss geerntet und verarbeitet werden. Das Binsengefilde ist kein Schlaraffenland. Es ist nach unseren Vorstellungen ein sehr praktisches und aktives Paradies; von Blumenwiesen und Müßiggang kann keine Rede sein. Den Ägyptern aber galt es als ein Ort der Sehnsucht, den sie in ihren Gräbern und Totenbüchern oft abgebildet haben.

Im Laufe des Neuen Reiches, also ab 1500 v. Chr., zeichnet sich nun eine grundsätzliche Wende in den Vorstellungen der Ägypter vom Leben nach dem Tode ab. Die Sehnsucht richtet sich jetzt viel eher auf das Diesseits als auf das Jenseits. Der höchste Wunsch des Ägypters ist es nun, „Herauszugehen am Tage".[4] Die Formel kommt zwar vereinzelt schon früher vor, aber jetzt wird sie zentral, ja geradezu allbeherrschend. Der „Tag", in den man hinauszutreten wünscht, ist die vom Sonnenlicht erfüllte Oberwelt, das Diesseits. Hierhin möchte man in verwandelter Gestalt zurückkehren. Das Totenbuch enthält einen Zyklus von zwölf Kapiteln, die zwölf solchen Gestalten gewidmet sind, die der gerechtfertigte und „verklärte", d. h. in einen unsterblichen Geist umgewandelte, Tote bei dieser Rückkehr auf die Oberwelt für die Dauer eines Tages annehmen kann.[5] Drei Orte sind es vor allem, die er in verwandelter Gestalt besuchen möchte: das Haus, das Fest und den Garten. Beim Haus geht es vor allem um das Wiedersehen mit der Familie und die Fürsorge für die Nachkommen, beim Fest um die Eingliederung in eine Festgemeinschaft, die das Fest ihres Gottes feiert, und um die festliche Gottesnähe, beim Garten aber geht es genau wie im diesseitigen Leben um Erquickung und Versorgung.

Dieser Garten, in dem sich der Tote ergehen möchte, ist nicht mehr das jenseitige Binsengefilde, sondern liegt unzweifelhaft auf der Erde. Er wird als ein Wasser, Schatten und Fülle spendender Teichgarten beschrieben mit Palmen und Sykomoren. In einem in mehreren Gräbern der 18. Dynastie bezeugten Spruch wünscht sich der Grabherr:

„Sich zu verwandeln in einen lebenden Ba, ach, möge er niederschweben auf seiner Baumpflanzung, möge er den Schatten seiner Sykomoren empfangen, möge er ruhen (*sndm*) in der Ecke seines Teiches, indem seine Statuen bleiben in seinem Haus (= Grab) und entgegennehmen, was auf Erden gegeben wird und indem [sein] Leichnam [ruht in der Grabkammer]."[6]

Auch der folgende Spruch kommt öfter vor:

„Ein- und auszugehen in meinem Grabe, daß ich mich erquicke an seinem Schatten, daß ich Wasser trinke von meinem Teich Tag für Tag und alle meine Glieder gedeihen. Möge Hapi mir Nahrungs-Fülle und Opfergaben gewähren und Gemüse zu ihrer Zeit. Möge ich mich ergehen am Ufer meines Teiches Tag für Tag ohne Aufhören, möge mein Ba sich niederlassen auf den Zweigen der Bäume, die ich gepflanzt habe, möge ich mich erquicken unter den Zweigen meiner Sykomoren und von dem Brot essen, das sie geben."[7]

Auf einem Pfeiler des Grabes des Amenemheb (TT 85) ist der Besuch des Grabherrn in seinem Garten dargestellt. Im beigeschriebenen Text heißt es:

„Herauskommen zur Stadt, um [Amun] zu sehen[8] damit ich den Lichtglanz seiner Sonnenscheibe empfange. Das Herz zu erheitern in der westlichen Flur, ein und auszugehen inmitten seines Teichgartens, das Herz zu kühlen unter seinen Bäumen. Die Arbeit der Feldgöttin zu verrichten (?) [...] seiner Blüte, Wasser zu trinken aus seinen Vogelteichen, Lotusblüten zu riechen und Knospen zu pflücken seitens des NN."[9]

## Der Garten als Brücke zum Jenseits

*Abb. 122: Grabkammer des Sennedjem (19. Dynastie) in Theben-West (TT 1). Links die Ostwand, rechts der Kammerzugang. Teilbereich der Grabkammerreplik.*

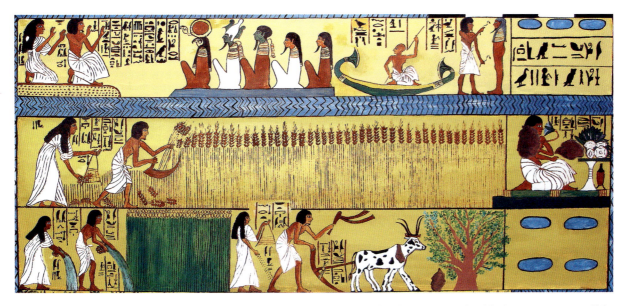

*Abb. 123: Grabkammer des Sennedjem. Der Grabherr und seine Frau bei der Ernte und Feldarbeit im Binsengefilde; darüber kniet das Ehepaar u. a. vor den Göttern Re-Harachte, Osiris und Ptah. Detail aus der Grabkammerreplik.*

Die Natur und die Götter

*Abb. 124: Hauptbegräbnisstätte der einflussreichen thebanischen Bevölkerung. Hunderte Grabanlagen befinden sich in den westlichen Bergen von Theben und deren Umfeld. Im Vordergrund eine moderne Siedlung.*

Auch im Grab des Tjanuni (TT 76) ist der Grabherr auf einem Pfeiler dargestellt, wie er mit dem Stab in der Hand sein Grab verlässt, „um die Sonne zu schauen". Der begleitende Text handelt vor allem von seinem Besuch im Garten:

„Hervortreten aus der Erde, um die Sonne zu schauen alltäglich und Tag für Tag.
Auf der Erde wandeln wie im Diesseits in der Art des Erdendaseins.
Sein Haus der Lebenden besuchen, um sich zu vergnügen an seinem Teich und sich zu erfrischen unter seinen Sykomoren, um sich zu erfreuen an seinem Baumgarten seiner Totenstiftung, um Papyrus und Lilien auszureißen, um Blüten(?) und Knospen zu pflücken, Pflanzen, Feigen und Trauben, indem seine Sykomoren vor ihm sich bewegen und ihm die Brote darbringen, die in ihnen sind, indem sein Teich ihm die Wasserflut spendet, auf daß sein Herz sich befriedige am kühlen Wasser."[10]

In diesem Text wird der Garten in den Farben des Elysiums beschrieben, genau wie jenes Binsen- und Opfergefilde, zu dem der Tote in den älteren Texten hinstrebt, ein Ort der Erquickung und der unvergänglichen Nahrungsfülle. Hier aber handelt es sich völlig eindeutig um einen diesseitigen Garten und nicht um einen jenseitigen Ort. Hören wir noch einige weitere Beispiele dieses Motivs in Inschriften der 18. Dynastie:

„Mögest du dich nach deinem Wunsche ergehen an dem schönen Ufer deines Sees.
Dein Herz erfreue sich in deinem Baumgarten, wenn du dir unter den Sykomoren Kühlung verschaffst; dein Herz befriedige sich im Nun[11] im Inneren des Brunnens, den du angelegt hast für immer und ewig."[12]

„Mögest du veranlassen, daß du eintrittst (lies: ich eintrete) und ich hervorkomme nach meinem Wunsche zum[13] Eingang meines Grabes, möge ich tagtäglich in seinem Schatten sitzen.
Möge ich lustwandeln am Gestade des Teiches, täglich und ohne Unterlaß.
Möge sich dann mein Ba auf den Zweigen deiner Palmen niederlassen."[14]

Von was für einem Teichgarten ist hier die Rede? Hat sich der Grabherr zu Lebzeiten einen solchen Garten angelegt? In Verbindung mit seinem Wohnhaus, das man sich dann als eine Villa im Grünen vorstellen muss? Als eine vom Wohnhaus unabhängige Anlage auf dem Lande? Oder als einen Garten in Verbindung mit dem Grab?

Ein solcher Grabgarten, der genau zu den Beschreibungen in den Totenwünschen passt, hat sich tatsächlich archäologisch nachweisen lassen: im Vorhof des Totentempels des Amenophis, Sohn des Hapu, in Medinet Habu/Theben-West (Abb. 125). Er stellt das Ideal eines Grabgartens dar, wie er in den Texten beschrieben wird.[15]

**Der Garten als Brücke zum Jenseits**

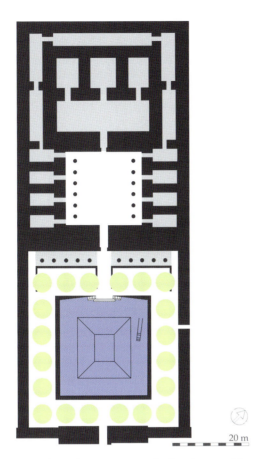

*Abb. 125: Grundriss des Totentempels des Amenophis, Sohn des Hapu (18. Dynastie), in Theben-West. Im Vorhof befand sich ein tiefes Wasserbecken, das von 20 Bäumen (vermutlich Sykomoren) umgeben war. Rekonstruktionszeichnung.*

*Abb. 127: Opfertafel der Sat-Intef (Kalkstein, Länge: 41,6 cm, Breite: 29,8 cm, Höhe: 6,1 cm, Tiefe der Becken: 1,2-2,3 cm), aus dem Mittleren Reich (11. bis frühe 12. Dynastie). Badisches Landesmuseum Karlsruhe (Inv.-Nr. H 410).*

*Abb. 126: Nekropolengarten mit zwei Dattelpalmen, einer Sykomore sowie einem Opfertisch und einem Wasserbecken. Umzeichnung einer Darstellung auf der Holzstele der Djedamuniuanch (22. Dynastie).*

Mitten im Vorhof befand sich ein viereckiges Becken (Seitenlänge 26 m), das von 20 Bäumen (vermutlich Sykomoren) umstanden war. In dem Becken haben sich noch Reste von Fischen gefunden.

Dieser Garten gehört aber zu einer tempelartigen Anlage. Die normalen thebanischen Felsgräber konnten ein solches Projekt nicht realisieren. Es haben sich aber Miniaturgärten sowie Pflanzbecken oder Osiris-Beete gefunden, die man als symbolische Andeutung eines Grabgartens interpretieren kann.[16] Andererseits ist aber in Texten und Darstellungen des Öfteren von Riten die Rede, deren Vollzug man sich in einem Miniaturgarten nur schwer vorstellen kann.

## Die Natur und die Götter

In zwei Gräbern aus der Zeit Thutmosis' III./Amenophis' II. (Minnacht, TT 87[17], sowie Rechmire, TT 100[18]) sind solche Riten in einem Teichgarten dargestellt, zu denen auch eine Barkenfahrt gehört. Im Grab des Minnacht sieht man die Neschmet-Barke mit einem Kastenschrein (Abb. 128), bei Rechmire steht in der vom Ufer aus getreidelten Neschmet-Barke eine Statue in offenem Schrein. Vermutlich wird in beiden Szenen ein ritueller Statuentransport dargestellt, zu dem auch Klagefrauen gehören, die die Barkenfahrt der Statue mit Klagerufen begleiten.

Bei Minnacht gehört zu dem Garten auch ein Gebäude, durch das man über eine Treppe zum Teich hinabsteigt. Bei Rechmire ist ein vermutlich entsprechender Torbau an der linken Seite des Teiches dargestellt. Zu beiden Szenen gehört die Überreichung von Blumen. Bei Minnacht, wo diese Szene das Hauptelement der Komposition darstellt, überreicht Minnacht seinem Vater Mencheper einen Papyrus-Lotus-Strauß, bei Rechmire hält ein Priester der Statue des Grabherrn eine Papyrusdolde entgegen.

Häufiger werden Darstellungen solcher Riten im Teichgarten dann in der Nach-Amarna- und frühen Ramessidenzeit. Beatrix Gessler-Löhr konnte acht solcher Darstellungen aus memphitischen und thebanischen Gräbern zusammentragen. Diese als „Totenfeier im Garten" bekannten Szenen kommen in thebanischen und memphitischen Gräbern sowohl im Zusammenhang der Beisetzung als auch verschiedener Feste vor.[19] Der hierbei verwendete Bootstyp ist regelmäßig die Neschmet-Barke. Der Garten erhält dadurch einen unverkennbar sakralen Charakter. Er ist zwar ein Ort im Diesseits und nicht im Jenseits, wie das Binsen- und das Opfergefilde, aber er ist ein heiliger Ort, an dem Riten durchgeführt werden und an dem Gottheiten gegenwärtig sind, die für den Toten wichtig werden. Beatrix Gessler-Löhr schreibt: „Im Mittelpunkt der Feierlichkeiten stehen Bootsfahrten auf einem Gartenteich, bei denen ein Schrein in einer Neschmetbarke umhergefahren wird. In einigen Fällen liegt im Teich eine Insel als Schauplatz von Ritualhandlungen. Teils auf Begleitbooten, teils vom Ufer aus, nehmen Trauergäste an den Vorgängen teil. Im Garten sind häufig Lauben mit Krügen und Opfertischen errichtet, an denen Priester und Diener agieren oder unter Klagegesten Krüge zerbrechen. Meist ist auch mindestens eine Schlachtungsszene abgebildet; unter den Opfergaben befinden sich weitere geschlachtete Tiere. Neben Totenpriestern und Klagefrauen sind zuweilen auch zwei Klagefrauen in der Rolle von Isis und Nephthys vertreten. An Land werden einer Statue des Verstorbenen Opfergaben dargebracht."[20]

Auf solche Riten scheint sich auch ein Totenspruch aus einem Grab der Ramessidenzeit zu beziehen, in dem nun vollkommen eindeutig von einem Grabgarten die Rede ist:

*Abb. 128: Teichgarten des Minnacht. Auf dem Teich, der über eine Treppe mit einem kleinen Kiosk verbunden ist, befindet sich eine Neschmet-Barke mit Kastenschrein. Umzeichnung einer Darstellung im Grab des Minnacht (18. Dynastie) in Theben-West (TT 87).*

## Der Garten als Brücke zum Jenseits

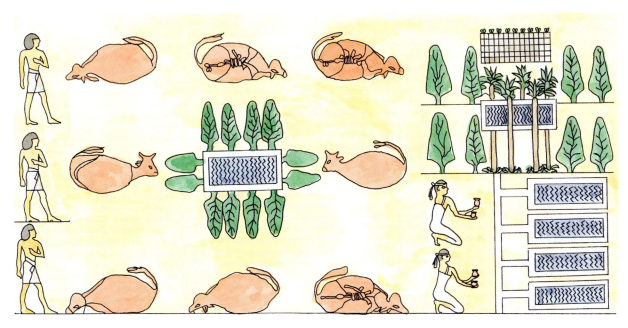

Abb. 129: Umzeichnung des „Heiligen Bezirks" im Grab des Rechmire (18. Dynastie) in Theben-West (TT 100). Zur Anlage gehören u. a. ein großer Schlachthof mit zentralem Wasserbecken, Pflanzenbeete, ein Teichgarten und vier weitere Wasserbecken.

„Möge dein Haus gedeihen, das sich auf Erden befindet im Bezirk der Ahmes-Nefertari.[21]
Mögen deine Bäume grünen und nicht verdorren.
Mögest du dich niederlassen auf ihren Zweigen.
Möge dein Teich gefüllt sein, ohne daß er (dich) im Stich läßt.
Mögest du dich reinigen mit Wasser, so daß (...) Kehle (...).
Mögest du auf deinem Teich herumfahren zu deinen gewohnten Zeiten.
Möge man dich auf dem Wasser rudern, das du gegraben hast.
Mögest du seine r3-Gänse fangen und seine Fische im Netz fischen.
Mögest du an seinen Fischteichen sitzen.[22]
Man möge dir eine Neschmet-Barke zimmern aus (dem Holz) deiner Sykomoren.
Man möge dir Opferungen bereiten von ihren *pr.t*-Früchten und ihre *jšd*-Früchte für jegliches Opfer.
Ihre getrockneten Früchte seien dir bestimmt als Sommererzeugnisse, und ihre Brote seien dir bestimmt als Wintererzeugnisse.
Alle Dauer und alles Heil sind bei dir, deine b3.w haben deine Feinde geschlagen wie Re (seine Feinde schlägt).
   Man sagt: dir gehört (...) Herr der Verklärtheit."[23]

Mit der Wendung „dein Haus im Bezirk der Ahmes-Nefertari" kann nur das Grab gemeint sein, denn der genannte Bezirk ist ein Teil der thebanischen Nekropole. So muss der im folgenden beschriebene Garten zu diesem Grab gehören. Hier dient der Teich nicht nur zur Erquickung und Versorgung mit Fischen und Vögeln, sondern auch zu sakralen Wasserfahrten. Die Neschmet-Barke, die dem Toten aus dem Holz seiner Sykomoren gezimmert werden soll, ist ein rituelles Schiff, das zu den Osiris-Mysterien von Abydos gehört. Vielleicht führt der Tote in seinem Teichgarten eine symbolische Reise nach Abydos durch.[24] Die Abydos-Fahrt gehört zu den beliebtesten Themen der Grabdekoration. In zwei Gräbern ist ihr folgender Spruch zugeordnet:[25]

„Erster Monat der Überschwemmungszeit, Tag [1]9: Wachen seitens des Vorlesepriesters in der Hälfte der Nacht. Diese Barken nach Süden setzen. Ihre Segel setzen, Libation und Weihrauch spenden, die sie lieben (?).
Spruch zum stromauf Fahren nach Abydos.
Steig herab, Osiris N, im Geleit der nördlichen Götter in gutem Wind.
Mögen die südlichen Götter dich empfangen, mögen die östlichen Götter dich speisen, mögen die westlichen Götter dich umarmen!
Zum Westen, zum Westen, zum Ort, wo du sein möchtest. Willkommen in Frieden im Westen!
Komm doch zu deinem Grab, kehre zurück zu deinem Grab, an den Ort, wo dein Vater, wo Geb ist, damit er dir die Binde gibt an der Stirn des Horus.
O Osiris N, mögest du Macht haben dort, als ein Geliebter dort, als Erster der Westlichen, mögest du dort sein, Osiris N."[26]

Man könnte sich gut vorstellen, dass diese Reise in einem Grabgarten symbolisch vollzogen wurde, wobei man im Fall eines Miniaturgartens mit einem Modell der Neschmet-Barke operieren konnte. Grundsätzlich sind also drei Lokalisierungen dieses Gartens als Schauplatz religiöser Riten denkbar:

1. ein (eventuell miniaturisierter) Grabgarten,
2. ein Tempelgarten, der verschiedenen Grabherren als Schauplatz von Totenfeiern zur Verfügung steht und
3. der Wohnhausgarten, der auch zu Totenfeiern verwendet wird.

Für (1) sprechen die Texte vor allem der Nach-Amarna- und Ramessidenzeit, die sich wie der oben zitierte Spruch aus TT 373 – die ausführlichste mir bekannte Behandlung des Garten-Themas in den Totensprüchen des Neuen Reiches –, explizit auf die Nekropole bezieht. Die Lösung (2) wurde von Ramses Moftah für die memphitischen Darstellungen vorgeschlagen, während er die Lösung (3) für die thebanischen Darstellungen der Vor-Amarnazeit ansetzt.[27]

Bei der Behandlung der Lustfahrt im Teichgarten fällt auf, wie eng auch diese Vergnügungen mit dem Gedanken der Versorgung zusammenhängen. Der Teichgarten ist in erster Linie ein Ort der Fülle, der nie versiegenden Nahrungsquellen.[28] Gerade diese Eigenschaft hat er mit dem ägyptischen Elysium, dem Binsen- und Opfergefilde, gemeinsam.

Der elysische Charakter dieses zwar im Diesseits gelegenen, aber mit sakralen Handlungen verbundenen Gartens scheint sich im Laufe des Neuen Reiches zu verstärken. Nachdem zunächst in den Vorstellungen vom Leben nach dem Tode eine Verschiebung vom Jenseits auf das Diesseits zu beobachten war, nimmt nach der Amarnazeit dieses Diesseits wieder jenseitige Züge an. Das geht nicht nur aus den in dieser Zeit häufiger dargestellten Riten im Teichgarten hervor; deutlichstes Indiz für diese Entwicklung ist die Gestalt der Baumgöttin.[29] In den Pyramiden- und dann in den Sargtexten erscheint die Baumgöttin als eine absolut jenseitige Größe in Gestalt einer Sykomore, zu der der Tote gelangen und unter deren Zweigen er von unvergänglicher Nahrung leben will.[30] Oft wird der Tote von den Wächtern dieses Orts einem Verhör unterzogen.[31] So fragen sie ihn im Totenbuch-Kapitel 52:

„‚Wo ist dir erlaubt, zu essen?' sagen sie, die Götter, zu mir. ‚Ich esse unter jener Sykomore der Hathor, meiner Herrin, und ich gebe den Rest davon ihren Tänzerinnen.
Meine Äcker sind mir in Busiris zugewiesen und meine grünen Pflanzen in Heliopolis.
Ich lebe von Brot aus hellem Weizen, mein Bier ist aus gelber Gerste.
Die Bediensteten meines Vaters und meiner Mutter sind mir übergeben.'"[32]

Der Verstorbene gibt sich als Mitglied einer Jenseitsaristokratie aus, die ihr eigenes Land besitzt, um darauf Getreide anzubauen und daraus Brot und Bier herzustellen, sowie ihre eigenen Bediensteten.

In Kapitel 68 des Totenbuches (Sargtext 225) weist der Tote die Zumutung von sich, das „Brot des Geb" zu essen, vermutlich Erde. Auch hier wird die Baumgöttin erwähnt:

„Wenn ihr aber über mich sagt: ‚Er lebt ja vom Brot des Geb! [= Staub, Erde]' – Mein Abscheu ist es, ich will es nicht essen!
Ich lebe vom hellen Weizenbrot, mein Bier ist aus gelber Gerste des Hapi am reinen Ort.
Ich wohne unter den Zweigen der Palme der Hathor, die über die weite Sonnenscheibe gebietet – sie hat sich nach Heliopolis begeben, beladen mit den Schriften der Gottesworte, den Büchern des Thot."[33]

Wieder ist es ein Baum, der den Ort der Nahrungsaufnahme markiert.

Im Totenbuch-Kapitel 52 ist es eine Sykomore, in diesem Fall eine Ima-Palme. Beides sind Erscheinungsformen der Baumgöttin. Die Baumgöttin ist eine Personifikation der Nahrung, von der die verklärten Ahnengeister im Jenseits leben. In einem anderen Spruch wird die Frage nach dem Ort folgendermaßen beantwortet:

„‚Wo wird dir gegeben? Wo ißt du?' sagen die Urgötter zu ihm.
‚Ich esse unter der Sykomore, die ich kenne, die schöne grüne und vielblättrige!
Mein Mund gehört mir wirklich, daß ich mit ihm rede, meine Nase, die in Busiris war, daß ich Luft atme und den Nordwind aufnehme.
Ich lebe vom Gottestau.'"[34]

Die Baumgöttin ist eine Verkörperung des Gartens, sowohl in seinen versorgenden als auch seinen erquickenden Aspekten. In ihrem Schatten möchte er wohnen und unvergängliche Speisen empfangen.

Im Neuen Reich wird die Baumgöttin in den Gräbern auch bildlich dargestellt, als eine Sykomore, aus der eine Frau mit ihrem Oberkörper herauswächst und dem Toten Brot und Wasser spendet.[35] Jetzt möchte man in ihr eine Personifikation des diesseitigen Gartens erkennen, auf dessen Sykomoren oder Palmen der Tote sich in Gestalt seines Ba-Vogels niederlassen möchte.[36]

Im Grab des Hatiai in Theben-West (TT 324) aus der Nach-Amarnazeit (Tutanchamun/Haremhab, 18. Dynastie) steht die Baumgöttin in unmittelbarem Zusammenhang mit einem Teichgarten und der Neschmet-Barke (Abb. 131).[37]

### Der Garten als Brücke zum Jenseits

Abb. 130: Hathor, die „Herrin des Westens", mit Kuhkopf als Baumgöttin. Umzeichnung einer Darstellung auf einer Stele aus dem memphitischen Raum.

Abb. 131: Als Sykomore dargestellte Baumgöttin spendet dem Verstorbenen und seiner Frau Wasser in einem Teichgarten. Vor dem Ehepaar sitzen ihre Ba-Vögel. Am Rand des mit Lotusblüten und Fischen akzentuierten Teiches liegt eine Neschmet-Barke mit Schrein. Umzeichnung einer Darstellung im Grab des Hatiai (18. Dynastie) in Theben-West (TT 324).

## Die Natur und die Götter

Die Texte der 18. Dynastie sprechen vollkommen eindeutig von einem ganz und gar diesseitigen Baum, dessen realweltlichen, nichtgöttlichen Charakter sie durch Possessivpronomina („deine Sykomoren") noch unterstreichen. Auch die ramessidischen Texte sprechen von realweltlichen Sykomoren, aber sie lassen darin die große Baumgöttin sichtbar werden:

„Möge ich mich ergehen an meinem ‚Kanalteich', möge mein Ba sitzen auf jener Sykomore, möge ich mich an ihrem Schatten erquicken und ihr Wasser trinken."[38]

Auch hier ist vom diesseitigen Teichgarten die Rede.[39] Zugleich aber wird dabei ebenso eindeutig auf die Baumgöttin angespielt, und zwar mit der Wendung „jene Sykomore". Der Teichgarten erscheint jetzt nicht nur als Quelle von Versorgung und Erquickung, sondern auch als ein sakraler Ort. Diesen Aspekt stellen die ramessidischen Texte heraus. Sie verlegen das Geschehen nicht zurück ins Jenseits, sondern bringen den religiösen Sinn der diesseitigen Vorgänge zum Ausdruck. Die reale Sykomore des Grabgartens wird jetzt zur Erscheinungsform, das heißt ägyptisch: zum „Namen" der Göttin Nut. In den Beischriften, z. B. im Grab des Wesirs Paser (TT 106), heißt sie:

„Nut, die Große, Heilsmächtige in jenem ihrem Namen ‚Sykomore'."[40]

Amenemope wendet sich in seinem Grab (TT 41; Abb. 132) an die Baumgöttin mit folgendem Gebet:

„Gib, daß mein Ba niederschwebt auf deine Blätter, daß er in deinem Schatten sitzt und dein Wasser trinkt."[41]

Damit wird der Grabgarten und allgemein das Diesseits, in das der Tote zurückkehren möchte, zu einem heiligen Ort. So hat man auch die unverkennbare „Sakralisierung" der Grabanlage überhaupt zu verstehen, die für die Nach-Amarna- und Ramessidenzeit charakteristisch ist.[42] Sie wird zu einem diesseitigen Ort der Gottesnähe.

Bereits im Grab des Kenamun aus der Zeit Amenophis' II. findet sich die Darstellung einer Sykomore, die als Erscheinungsform der Himmelsgöttin Nut verstanden wird und sich mit einer langen Rede an den Grabherrn wendet:

*Abb. 132: Baumgöttin (in Form einer Sykomore) spendet dem Oberdomänenverwalter des Amun Amenemope und seinem Ba-Vogel Wasser. Umzeichnung einer Darstellung im Grab des Amenemope (Anfang 19. Dynastie) in Theben-West (TT 41).*

# Der Garten als Brücke zum Jenseits

„Zu sprechen seitens der Sykomore Nut: Ich bin die sehr Hohe im Horizont.
Ich bin zu dir gekommen, um für dich zu sorgen, [komm] unter mich, erfrische dich unter meinen Zweigen, damit du dich befriedigst an meinen Opfergaben, damit du lebst von meinen Broten, damit du trinkst von meinem Bier.
Ich will dich saugen lassen von meiner Milch, damit du lebst und gedeihst an meinen Brüsten, in denen Freude und Gesundheit ist.
Mögen sie in dich eingehen in Leben und Heil, wie ich getan habe für meinen ältesten Sohn.
Ich will dich erfreuen am frühen Morgen mit allem Guten.
Hapi soll zu dir kommen mit Opfergaben zur Stätte des Müdherzigen, dir sollen Tausende von Dingen gebracht werden in dein Haus der Ewigkeit.
Deine Mutter soll dich mit Leben vervollkommnen und dich in das Innere ihres Leibes geben, indem sie damit schw[anger] wird. Möge sie den Stern empfangen in ihrer Weise von gestern.
Die Unermüdlichen sollen dich rudern und die Unvergänglichen dich aufnehmen. Mögen sie sagen zu dir 'Willkommen! Du untadeliger Verklärter, Gelobter, der da kommt, wohlbehalten und heil, mit dem Dekret des Amun.'
Osiris N, nimm dir mein Brot, nimm dir mein Bier, nimm dir meine Milch, nimm dir meine Früchte, nimm dir meine Feigen,[43] nimm dir meine Opfergaben, nimm dir meine Speisen, nimm dir mein Grünzeug, nimm dir alle guten und reinen Dinge, damit du von ihnen lebst, gedeihst und von ihnen nimmst und damit dein Herz davon kühl werde ewiglich."[44]

Eine ganz ähnliche Rede, die einer nicht namentlich identifizierten Gottheit in den Mund gelegt ist, begegnet auf einer thebanischen Grabstele (TT 193) der 19. Dynastie:[45]

„O Osiris N, nimm dir jenes Wasser in deinem Teich, hervorgegangen aus Hapi, mögest du es trinken, ohne zu dürsten, so daß du ausgestattet bist, möge es dein Herz allezeit erfrischen, möge es dir wohltätig (ꜣḫ) sein wie dem, der es darbringt. Mögest du aus- und eingehen, ohne abgesperrt zu werden, mögest du dich freuen am Eingang deines Hauses, mögest du lustwandeln am Ufer deines Teiches, mögen seine Bäume grünen für dein Angesicht, möge dein Ba niederschweben auf deine Arme unter meinen Bäumen, möge mein Schatten dich umfangen.

*Abb. 133:*
*Kartonage der Nes-Chons-pe-chered; ursprünglich für einen Mann angefertigt (Höhe: 168 cm, Breite: 42 cm), aus der 22. Dynastie (um 900 v. Chr.). Ägyptisches Museum und Papyrussammlung Berlin (Inv.-Nr. 8284).*

### Die Natur und die Götter

*Abb. 134: Nacht und seine Frau in Ehrerbietung vor Osiris und Maat; dazwischen ein Teichgarten mit Sykomoren, Dattelpalmen und Weinreben. Umzeichnung einer Darstellung im Papyrus des Nacht (British Museum London).*

Nimm dir die Milch in meinem Leibe, sauge sie ein, möge ihre Portion für dich überfluten.
Mögest du geschützt, verklärt und gerechtfertigt sein, während ich nicht vergehe am Eingang deines Grabes, um dir das Wasser deines Teiches zu bringen und die Libation, die (aus) dem Nun kommt. Ich bringe es dir, damit es an deinem Munde bereitgestellt ist. (…)
Möge dein Leib sich verjüngen und deine Gefäße gedeihen dadurch, mögen alle deine Glieder leben. Mögest du [Luft] atmen (…)
Nimm dir meine Brote und iß davon, ohne zu hungern, ohne daß dein Herz elend wird, und ohne daß (…) deinem Mund geraubt wird.
Kaue sie und sättige dich an ihnen, mögen ihre Darreichungen [dauerhaft sein] bei dir.
Ich bin der Baumgarten, den du gepflanzt hast, ich klage selbst um dich am frühen Morgen" (...)

Der Stelentext lässt sich nur verstehen als Rede der Baumgöttin, die sich als „der Garten, den Du gepflanzt hast" vorstellt, die aber auf der Stele selbst gar nicht dargestellt ist.[46] Anstelle der Darstellung fungiert vermutlich ein Miniaturgarten mit Palme, der vor der Stele angelegt war und den man sich so vorzustellen hat wie schräg gegenüber vor dem Grab des Chnumemheb mit bis vor kurzem noch sichtbarem Palmenstumpf.[47] Möglicherweise gehört das benachbarte Osiris-Beet zu dieser Stele.[48] Der Text ist durch die wiederholte Anrede klar in drei Strophen gegliedert, die jeweils mit „nimm dir" beginnen und die Übergabe von Wasser, Milch und Brot begleiten. Der Wassergabe wird hier das Thema vom Lustwandeln und vom Niederschweben

des Ba zugeordnet, der sich auf den Händen des Toten niederlassen soll. Zur Milch gehört logischerweise das Motiv der Verjüngung.

In der Idee des ramessidischen Grabgartens gehen die Aspekte des jenseitigen Binsengefildes, der Baumgöttin und des diesseitigen Gartens ineinander über. In der Tat geht aus einem neuentdeckten, noch unpublizierten ägyptischen Text hervor, dass es in der Nähe von Memphis ein Gelände mit Wasserläufen und Gärten gab, das den Namen sḫ.t jȝr.w trug, „das Binsengefilde", die ägyptische Bezeichnung des Elysiums als eines Ortes, an dem die seligen Toten sich ewigen Glücks, Friedens und ewiger Fülle erfreuen.

So könnte Diodor, der hier vermutlich Hekataios von Abdera abschreibt, Recht haben, wenn er meint, die von Homer beschriebene[49] „Asphodelos-Wiese, wo die Toten wohnen" sei der Platz am „acherusischen See" in der Nähe von Memphis, wo es wunderbar schöne Wiesen, Sümpfe, Lotusblumen und Binsen gebe; und es sei ganz richtig, dass dort die Toten wohnen, denn dort seien die schönsten Grabstätten der Ägypter, und die Toten würden dorthin übergesetzt über den Fluß und den „acherusischen See".[50]

*Abb. 137 >:*
*Pyramiden auf dem königlichen Friedhof von Dahschur, etwa 25 km südwestlich von Kairo. Links die Knick-Pyramide des Snofru (4. Dynastie), rechts die Pyramide Amenemhets III. (12. Dynastie). Im Vordergrund Ausläufer des großen Sees von Dahschur.*

**Der Garten als Brücke zum Jenseits**

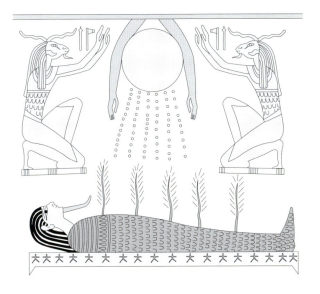

*Abb. 135: Regenerationsmotiv. Sonnenstrahlen erwecken neues Leben aus der Mumie des Osiris, symbolisiert durch wachsendes Getreide. Umzeichnung einer Darstellung auf einem Sarg aus der 21. Dynastie.*

*Abb. 136: Benu-Vogel (Reinkarnation der Seele des Osiris) auf einer Tamariske neben einem Grab in Diopolis Parva. Umzeichnung einer Malerei in der Grabkammer des Marsiesi aus der Ptolemäerzeit.*

Vermutlich in Kenntnis dieses Zitats äußerte der französische Reisende Claude Étienne Savary 1785 in seinen *Lettres sur l'Egypte* die Theorie, dass sich den Griechen ihre Vorstellung von den Inseln der Seligen in der Begegnung mit Ägypten geformt hätte. Aus dem Erlebnis der Schönheit dieses Landes inmitten endloser Wüsten und aus dem Anblick der Toten, die in Schiffen zu ihren Grabstätten übergesetzt wurden, hätte ihre Phantasie den Mythos der elysischen Gefilde geschaffen.[51] Savary bringt das vor, um seinen Lesern einen Begriff von dem Eindruck des Überirdischen zu vermitteln, den der Anblick dieses Landes auf ihn macht. Aber schon in der Vorstellung seiner Bewohner wandelte sich Ägypten in ein Land, in dem nicht nur Menschen wohnen, sondern in das auch die seligen Toten zurückkehren, um sich in ihren Teichgärten zu ergehen. Sie kehren zurück in Gestalt ihres „Ba", einer vogelgestaltigen Seele, von der es heißt, dass sie „niederschwebt" auf die Bäume und auf den Zweigen sitzt.

Die Natur und die Götter

Anmerkungen
1. Zum Garten im alten Ägypten siehe Hugonot, Jardin.
2. Theben Grab 131, Südflügel, östlicher Textstreifen, siehe Dziobek, User-Amun, S. 78 f.
3. Siehe hierzu Assmann, Totenliturgien II, S. 260-262.
4. Assmann, Tod und Jenseits, S. 285-318.
5. Totenbuch Kapitel 76-88, siehe Assmann, Tod und Jenseits, S. 292-295.
6. TT 99 = TT 91 (nach eigener Abschrift); TT 110, Hermann, Stelen, S. 31*f.; Davies, Tehuti, Tafel 37, 40. Interessanterweise ist ikonographisch die Verbindung von Ba-Vogel und Sykomore vor der Nach-Amarnazeit nicht nachzuweisen, worauf Erik Hornung hingewiesen hat (bei Keel, S. 74 f.).
7. Louvre C 55, Piehl, XV = Stockholm, Stele Nr. 55; Stelentext des Men-cheper, Helck, Urkunden, Heft 18, S. 1525-27; Hugonot, Jardin, S. 170; Guksch (Heye), S. 152.
8. Ein Name des Sonnengottes wird durch das „seine Scheibe" im folgenden Vers gefordert.
9. Das Grab wird publiziert von Heike Heye, der ich für die Überlassung ihrer Textkollation danke.
10. Bouriant, S. 158 (e); Porter/Moss, Band I/1, S. 150 D (a).
11. Das heißt das Grundwasser, das den Brunnen des Gartens füllt.
12. TT 82, Davies/Gardiner, S. 102, Tafel XXVII, Sethe, Urkunden, S. 1064; Hugonot, Jardin, S. 166; Assmann, Totenliturgien II, S. 351-355.
13. Die Präposition r bezieht sich, wenngleich nur einmal genannt sowohl auf qk als auch auf prj.
14. Grab des Haremhab in Sakkara, Martin, S. 33-35; Assmann, Totenliturgien II, S. 435-439.
15. Gessler-Löhr, Die heiligen Seen, S. 101-108.
16. Hugonot, Jardin, S. 182-185.
17. Guksch, S. 62-68.
18. Davies, Rekh-mi-Re, Tafel XXV, vergleiche auch Guksch, S. 67-68. In einem Text des Grabes ist auch vom Teichgarten und seinen Erzeugnissen die Rede. Siehe Sethe, Urkunden, S. 1167; Schott, S. 125, Nr. 75.
19. Gessler-Löhr, Totenfeier, S. 162-183; vergleiche auch Arnst, S. 203-215; Guksch, S. 62-68; sowie Assmann, Tod und Jenseits, S. 401-405.
20. Gessler-Löhr, Totenfeier, S. 162.
21. Gemeint ist das Grab. Zur Bedeutung von s3h als Nekropolenbezirk vergleiche Assmann, Basa, S. 70 (c).
22. Bei diesem „Sitzen am Teich" denkt man an die Darstellungen des Fischfangs im Sitzen: TT 324 (Hatiai), Hugonot, Jardin, Abb. 113, und Tutanchamun, Eaton-Krauss/Graefe sowie TT 158, Seele, Tafel 36.
23. TT 373, Querhalle, Ostwand, Seyfried, S. 50, Text 22. Datum: Ramses II., Regierungsjahre 20-40; Assmann, Totenliturgien II, S. 542-545.
24. Diese Möglichkeit weist Gessler-Löhr ausdrücklich zurück, siehe Gessler-Löhr, Totenfeier, S. 180 f. Ich sehe das etwas anders und würde auch diese Deutung nicht ausschließen wollen.
25. TT 100, Davies, Rekh-mi-Re, Tafel XCIV; Hari, S. 41-42, Tafeln XXVII-XXX.
26. Assmann, Totenliturgien II, S. 417 f.
27. Moftah, Die heiligen Bäume S. 108-110, nach Gessler-Löhr, Totenfeier, S. 162-163.
28. Vergleiche im gleichen Sinne auch Feucht, S. 157-169.
29. Keel, S. 61-138; Schoske/Kreißl/Germer, S. 41-43.
30. Vergleiche zum Beispiel Sargtexte spell 203, CT III 130; spell 723, VI 353. Vergleiche auch schon Pyramidentext Spruch 470, § 916.
31. Assmann, Totenliturgien III, S. 163-166.
32. Zu diesem Text siehe Assmann, Tod und Jenseits, S. 205-206.
33. Hornung, Totenbuch, S. 144, Verse 21-28; Assmann, Tod und Jenseits, S. 207.
34. Assmann, Totenliturgien III, Spruch 9, Verse 61-69, S. 158, S. 163-166. „Gottestau" ist ein bildlicher Ausdruck vom Wohlgeruch eines Gottes, vergleiche Erman/Grapow, Band I, 36,5.
35. Siehe Keel.
36. Otto, S. 81, Anm. 1; Zabkar, S. 138; Hermann, 52* 6-16, vergleiche 22*, 11 ff.
37. Davies, Seven Private Tombs, Tafel XXXIV; Gessler-Löhr, Totenfeier, S. 166-167 mit Abb. 3.
38. TT 106 Südstele Text; Parallel: TT 23 (16); TT 222.
39. Der sich in Grab 106 auch in Gestalt eines Pflanzbeckens oder -grabens *en miniature* archäologisch nachweisen ließ.
40. TT 106 (unveröffentlicht); vergleiche TT 41 herausgegeben von Assmann, Amenemope, Text 18, S. 37.
41. TT 41, Text 19; Assmann, Amenemope, S. 37 f.
42. Vergleiche Assmann, Ramesside Tomb, S. 46-52; Assmann, Konstruktion, S. 1-18.
43. Erman/Grapow, Band 5, 96,15.
44. TT 93, Davies, Ken-Amun, S. 46, Tafeln 45B, 46; Keel, S. 65-66.
45. Janssen, S. 143-148.
46. Janssen scheint das anders zu verstehen. Er meint, dass bei der ersten und letzten Strophe „klar ist, von wem die Aufforderung an den Toten gesprochen wird", dass dies aber bei der zweiten Strophe „doch wohl eine weibliche Gottheit zu sein scheint, vielleicht sogar Isis selbst". Bei der ersten Strophe denkt er an den Sonnengott, „da von dem Licht gesprochen wird, das mit dem Toten herumgeht". Hier scheint mir aber das Wort „Schatten" näher zu liegen.
47. Eigner, Grabbauten der Spätzeit, S. 170-171; Kampp, S. 212-213. Bei einer neuerlichen Begehung der Stelle im Herbst 2009 war der Stumpf verschwunden.
48. Kampp, S. 484, Abb. 377, dem Grab TT 194 zugeordnet.
49. Homer, Od 24.1-2, 11-14.
50. Siehe hierzu Merkelbach, S. 232-233.
51. Savary, S. 271.

*Abb. 138 >:*
*Theben-West. Dattelpalmen im Umfeld der Totentempelanlagen des Neuen Reiches. Im Hintergrund die thebanischen Berge.*

# Die Pflanzen und ihre Nutzung

Renate Germer

Die Pflanzen der altägyptischen Gärten  120

Pflanzen der Teichlandschaft  121

Pflanzen mit schönen Blüten,
dekorativen Früchten oder besonderen Blättern  127

Fremde Bäume und Sträucher  136

Sträucher und Bäume der heimischen Flora  146

Die Pflanzen und ihre Nutzung

## Die Pflanzen der altägyptischen Gärten

Was in den Gärten des alten Ägypten wuchs, blühte und duftete, darüber berichten uns drei Quellen: die Darstellungen[1], die Funde[2] und die Texte[3]. Doch erst alle drei Informationsquellen zusammen genommen ergeben einen ungefähren Eindruck.

In den Grabmalereien des Neuen Reiches finden sich zahlreiche Abbildungen von Gärten verschiedener Form und Größe. Die darin botanisch zu identifizierenden Pflanzenarten beschränken sich aber nur auf ein gutes halbes Dutzend; es sind zudem meist recht schematisch gezeichnete Blumen und Bäume. Nur in der Amarnazeit, als plötzlich Künstler versuchten, die sie umgebende Vegetation in einer naturgetreueren Weise abzubilden, lassen sich einige weitere Pflanzenarten in den Gartendarstellungen botanisch bestimmen.

Eine ganze Reihe anderer Gartenpflanzen, von denen wir entweder nur Abbildungen aus der Amarnazeit oder überhaupt keine haben, sind uns in Form von Blütengirlanden erhalten, mit denen die Ägypter vom Neuen Reich an die Mumien ihrer Verstorbenen beim Begräbnis schmückten. In kunstvoller Bindetechnik sind hier Blätter, Blüten, einzelne Blütenblätter und auch Früchte zu flachen Strängen verarbeitet, die in konzentrischen Halbkreisen auf dem Körper der Mumie selbst oder auf dem Sarg lagen.

Nur wenige Informationen, die über die beiden ersten Quellen hinausgehen, liefern die Texte. Hier ist vor allem die Baumliste aus dem Grab des Ineni zu nennen, die aufführt, welche Baumarten und in wie hoher Stückzahl dieser in einer Gartenanlage anpflanzen ließ.[4] Gut zwei Drittel der von ihm genannten 20 Baumarten lassen sich identifizieren.

Bei den Blumen gestaltet sich die Identifizierung etwas schwieriger. Von den meisten ist ihr altägyptischer Name bisher noch nicht bekannt, und so können wir sie nicht, wie etwa Nahrungsmittelpflanzen, in den Auflistungen der vegetabilischen Anlieferungen für die Tempel erkennen, die für die täglichen Tempelrituale sicher einen großen Bedarf an Blumen gehabt hatten.

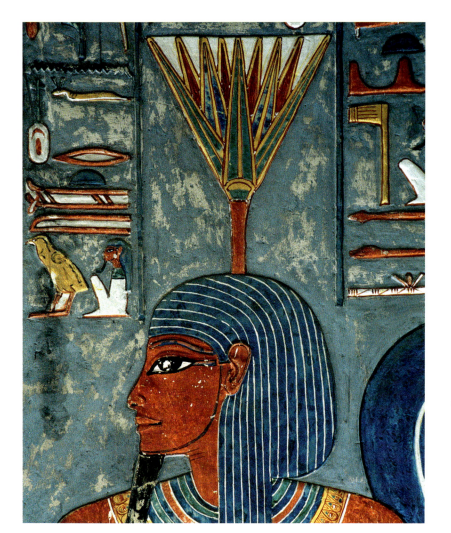

*Abb. 141 >:*
*Teich innerhalb eines privaten Gartens. Umzeichnung einer Wandmalerei aus dem Grab des Nebamun (18. Dynastie) in Theben-West (TT 146); heute im British Museum London. Ausschnitt.*

*Abb. 142 >:*
*Blüten und Schwimmblätter des Blauen Lotus in der Ufervegetation*

*Abb. 140:*
*Gott Nefertem, Verkörperung des morgendlichen Sonnengottes, ist gekennzeichnet durch die Blüte des Blauen Lotus auf seinem Kopf. Wie sich die Sonne jeden Morgen über dem Horizont erhebt, so öffnet sich die Blüte morgens mit den ersten Sonnenstrahlen. Darstellung im Grab des Königs Haremhab (18. Dynastie) in Tal der Könige/Theben-West (KV 57).*

# Pflanzen der Teichlandschaft

Das Zentrum eines jeden ägyptischen Ziergartens war ein Teich, oft in T-Form angelegt, dessen Größe von der Ausdehnung der entsprechenden Gartenanlage abhängig war. Dabei handelte es sich nicht um einen Badeteich, auch wenn der Verstorbene in den Texten immer wieder davon spricht, dass der Teich ihm kühles Wasser und Erfrischung gibt. Der Teich ist vielmehr die symbolische Wiedergabe des einstigen Urozeans Nun, aus dem am Anfang der Welt alles Leben entstanden war. Er spielte auch in den Bestattungsriten eine Rolle.

Der Teich war mit Pflanzen bewachsen und von Fischen belebt. Die wichtigste Pflanze der Teiche war der Blaue Lotus, mit seinen auf der Wasseroberfläche schwimmenden Blättern und sich aus dem Wasser heraushebenden zart-blauen, duftenden Blüten (Abb. 142).

Die etwas erweiterte Form der Teichdarstellung zeigt seinen inneren Rand bewachsen von Papyrus, anderen Riedgräsern und Schilf, dem Lebensraum für Vögel, die den Garten bevölkern sollten.

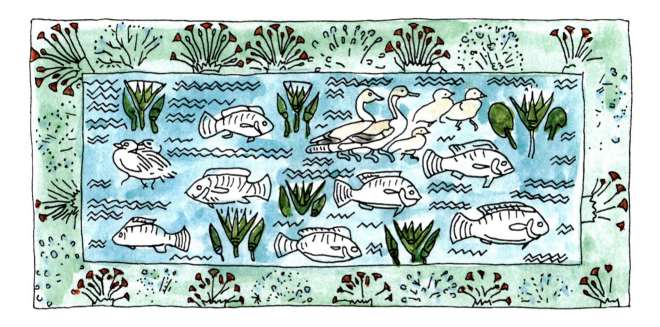

## Die Pflanzen und ihre Nutzung

*Abb. 143: Merit, Ehefrau des Bürgermeisters von Theben Sennefer; dargestellt mit einem festlichen Kranz aus Blütenblättern des Blauen Lotus über der großen Perücke. Sie hält sich eine Blüte des Blauen Lotus an die Nase, um den aromatischen, belebenden Duft einzuatmen. Darstellung im Grab des Sennefer (18. Dynastie) in Theben-West (TT 96).*

### Blauer Lotus
(*Nymphaea caerulea Savig.*)
Familie: Seerosengewächse (*Nymphaeaceae*)

Der Blaue Lotus versinnbildlichte für den Ägypter das Leben; seine Blüten durften bei keinem festlichen Anlass fehlen, sei es ein Fest im Tempel oder auch Bestattungsfeierlichkeiten auf den Friedhofsgebieten. Außerdem waren sie wohl das beliebteste und am häufigsten verwendete Dekormotiv der Kleinkunst. Zwei entscheidenden Eigenschaften verdankt die Pflanze ihre Bedeutung: dem Schließverhalten der Blüte und ihrem intensiven Duft.

Nur im Uferbereich des Nils, wo das Wasser langsam fließt, oder in den Kanälen war der Blaue Lotus einst sehr verbreitet; heute ist er in Ägypten selten geworden. Aus dem im Boden wurzelnden Rhizom wachsen die langen Blattstiele, mit den 20-30 cm großen, runden oder ovalen, glattrandigen Schwimmblättern. Am Ansatz des Blattstieles sind sie tief eingekerbt. Die zart-blauen, teilweise auch

*Abb. 144: Weit geöffnete Blüte des Blauen Lotus. Die Farbe der Blütenblätter variiert von zart hellblau bis fast ganz weiß wie in diesem Fall.*

*Abb. 145: Becher mit Lotusmotiv (Fayence, Höhe: 14 cm, Durchmesser: 8 cm). Ägyptisches Museum und Papyrussammlung Berlin (Inv.-Nr. 12578).*

fast ganz weißen Blüten erheben sich einzeln auf bis zu 1 m langen Blütenstielen aus dem Wasser heraus. Sie bestehen aus vier, meist dunkel gepunkteten, spitz auslaufenden Kelchblättern und vielen lanzettförmigen Blütenblättern, die zur Mitte der Blüte hin in gelbe Staubblätter übergehen. Der kugelige Fruchtknoten sinkt nach der Bestäubung unter Wasser und entwickelt sich zu einer Beerenfrucht mit vielen Samen.

Da die Blüten sich am Morgen öffnen und zum Nachmittag hin wieder schließen, wurden sie als ein Symbol der aufgehenden Sonne angesehen. Sie zeigten die tägliche Wiedergeburt des Sonnengottes Re, in der Ikonographie vor allem dem jugendlichen Sonnengott Nefertem (Abb. 140) zugeordnet. Nach den Vorstellungen der Ägypter wirkt ein intensiver, aromatischer Duft, auch für ein jenseitiges Leben, belebend. Aufgrund dieser Eigenschaft ist die Beliebtheit dieser duftenden Blüte auch verständlich.

Das altägyptische Wort *sšn* bezeichnet eine Lotusblüte, doch ist nicht zu sagen, ob die des Weißen oder Blauen Lotus damit gemeint ist.

## Weißer Lotus
(*Nymphaea lotus* L.)
Familie: Seerosengewächse (*Nymphaeaceae*)

Im Gegensatz zum allgegenwärtigen Blauen Lotus finden sich vom Weißen Lotus nur ganz wenige Abbildungen in den Gräbern. An diesen sind jedoch die morphologischen Unterschiede der beiden Seerosenarten deutlich erkennbar. Die Kelch- und Blütenblätter des Weißen Lotus sind sehr viel breiter, an der Spitze abgerundet, und die fast kreisförmigen Schwimmblätter haben durch leichte Einbuchtungen einen gezackten Rand. Sie erreichen einen Durchmesser von bis zu 40 cm, liegen auf der Wasseroberfläche und entspringen, wie die langen Blütenstiele, einem kräftigen, verzweigten Wurzelstock. Vier bis sechs weiß geäderte, grüne Kelchblätter umgeben die etwa 20 cm großen Blüten.

Ihre geringere Bedeutung als Pflanze der Zierteiche ist sicher mit darin begründet, dass die Blüten des Weißen Lotus kaum duften. Da sich die Blüten außerdem erst am Nachmittag öffnen und am Morgen schließen, lässt sich diese Blume auch nicht als Symbol mit der täglichen, morgendlichen Wiedergeburt des Gottes Nefertem oder der Sonne in Verbindung bringen.

Blütenblätter des Weißen Lotus sind aber häufig in Mumiengirlanden verarbeitet, wo sie – im farblichen Gegensatz zu den hellblau-grünen Blütenblättern des Blauen Lotus – in Mimusops-Blätter eingefaltet, eine dekorative weiß-grüne Reihe bilden. In dem stilisierte Blütengirlanden darstellenden Dekor der bemalten Vasen finden sich ebenfalls die weißen Seerosenblütenblätter.

*Abb. 146: Baldachin tragende Säule, die kunstvoll mit vier Pflanzen kombiniert wurde. Zuunterst ist die Blüte des Weißen Lotus mit ihren abgerundeten Blüten- und Kelchblättern dargestellt, darüber die des Blauen Lotus mit spitzen Blüten. Aus dieser entspringt die „Wappenpflanze Oberägyptens", die botanisch noch nicht identifiziert werden konnte. Darauf sitzt eine Papyrusdolde, die „Wappenpflanze Unterägyptens". Darstellung im Grab des Sennedjem (19. Dynastie) in Theben-West (TT 1).*

## Papyrus
### (Cyperus papyrus L.)
### Familie: Riedgräser (Cyperaceae)

In pharaonischer Zeit wuchs entlang der Ufer des Nils ein Dickicht aus Papyrus und Schilf. Dies war der Lebensraum zahlreicher Vögel, Insekten und Kleintiere. Bereits vom Alten Reich an ist er häufig in den Grabmalereien abgebildet. Doch durch die intensive, wirtschaftliche Nutzung der Papyruspflanze – ganze Stängel zum Bootsbau, die Rinde der Stängel als Flechtwerk und vor allem das in Streifen geschnittene Mark der Stängel zur Herstellung des Schriftträgers Papyrus – wurde sein Bestand immer weiter zurückgedrängt.

Heute gibt es in Ägypten keine wildwachsenden Papyrusdickichte mehr. Nur die Nilgebiete im Sudan und das Okovango-Delta in Botswana vermitteln noch einen Eindruck, wie es einst entlang des Nils in Ägypten ausgesehen hat: ein in weiten Bereichen undurchdringbares Grün. So ist es verständlich, dass in der Mythologie die Göttin Isis ihren Sohn Horus im Papyrusdickicht vor seinen Verfolgern versteckte.

Der Papyrusstängel mit Dolde als Hieroglyphe w3ḏ hatte eine umfassende Bedeutung, von grün, frisch bis gedeihen, und war – meist in grüner Fayence gearbeitet – ein beliebtes Schutzamulett. Die Pflanze selbst hieß altägyptisch mḥit/mnḫ.

Der dreikantige, glatte Stängel der Papyruspflanze erhebt sich bis zu 5 m hoch aus dem in einem sumpfigen Untergrund wachsenden, kriechenden Wurzelstock. Er trägt eine große, dichte Blütendolde, die an ihrer Basis 5-6 Hüllblätter hat. Die Pflanze selbst ist blattlos, nur einige wenige häutige Blattscheiden sitzen unten am Stängel.

Der das Landschaftsbild prägende Papyrus wurde zur Wappenpflanze Unterägyptens in den unzähligen symbolischen Darstellungen der „Vereinigung der Beiden Länder". Sein Habitus war auch Vorbild für die Ausbildung steinerner Säulen in den Tempeln.

In den religiösen Vorstellungen ist das Papyrusdickicht eng verbunden mit der Göttin Hathor. Vor allem in Deir el-Bahari/Theben-West, wo sie in der Gestalt einer Wildkuh verehrt wurde, zeigen die Darstellungen die Kuh, wie sie aus dem Papyrusdickicht heraustritt. Die dabei von ihr erzeugten Geräusche durch das Aneinanderreiben der Papyrusstängel wurden im Kultus durch das Rasseln des Sistrums, eines Rasselinstrumentes der Frauen im Tempel, wiedergegeben.

*Abb. 147: Blütendolde des Papyrus (Cyperus papyrus L.). An der Basis der zahlreichen Blütenstrahlen sitzen spitze, schmale Hüllblätter, die einzigen Blätter dieser Pflanze.*

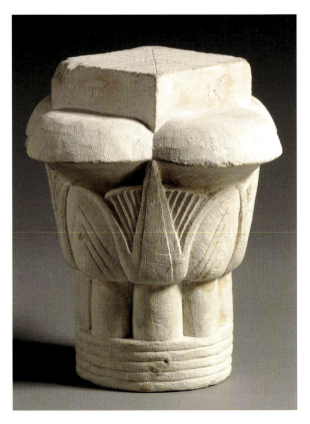

*Abb. 148: Papyrusdolden-Kapitell (Kalkstein, Höhe: 14,9 cm). Architekturmodell aus der Spätzeit. Ägyptisches Museum und Papyrussammlung Berlin (Inv.-Nr. 20348).*

### Pflanzen der Teichlandschaft

Abb. 149: Papyrusdickicht. Lebensraum für eine Vielzahl von Vögeln, Kleintieren und Insekten.

Abb. 150: „Geordnetes" Papyrusdickicht. Auf den Blütendolden sitzen Spießenten; versteckt zwischen ihnen befindet sich ein Vogelnest mit Jungtieren. Darstellung im Grab des Userhat (18. Dynastie) in Theben-West (TT 56).

## Riedgras
*(Cyperus sp.)*
Familie: Riedgräser (*Cyperaceae*)

Nur in der kurzen Regierungszeit Echnatons (18. Dynastie) finden sich in den Fußboden- und Wandmalereien seiner Paläste in Amarna einige Pflanzen in den Gartendarstellungen, die sonst nicht zum Repertoire der Gartenpflanzen gehörten. Dies ist darin begründet, dass die Malerei dieser Zeit die Natur in die Häuser holen wollte. Entsprechend waren auch die Gärten „natürlicher". Vielleicht lässt sich diese Situation ein wenig mit dem Wandel des formalen Barock-Gartens zum Englischen Landschaftsgarten vergleichen.

Zu den jetzt dargestellten Pflanzen der heimischen Flora gehören einige Riedgräser mit ihren typischen, dreikantigen Stängeln und den an Doldenstrahlen sitzenden Ähren. Riedgräser bevorzugen feuchte Standorte. Ihre Blätter und Stängel wurden zu Flechtwerk, vor allem Matten, verarbeitet. Einige Arten bilden aromatisch duftende oder sogar essbare Rhizomknollen aus.

Von den in Ägypten heimischen Cyperus-Arten entsprechen die Darstellungen in Amarna am ehesten denen der *Cyperus alopecuroides*.

## Gemeines Schilfrohr
*(Phragmites australis (Cav.) Trin. ex Steud.)*
Familie: Gräser (*Gramineae*)

Auch das Gemeine Schilfrohr ist in der Amarnazeit vereinzelt in Gartendarstellungen anzutreffen, jetzt jedoch naturgetreuer und lockerer gezeichnet, als in den vorherigen und folgenden Epochen, wo es bei Jagdszenen des Pharao auf Wildstier und Löwe die Landschaft kennzeichnet.

*Abb. 152: Gemeines Schilfrohr an einem Kanal.*

*Abb. 151: Königliche Löwenjagd im Schilfdickicht. Die federförmig dargestellten Blütenrispen der Pflanzen hängen nur nach einer Seite und sind dadurch botanisch sicher zu identifizieren. Darstellung im Totentempel Ramses' III. (20. Dynastie) in Medinet Habu/Theben-West.*

## Pflanzen mit schönen Blüten, dekorativen Früchten oder besonderen Blättern

Die Gartendarstellungen in den Gräbern vermitteln uns den Eindruck, die alten Ägypter hätten üblicherweise nur zwei Blumenarten, den Mohn und die Kornblume, angepflanzt und dazu noch die Mandragora. Doch dieser Eindruck täuscht. Eine genauere Auskunft über die tatsächliche Pflanzenvielfalt in den Gärten geben die Mumiengirlanden.

Aufgrund ihrer Fundsituation verbinden wir mit Blütengirlanden immer die Vorstellungen, diese wären in Ägypten vor allem für das Bestattungswesen hergestellt worden, doch die Situation ist ganz anders. Blumengirlanden waren ein wichtiger Bestandteil aller Feste, sei es im Tempel, im Haus und auch bei Begräbnisfeiern. Große Mengen an Blumen wurden täglich dafür benötigt, und es bedurfte einer großen gärtnerischen Leistung, diesen Bedarf zu decken. Neben dem erwähnten Mohn und der Kornblume fanden auch wild wachsende Blumen ihren Weg in die Ziergärten wie das Zottige Weidenröschen (*Epilobium hirsutum L.*) und die nur im mediterranen Küstenstreifen vorkommende Tazette (*Narcissus tazetta L.*), deren Zwiebelschalen auf dem Hals der Mumie Ramses' II. (19. Dynastie) lagen.

Nicht in allen Fällen streng zu trennen sind in den Gärten Zier- und Nutzpflanzen. So war der Saflor eine wichtige Ölpflanze der Ägypter. Aus den Blüten gewannen sie einen gelben und einen roten Textil-Farbstoff. Die schönen Blüten finden sich aber auch in den Girlanden. So hatte der Saflor mit seinen großen, leuchtend gelben Korbblüten sicher einen Platz in den Ziergärten, auch wenn von ihm Abbildungen fehlen.

Die Gärten der Oberschicht zierten fremde Pflanzen, die der besonderen gärtnerischen Pflege bedurften: der aus Kleinasien importierte Rittersporn (*Delphinium orientale Gray.*), die Stockrose (*Alcea ficifolia L.*), die wir auch aus den Mumiengirlanden der Pharaonen kennen, oder ein aus dem Sudan kommendes Amaryllisgewächs (*Crinum sp.*), das Dolden großer, trichterförmiger Blüten ausbildet. Crinum-Zwiebelschalen lagen auf Augen, Mund, Nase und Mumifizierungsschnitt einer weiblichen Mumie.

Exotische Pflanzen, die Thutmosis III. (18. Dynastie) von seinen Feldzügen aus Syrien mitgebracht hatte, wuchsen wahrscheinlich für kurze Zeit auch in den Tempelgärten. Es waren Aronstabgewächse (Abb. 153b) und Lilien, die aufgrund ihrer Rhizome auch längere Transportwege gut überstehen.

*Abb. 153 (a/b): Festtempel Thutmosis' III. (18. Dynastie) im Tempelbezirk von Karnak. Kleines Foto: Anhand der pfeilförmigen Blätter, dem Wurzelstock und den von tütenförmigen Scheiden umgebenen Blütenkolben ist diese Pflanzendarstellung im „Botanischen Garten" des Festtempels sicher als Aronstab (Arum sp.) zu identifizieren.*

Die Pflanzen und ihre Nutzung

## Orientalische Kornblume, Niederliegende Flockenblume
(*Centaurea depressa* Bieb.)
Familie: Korbblütler (*Compositae*)

Von der einst in den ägyptischen Gärten in großer Zahl blühenden Orientalischen Kornblume gibt es dort heute keine Spur mehr. Ihr Vorkommen als Gartenblume war anscheinend nur auf die Zeit des Neuen Reiches beschränkt. Nach den Darstellungen und Funden zu urteilen, gehörte sie jedoch in dieser Epoche zum Grundbestand eines jeden Gartens. Ihre Blütenköpfe sind in zahllosen Mumiengirlanden erhalten. Auch in den großen Blütenhalskragen vom innersten Sarg des Tutanchamun waren Kornblumen eingearbeitet, ebenso in die Kragen, die von den Gästen der Bestattungsfeier des jungen Königs getragen worden waren. Nach über 3000 Jahren sind diese Gebinde heute von einer grau-braunen Farbe. Doch die Nachbildungen können einen guten Eindruck von der einstigen leuchtend blauen Wirkung dieses Blumenschmucks vermitteln (Abb. 154). Auch in den aus Fayence nachgebildeten Blütenkragen durfte die Kornblume nicht fehlen. Dabei wurden die dachziegelartig angeordneten Blätter des Hüllkelches in grün gearbeitet, die Blütenkronen aus Röhrenblüten in blau.

Heute ist die Orientalische Kornblume, die sich in ihrem Aussehen nur wenig von der in Europa heimischen Art *Centaurea cyanus* unterscheidet, lediglich noch im ostägäischen Raum – Kleinasien, Syrien und Zentralasien – als einjähriges Unkraut in den Getreidefeldern anzutreffen.

*Abb. 154: Moderne Nachbildung eines altägyptischen Blumengebindes mit Kornblumen.*

*Abb. 155, unten: Darstellungen von Pflanzen des Teichrandes im Grab des Sennedjem (19. Dynastie) in Theben-West (TT 1). Links und Mitte: Mandragora und Kornblume. Die großen Blütenköpfe der Kornblume mit den langen, blauen Röhrenblüten sind botanisch recht genau gezeichnet. Bei der Mandragora hingegen erlaubte sich der Maler gewisse künstlerische Freiheiten. Die breiten Blätter dieser Pflanze sind in der Natur gewellt und die Frucht tragenden Stiele bei der Reife schon vertrocknet, sodass die Früchte dann auf dem Boden liegen.*
*Rechts: In sehr eigenwilliger Weise ist in dieser Wandmalerei der Klatschmohn dargestellt. Der zarte dunkle Schimmer, den die Blütenblätter manchmal am oberen Rand haben, erscheint hier als dicker, schwarzer Strich. Der schwarze Fleck im Innern der Blüte ist in Form von dunklen Punkten wiedergegeben.*

Pflanzen mit schönen Blüten, dekorativen Früchten oder besonderen Blättern

## Klatschmohn
(*Papaver rhoeas* L.)
Familie: Mohngewächse (*Papaveraceae*)

Zu Beginn des Neuen Reiches taucht ganz plötzlich der leuchtend rote Klatschmohn in den Darstellungen auf. Seine Blütenblätter mit dem charakteristischen dunklen Fleck am unteren Ende – in künstlerischer Freiheit oftmals auch mit einem schwarzen Strich am oberen Rand – sind leicht zu erkennen. Man findet die Pflanze in Gartendarstellungen sowie auf Fußbodenmalereien, die Blütenblätter als Bestandteile von abgebildeten Stabsträußen, erhaltenen Blütengirlanden und in Fayence gearbeitet als Kettenglieder der großen Halskragen.

In den Grab- und Fußbodenmalereien sind auch die typischen, tief gespaltenen, am Rande gezähnten Blätter der bis etwa 50 cm hoch werdenden Pflanze trotz einiger Stilisierung gut zu erkennen. Stängel und Blätter sind meist dicht mit weißen Haaren besetzt.

Aus der länglich ovalen Kapselfrucht mit ihren 8-10 Narbenstrahlen lässt sich im Gegensatz zu der fast kugeligen des Schlafmohns kein Opium gewinnen.

Vereinzelte Samenfunde des Klatschmohns liegen bereits aus dem Alten und Mittleren Reich vor. Die Pflanze war also bereits zu dieser Zeit als Ackerunkraut in Ägypten verbreitet. Im Neuen Reich sind dann die roten Blütenblätter als Bestandteil von Mumiengirlanden anzutreffen, sie fehlen allerdings in den späteren, sehr aufwendigen Blumengebinden der römerzeitlichen Gräber. Hier wird der „rote Bestandteil" durch Rosenblätter ersetzt.

*Abb. 156: Krug (Keramik, Höhe: 16 cm, Breite: 18 cm) mit Bemalung (Girlanden aus Blütenblättern des Lotus und zentral eine hängende Blüte des Blauen Lotus, flankiert auf beiden Seiten von einem Blütenblatt des Klatschmohns), aus dem Neuen Reich. Ägyptisches Museum und Papyrussammlung Berlin (Inv.-Nr. 14615).*

Der Klatschmohn ist heute ein Unkraut der Getreidefelder in ganz Ägypten und wuchs vermutlich auch in pharaonischer Zeit überall dort, wo Getreide in größerem Umfang angebaut wurde. Von dort fand er seinen Weg in die Gärten.

*Abb. 157: Blüte des Klatschmohns (Papaver rhoeas L.)*

# Die Pflanzen und ihre Nutzung

*Abb. 158: Hundskamille (Anthemis sp.)*

## Pflanzen mit schönen Blüten, dekorativen Früchten oder besonderen Blättern

### Hundskamille, Echte Kamille und Kronwucherblume
(*Anthemis sp., Matricaria recutita* L. und *Chrysanthemun coronarium* L.)
Familie: Korbblütler (*Compositae*)

Von vorgeschichtlicher Zeit an finden sich in der ägyptischen Ornamentik Blütendarstellungen, sogenannte Rosetten, die große Blütenblätter um ein rundes Zentrum zeigen. Meist sind diese Abbildungen jedoch so stark stilisiert, dass eine botanische Identifizierung nicht möglich ist. Wahrscheinlich ist das Vorbild ein Korbblütler.

Anders sieht es bei einigen weißen Blüten mit vielen schmalen Zungenblüten um ein gelbes Zentrum aus. Hier handelt es sich um die Darstellung einer Kamille, von denen eine ganze Reihe von Arten zur heimischen ägyptischen Flora gehört.

Kamille-Blüten bestehen aus weißen, randständigen Zungenblüten und gelben, zentralen Röhrenblüten (Abb. 158). Man findet die einjährigen Kräuter mit ihren fein zerteilten Blättern als Unkraut auf den Feldern, nicht aber als Gartenblume. Auch die Fayence-Wandeinlagen in Amarna zeigen Kamille-Pflanzen nicht innerhalb des Gartens, sondern lediglich als Bestandteil der ihn umgebenden Natur.

In den stilisierten Blütenhalskragen der Särge tauchen Kamille-Blüten als Dekorelement auf. Da die Zungenblüten leicht abfallen, fehlen sie jedoch in den erhaltenen Blütengirlanden. Dort sind dafür die Blüten der Kronwucherblume eingearbeitet. Diese ist ebenfalls ein Ackerunkraut, ein Korbblütler, den wir nicht aus den Abbildungen identifizieren können. Seine recht großen Blüten bestehen aus gelben Zungen- und Röhrenblüten. In Ägypten kommt allerdings von der Kronwucherblume, wenn auch seltener, eine weißblühende Varietät (*v. discolor*) vor. So lässt sich in stilisierten Abbildungen wie den Fayence-Rosetten aus Qantir (Ostdelta) nicht entscheiden, ob ein Abbild einer Kamille oder einer Kronwucherblume vorliegt.

Um Blüten der Kronwucherblume für die Girlanden ausreichend zur Hand zu haben, war sie sicherlich in den Gärten angepflanzt.

*Abb. 159: Blütenhalskragen (Fayence, Breite: 41 cm, Höhe: 25 cm; aus dem Neuen Reich), modern aufgefädelt. Die Kettenglieder der einzelnen Reihen bilden florale Elemente nach: im Innersten Blüten einer Kamille-Art, es folgen Weinreben, dann Mandragora-Früchte und Kornblumen. Den äußeren Abschluss bilden Blütenblätter des Blauen Lotus. Martin von Wagner Museum der Universität Würzburg (Inv.-Nr. K 462).*

Die Pflanzen und ihre Nutzung

## Ackerwinde oder Efeu
(*Convolvulus arvensis* L. oder *Hedera helix* L.)
Familie: Windengewächse (*Convolvulaceae*) oder Efeugewächse (*Hederaceae*)

Kletternde und windende Pflanzen sind ein dekorativer Bestandteil von Gärten, den auch die altägyptischen Gärtner einsetzten. An Stabsträußen und Opfertischen finden sich häufig windende und herabhängende Stängel oder Zweige mit pfeilförmigen Blättern (Abb. 161). Die botanische Bestimmung dieser Zweige, für deren Darstellung auch eine gewisse künstlerische Freiheit eingeräumt werden muss, ist nicht sicher, da Blüten fehlen. Zwei Pflanzen kommen hierfür in Frage.

Das sind zum einen die Winden (*Convolvulus sp.*) mit ihren schönen, trompetenförmigen Blüten, die zu den heimischen Ackerunkräutern Ägyptens gehören. Die Blattform in den Darstellungen passt zur Ackerwinde.

Ein Detail in einigen Abbildungen macht jedoch stutzig. Besonders deutlich ist dies auf dem Sarg der Isis aus dem Grab des Sennedjem in Theben-West (TT 1) zu sehen. Die in ein weißes Gewand gekleidete Frau hält in ihrer rechten Hand einen dieser mit pfeilförmigen Blättern besetzten Zweige, an deren Ende sich Reihen kleiner, grüner Kugeln befinden.

Sollen sie nur neue Reihen kleiner Blätter darstellen oder runde, grüne Früchte? Wäre das Letztere der Fall, dann käme als Vorbild für die Zweige eher der Efeu mit seinen in halbkugeligen Dolden stehenden, runden Früchten in Frage. Der Efeu gehört aber nicht zu den in Ägypten heimischen Pflanzen, er muss aus Palästina eingeführt worden sein.

Von beiden Pflanzen gibt es keine Reste in den erhaltenen Pflanzengebinden des Neuen Reiches, der Zeit, aus der die Darstellungen stammen, die dieses Problem lösen könnten.

*Abb. 160: Ackerwinde (Convolvulus arvensis L.).*

*Abb. 161: Pflanzendarstellung im Totentempel der Hatschepsut (18. Dynastie) in Deir el-Bahari/Theben-West: Um die langen, Dolden tragenden Papyrusstängel und die Blütenstängel des Blauen Lotus windet sich eine beblätterte Pflanze. Zwischen den pfeilförmigen Blättern sitzen vereinzelt spiralig aufgerollte Elemente. Höchstwahrscheinlich ist hier die Ackerwinde dargestellt.*

Pflanzen mit schönen Blüten, dekorativen Früchten oder besonderen Blättern

## Mandragora, Alraune
*(Mandragora autumnalis Bertol.)*
Familie: Nachtschattengewächse (*Solanaceae*)

In der Mitte der 18. Dynastie findet sich ganz plötzlich in den Grabmalereien, direkt am Teichrand wachsend, eine neue Pflanze (Abb. 162), die uns bis heute noch reichlich Rätsel aufgibt. Sie hat große, spitz auslaufende Blätter, die in einer grundständigen Rosette entspringen, und trägt auf langen, aufrecht stehenden Stielen gelbe, dekorative Früchte, die von einem grünen, zipfligen Kelch umgeben sind. Die Früchte sind fast kugelrund und mit einer Spitze versehen (Abb. 163). Sie sind auch als Bestandteil der gemalten Stabsträuße zu sehen und in Körben aufgeschichtet in den Darstellungen der Opfergaben. Gleichzeitig findet das Motiv der Früchte mit dem typischen Kelch weite Verbreitung als Ornament auf zahlreichen Gegenständen.

Nach der Art der Abbildung kann es sich bei dieser Pflanze nur um die im östlichen Mittelmeerraum und südlichen Europa heimische Mandragora, auch Alraune genannt, handeln. Der ägyptischen Flora fehlt diese Pflanze. Zwar muss man einige künstlerische Freiheiten in ihrer Darstellung berücksichtigen – so sind die Fruchtstiele viel zu schwach, um die Früchte aufrecht zu tragen –, doch keine andere Pflanze kommt sonst als Vorbild in Betracht.

In Europa spielte die Mandragora eine wichtige Rolle als Zauberpflanze und war Bestandteil der Hexensalben des Mittelalters. Alle ihre Teile, besonders die Wurzeln, enthalten Alkaloide, die leicht narkotisierend wirken.

*Abb. 163: Mandragora-Pflanze (Mandragora autumnalis Bertol.), auch Alraune genannt. Die gelben, rund- bis eiförmigen Beerenfrüchte sind von einem grünen, zipfligen Kelch umgeben.*

Substantielle Funde dieser so häufig abgebildeten Pflanze liegen aus dem pharaonischen Ägypten aber seltsamerweise nicht vor, und unklar bleibt auch, wieso die Früchte unter den essbaren Opfergaben auftauchen. Sie riechen bei Reife für unseren heutigen Geschmack eher unangenehm und schmecken leicht übelerregend.

*Abb. 164: Mandragora-Pflanze. Umzeichnung einer Fayencescherbe aus Hermopolis; heute im Brooklyn Museum of Art, New York.*

*Abb. 162: Gärtner beim Bewässern eines privaten Gartens. Mittels eines Schadufs schöpft er Wasser aus einem Teich, der von verschiedenartigen Pflanzen umgeben ist. Rechts am Rand eine Mandragora-Pflanze. Umzeichnung einer Wandmalerei im Grab des Ipui (19. Dynastie) in Deir el-Medina/Theben-West (TT 217).*

## Sellerie
*(Apium graveolens L.)*
Familie: Doldengewächse *(Umbellifearae)*

Die Auswahl der Pflanzen für die Gärten erfolgte nicht nur unter dem Aspekt einer dekorativen Blüte oder Frucht. Auch der Duft, den sie ausströmte, war ein wichtiges Kriterium. Für die Ägypter beschränkte sich die Bedeutung des Duftes keinesfalls nur auf die belebende Wirkung von Aromen im Diesseits, sondern auch auf das jenseitige Leben; ein intensiver Duft hatte für sie auch nach dem Tode eine regenerierende Wirkung.

So ist es nur folgerichtig, dass die Kranzbinder für Mumiengirlanden gerne Pflanzen verwendeten, die einen aromatischen Geruch ausströmten. Dies sind zum einen stark duftende Blüten wie der Blaue Lotus und die Hennablüten oder Pflanzen, die in ihren Blättern einen hohen Anteil an ätherischen Ölen haben. Sie fanden sowohl als Gewürz und Heilmittel Verwendung als auch im Blumenschmuck und waren deshalb sicherlich in den Ziergärten ebenso vertreten wie in den Nutz- und Heilpflanzengärten.

Als Beispiel für die Gruppe dieser Pflanzen sei hier der Sellerie aufgeführt, weil sich von ihm eine kunstvoll gearbeitete Mumiengirlande besonders gut erhalten hat (Abb. 165). Auf dem alten Foto sieht man die Herstellungsweise des Gebindes. Über jeden Stiel eines Sellerieblattes ist ein Blütenblatt des Blauen Lotus gelegt, und die Überreste von drei ganzen Lotusblüten hängen auf die grüne Unterlage der Blätter herab. Auch für königlichen Mumien-Blumenschmuck wurden Sellerieblätter verarbeitet, wie es die Mumiengirlanden des Tutanchamun zeigen.

Sellerie, altägyptisch *m3t.t*, ist eine in Ägypten heimische, zweijährige Pflanze, die im ersten Jahr nur eine Rosette einfach gefiederter Blätter ausbildet. Erst im zweiten Jahr erscheinen dann die bis 1 m hohen Stängel mit den weißen Doldenblüten. Die bittere, harte, spindelförmige Wurzel ist ungenießbar.

In pharaonischer Zeit fanden neben dem Sellerie für Mumiengirlanden auch noch die duftenden Blätter des Dill *(Anethum graveolens L.)*, der Minze *(Mentha sp.)*, der Konyza *(Conyza dioscorides Desf.)* und des Steinklees *(Melilotus sp.)* Verwendung, von ptolemäischer Zeit an dann hauptsächlich der Majoran *(Majorana hortensis Moench.)*.

*Abb. 166, oben:*
*Sellerie-Pflanze*
*(Apium graveolens L.).*

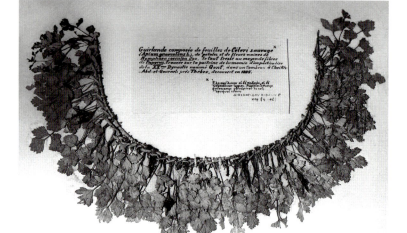

*Abb. 165:*
*Mumien-Girlande aus Sellerieblättern und Blüten sowie Blütenblättern des Blauen Lotus aus dem Grab des Qent (20. Dynastie) in Schech Abd el-Qurna/Theben-West. Das Gebinde wurde von Georg Schweinfurth präpariert und beschriftet.*

Pflanzen mit schönen Blüten, dekorativen Früchten oder besonderen Blättern

## Lattich, Salat
(*Lactuca sativa* L.)
Familie: Korbblütler (*Compositae*)

Eine besondere Stellung nimmt in der ägyptischen Gartenkultur der Lattich ein. Er wurde zum einen in den Nutzgärten angepflanzt. Einige Darstellungen aus dem Alten Reich zeigen das Bewässern und die Ernte der Salatstrunke – damals wie heute ein beliebtes Lebensmittel in Ägypten. Da die Stammpflanze des Salates *Lactuca serriola* L. in Ägypten heimisch ist, entwickelte sich die Kulturpflanze sicherlich im Lande selbst. Angebaut wurde die Varietät *longifolia Lam.*, der Römische Salat, altägyptisch ꜥbw. Seine Strunke mit ihren im Gegensatz zur Wildform ganzrandigen, langen Blättern haben eine keulenförmige Wuchsform und können bis zu 1 m hoch werden. Die ganze Pflanze ist milchsaftführend.

In den Grabmalereien findet man Salatstrunke sehr häufig auf den Opfertischen (Abb. 167) und sogar eingearbeitet in Stabsträuße. Überreste dieser Gebinde haben sich leider nicht erhalten.

Neben seiner Nutzung als Nahrungsmittel kam dem Lattich aber auch eine besondere religiöse Bedeutung zu. Auf Tempelwänden sehen wir hinter dem ithyphallischen Fruchtbarkeitsgott Min oder Amun-Min in kleinen Gartenparzellen hohe Lattichstrunke angepflanzt (Abb. 168).

Ältere ägyptologische Literatur ging davon aus, dass der Lattich in pharaonischer Zeit als Aphrodisiakum eine Bedeutung hatte. Seine pharmazeutische Wirkung ist jedoch genau gegenteilig, wie schon Dioskurides beschrieb. Die Verbindung des Lattichs zum Gott Min beruht vielmehr auf der Tatsache, dass die Pflanze bei Anschnitt einen weißlichen Milchsaft absondert, der mit der Samenflüssigkeit des Min gleichgesetzt wurde. Nach den Abbildungen kann man davon ausgehen, dass in den Tempeln des Min oder Amun-Min in kleinen, speziellen Gärten Lattichpflanzen wuchsen.

*Abb. 167, oben:*
*Reich beladener Opfertisch mit Broten, Rinderschenkeln, Obst, Gemüse und Lotusblüten. Lattichstrunke sind häufig auf Opfertischen zu sehen. In diesem Fall liegt einer quer auf dem Rinderschenkel; zwei weitere Lattichstrunke stehen aufrecht unter dem Tisch. Wandmalerei im Grab des Sennefer (18. Dynastie) in Theben-West (TT 96).*

*Abb. 168:*
*König Sesostris I. (12. Dynastie) umarmt anbetend den ithyphallischen Fruchtbarkeitsgott Amun-Min. Hinter dem Gott ist ein kleiner Garten mit großen Lattichpflanzen dargestellt. Relief im Barkenheiligtum Sesostris' I. im Großen Amun-Tempel von Karnak.*

Die Pflanzen und ihre Nutzung

# Fremde Bäume und Sträucher

Eine große Anzahl der im pharaonischen Ägypten kultivierten, Obst liefernden Pflanzen hatte ihre ursprüngliche Heimat außerhalb Ägyptens. Doch bereits in der Frühzeit und im Alten Reich übernahmen die Ägypter die Kultur einiger Obstbäume, andere folgten im Neuen Reich. Die Übernahme erfolgte sowohl aus dem palästinensischen Raum als auch aus Gebieten südlich von Ägypten.

In den Abbildungen der Gärten sind die Obstbäume teilweise recht naturgetreu mit charakteristischen Blättern oder Früchten abgebildet, sodass sie botanisch identifiziert werden können. Andere sind zwar nur in der Form der Baum-Hieroglyphe gezeichnet, tragen jedoch eine bestimmende Beischrift.

In den Ziergärten sind die Obstbäume oftmals vor den großen Bäumen wie Dattel und Sykomore zum Teich hin angepflanzt, da sie meist während der heißen Jahreszeit der künstlichen Bewässerung bedurften und ihnen große Bäume etwas Schatten gaben.

In allen Zeiten der ägyptischen Geschichte versuchte man, die Räucherharz liefernden Pflanzen auch in Gärten anzupflanzen und zu vermehren. Hier aber war die Natur stärker. Es gelang nicht auf Dauer, die von Süden her importierten Gewächse in Ägypten zu halten, die klimatischen Bedingungen und die Bodenverhältnisse passten nicht.

*Abb. 169: Thutmosis IV. (18. Dynastie) führt ein Räucheropfer aus. In der linken Hand hält er einen Räucherarm, dessen Hand eine Schale mit glühender Holzkohle trägt. In diese wirft er eine Reihe kleiner Harzkugeln. Reliefdarstellung im Großen Amun-Tempel von Karnak.*

## Weinstock
(*Vitis vinifera* L.)
Familie: Weinrebengewächse (*Vitaceae*)

Die Wein-Kultur begann ursprünglich im palästinensischen Raum und wurde von dort bereits in der Frühzeit von Ägypten übernommen. Daneben importierten die Ägypter aber auch in größeren Mengen in Palästina hergestellten Wein, vermutlich zuerst wegen dessen besserer Qualität. In Ägypten lagen die Hauptanbaugebiete von Wein im Delta und in den Oasen, aber auch in den Gärten von Amarna und Theben wuchsen die Trauben. Sowohl in großen Weingärten als auch solitär im Ziergarten wurden Weinstöcke angepflanzt und in Spalierform gezogen.

Zahlreiche Darstellungen der Weinlese und weiteren Verarbeitung des Traubensaftes sind mehr oder weniger ausführlich in den Gräbern vom Alten Reich an erhalten. Sie zeigen die runden, fünflappigen, am Rande gezähnten Blätter fast immer recht naturalistisch gezeichnet. Die Trauben sind blau oder rötlich-blau gefärbt, und oftmals sind auch die Ranken dargestellt.

Nach der Lese wurden die Trauben in großen Bassins entweder ausgetreten oder mit einer Sackpresse ausgedrückt. Danach ist der Saft in offene Tonkrüge abgefüllt worden, wo der erste Gärprozess durch die den Beeren anhaftenden wilden Hefen erfolgte. Anschließend verschlossen die Winzer die Krüge mit einem Lehmkloß, der aber noch Löcher enthielt, um eine zweite, langsame Gärung zu ermöglichen. Am Ende wurden die Krüge ganz mit Lehm versiegelt und außen mit dem Jahrgang sowie dem Namen des Weingutes versehen.

Wein, altägyptisch *irp*, war ein Getränk der höheren Schichten und bevorzugtes Getränkeopfer für die Götter (Abb. 171).

# Fremde Bäume und Sträucher

*Abb. 170: Beblätterter Trieb eines Weinstocks (Vitis vinifera L.) mit Blütenständen.*

*Abb. 171: König Thutmosis II. (18. Dynastie) opfert Wein in typischen kugelförmigen Gefäßen an den Gott Amun. Reliefdarstellung auf einem Steinfragment, das sich im Freilichtmuseum des Großen Amun-Tempels von Karnak befindet.*

*Abb. 172: Im Grab des Bürgermeisters von Theben Sennefer (18. Dynastie) in Theben-West (TT 96). Ungewöhnlich für ein Grab ist die Gestaltung der Decke als Weinlaube. Die farbigen, geometrisch gemusterten Streifen stellen bunte Zelttücher dar.*

Die Pflanzen und ihre Nutzung

*Abb. 173:
Zweig mit Blüten
und reifer Frucht des Granatapfelbaumes (Punica granatum L.).*

# Fremde Bäume und Sträucher

## Granatapfel
*(Punica granatum L.)*
Familie: Granatapfelgewächse (*Punicaceae*)

Auf den unzähligen Abbildungen von Opfergaben finden sich im Neuen Reich meist als oberen, bekrönenden Abschluss der sorgfältig aufgestapelten Brote und Früchte braunrote Granatäpfel (Abb. 174). Oftmals sind sie sogar mit einem Spalt gezeichnet, sodass die darin enthaltenen Samen mit dem sie umgebenden roten Fruchtfleisch sichtbar sind. Auch in den Gräbern fanden sich Granatäpfel als Opfergaben für die Verstorbenen.

Die Form des Granatapfels wurde für kleine Gefäße des Kosmetikbereiches übernommen, vom kostbaren aus Silber gearbeiteten Granatapfel im Grab des Tutanchamun bis zu ganz einfachen, aus blauer Fayence hergestellten Objekten (Abb. 175).

Die Kultur des kleinen Baumes, altägyptisch *inhmn*, übernahmen die Ägypter wohl zu Beginn des Neuen Reiches aus dem palästinensischen Raum. Einige wenige Abbildungen in den Grabmalereien zeigen diesen Baum – entweder mit seinen typischen Früchten oder den großen, roten, trichterförmigen Blüten, die auch in Mumienschmuck der Spätzeit und römischen Epoche erhalten sind. Die schon erwähnte Baumliste für den Garten des Ineni führt fünf Granatapfelbäume auf.

Bereits die altägyptischen Ärzte hatten erkannt, dass die Rinde des Granatapfelbaumes einen Wirkstoff gegen Bandwürmer enthält und verordneten sie dementsprechend in den medizinischen Papyri.

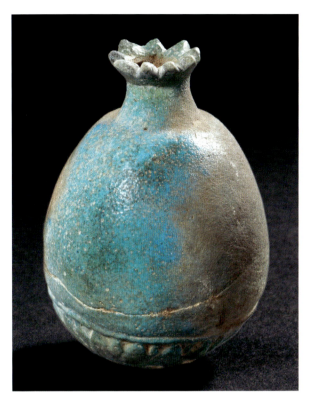

*Abb. 175: Gefäß in Form eines Granatapfels (Fayence, Höhe: 8,6 cm, Durchmesser: 6,3 cm), Neues Reich (18. Dynastie). Museum August Kestner Hannover (Inv.-Nr. 1935.200.393).*

*Abb. 174, unten: Reliefblock mit Opfergaben aus der 18. Dynastie im Luxor-Tempel. Links des Stabstraußgebindes steht ein aus Rohr gefertigter Opfertisch, auf dem Datteln und Granatäpfel aufgeschichtet sind. Darüber eine Korbschale mit Sykomorenfeigen (oder Essfeigen) und Weintrauben, auf denen Blüten des Blauen Lotus liegen.*

# Die Pflanzen und ihre Nutzung

140

## Persea
*(Mimusops laurifolia* (Forssk.) Friis.)
Familie: Sapotengewächse *(Sapotaceae)*

Der Botaniker und Afrika-Forscher Georg Schweinfurth (1836-1925) erkannte als erster, dass es sich bei dem von Theophrast (IV,2,5) unter dem Namen Persea für Ägypten beschriebenen Baum um die *Mimusops laurifolia* handeln musste. Er hatte den Baum bei seinen Expeditionen im Jemen gesehen. In Ägypten wuchsen bereits seit einigen Jahrhunderten keine Persea-Bäume mehr. Der Bestand war schon in römischer Zeit in Ägypten so weit zurück gegangen, dass zum Schutz der Bäume ihr Fällen unter Strafe gestellt wurde – jedoch ohne Erfolg. Heutzutage gibt es wieder einige wenige Exemplare, die Schweinfurth im Garten des Ägyptischen Museums in Kairo angepflanzt hatte (Abb. 176).

Der Baum, altäyptisch šw3b, stammt ursprünglich aus Gebieten südlich von Ägypten und wurde von dort aus bereits im Alten Reich in Kultur genommen. Heute ist sein Vorkommen auf Abessinien und den Jemen beschränkt.

*Mimusops laurifolia* erreicht eine Höhe von bis zu 20 m, ist immergrün und dicht belaubt mit ledrigen, elliptischen, am Rand leicht gesägten Blättern. Diese bildeten fast immer das grüne Grundgerüst für die unzähligen Mumiengirlanden, in die dann je nach Jahreszeit farbige Blütenteile eingesteckt wurden. Auch die meisten der in nur wenigen Exemplaren erhaltenen Stabsträuße bestehen aus Zweigen der Persea.

Persea-Bäume gehörten zum Grundbestand der kultivierten Gartenbäume. Die Liste des Ineni nennt für seinen Garten 31 Exemplare, und Wurzelreste aus Baumgruben vom Totentempel der Hatschepsut in Deir el-Bahari/Theben-West zeigen, dass auch hier Mimusops-Bäume angepflanzt waren. Darstellungen lassen sich allerdings nicht identifizieren.

Die gelben, etwa 2-3 cm großen Früchte des Baumes sind spitz-eiförmig (Abb. 177) und enthalten in einem süßlich schmeckenden Fruchtfleisch zwei bis drei braun-glänzende Samen. Unter den abgebildeten Opfergaben und in der Ornamentik finden sich gelbe, ähnlich aussehende Früchte. Doch aufgrund des dort gezeigten großen, grünen, mehrzipfligen Kelches handelt es sich dabei vermutlich um Mandragora-Früchte. Funde der Persea-Früchte als Grabbeigaben sind recht häufig, die ältesten stammen bereits aus dem Alten Reich.

Das harte, etwas gelblich glänzende Holz wurde zur Herstellung von Kleinmöbeln oder Statuetten verarbeitet, der Milchsaft des Baumes in der Medizin zur Behandlung von Brandwunden verwendet.

*< Abb. 176:*
*Der von Georg Schweinfurth (1836-1925) im Garten des 1902 neu erbauten Ägyptischen Museums in Kairo gepflanzte Mimusops-Steckling (Mimusops laurifolia (Forssk.) Friis.) hat sich in der Zwischenzeit zu einem stattlichen Baum entwickelt, der jedes Jahr reichlich Früchte trägt.*

*Abb. 177:*
*Der schottische Afrika-Forscher James Bruce (1730-1794) zeichnete als erster einen Blüten und Früchte tragenden Zweig eines Mimusops-Baumes.*

Die Pflanzen und ihre Nutzung

## Feigenbaum
(*Ficus carica* L.)
Familie: Maulbeergewächse (*Moraceae*)

Als Obstlieferant spielte der Feigenbaum, im Gegensatz zur Sykomore, im alten Ägypten nur eine untergeordnete Rolle. Darstellungen finden sich zwar vom Alten Reich an, doch sind sie nicht sehr zahlreich. Auf eine geringere Verbreitung deutet auch hin, dass in der Liste der im Garten des Ineni angepflanzten Bäume nur fünf Feigenbäume genannt sind, im Gegensatz zu 73 Sykomoren.

Der altägyptische Name der Feige war *dȝb*, der Feigenbaum hieß *nht nt dȝb*. Von den Sykomorenfeigen auf den Opfertischen lassen sich die Feigen nur dann unterscheiden, wenn eine Beischrift vorhanden ist, denn die Darstellungsart beider Früchte ist gleich. In den medizinischen Rezepturen wird die Feige, meist wegen ihrer leicht abführenden Wirkung, erwähnt.

Der häufig nur buschig wachsende, Milchsaft führende Feigenbaum trägt große, handförmig gelappte Blätter, die auch in den altägyptischen Darstellungen deutlich zu erkennen sind (Abb. 179). Die süßen Feigen – botanisch die fleischigen Blütenstandsbecher – können sich nur nach einer Befruchtung der Blüten durch den Blütenstaub der ungenießbaren Holzfeige *Ficus carica var. caprificus*, den Gallwespen übertragen, entwickeln.

In Ägypten sind Feigen seit vorgeschichtlicher Zeit durch Funde belegt. Ihre Kultur war also bereits zu dieser frühen Zeit von Palästina nach Ägypten gelangt.

Der Feigenbaum hatte in Ägypten keine religiöse Bedeutung, und auch in der Ornamentik finden sich weder die Blätter noch die Blüten. Nur unter den Blätter imitierenden Steingefäßen der Frühzeit findet sich eine Schale aus Schiefer, die möglicherweise in stilisierter Form ein Feigenblatt darstellt.

*Abb. 178: Frucht tragender Zweig des Feigenbaumes (Ficus carica L.)*

*Abb. 179:*
*Ernte von Feigen und das sorgfältige Aufschichten der empfindlichen Früchte in Tragkästen; im Baum sitzen drei Affen und fressen Feigen. Eine der wenigen altägyptischen Abbildungen eines Feigenbaumes; erkennbar an den großen, handförmig gelappten Blättern. Umzeichnung einer Darstellung im Grab des Chnumhotep (12. Dynastie) in Beni Hassan.*

## Ölbaum
### (Olea europaea L.)
Familie: Ölbaumgewächse (*Oleaceae*)

Die Anpflanzung von Ölbäumen in den ägyptischen Gärten beginnt in der 18. Dynastie. Das belegen die zahlreichen Funde von Blättern, die in den Mumiengirlanden dieser und späterer Zeiten eingeflochten sind. Das berühmteste Beispiel dafür ist sicherlich der kleine Kranz um die Königsinsignien Geier und Uräus am äußersten der drei Särge des Tutanchamun, der aus grünen Ölbaumblättern und blauen Kornblumen gewunden ist.

In den Girlanden nutzten die Kranzbinder eine Besonderheit der Blätter als zusätzlichen dekorativen Effekt. Die Blätter sind auf der Oberseite dunkelgrün glänzend, auf der Unterseite hingegen stumpf silbrig. Um nun die Gebinde mehrfarbig grün zu gestalten, wechseln in den Girlanden jeweils Blätter mit Ober- oder Unterseite nach außen hin ab.

Der Ölbaum, altägyptisch $\underline{d}.t$, gehört nicht zur heimischen Flora Ägyptens, seine Kultur wurde aus dem palästinensischen Raum übernommen. Zwar nennen bereits Texte der 19. Dynastie die Verwendung von Olivenöl zu Beleuchtungszwecken, eine größere wirtschaftliche Bedeutung erhielt der Baum als Öllieferant in Ägypten aber erst in ptolemäischer Zeit.

In den Grabmalereien fehlen Darstellungen des knorrigen, reich verzweigten Baumes. Nur eine Wandmalerei aus Amarna zeigt einen jungen Trieb mit den schmalen, ellipsoiden Blättern. Der Maler hat auch die Besonderheit der Olivenblätter, ihre Zweifarbigkeit, genau wiedergegeben. Auch die ovalen Früchte an ihren kurzen Stielen sind erstaunlich naturgetreu gezeichnet.

Eine zweite Darstellung eines Ölbaumzweiges befindet sich auf einem Reliefblock, ebenfalls aus Amarna (Abb. 181).

Wären nicht die vielen Blütengirlanden mit Ölbaumblättern erhalten, würde man kaum einen größeren Bestand an Ölbäumen in den Gärten des Neuen Reiches vermuten.

*Abb. 180: Ölbaumzweig mit reifen Früchten.*

*Abb. 181:*
*König Echnaton (18. Dynastie) opfert dem Gott Aton einen Ölbaumzweig mit reifen Früchten. Umzeichnung einer Darstellung auf einem Reliefblock aus Hermopolis; er stammt aber wohl ursprünglich aus Amarna und befindet sich heute im Ägyptischen Museum Berlin.*

## Räucherharze liefernde Bäume und Sträucher

Ein unverzichtbarer Bestandteil der täglichen Zeremonien in den Tempeln und bei allen religiösen Handlungen war das Räuchern mit aromatischen Baumharzen (Abb. 169). Um die Götter immer wieder gnädig zu stimmen, wurden riesige Mengen davon benötigt. Doch die Bäume, deren Harze sich dafür eigneten, wuchsen nicht auf ägyptischem Boden, sondern nur in südlicheren Gebieten. So ist es nachvollziehbar, dass die Ägypter immer wieder versuchten, die Harz liefernden Bäume zu importieren und in eigenen Gärten zu kultivieren.

Texte berichten und Darstellungen zeigen, dass kleine Bäume in Pflanzgefäßen nach Ägypten gebracht wurden. Der erste Beleg dafür stammt bereits aus der Regierungszeit des Königs Sahure aus der 5. Dynastie (Abb. 184).

Besondere Berühmtheit erhielt die nach Punt – vermutlich das heutige Somalia – ausgesandte Expedition der Königin Hatschepsut in der 18. Dynastie. In dem Bericht dieses Ereignisses an den Wänden ihres Totentempels in Deir el-Bahari/Theben-West sehen wir den Transport von eingetopften Bäumen auf die Expeditionsschiffe (Abb. 185). Auch unter Ramses III. (20. Dynastie) kam es zu Versuchen, Harz liefernde Bäume in Tempelgärten anzupflanzen.

Das letzte Bemühen dieser Baumkultur stammt dann aus dem 17. Jahrhundert, mit einem „Balsam-Garten" in Matarieh bei Kairo. Doch alle diese Versuche blieben auf Dauer aus klimatischen Gründen erfolglos, die Bäume gingen ein.

Zwei Pflanzengattungen sind die Lieferanten der beim Verbrennen aromatisch duftenden Baumharze, *Boswellia* für Weihrauch und *Commiphora* für Myrrhe. Die einzelnen Arten sind heute neben den Beständen im Süden der Arabischen Halbinsel vor allem im Sudan, in Erithrea, Äthiopien und Somalia verbreitet. Im Süden Ägyptens wächst noch der Mekkabalsam (*Commiphora gileadensis* (L.) C. Chr.), der sicherlich auch in pharaonischer Zeit genutzt wurde.

*Commiphora*-Arten sind meist kleine, bedornte Büsche oder Bäume, deren rotbraune Myrrhe-Harzbrocken man durch Einschnitte am Stamm gewinnt. Weihrauch-Harze liefernde *Boswellia*-Arten wachsen als 10-12 m hohe Bäume mit stark gefiederten Blättern. Das Gummiharz ist gelblich-grün.

*Abb. 182: Myrrhenstrauch (Commiphora sp.). Die nur für einige Monate Blätter tragenden, bedornten Büsche wachsen auf steinernem Untergrund in Regionen mit minimalem Regenfall.*

## Fremde Bäume und Sträucher

Die alten Ägypter bezeichneten die Räucherharze, die auch in der Medizin reichlich Verwendung fanden, mit *snṯr* und *ꜥntjw*, was üblicherweise mit Weihrauch und Myrrhe übersetzt wird. Doch so ganz botanisch spezifisch genau scheinen diese Bezeichnungen von den Ägyptern nicht gebraucht worden zu sein, denn das besonders im Neuen Reich in großen Mengen für gleiche Verwendungszwecke aus Palästina eingeführte Terebinthenharz, von der *Pistacia terebinthus* gewonnen, trug ebenfalls die altägyptische Bezeichnung *snṯr*. Kulturversuche dieses Baumes in Ägypten sind allerdings nicht bekannt.

*Abb. 183:*
*Weihrauchbaum mit jungen Blättern (Boswellia sp.)*

*Abb. 184:*
*König Sahure überreicht seiner Mutter Neferhetepes einen kostbaren (aus Punt importierten) Räucherharz liefernden Baum. Die botanische Art des Baumes lässt sich aufgrund der stark stilisierten Darstellung nicht bestimmen; es handelt sich vermutlich um einen Myrrhenbaum. Umzeichnung eines Reliefblocks vom Aufweg der Pyramidenanlage des Sahure (5. Dynastie) in Abusir.*

*Abb. 185, unten:*
*Seetüchtiges ägyptisches Schiff. Rekonstruktion von Michael Bormann (Maßstab 1:36), rekonstruiert nach Zeichnungen von Edouard Naville und einer Darstellung im Totentempel der Königin Hatschepsut (18. Dynastie) in Deir el-Bahari/Theben-West. Privatbesitz.*

Die Pflanzen und ihre Nutzung

## Sträucher und Bäume der heimischen Flora

In den altägyptischen Ziergärten dominierten allein durch ihre Größe die heimischen Palmen und die Sykomore. Sie wuchsen problemlos überall ohne großen gärtnerischen Aufwand und waren meist am Rand des Gartens, entlang der ihn umgebenden Mauer angepflanzt. Nach der Liste der im Garten des Ineni wachsenden Bäume integrierten die Gärtner jedoch noch eine ganze Reihe weiterer Sträucher und Bäume der heimischen Flora in die Gartenanlagen. Dort ist von Tamarisken, Christdornbäumen und Weiden die Rede, letztere ist auch einmal im Grab des Ipui abgebildet. Sogar der Benbaum (*Moringa peregrina Fiori*), ein Baum felsiger Wüstengebiete Ägyptens, aus dessen Samen ein wertvolles Öl gepresst wurde, ist unter Inenis Gartenpflanzen erwähnt.

Tamarisken wuchsen auch in den Tempelbezirken, oft in Form von Alleen angepflanzt, die die Wege zu den Heiligtümern hin begrenzten. In den auf der Westseite des Nils gelegenen großen Totentempeln, die auf trockenem Wüstenboden gebaut waren, mussten die Bäume in von Ziegeln umkleidete Pflanzgruben gesetzt und künstlich bewässert werden. Diese Baumanpflanzungen mit Tamarisken, aber auch Persea-Bäumen und Sykomoren, sind vor allem in den Totentempel-Anlagen Mentuhoteps II. und der Königin Hatschepsut aus dem Mittleren bzw. Neuen Reich gut belegt.

Aus der Verwendung der dekorativen gelben oder weißen Blüten der heimischen Akazienarten in den Mumiengirlanden ist auf deren Anpflanzung ebenfalls im Garten oder am Haus zu schließen. Das gleiche gilt für einige heimische Sträucher und Büsche wie die Sesbanie (*Sesbania sesban (L.) Merrill*), deren gelbe Schmetterlingsblüten in den Mumiengirlanden der Pharaonen Ahmose und Amenophis I. eingeflochten waren, und den kleinen Schlafbeerenbusch, dessen leuchtend rote Beeren dekorativen Pflanzenschmuck lieferten.

### Schlafbeere
(*Withania somnifera (L.) Dun.*)
Familie: Nachtschattengewächse (*Solanaceae*)

Der in Ägypten heimische Schlafbeerenstrauch muss in den altägyptischen Gärten seinen Platz gehabt haben, auch wenn wir ihn weder aus Darstellungen noch Texten belegen können. Er wächst als 60–80 cm hoher, an den Stängeln behaarter Busch mit gestielten, spitz-eiförmigen Blättern. In deren Achseln sitzen 4-6 kleine, grüne, glockenblumenartige Blüten zusammen. Bei Reife der Beere vergrößert sich der papierdünne Kelch und umschließt die Beere.

Die roten, etwa erbsengroßen Beerenfrüchte finden sich häufig als dekorativer Bestandteil, perlenartig aufgereiht, zum Teil abwechselnd mit blauen Fayenceperlen, in den Blütenhalskragen, die von den Ägyptern zu festlichen Angelegenheiten getragen wurden. Von diesen sind nur ganz wenige Exemplare erhalten, da sie nicht für die Verstorbenen als Mumienschmuck hergestellt wurden, sondern als kurzlebiger Festtagsschmuck der Lebenden. Nur ein derartiger Blütenhalskragen ist bisher auf einem Sarg gefunden worden. Er lag auf dem innersten der drei Särge des Tutanchamun, dem Goldsarg.

Erst in römischer Zeit sind Schlafbeeren, in geometrischen Mustern angeordnet, Bestandteil der kompakten Mumiengirlanden.

In den Beeren ist ein leicht narkotisierendes Alkaloid enthalten, aufgrund dessen die Beeren heute in der ägyptischen Volksheilkunde als Schlaf- und Schmerzmittel Verwendung finden. Man kann davon ausgehen, dass dies bereits in pharaonischer Zeit der Fall war, auch wenn wir den altägyptischen Namen der Schlafbeere nicht in den medizinischen Papyri identifizieren können.

*Abb. 186: Zweig des Schlafbeeren-Strauches (Withania somnifera (L.) Dun.) mit den leuchtend roten Früchten, die wie Perlen in Blütenhalskragen und Mumiengirlanden eingearbeitet wurden. Umzeichnung.*

## Dattelpalme
(*Phoenix dactylifera* L.)
Familie: Palmen (*Palmae*)

Der beherrschende Baum der altägyptischen Gärten war sicherlich die Dattelpalme, altägyptisch *bnrt*. In ihrer Jugend wächst die Pflanze erst in die Breite, bis der Stamm die endgültige Dicke erreicht hat. Dann beginnt das Längenwachstum und der schlanke, unverzweigte Stamm erhebt sich bis zu einer Höhe von etwa 20 m. Da die unteren Blätter immer absterben, trägt die Palme nur am Ende des Stammes einen Schopf von ca. 4 m langen, gefiederten Palmwedelblättern.

An den weiblichen Bäumen entwickeln sich in großen, hängenden Fruchtständen die Dattelfrüchte (Abb. 188). Die Dattelpalme ist ein Windbestäuber, und diese Eigenschaft machte sich der Mensch schon früh zu Nutze, indem er reife, männliche Blütenstände in den weiblichen Bäumen aufhängte, um so eine ausreichende Bestäubung und gute Qualität der Dattelfrüchte zu garantieren.

Dattelpalmen hatten im alten Ägypten eine große wirtschaftliche Bedeutung. Die süßen Früchte sind nahrhaft und gut haltbar, die Blätter eignen sich für Flechtwerk und Hüttenbedachung, die harten, holzigen Mittelrippen der Blätter zum Herstellen leichter Möbelstücke, und der an den Blattachseln sitzende Bast wurde zu Seilen verarbeitet. Im recht baumarmen Ägypten waren die Baumstämme, trotz schlechter Holzqualität, begehrtes Baumaterial.

Die zum Himmel aufstrebenden Palmen-Stämme mit der Wedel-Krone waren Vorbild für hohe Steinsäulen in den Tempeln, die mit einem Kapitel in Form der Palmblätter abschlossen. Diese Palmensäule wurde dann „en miniature" auch als Gestal-

*Abb. 188: Reife Fruchtstände der Dattelpalme.*

tungsform für kleinere Objekte übernommen, vor allem die *kohl*-Gefäße, in denen man die Augenschminke aufbewahrte.

Trotz des großen wirtschaftlichen Nutzens der Dattelpalme kam ihr nur eine geringe religiöse Bedeutung zu. In Buto im Westdelta gab es ein Heiligtum mit einem heiligen Palmenhain, der im Bestattungsritual Erwähnung findet, und die Blattmittelrippe mit ihren Einkerbungen war das Symbol für Zeit und dem Gott Thot zugeordnet. In Gräbern des Neuen Reiches findet sich die Himmelsgöttin Nut manchmal in der Gestalt einer Dattelpalme, die dem Verstorbenen Opfer und kühles Wasser darbringt.

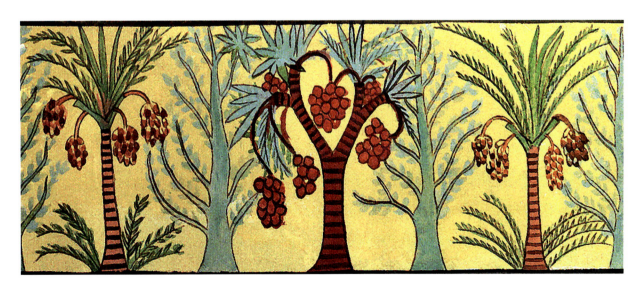

*Abb. 187: Links und rechts Früchte tragende Dattelpalmen. Am Fuß der Stämme sind Schösslinge gezeichnet, die für die vegetative Vermehrung der Dattelpalme benutzt wurden. In der Mitte eine Dumpalme. Malerei aus dem Grab des Sennedjem (19. Dynastie) in Theben-West (TT 1). Detail aus der Grabkammerreplik.*

# Die Pflanzen und ihre Nutzung

*Abb. 189: In ausgedehnten Palmenhainen wachsen heute wie in pharaonischer Zeit die wirtschaftlich wichtigen Dattelpalmen.*

Sträucher und Bäume der heimischen Flora

*Abb. 190: Ausgewachsenes Exemplar einer Dumpalme im Bereich des Luxor-Tempels. Die gabelförmige Verzweigung des Stammes und die fächerförmigen Blätter sind Kennzeichen dieser in Mittel- und Oberägypten wachsenden Palmenart.*

Die Pflanzen und ihre Nutzung

## Dumpalme
(*Hyphaene thebaica* (L.) Mart.)
Familie: Palmen (*Palmae*)

Zu den Charakterbäumen Mittel- und Oberägyptens sowie den Oasen gehört die Dumpalme mit ihrem auffälligen, mehrfach gabelförmig verzweigten Stamm und den großen, fächerförmigen Blättern (Abb. 190, 191). Sie besitzt 7-8 cm lange, braun-glänzende, unregelmäßig ovale Früchte, von denen an den weiblichen Bäumen bis zu 40 Stück in dichten Fruchtständen hängen. Sie enthalten ein trocken-schwammiges, essbares Fruchtfleisch und einem harten, weißen Samen.

Seit vorgeschichtlicher Zeit gehören Dumpalmfrüchte, altägyptisch *m3m3*, zu den häufigsten vegetabilischen Grabbeigaben, sowohl bei den ganz einfachen Begräbnissen als auch den königlichen. So enthielt die Grabausstattung des Tutanchamun neben all den Kostbarkeiten auch einen Korb mit Dumpalmfrüchten. Erstaunlicherweise lassen sich diese Früchte jedoch nicht unter den unzähligen Abbildungen der Opfergaben identifizieren.

Abbildungen der Bäume hingegen finden sich in den Gartendarstellungen des Neuen Reiches, teilweise auch auf Ostraka und in Totenpapyri. Texte in den Gräbern, in denen der Verstorbene die Götter um Schutz anfleht, verbinden die Dumpalme mit den Göttern Min und Thot.

Die wichtigste Nutzung der Dumpalme war in pharaonischer Zeit, wie auch heute noch, die Verwendung der Blätter zu vielerlei Flechtwerk, Körben, Matten, aber auch Sandalen (Abb. 192).

Eine weitere Fächerpalme des alten Ägypten ist die heute von der Ausrottung bedrohte Argunpalme (*Medemia argun Württemb.*), die nur noch in einem Bestand von wenigen Exemplaren in Gebieten südlich von Ägypten wächst. Sie gleicht im Aussehen der Dumpalme nur ohne verzweigten Stamm. Die Früchte sind etwas kleiner und von violett-

*Abb. 191: Verstorbener trinkt im Schatten einer Dumpalme Wasser aus einem Teich. Die altägyptische Zeichnung gibt die Charakteristika dieser Palmenart wieder: der gegabelte Stamm, die fächerförmigen Blätter und die etwa 7-8 cm großen braunen Früchte. Umzeichnung einer Darstellung im Grab des Irunefer (20. Dynastie) in Deir el-Medina/Theben-West (TT 290).*

brauner Farbe. Dass sie auch in den altägyptischen Gärten nur ganz vereinzelt vorkam, belegt die Baumliste vom Garten des Ineni. Dort sind 120 Dumpalmen, aber nur eine Argunpalme, altägyptisch *m3m3 n ḫ3nnt*, aufgeführt.

*Abb. 192:
Aus Blattstreifen der Dumpalme geflochtene Sandale (Länge: 31 cm, Breite: 11 cm) aus dem Neuen Reich. Durch das Loch ging ursprünglich der zwischen den Zehen verlaufende Riemen. Museum für Völkerkunde Hamburg, Sammlung Schweinfurth (Inv.-Nr. 14.92:49).*

*Abb. 193 >:
Während seiner Ägyptenreise 1737/38 fiel dem dänischen Forschungsreisenden Frederik Norden die besondere Wuchsform der Sykomorenfeigen auf – sie sitzen direkt am Stamm. Er beschrieb die Früchte (Abb. oben) als überaus nahrhaft; viele Leute seien zufrieden, wenn sie als Mahlzeit Brot, einige Sykomorenfeigen und Wasser hätten.*

## Sträucher und Bäume der heimischen Flora

### Sykomore
(*Ficus sycomorus* L.)
Familie: Maulbeergewächse (*Moraceae*)

Von allen in Ägypten wachsenden Bäumen hatte nur die Sykomore eine größere religiöse Bedeutung gehabt. Eine Kultstätte im memphitischen Bereich war der Göttin Hathor, „Herrin der südlichen Sykomore" geweiht, und in den Totentexten ist von zwei Sykomoren aus Türkis die Rede, zwischen denen der Sonnengott Re am Morgen erscheint.

Eine besondere Verbindung aber bestand zwischen der Sykomore und der Himmelsgöttin Nut. In zahlreichen Gräbern des Neuen Reiches ist die Göttin dargestellt, wie sie einem Sykomorenbaum entwächst, ihre Arme halten eine Platte mit Opfergaben und vor allem ein Gefäß, aus dem sie dem Verstorbenen oder auch seinem Seelenvogel, dem Ba, kühles Wasser spendet.

Der große, weit Schatten gebende Laubbaum bot auch für die Lebenden einen angenehmen Platz im Garten. Zudem lieferte die Sykomore reichlich Obst für die Tafel. Die am Stamm und den älteren Zweigen wachsenden Sykomorenfeigen sind saftig und süß und wurden in der Medizin als leichtes Abführmittel geschätzt. Sie zählen seit vorgeschichtlicher Zeit zu den häufigsten Grabbeigaben. In einigen Fällen wurden auch einfache Schmuckketten aus unreifen, kleinen Sykomoren mit ins Grab gegeben.

Als einziger Baum in Ägypten lieferte der Stamm einigermaßen große, glatte Bretter und war damit der wichtigste Holzlieferant. Die meisten Särge der sozialen Mittelschicht sind daher aus Sykomorenholz gefertigt.

Die Sykomore lässt sich in Ägypten nur vegetativ durch Stecklinge vermehren. Ihre weiblichen Blüten, die in einer krugförmigen Blütenstandsachse sitzen, können nur mit Hilfe einer Gallwespenart befruchtet werden, die in Ägypten nicht vorkommt. Die Wespe gehört zur Fauna des Sudans, des vermutlichen Heimatlandes der Sykomore. In Ägypten lebt stattdessen die Gallwespe *Sycophaga sycomori* in den Sykomorenfeigen, die jedoch keine Bestäubung bewirkt. Um die Sykomorenfeigen, ohne die sich darin entwickelnden Gallwespen-Larven genießbar zu machen, ritzte man die jungen Früchte mit einem Messer an. Dies beschleunigte die Reife, die dann vor dem Schlüpfen der Larven erfolgte.

## Ausklang

Mit der Eroberung Ägyptens durch Alexander den Großen und die darauf folgende Einwanderung erst griechischer, später dann römischer Siedler und ihrer Familien veränderte sich die ägyptische Gartenkultur grundlegend. Ganz andere Blumen und Gewürzpflanzen wurden nun in den Gärten angebaut.

Kornblume, Klatschmohn und Mandragora, die wichtigsten Blumen der Gärten des Neuen Reiches, scheinen gänzlich aus der Mode gekommen zu sein. Jetzt wuchs dort vor allem die rote Rose (*Rosa richardii Rehd.*), daneben gelbe Schopflavendel-Immortellen (*Helichrysum stoechas L.*) und der Hahnenkamm (*Celosia argentea L.*), die Blaurosa Lichtnelke (*Lychnis coelirosa L.*), die Sträucher Myrte (*Myrtus communis L.*) und Henna (*Lawsonia inermis L.*). In den Gartenteichen dominierte der Indische Lotus (*Nelumbo nucifera Gaertn.*) mit seinen großen, hellrosa Blüten und drängte die kleineren Blüten des heimischen Weißen und Blauen Lotus in den Hintergrund. Auch in den Kräutergärten duftete es anders, jetzt war dort die wichtigste Pflanze der Majoran (*Majorana hortensis Moench.*).

Wie im Neuen Reich so liebte man es in griechisch-römischer Zeit, bei Festen die Häuser mit frischem Blumenschmuck zu versehen. Girlanden wurden aufgehängt, und die Festgäste, Männer wie Frauen, schmückten sich mit Kränzen. Dieser Festschmuck wurde auch den Toten beigegeben und hat sich in großen Mengen an den Mumien erhalten.

Zur Herstellung der Mumiengirlanden benutzten die Kranzbinder nun bevorzugt die neuen, farbenprächtigen und aromatisch duftenden Gartenblumen und verarbeiteten sie in einer ganz neuen Bindetechnik. Die flachen, aus über einem Streifen gefalteten Blättern hergestellten Girlanden wurden durch voluminöse Gebinde aus aneinander gebundenen kleinen Sträußen abgelöst. Diese Sträuße bestanden aus Zweigstücken, Blüten, Blütenblättern oder sogar nur Staubgefäßen.

Die wichtigste Blume der griechisch-römischen Zeit war die Rose. Sie ist auf Mumienmasken häufig dargestellt, als Kranz im Haar der Frauen oder Strauß in der Hand bei Männern und Frauen. Wir finden sogar Mumien (Abb. 194), deren Kopf auf mit Rosenblütenblättern gefüllte Kissen gebettet waren oder man hatte Rosenblütenblätter über dem Körper ausgestreut.

Eine weitere, neue Bindetechnik für Girlanden bestand darin, ein festes Grundgerüst herzustellen, in das rote Schlafbeeren (*Withania somnifera (L.) Dun.*) in geometrischen Mustern angeordnet und farbige Blüten eingesteckt sind. Das Grundgerüst allein war schon ein kleines Kunstwerk. Es bestand aus dem netzartig strukturierten Mark eines Riedgras-Halmes (*Scirpus inclinatus (Del.) Asch. et Schweinf. ex Boiss.*), den man entrindet hatte.

Um die dekorative Wirkung der Gebinde noch zu erhöhen, arbeiteten die Kranzbinder aus ganz dünner, glänzender Kupferfolie hergestellte Kunstblüten und Blätter mit ein oder umwickelten die Gebinde mit dünnen Kupferstreifen.

Die Pflege eines Ziergartens verbunden mit dem großen Bedarf an frischen Blumen für die Lebenden als auch die Toten war bei dem ägyptischen Klima keine leichte Aufgabe für die Gärtner, die sie aber, sicher mit Hilfe eines ausgeklügelten Bewässerungssystems in den Gärten, meisterhaft lösten.

Anmerkungen
[1] Davies, Two Ramesside Tombs; Frankfort.
[2] Siehe de Vartavan/Amorós; Germer, Pflanzenreste; Germer, Pflanzenmaterialien.
[3] Germer, Handbuch.
[4] Siehe Baum.

*Abb. 194:*
*Große, voluminöse Blütengirlande über einer fertig gewickelten Mumie. Darstellung im Tigran-Grab (1. Jahrhundert n. Chr.) in Alexandria.*

*Abb. 195 >:*
*Theben-West. Felder und Dattelpalmen unweit der Ruinen des Totentempels Amenophis' III. (18. Dynastie; im Hintergrund).*

# Die Gärten und ihre Architektur

Susanne Martinssen-von Falck: Palastgärten   156

Michael Haase: Tempel und Gärten   176

Christian Tietze: Gärten in der Stadt   202

Christian Tietze: Weingärten   228

# Palastgärten

Susanne Martinssen-von Falck

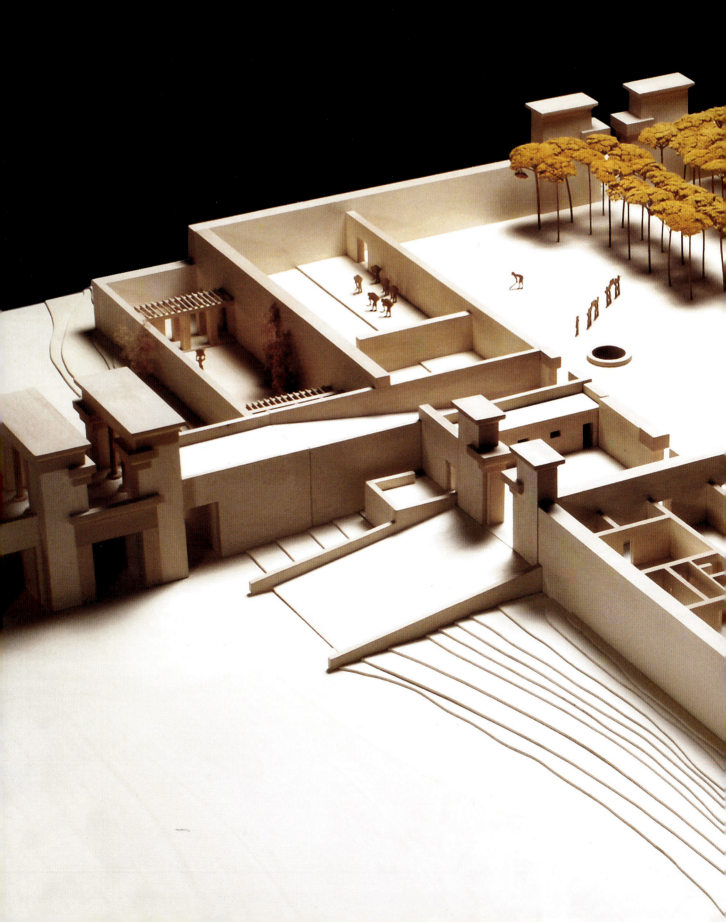

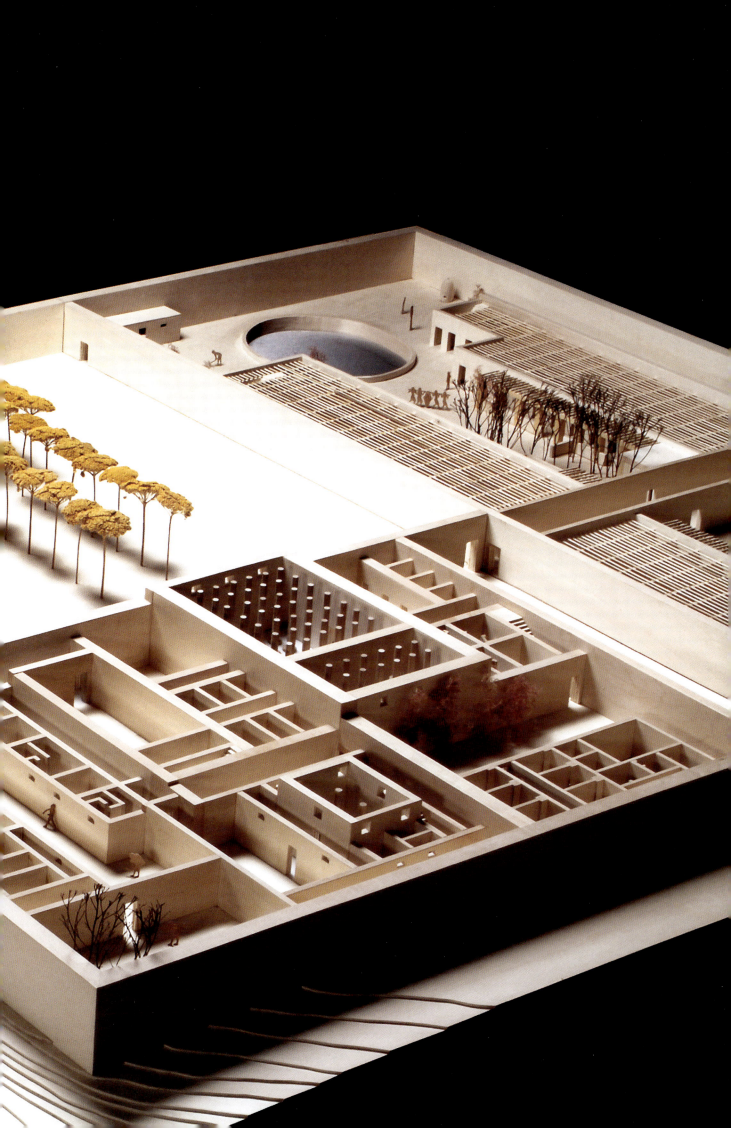

## Die Gärten und ihre Architektur

Ein ägyptischer König war *per definitionem* gottgleicher, später gottähnlicher Herrscher des Landes und als oberster Priester alleiniger Mittler zwischen göttlicher und irdischer Sphäre. In allen Bereichen der Politik lag die Verantwortung für Ägypten in seinen Händen. Sämtliche Amtshandlungen waren damit öffentliche Angelegenheiten. Auch die königlichen Paläste waren keine privaten Wohnstätten, sondern administrative und repräsentative Räume. Abgesehen von den privaten Gemächern des Königs waren möglicherweise die abgeschirmten Gartenanlagen der Paläste die einzigen Orte, an die sich der Pharao und die Königsfamilie zur Erholung in einem gewissen privaten Rahmen zurückziehen konnten.

So wird in einer Wundergeschichte über König Snofru berichtet, dass dem nach Aufheiterung suchenden König eine Ruderfahrt mit jungen Damen auf dem See des Palastes empfohlen wurde: „Das Herz Deiner Majestät wird sich erquicken, sie auf und ab rudern zu sehen. Wenn Du die schönen Vogelsümpfe deines Sees erblickst und seine schönen Felder und Ufer siehst, wird Dein Herz sich dabei erheitern."[1]

Weil die königlichen Gartenanlagen offenbar zur privaten Sphäre des Königs gehörten, sind sie kein Teil des offiziellen Bildprogramms der Tempel und Gräber und wurden höchst selten dargestellt. Anhand von Inschriften, archäologischen Funden und seltenen Darstellungen lässt sich jedoch ein Einblick in die Gartenwelten der Pharaonen gewinnen.

## Das Alte Reich

Für die Zeit des Alten Reiches konnten bislang archäologisch keine Gartenanlagen von Königspalästen nachgewiesen werden, aber Inschriften geben Hinweise auf ihre Gestaltung und Bedeutung. Gerade die großen königlichen Gärten scheinen in der Regel mit Seen oder Wasserbecken ausgestattet gewesen zu sein. Die Kombination von See und Garten war derart häufig, dass das ägyptische Wort für See oder Teich auch für einen Garten (mit Teich) verwendet werden konnte.[2] Auch Kapellen oder kleine Kultanlagen für bestimmte Gottheiten – besonders Hathor und Horus – waren bereits im Alten Reich Bestandteil königlicher Gartenarchitektur.[3]

Zur Gestaltung der königlichen Naturräume verwendete man auch besondere Pflanzen, die eigens aus dem Ausland importiert wurden. Aus der Regierungszeit König Sahures (5. Dynastie) stammen für das Alte Reich einzigartige Darstellungen von Myrrhenbäumen, die aus dem afrikanischen Land Punt für den Palastgarten mit Namen „Der die Schönheit des Sahure erhebt" nach Ägypten gebracht worden sind.[4] Auch aus anderen Quellen wissen wir, dass dieser König Warenlieferungen

aus Punt bezogen hat. Die neu entdeckten Reliefs vom Aufweg der Pyramide des Sahure in Abusir (Abb. 198, 199) zeigen neben der Rückkehr der Expeditionsschiffe auch die Myrrhenbäume, die vom König und seiner Familie bewundert werden. Die Bäume stehen in Töpfen – entweder handelt es sich hier noch um die Transportgefäße oder um kleine Lehmmauern, welche die frisch eingepflanzten Bäume im unteren Stammbereich schützen sollten. Auf dem einen Block ist dargestellt, wie der König mit einer Hacke die Rinde eines der Bäume anritzt, um das für Räucheropfer begehrte Harz der Pflanze zu ernten (Abb. 200). Der andere Block zeigt Sahure auf einem Thron im Palastgarten, wie er seiner Mutter Neferhetepes in einer feierlichen Zeremonie Baumharz übergibt. Stellvertretend für alle Bäume ist dort ein Myrrhenbaum vor dem Thronpodest abgebildet.

Bei dieser seltenen Darstellung eines Palastgartens geht es nicht um die Präsentation der Gartenanlagen, sondern einzig um die Ankunft und Verwertung der exotischen Myrrhenbäume. Das Harz dieser Pflanzen war für Räucherungen im Kultbetrieb von höchster Wichtigkeit. Der König beweist durch den Import von Myrrhenbäumen nicht nur seinen allumfassenden Besitzanspruch auf ausländische Produkte, sondern auch die Sicherstellung des Götterkultes. Punt galt wie andere exotische Expeditionsziele als „Gottesland". Durch das Anpflanzen von Bäumen aus diesen Ländern in Palast- und Tempelgärten schafft der König ein Miniatur-Gottesland in Ägypten für sich und die heimischen Götter. Die Sahure-Blöcke belegen ein Bildthema, das später in den Darstellungen von Punt-Expeditionen des Neuen Reiches häufig begegnet, bereits für das Alte Reich.[5]

# Palastgärten

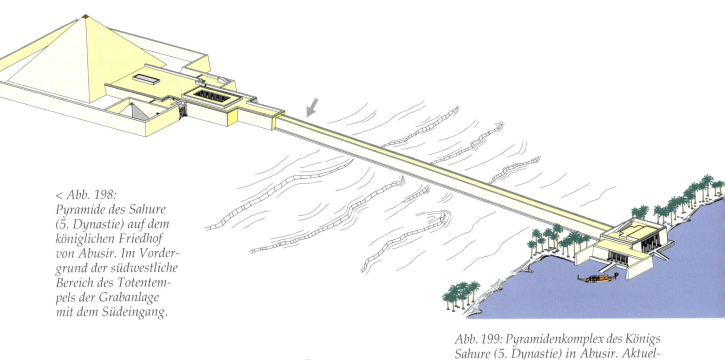

< Abb. 198:
Pyramide des Sahure (5. Dynastie) auf dem königlichen Friedhof von Abusir. Im Vordergrund der südwestliche Bereich des Totentempels der Grabanlage mit dem Südeingang.

Abb. 199: Pyramidenkomplex des Königs Sahure (5. Dynastie) in Abusir. Aktueller Ausgrabungsort am Aufweg (Pfeil). Rekonstruktionszeichnung.

Abb. 200:
Sahure ritzt die Rinde eines Myrrhenbaumes ein, der aus Punt importiert wurde. Hinter dem König stehen seine Mutter Neferhetepes und seine Gemahlin Meretnebti. Umzeichnung eines Reliefs, das am Aufweg der Pyramidenanlage des Sahure gefunden wurde. Ausschnitt.

## Das Mittlere Reich und die Zweite Zwischenzeit

Im Mittleren Reich bzw. der Zweiten Zwischenzeit verdichten sich auch die archäologischen Nachweise für ägyptische Palastanlagen. Es ist allerdings nicht immer sicher zu entscheiden, ob es sich um die Wohn- und Repräsentationsräume hoher Beamter oder um temporäre Wohnstätten der Könige gehandelt hat. Im Palastbezirk von Bubastis (Tell Basta) konnte im Innenhof des Wohntraktes ein Wasserbecken als schmückendes Architekturelement festgestellt werden, das über eine Leitung mit dem Bewässerungssystem des Gebäudes verbunden war.[6] Obwohl in dem Hof mit umlaufenden Säulengängen keine Beete oder Baumgruben gefunden wurden, kann man sich eine Begrünung mit Kübelpflanzen gut vorstellen.

## Die Gärten und ihre Architektur

*Abb. 201: Tell el-Dab'a. Gartenanlagen in der Residenz der 13. Dynastie: 1) großer Gartenhof mit Baumreihen und später dort angelegten Gräbern, 2) Beetanlage mit 3 × 10 Pflanzgruben, 3/4) Beetanlagen. Umzeichnung eines Grabungsplans aus Tell el-Dab'a.*

Ein hervorragendes Beispiel für das Zusammenspiel von Palast- und Gartenarchitektur ist eine Residenz der 13. Dynastie in Tell el-Dab'a (Abb. 201).[7] Sowohl das Gebäude als auch die insgesamt fünf Gartenanlagen zeigen mehrere Umbauphasen, und die Gärten sind von vornherein Teil der Bauplanung gewesen. Sie entsprechen in ihrer Größe den angrenzenden Räumlichkeiten. Die Beetanlagen bestehen aus regelmäßigen Reihen von quadratischen Einzelbeeten, in denen vermutlich blühende Zierpflanzen wuchsen. Ein Beetfeld besteht sogar ebenso wie das altägyptische Brettspiel Senet aus 3 × 10 Feldern. Der Baumbestand des großen Gartenhofes, dessen in der Mitte geplanter Teich wieder zugeschüttet wurde, ist in regelmäßigen Reihen angelegt. Die Baumgruben waren mit ungebrannten Ziegelbrocken gefüllt, vielleicht eine bewusste Drainagemaßnahme, ergänzt durch um die Pflanzgruben errichtete kleine Lehmziegelmauern zum Schutz der Bäume. Auf dem später in diesem Hof angelegten Friedhofsareal scheinen einzelne große Baumgruben zu den sechs großen Hauptgräbern zu gehören.

Im Palastbezirk der Hyksoszeit konnten Gartenanlagen mit Baumgruben und Blumentöpfen nachgewiesen werden.[8]

## Das Neue Reich

Auch im Neuen Reich geben die späteren Bebauungsphasen von Tell el-Dab'a Aufschluss über Palast-, Stadt- und Landschaftsarchitektur. Im thutmosidischen Palastbezirk wurden von den Ausgräbern ein großer See und Gartenanlagen rekonstruiert.[9] Über einen Nilarm waren diese Paläste über den Wasserweg erreichbar, wie es auch bei den späteren Palästen von Malqatta (Theben-West) und Amarna der Fall war.

Die meisten und vor allem detailliertesten Informationen über königliche Gärten bieten uns die Ausgrabungen von Tell el-Amarna. Die von Echnaton (18. Dynastie) neu gegründete Hauptstadt Achet-Aton in Mittelägypten wurde nur ca. 15 Jahre lang bewohnt. Tutanchamun gab die Stadt bereits wieder auf, die später zwar geplündert, aber nicht überbaut wurde. Die für Ägypten einmalige Situation einer in großen Teilen archäologisch erschlossenen Residenzstadt erweitert unsere Kenntnisse über altägyptische Stadtplanung und die Architektur der einzelnen Gebäude und vor allem über königliche Gartenanlagen von eher privatem als auch von repräsentativem und religiösem Charakter.[10]

# Palastgärten

*Die Gärten der Residenz von Amarna*

Als eigentliches Wohnquartier der königlichen Familie wird das sogenannte „Haus des Königs" interpretiert, das mit dem Palastbezirk über eine Brücke verbunden war, die über die „Königsstraße" führte.[11] Der Gebäudekomplex hat in jedem Fall in Teilen einen repräsentativen Charakter, und die eher kleinen Wohnräume könnten als temporärer Rückzugsort für Echnaton und seine Familie gedient haben, quasi als „Stadtwohnung". Ein architektonisch an die Wohnräume gekoppelter privater Gartenbereich konnte hier nicht nachgewiesen werden. Sowohl der Zugang über die Brücke vom Palast als auch der Zugang von einer Seitenstraße führten jedoch in einen großen Hof mit Baumbestand (Abb. 202). Es handelt sich hier um den offiziellen großzügigen Eingangshof für Bewohner und Besucher des königlichen Anwesens. Möglicherweise fanden in diesem Hof auch Zeremonien statt.[12] Bereits vor dem Pylon des Seiteneinganges waren Blumenbeete angelegt, und im Hof fanden die Ausgräber Baumgruben, Bewässerungskanäle und einen Brunnen.[13] Den Weg vom Straßeneingang säumte eine sich verjüngende, symmetrisch angelegte Allee von zunächst zwei Reihen mit sechs Bäumen, gefolgt von fünf Reihen mit vier Bäumen und sieben Reihen mit zwei Bäumen.

Im Magazintrakt der Residenz war ein weiterer Bereich bepflanzt (Abb. 203). Im südlichen Hofteil zwischen zwei Magazingebäuden befinden sich mehrere Baumgruben. Vielleicht dienten diese Bäume als Schattenspender für die hier tätigen Arbeiter. Eine runde Senke von ca. 25 m Durchmesser im Nordteil dieses Hofes wird als See gedeutet.

Eine Darstellung des Magazintraktes der Residenz im Grab des Merire I. in Amarna zeigt ebenfalls eine Bepflanzung mit Baumreihen. Während die Bäume innerhalb des Komplexes in Pflanzgruben abgebildet sind, werden die Bäume außerhalb der Anlage von durchbrochenen Lehmziegelmauern geschützt.[14]

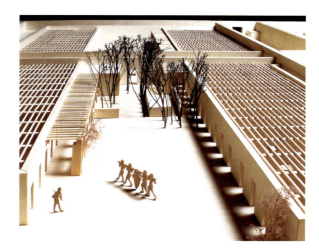

*Abb. 203: Residenz Echnatons in Amarna. Baumbepflanzung im Magazinbereich. Modellausschnitt.*

*Abb. 202: Modell der Residenz Echnatons (Maßstab 1:50) mit der zentralen Baumallee im großen Hof. Im Vordergrund die Hauptstraße mit der dreitorigen Brücke, welche die Residenz mit dem Großen Palast verbindet.*

## Die Gärten und ihre Architektur

*Die Gärten des Großen Palastes*

Der Palastbereich von Amarna liegt im Zentrum der Stadt (Abb. 204, 205) und diente dem König und auch seiner Familie als Bühne für repräsentative, religiöse und administrative Aufgaben. Zwei kleine begrünte Innenhöfe mit angrenzenden Räumen, die von den Ausgräbern „nördlicher und südlicher Harem" genannt wurden, stellen kleine Oasen inmitten der Stein- und Lehmziegelarchitektur dar.[15]

Der Gartenhof im „nördlichen Harem" liegt im Zentrum eines in sich geschlossenen Komplexes, bestehend aus Säulenhallen, Kolonnaden und Fluchten von kleinen Kammern, die der Vorratshaltung dienten (Abb. 206).[16] Rund um den tiefer angelegten Garten verlief ein schmaler Weg, von dem aus über eine Treppe an der Südseite der abgesenkte Bereich erreicht werden konnte. In zwei schmalen Terrassierungen waren an den Längsseiten Beete für Blumen und Pflanzgruben für Bäume angelegt. Im Süden der Vertiefung lag ein Brunnen mit spiralförmigem Zugang, über dem ein von Holzsäulen gestützter Kiosk errichtet war. Eine zentrale Wasserrinne führte vom Brunnen zu einem rechteckigen, mit Steinen ausgekleideten Wasserbecken am Nordende des versenkten Gartens. Die Dekoration der um den Garten verlaufenden Mauer nahm ebenfalls Themen der Natur auf – die Malereien zeigen Reste einer Nillandschaft. Auch in den anschließenden Innenräumen wandelte man über Fußböden und entlang von Wänden, die die Illusion von blühender Natur vermittelten.[17] William M. Flinders Petrie fand hier 1891 wunderbare mit Fischteichen und Gärten bemalte Fußböden.[18] Die Fresken gleichen denen aus dem Maru-Aton (siehe unten) und zeigen unter anderem Lotus, Papyrus, Mohn, Schilf, Weiderich und Riedgras. Heute sind von den Malereien leider nur noch Fragmente im Museum von Kairo erhalten.

Es hat sich wohl bei den Räumen mit dem versenkten Garten um einen Rückzugs- und Aufenthaltsort der Königsfamilie bzw. der königlichen Nebenfrauen und der Kinder gehandelt. Der Bezirk ist in sich geschlossen und abgeschirmt, die Anordnung und Größe der Räume machen jedoch nicht den Eindruck eines Wohnhauses. Die mit farbenprächtigen Wand- und Fußbodenmalereien ausgestatteten Raumfolgen und der kühle, luftige Gartenhof erscheinen als perfekte Kulisse für einen entspannten, heiteren Tagesverlauf. Die Vorratskammern und auch die Dekoration der Wände mit Früchten und Wein geben eine Vorstellung von der luxuriösen Bewirtung des hier versammelten Hofstaats.

Der zweite südliche Gartenhof liegt weniger abgeschottet direkt am Zugang von den repräsentativen Höfen des Palastes zur Brücke in Richtung Residenz (Abb. 205). Es handelt sich also nicht um ei-

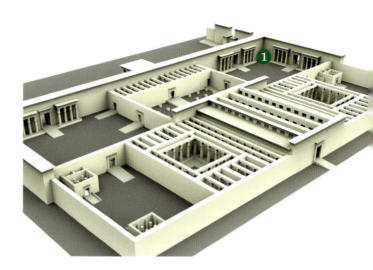

*Abb. 204: Kernbau des Großen Palastes in Amarna (Ausschnitt). Östlich des hinteren Hofes (1) schloss sich der „südliche Harem" mit dem Übergang zur Brücke an, die den Großen Palast mit der königlichen Residenz verband. Computermodell.*

nen Garten, der zu einem abgeschlossenen Wohnbereich gehörte, sondern eher um einen begrünten Teil der repräsentativen Räume. Die langgestreckte Beetanlage war abgetieft und konnte über Treppen von Süden zur Pflanzenpflege betreten werden. Das mit Nilschlamm gefüllte Becken wurde über eine Rinne, die zu seiner Nordwestecke führte, bewässert.

In der Raumfolge an der Ostseite des Gartens öffnet sich ein kleiner Hof mit einem länglichen Wasserbecken, das ursprünglich eine niedrige Steinmauer umgab. Möglicherweise handelte es sich um einen kleinen Zierteich. In den umliegenden Räumen schmückten wie auch beim nördlichen Gartenhof bunte Malereien die Fußböden.

Die Gestaltung der Außenanlagen des Palastes zeigt uns eine Darstellung aus dem Grab des Verwaltungsbeamten Mai in Amarna.[19] Vom Hafen, in dem königliche Barken vertäut liegen, führt ein ansteigender Weg die Uferterrassen hinauf zu einer von Säulen getragenen Kolonnade mit einem uräengeschmückten Tor.[20] Rechts und links des Weges sind Gärten üppig mit Büschen, Palmen, Papyrus und blühenden Pflanzen wie Mohn, Kornblumen und Mandragora bepflanzt. Zwei Männer tragen ein Gestell, auf dem geschnittene Blumen zur Dekoration des Palastes liegen. Ganz rechts ist ein Baum zu sehen, dessen Stamm von einer Schutzmauer aus Ziegeln umgeben ist, deren durchbrochene Struktur Staunässe im Wurzelbereich verhindern soll. Wie die Blumenbeete am Eingangstor zur Residenz und die Darstellung der Palastfront zeigen, waren die repräsentativen königlichen Gebäude auch im Außenbereich durch Gärten verschönert.

# Palastgärten

*Abb. 205: Zentrum von Amarna (Ausschnitt): 1) Kleiner Aton-Tempel, 2) Residenz Echnatons, 3) Hauptstraße, 4) Brücke zwischen der Residenz und dem Großen Palast (5), mit seinen Gartenhöfen im „nördlichen Harem" (6) und „südlichen Harem" (7), 8) königlicher Weingarten.*

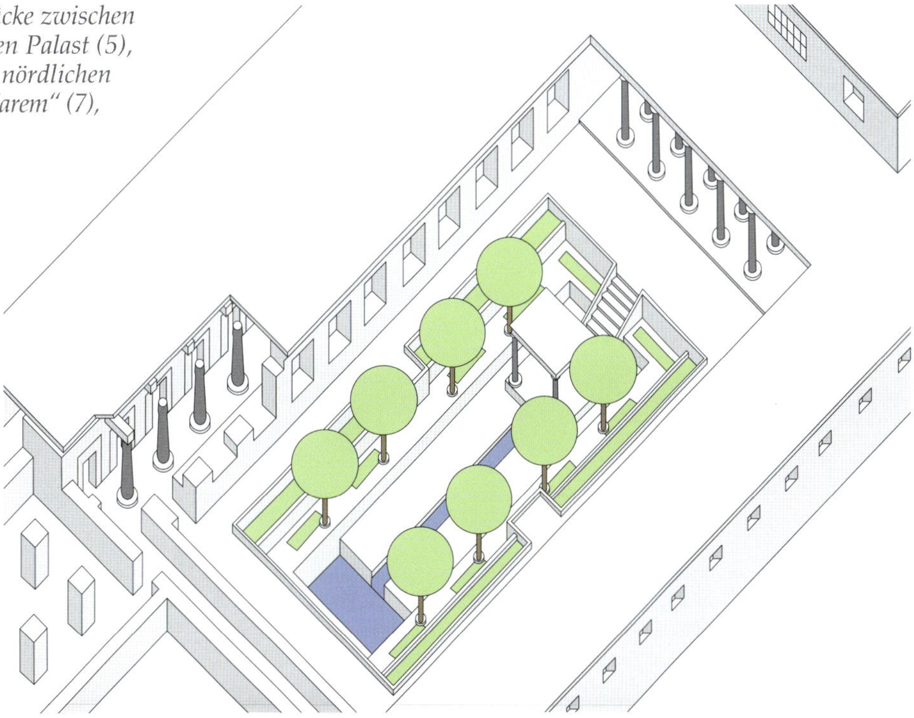

*Abb. 206: Gartenhof im „nördlichen Harem" des Großen Palastes. Rekonstruktionszeichnung.*

## Die Gärten und ihre Architektur

*Gärten im Nordpalast*

Der sogenannte Nordpalast (Abb. 207, 208) liegt als isolierter Gebäudekomplex zwischen der Nördlichen Vorstadt und der Nordstadt.[21] Inschriftenfragmente legen nahe, dass der Komplex zunächst als Wohnpalast für eine Königin – Nofretete oder Kija – diente. Später wurde deren Name durch den der ältesten Königstochter Meritaton ersetzt, die vielleicht den Nordpalast als eigene Residenz nutzte.

Der Palast gliedert sich in drei Bereiche: Durch den Haupteingang betrat man den öffentlichen Empfangshof, an den sich seitlich Höfe und Räume für religiöse und königliche Zeremonien anschlossen. Ein imposanter Torbau gewährte Zugang zu dem privaten Bereich des Nordpalastes, der aus dem großen Gartenhof mit Zoogehegen sowie Wohn- und Verwaltungsräumen und dem rückwärtigen Teil mit den königlichen Empfangs- und Schlafräumen sowie dem kleinen Gartenhof bestand.

Beherrscht wird der 55 × 43 m große Gartenhof von einer sehr großen Einsenkung von 33 × 44 m (Abb. 209). An deren Nordseite waren nachweislich in regelmäßigen Abständen Bäume gepflanzt. Die runden Pflanzgruben, in denen noch Wurzelreste erhalten sind, waren an den Rändern durch Lehmziegel verstärkt.[22] Grabungen der Egypt Exploration Society in den 1990er Jahren konnten für die Senke eine Tiefe von mindestens 8 m ermitteln. Bei dem architektonisch bestimmenden Element des zweiten Hofes scheint es sich also eher um ein großes Wasserreservoir, als um einen versenkten Garten gehandelt zu haben.[23] Dekorative und nützliche Funktion gehen hier eine Einheit ein, denn der See diente zur Bewässerung des kleinen Gartens im Hof der Nordostecke des Palastes und vermutlich auch zur Wasserversorgung des gesamten Nordpalastes.

Im Norden des großen Hofes liegen Räume, die einen einzigartigen archäologischen Beleg eines königlichen Zoos darstellen.[24] Die drei Gehege waren vom Gartenhof aus über einen überdachten, mit Wandmalereien geschmückten Korridor zu erreichen. An der Rückseite der Höfe liegt je ein überdachter Raum mit acht Pfeilern, der vielleicht als Nachtquartier für die Tiere diente. Der östliche Hofkomplex, der zum Teil überdacht war, ist am besten ausgestattet gewesen. Hier gibt es auch Kammern, in denen ein Betreuer der Tiere untergebracht worden sein könnte. Die Futtertröge in diesem Gehege waren mit Relief dekoriert, und es haben sich Ösen zum Festbinden der Tiere erhalten. Die Reliefs zeigen Antilopen, Steinböcke und Rinder, die vor ihren gut gefüllten Futtertrögen stehen; auf einigen Blöcke sind auch die Tierpfleger abgebildet.

Sowohl die Ausstattung der Höfe und ihre Einbindung in den architektonischen Kontext des Nordpalastes als auch die dargestellten Tiere legen nahe, dass es sich nicht um Nutztierhaltung, sondern eher um eine Art königlichen Zoo gehandelt hat. Beim Lustwandeln im großen Gartenhof konnten die Tiere vom schattigen Korridor aus beobachtet werden. Zudem ist es denkbar, dass einzelne kleine Tiere wie Gazellen in die Gartenanlagen gebracht wurden, um dort als lebende Gartendekoration die Damen und Kinder des Palastes zu erfreuen.

*Abb. 209 >:*
*Großer Gartenhof im Nordpalast von Amarna. Modellausschnitt.*

*Abb. 207:*
*Nordpalast in Amarna. Grundriss:*
*1) Empfangshof,*
*2) Altarhof,*
*3) Nebenräume,*
*4) großer Gartenhof mit Wasserbecken,*
*5) Tierställe,*
*6) Verwaltungsgebäude,*
*7) Empfangshalle und königliche Privaträume,*
*8) kleiner Gartenhof.*

## Palastgärten

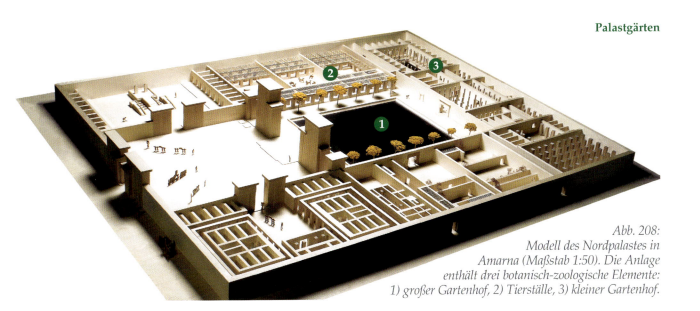

*Abb. 208: Modell des Nordpalastes in Amarna (Maßstab 1:50). Die Anlage enthält drei botanisch-zoologische Elemente: 1) großer Gartenhof, 2) Tierställe, 3) kleiner Gartenhof.*

Im hinteren Palastteil liegt angeschlossen an die königlichen Empfangs-, Wohn- und Schlafräume ein kleiner Gartenhof (Abb. 207, 210, 211).[25] Durch ein erhöht liegendes Fenster konnte man von einem Korridor in diesen Hof hinabsehen. Drei Seiten des Hofes werden von kleinen, nebeneinander liegenden Kammern gesäumt. Ein überdachter Säulengang vor den Kammern bot zusätzlichen Schatten.

In der Mitte des Hofes lag ein kleiner versenkter Garten, der von einer niedrigen Mauer umschlossen wurde. Ein Bewässerungskanal für den Garten, der einmal um die gesamte Pflanzfläche herumlief, war über eine unterirdische Leitung mit dem großen Wasserreservoir im zweiten Hof verbunden. In die Beetfläche von ca. 5 × 10 m waren 68 gleich große, rechteckige Einzelbeete eingetieft und durch kleine Lehmmauern begrenzt. Über eine kleine Treppe konnte die Beetanlage von den Gärtnern betreten werden.

Es gibt keine Hinweise auf Pflanzenreste oder deren Analyse in der Literatur, sodass nicht sicher ist, wie die Beete bepflanzt waren. Es wird sich aber um bunt blühende, niedrige Zierpflanzen gehandelt haben, wie sie uns beispielsweise durch die Fresken des Palastes und des Maru-Aton bekannt sind. Dazu zählten Kornblumen, Mohn und Mandragora. Bei guter Bewässerung wuchsen hier möglicherweise auch Papyrus und Schilf; für Lotusgewächse war der kleine Garten allerdings nicht geeignet.

## Die Gärten und ihre Architektur

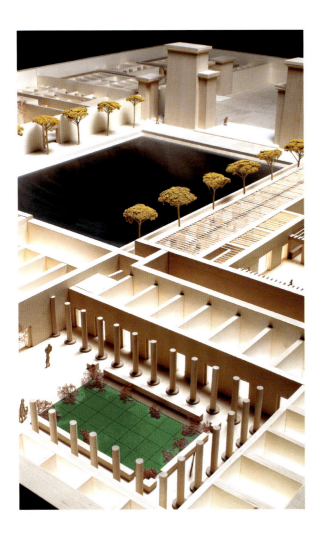

Die kleinen Kammern dienten möglicherweise als Unterkunft für Hofdamen sowie als „Tagesräume" für die Königin und ihre Kinder. Sie waren alle mit Wandmalereien geschmückt, die das Thema „Garten und Natur" aufgriffen. Farbige Bordüren zeigten Gänse, Störche und Fische. Besonders prächtig war der zentrale Raum an der Nordseite dekoriert. Die Wandmalereien des „Green Room" zeigen Wasserstreifen mit Lotusblumen und einen dichten Papyrussumpf, in dem verschiedene Vögel, unter anderem Eisvögel, umherfliegen.[26] Die Decken der Kammern und des Säulenumgangs zierten Weinlaub und -trauben, sodass der Eindruck erweckt wurde, man wandle unter einer weinberankten Pergola. Zahlreiche Nischen in den Wänden wurden als Aufstellungsorte von Vogelvolieren interpretiert.[27]

*Abb. 212 >:*
*Amarna im Überblick.*

*Abb. 210:*
*Nordpalast in Amarna. Im Vordergrund der kleine Gartenhof mit einer Beetanlage, rechts darüber die Tierställe, in der Bildmitte links der Gartenhof mit dem großen Wasserbecken. Modellausschnitt.*

*Abb. 211: Nordpalast. Überreste des kleinen Gartenhofes mit der vertieften Beetanlage in der Mitte. An drei Seiten wird der Hof von einem Säulenumgang und dahinter liegenden Kammern begrenzt.*

# Palastgärten

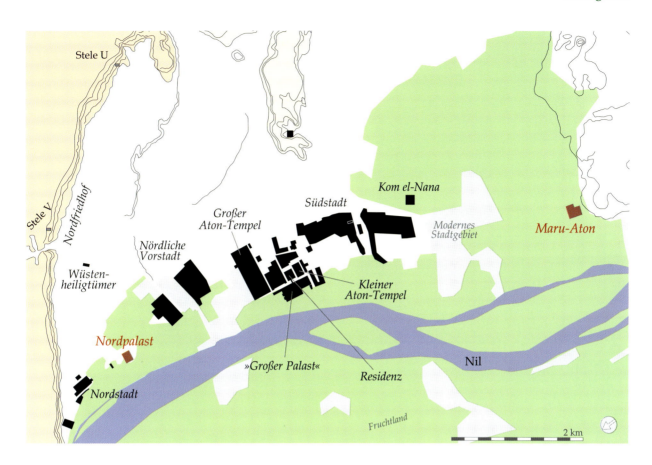

## Die Gärten des Maru-Aton

Südlich der Stadt Amarna lag mit dem Maru-Aton („der Ort, an dem Aton angesehen wird"; Abb. 212) eine einzigartige Kultbühne, bestehend aus Wohn- und Tempelgebäuden, Landschaftsarchitektur und Gärten.[28] Die Anlage bestand aus zwei großen Bezirken, die von Mauern umschlossen sind (Abb. 213). Der Eingang liegt an der Westseite des kleineren Bezirks. Durch ein Tor oder alternativ eine Eingangshalle mit Palmsäulen gelangte man direkt in einen Gartenbereich, der um einen flachen See von 23 × 35 m angelegt war (Abb. 214). Zu dem einzigen weiteren Gebäude im Osten des Bezirkes führten Wege ebenfalls durch mit Sträuchern und Bäumen bepflanzte Gärten.

Der große Bezirk ist deutlich aufwendiger ausgestattet und besitzt Ausmaße von 110 × 215 m. Beherrscht wird das Areal von einem 60 × 125 m großen Wasserbecken von lediglich 1 m Tiefe, dessen abgerundete Ecken einen natürlichen Eindruck erwecken.[29] Die abfallenden Uferzonen des Sees waren mit Kies befestigt, und Aufschüttungen von Nilschlamm konnten festgestellt werden.[30] Das bedeutet, dass an den Rändern des Sees Sumpfpflanzen wuchsen, die symbolisch für die Papyrussümpfe des Nils und des Deltas standen. Auch für zahlreiche Vogelarten dürften die künstlichen Sümpfe und der See einen attraktiven Lebensraum dargestellt haben. An der westlichen Schmalseite des Gewässers ragte mittig ein Pier ins Wasser, dessen östliches Ende ein Torbau bildete, der mit Szenen von Gefangenen, Soldaten und Opferträgern dekoriert war. Hier starteten vielleicht Schiffsprozessionen, deren Ziel die Tempelanlagen im Osten des Sees waren.[31]

Ein Brunnen oder Kanal für die Bewässerung des Sees und der Gärten konnte nicht nachgewiesen werden, muss aber existiert haben, um den See zu speisen und den gesamten Bezirk in der Wüste in eine grüne Oase zu verwandeln.[32]

Im gesamten Bereich um den See konnten die Ausgräber künstlich angelegte Beete, Pflanzgruben und Bewässerungsrinnen aus Nilschlamm feststellen. Für Bäume waren Gruben angelegt worden, um die Erde angehäufelt war. Zum Schutz der jungen Bäume vor Hitze und gefräßigen Tieren dienten Lehmmauern von 60 cm Höhe, die wie ein festinstallierter Blumentopf die Pflanzgruben umschlossen.

Ein kleines Gebäude an der Südostecke des Sees besaß einen eigenen kleinen Teich in seinem zum See hin offenen Hof, der an drei Seiten von Loggien und Vorratsräumen begrenzt war. Im getrockneten Schlamm des kleinen Wasserbeckens fanden die Ausgräber noch die Abdrücke von Lotus und Papyruspflanzen, die einst hier wuchsen. Das Becken des Teiches war mit fruchtbarer Erde ausgekleidet, um den Pflanzen einen nährstoffhaltigen Boden zu bieten.[33]

Die Gärten und ihre Architektur

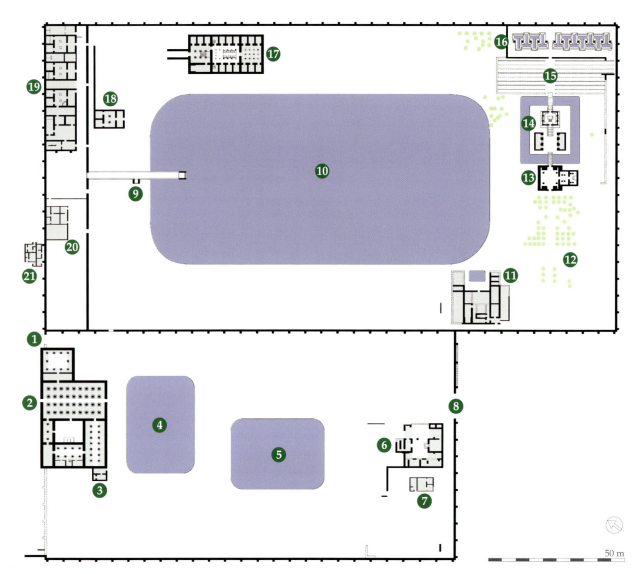

*Abb. 213: Gärten von Maru-Aton. Grundriss: 1) Haupteingang, 2) Empfangsgebäude mit großer Halle, Altarhöfen und Peristylhof, 3) kleines Dienerhaus, 4) erster Teich im Südgarten, 5) zweiter Teich im Südgarten (nicht ausgegraben), 6) Empfangsgebäude an der Ostseite, 7) kleines Wohnhaus, 8) Eingang an der Ostseite mit Portal?, 9) Steg mit Portal, 10) großer Teich im Nordgarten, 11) kleines Gebäude mit zwei Loggien und Teich, 12) Allee mit Bäumen, 13) kleiner Durchgangstempel mit seitlichem Altar, 14) offener Tempel mit Altar und Eingang mit Pylon, 15) Blumen- und Sträuchergarten, 16) Gebäude mit elf T-förmigen, kleinen Wasserbecken, 17) „Audienzhalle", 18) kleines (königliches?) Wohnhaus, 19) drei kleine (königliche?) Wohnungen mit Dienerhaus, 20) Verwalterhaus, 21) Wächterhaus.*

Über eine Allee von Bäumen gelangte man von diesem Gebäude in Richtung Norden zu einem kleinen Tempel mit Pyloneingängen, der genau auf der Mittelachse des Sees liegt. Das Gebäude war mit Bildern des Königs und der Königin, geopferten Enten sowie mit Darstellungen von Wasserlilien, Wein und Lorbeer dekoriert.

Eine Brücke führte zu dem nächsten Gebäudekomplex, der auf einer künstlichen Insel lag, die ein rechteckiger Wassergraben umzog (Abb. 215). Neben zwei gegenüber liegenden Torbauten befindet sich ein Kioskbau, dessen Plattform über eine Treppe erreicht werden konnte. Szenen der Aton-

Verehrung im Inneren machen die Funktion des nach oben offenen Gebäudes deutlich. An den Außenseiten erzeugt die Dekoration die Illusion üppiger Natur. Palmen und Akazien, Papyrus- und Schilfsümpfe sowie Wasserlilien zieren die Wände. Vögel und sogar ein Löwe bevölkern die künstliche Vegetation.

Auch die Säulen und Pilaster des Bauwerks sind in ungewöhnlich lebendiger Weise als Wasserlilien, Papyrus und Palmen gestaltet. Das Pflanzendekor des Gebäudes wird ergänzt durch reale Baumgärten, die auf beiden Seiten der Insel angelegt waren.

Palastgärten

*Abb. 214: Maru-Aton. Empfangsgebäude (1), kleines Dienerhaus (2) und Teich im Südgarten (3). Modellausschnitt.*

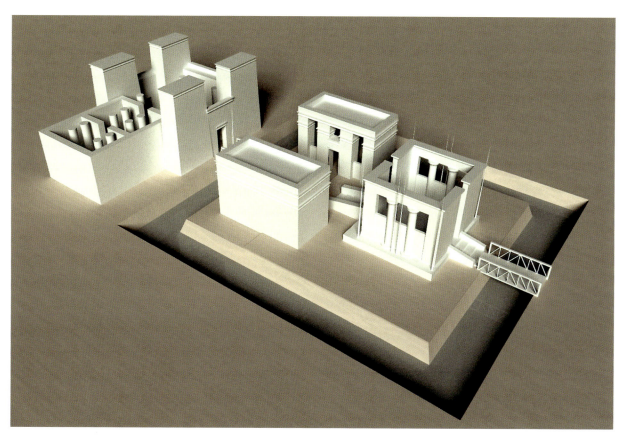

*Abb. 215: Maru-Aton in Amarna. Im Vordergrund – auf einer künstlichen Insel gelegen und über Brücken erreichbar – ein offener Altar, dessen Zugang von zwei Torbauten flankiert wird. Dahinter ein kleiner Durchgangstempel mit Pyloneingängen und seitlichem Altar. Computermodell.*

## Die Gärten und ihre Architektur

*Abb. 216: Maru-Aton. Gebäude mit elf T-förmigen Wasserbecken (rechts) und ein Blumen-/Sträuchergarten nordöstlich einer kleinen Tempelanlage im großen Gartenbereich. Modellausschnitt.*

Verließ man die Insel über eine zweite Brücke im Norden, führte ein Weg durch einen 13 × 40 m großen Blumengarten mit vielen gleichmäßigen Beetreihen zu einem Gebäude aus Lehmziegeln (Abb. 216). In diesem Gebäude liegen elf T-förmige Wasserbecken, vier zur Linken des Eingangs, sieben zur Rechten. Die Wände und Böden sind vollständig mit Malereien von Pflanzen und Tieren bedeckt gewesen (Abb. 217). Aus dem Dickicht von Papyrus und Schilf flattern Enten auf, es blühen Mohn und Kornblumen und Wein und Granatäpfel zieren die Brüstungen der Teiche. Zahlreiche Scherben von Weinamphoren und deren Etikettierungen lagen in den Wasserbecken und geben Hinweise auf die Opferhandlungen, die hier vollzogen wurden.

Im Norden des großen zentralen Sees lagen ebenfalls Gartenanlagen und ein Gebäude, das gelegentlich als Palast oder Harem bezeichnet wird. Vielleicht diente es als Aufenthalts- und Rückzugsort für die königliche Familie während ihrer Besuche in Maru-Aton. In den Vorratsräumen wurde Wein gelagert, der sowohl für Opferhandlungen als auch zur Verköstigung Echnatons und seiner Familie gedient haben könnte.

In der durch eine Mauer abgeschirmten Gebäudereihe im Westen des Bezirkes fanden sich Skelette von jungen Rindern und Hunden; möglicherweise ein Hinweis darauf, dass Tiere die Gartenlandschaft des Maru-Aton bevölkert haben.[34]

Die Ausgräber des Maru-Aton haben die Anlage als einen königlichen Lustgarten interpretiert, in dem feucht-fröhliche Gelage mit bestem königlichen Wein stattfanden.[35] Heute deutet man das Maru-Aton eher als einen Kultbezirk, in dem der Lauf der Jahreszeiten und die üppige Natur als Manifestation der Schöpferkraft des Gottes Aton gefeiert wurden.

Bereits Echnatons Vater Amenophis III. hatte in Theben-West ein „Maru" für den Gott Amun anlegen lassen, und die Beschreibung dieser Anlage auf einer Stele zeigt viele Gemeinsamkeiten mit dem Maru-Aton: „Ich errichtete einen großen Tempel darin wie Re, wenn er am Horizont erscheint, bepflanzt mit allerlei schönen Blumen. Das Urwasser (Nun) ist in seinem Teich zu jeder Jahreszeit; Wein ist darin mehr als Wasser, wie das Steigen der Nilflut (Hapi)."[36]

Wie auch diese Tempelanlage in Theben diente das Maru-Aton als Bühne zur Feier des Sonnenlaufes. Der Steg, der in den See hineinragt, deutet auf Schiffsprozessionen auf dem als Urwasser und Nil interpretierten See hin. Hier konnte die Fahrt des Sonnengottes in ost-westlicher Richtung auf dem Himmelsozean nachvollzogen werden. Die üppigen Bepflanzungen der Anlage sind das Abbild der realen Natur, die durch den Sonnengott Aton geschaffen wird. Im Sonnenhymnus Echnatons heißt es: „Deine Strahlen säugen alle Felder

*Abb. 217: Fußbodenfragment mit Vögeln und Pflanzendekor (bemalter Gipsstuck, Höhe: 100 cm, Breite: 150 cm), aus dem Gebäude mit den elf Wasserbecken im Maru-Aton-Bezirk. Ägyptisches Museum und Papyrussammlung Berlin (Inv.-Nr. ÄM 15335).*

– wenn Du aufgehst, leben sie und wachsen für Dich. Du schaffst die Jahreszeiten, um alle deine Geschöpfe sich entwickeln zu lassen – den Winter, um sie zu kühlen, die (Sommer)glut, damit sie dich spüren."[37]

Im Maru-Aton konnten der tägliche, aber auch der jährliche Sonnenlauf und die unterschiedlichen Jahreszeiten und ihre Ereignisse festlich begangen werden. Die vielen Funde von Weinkrügen zeugen von Festen und Kulthandlungen, an denen die Feldprodukte geopfert und konsumiert wurden.

Auch wenn es sich bei der Anlage des Maru-Aton weniger um einen ausschließlich königlichen Privatgarten, sondern um einen Kultplatz für Aton gehandelt hat, mögen die Festivitäten in der abgelegenen Anlage für Echnaton und seiner Familie einen intimen Charakter besessen haben. Die großzügige Weite der Landschaftsarchitektur mit den großen Wasserbecken und den üppigen Gartenanlagen dürfte auch auf die Königsfamilie eine regenerative Wirkung ausgeübt haben.

Außerhalb des Stadtgebietes von Amarna gab es neben dem Maru-Aton weitere Kultbezirke mit kleinen Tempelanlagen (z. B. Kom el-Nana).[38] Kleine Beete und Baumgruben konnten auch hier nachgewiesen werden, jedoch bleibt die Gartenlandschaft des Maru-Aton in Größe und Ausstattung einzigartig.

## Darstellungen des Königs im Garten

Darstellungen des Königs im Garten des Palastes sind sehr selten, weil – wie oben bereits angesprochen – die Gärten zur privaten Sphäre des Herrschers gehörten. Einzelne Ausnahmen zeigen den König oder auch die Königin in verschiedenen Lebenssituationen, die innerhalb von Palast- oder Tempelgärten verortet sind.[39]

Im Grab des Kenamun (TT 93) ist die Mutter des Grabbesitzers zu sehen, die als „Große königliche Amme" den zukünftigen König Amenophis II. als Kind auf ihrem Schoß hält.[40] Die beiden sitzen in einer blumengeschmückten Laube, zu ihren Füßen ruht ein Hund und auf einem Tisch stehen Obstschalen. Zwei Beamte präsentieren Blumensträuße und fächern ihnen Luft zu, während Dienerinnen für Getränke und Musik sorgen. Die Inschrift verrät uns, dass sich die ganze Szene im Palastgarten von Perunefer[41] zuträgt. Es ist die Rede davon, dass der König sich einen vollkommenen Tag in seinem Baumgarten macht, indem er mit duftenden Ölen gesalbt wird, Musik und Tanzvorführungen genießt und ihm Blumenkränze gewunden werden.[42] Ein kleines Fragment des Subregisters zeigt wohl einen Teil des Gartens mit einer Uferzone, die mit Büschen bepflanzt ist und einem Wasserbecken, in dem drei Jungen spielen oder arbeiten.[43]

## Die Gärten und ihre Architektur

In der Amarnazeit entstehen gerade für Darstellungen der Königsfamilie viele neue Motive, die mit dem neuen religiösen Selbstverständnis Echnatons, Nofretetes und ihrer Kinder zusammenhängen. Die bislang kaum gezeigten privaten Lebenssituationen nehmen zu, und so verwundert es nicht, dass aus dieser Epoche auch einige Bilder stammen, die die Königsfamilie in ihren Gartenanlagen darstellen.

So wird eine Szene aus dem Grab des Merire II., in der Echnaton mit Nofretete und Töchtern in einer blumengeschmückten Laube sitzt (Abb. 218), als Darstellung der Freizeitgestaltung der Königsfamilie im Garten gedeutet. Musiker sorgen für Unterhaltung, und Diener reichen Speisen und Getränke. Allerdings bleibt die Szene stereotyp, und die Gartenlandschaft, in der der Kiosk vermutet wird, ist nicht abgebildet.[44]

Auf einem Elfenbeinfragment, das einst vielleicht ein Truhe oder ein anderes Möbelstück zierte, ist ein kleiner Prinz zu sehen, der in einer Weinlaube Trauben pflückt (Abb. 219).[45] Zudem hält er einen Strauß Lotusblumen in der Hand, und im Vordergrund wachsen Mandragora und andere Blumen. Hier könnte es sich um den jungen Tutanchaton handeln, der sich in den königlichen Gärten von Amarna vergnügt.

Im Grabschatz des sich später Tutanchamun nennenden Königs fand Howard Carter eine Truhe, deren Dekoration uns das Königspaar inmitten von prächtigen Gärten zeigt.[46] Während drei Seiten der Truhe mit Wildtieren und Jagdhunden verziert sind, ist auf der Vorderseite Tutanchamun bei der Fisch- und Entenjagd im Garten zu sehen (Abb. 220). Entspannt thront der König auf einem Stuhl und schießt mit Pfeil und Bogen auf die Tiere im Teich und in den umliegenden Büschen. Seine Frau Anchesenamun sitzt zu seinen Füßen, und die beiden umgibt eine Gartenlandschaft mit Blumen und Büschen, kombiniert mit künstlich arrangierten Girlanden und Stabsträußen. Im Bildfeld auf dem Deckel der Truhe wandelt das royale Paar durch den Garten, dabei überreicht Anchesenamun ihrem Mann zwei Blumensträuße. Den Hintergrund der Szene bildet wiederum ein Gartenkiosk, der mit Blumengirlanden geschmückt und dessen Decke von Weinranken begrünt ist. Die Sicht in den Kiosk ist ebenfalls von Blütengirlanden verhängt, aber man erkennt ein großes Ruhekissen, das zum Entspannen im schattigen Kiosk einlädt. Um den Kiosk wachsen Mandragora, Mohn und Kornblumen, im Subregister sind zwei junge Frauen beim Blumenpflücken zu sehen.[47]

Insgesamt zeichnen sich aber auch diese Darstellungen durch eine sehr schematische Komposition der Szenen aus. Die Gartenlandschaft wird als geordnete Aneinanderreihung der charakteristischen Gartenpflanzen komponiert. Eine reale Gestaltung des Gartens mit Wegen, Beeten, Baumgruppen und Architekturelementen ist daraus nicht abzuleiten, was der Intention dieser Motive entspricht. Jagdszenen, bei denen die Ehefrau ihren Gatten begleitet, ebenso wie das Überreichen von Bouquets an den Ehemann spiegeln den Wunsch nach Regeneration und Chaosüberwindung im Jenseits wider. Dem entsprechen auch die (unter)geordnete Tierwelt (Jagd) und die in den Gärten planmäßig angelegte Natur,

*Abb. 218: Königspaar in einer Laube (einer Gartenanlage?): Nofretete schenkt Echnaton Wein ein. Originale Bleistiftzeichnung (Lepsius-Expedition) eines Reliefs im Grab des Merire II. in Amarna. Archiv des Altägyptischen Wörterbuches, Berlin-Brandenburgische Akademie der Wissenschaften, Berlin (Inv.-Nr. 1021).*

*Abb. 219: Prinz (Tutanchaton?) pflückt Weintrauben im königlichen Garten. Umzeichnung eines Elfenbeinfragments (heute im Louvre in Paris).*

*Abb. 220: Tutanchamun und Anchesenamun in einem Garten bei der Jagd. Umzeichnung einer Darstellung auf einer Truhe aus dem Grabschatz des Königs (heute im Ägyptischen Museum in Kairo).*

die durch künstlich arrangierte Blumensträuße und Girlanden ergänzt wird. Blühende Blumen und Früchte tragende Bäume sowie der mit einigen Pflanzen konnotierte Symbolgehalt sind zudem ganz generell mit dem Wunsch nach Erneuerung, Fruchtbarkeit und zyklischer Wiedergeburt verbunden.

## Zusammenfassung

Auf der Grundlage der hier vorgestellten archäologischen, inschriftlichen und bildlichen Quellen zu den Palastgärten des alten Ägypten können einige generelle Aussagen zu deren Gestaltung gemacht werden.

Die Gartenbezirke, die innerhalb der Palastarchitektur (Auaris, Amarna) festgestellt werden konnten, sind eher kleine, in die Architektur integrierte Gärten, beispielsweise in Form von begrünten Innenhöfen. Sie dienten dem kurzfristigen Aufenthalt im Freien, wobei Säulengänge und Pergolen das Sitzen und auch Speisen im Schatten in einem Grenzbereich zwischen Innen und Außen ermöglichten. Bäume, Blumenbeete, kleine Teiche und Brunnen hatten sowohl dekorative als auch nützliche Funktion (Sonnenschutz, Kühlung). Die realen Gärten werden durch Wandmalereien ergänzt, die sowohl die Gartenhöfe selbst als auch die umliegenden Räume schmücken und so die Gartenatmosphäre in die Innenräume übertragen. Sowohl die Palastanlagen von Auaris als auch die Residenzen Amenophis III. in Malqatta und Echnatons in Amarna liegen entweder in unmittelbarer Nähe des Nils oder sind über Stichkanäle und künstliche Seen per Schiff erreichbar. Damit öffnen sich die Palastfronten zum grünen Fruchtland, und die Zugangswege zu den Residenzen führten durch natürliche oder leicht zu bewässernde künstliche Gärten.

Die Maru-Aton-Anlage in Amarna ist der einzige große Landschaftsgarten Ägyptens, der archäologisch erschlossen ist. Hier ist einer der großen schiffbaren Seen belegt, die uns sonst nur aus Inschriften als Bestandteil königlicher und kultischer Gärten bekannt sind. In derart großen parkähnlichen Gärten kann man auch die Szenen verorten, die den König und seine Angehörigen in prächtigen Gartenkiosken zeigen, sowie die Darstellungen des Königspaares auf der Truhe des Tutanchamun. Hier bieten die weitläufigen Anlagen Möglichkeiten zur Aufstellung von Kiosken und Götterkapellen. Zudem konnten hier Tiere zur Vervollkommnung eines künstlichen Kosmos gehalten sowie eventuell auch Jagdreviere angelegt werden. Es scheint also zwei Formen des königlichen Gartens gegeben zu haben: die kleinen begrünten Höfe und direkt an die Wohnarchitektur anschließende Gärten sowie größere Anlagen, die mit den Palästen nicht zwangsweise räumlich verbunden waren. Diese Parkanlagen boten durch ihre Größe und Gestalt andere Nutzungsmöglichkeiten in Form von Ruderfahrten, Jagd und Regeneration inmitten von künstlich angelegten Naturräumen. Begrünte Kultbezirke wie das Maru für Amun unter Amenophis III. und das Maru-Aton Echnatons dienten zudem als Kulisse für religiöse Prozessionen und Zeremonien, in deren Mittelpunkt die Feier des Sonnenlaufes und die zyklische Regeneration der Natur standen.

Die Gärten und ihre Architektur

Anmerkungen

1 Vergleiche Erman, Papyrus Westcar I, S. 35. Der Papyrus stammt aus dem Mittleren Reich bzw. der Zweiten Zwischenzeit.
2 Vergleiche Erman/Grapow, Band 4, S. 397.1, S. 398.5-8, 9.
3 Vergleiche Helck, „Gartenanlagen, -bau", wobei viele Belege zwar königliche Anlagen, aber nicht eindeutig Palastgärten erwähnen.
4 El Awady, Königsleben, S. 196-202; vergleiche ebenfalls El Awady, Ausgrabungen.
5 Vergleiche Martinssen, Punt, S. 270-273.
6 Van Siclen III, S. 239-246.
7 Eigner, Residenzgarten.
8 Bietak, S. 28.
9 Bietak/Forstner-Müller, S. 69, Abb. 3.
10 Vergleiche u. a. Wilkinson, Garden, S. 145-167; Hugonot, Jardin, S. 94-125.
11 Sowohl Umfang der Wohnfläche als auch die wenig luxuriöse Ausstattung haben Anlass zu einer anderen Interpretation des Komplexes gegeben, vergleiche Tietze, Haus des Königs. Möglicherweise ist die einstmals luxuriöse Ausstattung der Räumlichkeiten durch Umbauten und Plünderungen verloren gegangen. Vergleiche die von Petrie geborgenen Reste von Wandmalereien im Ashmolean Museum Oxford (1893.1-41 (267)).
12 Vergleiche Tietze, Haus des Königs, S. 784 (mit weiterer Literatur), der ein sich auf den Hof öffnendes Erscheinungsfenster rekonstruiert.
13 Pendlebury, Akhenaten, S. 86-87. Auffällig ist, dass der ganze Gartenhof mit einer dicken Schicht Gips und Kalksteinsplittern bedeckt ist. Die Ausgräber vermuten, es handele sich hierbei möglicherweise um einen absichtlich aufgebrachten Bodenbelag, der das Pflanzenwachstum anregen sollte. Blumenbeete mit Nilschlammaufschüttungen konnten allerdings nicht nachgewiesen werden.
14 Siehe Davies, Amarna I, Tafel XXXI.
15 Darstellungen der Palastanlagen in den Privatgräbern von Amarna entsprechen den archäologischen Befunden der kleinen, in die Architektur integrierten Gärten: vergleiche Davies, Amarna IV, Tafel VIII (Pentu); Davies, Amarna VI, Tafeln IV (Parennefer), XVII (Tutu); zu diesen und anderen fragmentarischen Szenen der Palastgärten vergleiche Hugonot, Jardin, S. 103-111.
16 Siehe Petrie, Amarna, S. 8-15, Tafeln II-X; Pendlebury, Akhenaten, S. 38-45, Tafeln XIIIA.2, XIV, XV.1, XXXIII.3-6, XXXIV.2-4.
17 Die farbenprächtige Dekoration ist auch aus den thutmosidenzeitlichen (minoische Fresken) und den ramessidischen (Fayencekacheln) Palästen von Tell el-Dab'a bekannt, ebenso wie aus den ebenfalls mit Wandmalereien ausgestatteten Palast Amenophis III. in Malqatta.
18 Siehe Petrie, Amarna, S. 12-15, Tafeln II-IV.
19 Davies, Amarna V, Tafel V; vergleiche auch eine ähnliche Szene im Grab des Pentu, Davies, Amarna IV, Tafel VIII.
20 Zu einer möglicherweise ähnlich gestalteten Front des Palastes von Malqatta (Amenophis III.) am Ufer des Sees von Birket Habu vergleiche Kemp/O'Connor, S. 101-136.
21 Siehe Whittemore, S. 3-9; Newton, S. 294-298.
22 Newton, S. 295, Tafel XXIX.2.
23 http://www.amarnaproject.com/pages/amarna_the_place/north_palace/index.shtml; vergleiche auch Spence, North Palace, S. 16.
24 Eine ähnliche Zooanlage im Tempel von Karnak ist uns auf einem Block erhalten geblieben, der ebenfalls aus der Amarnazeit stammt, vergleiche Anus, S. 75, Abb. 3.
25 Newton, S. 297-298. Whittemore, S. 5-6. In den 1990er Jahren wurde der kleine Gartenhof vom Grabungsteam der Egypt Exploration Society unter Barry Kemp erneut ausgegraben und restauriert.
26 Whittemore, S. 7-8.
27 Hugonot, Jardin, S. 118 f.
28 Das in den 1920er Jahren teilweise ausgegrabene Gelände wurde in den 1970er Jahren durch Landgewinnung vollständig zerstört, sodass gerade in Hinblick auf die Gartenanlagen und die Analyse der dort verwendeten Pflanzen keine modernen Untersuchungen mehr möglich sind. Vergleiche Peet/Woolley, S. 109-158, sowie Kemp, Outlying Temples, S. 416-431.
29 Möglicherweise sind die für rechteckige Teiche in Ägypten ungewöhnlichen runden Ecken durch Abrutschen der Teichränder in späteren Zeiten entstanden.
30 Peet/Woolley, S. 114.
31 Vergleiche auch die Inschrift auf der Stele des Iunna (BM 1332; Helck, Urkunden, S. 1632), in der von einer Barke der Sachmet die Rede ist, die für den See des Pharao – also für ein Gewässer in einem königlichen Garten oder Kultbezirk – bestimmt war.
32 Kemp, Outlying Temples, S. 418. Christian Tietze weist darauf hin, dass das tiefliegende Gelände des Maru-Aton eine Bewässerung sicher erleichtert hat (mündliche Mitteilung).
33 Peet/Woolley, S. 116.
34 Vergleiche Kemp, Outlying Temples, S. 430.
35 Siehe Badawy.
36 Vergleiche Helck, Urkunden, S. 1651.
37 Hornung, Dichtung, S. 132.
38 Vergleiche Kemp, Outlying Temples, S. 433-438.
39 Vergleiche auch Hugonot, Jardin, S. 86-91. Ein hier nicht besprochenes Bildthema ist die Audienz durch eine Königin für die Gattin eines Beamten im Tempelgarten (Zeit Ejes), vergleiche Davies, Neferhotep, Tafel 14.
40 Davies, Ken-Amun, Tafel IX.
41 Mit Perunefer werden Memphis oder Auaris identifiziert.
42 Helck, Urkunden, S. 1396.
43 Davies, Ken-Amun, Tafel LXVIII E.
44 Davies, Amarna II, Tafel XXXII.
45 Desroches-Noblecourt, S. 82-88.
46 Carter Nummern 551 (Truhe) und 540 (Deckel); Museum Kairo, Inv.-Nr. JE 61477.
47 So ähnlich könnte das Elfenbeinfragment mit dem Prinzen beim Weinpflücken positioniert gewesen sein, vergleiche Desroches-Noblecourt.

*Abb. 221 >:*
*Residenz Echnatons im Zentrum von Amarna. Großer Hof mit Baumallee. Blick auf die Kulträume der Residenz. Im Vordergrund der nördliche Eingang.*

# Tempel und Gärten

Michael Haase

## Die Gärten und ihre Architektur

Ägyptische Tempel waren komplexe Kultstätten, die in ihrer langen Geschichte vielfältige Funktionen und bauliche Ausprägungen aufwiesen. Zum festen Bestandteil vieler Heiligtümer gehörten auch Gärten, die inner- und außerhalb der Tempelbezirke angelegt wurden. So mannigfaltig sich die Tempel in Aufbau, Raumverteilung und Kultprogramm gestalteten, so vielseitig wurden auch deren Gartenanlagen konzipiert.

In Bezug auf ihre Lage lassen sich Tempelgärten grundsätzlich in drei Gruppen einteilen. Gärten innerhalb der Tempelbezirke konnten aufgrund ihrer zumeist bescheidenen Ausmaße nur einen eingeschränkten Nutzwert erbringen; ihre Existenz korrespondierte häufig mit mythisch-symbolischen Motiven und folgte kultisch-religiösen Sachzwängen. Die im unmittelbaren Zugangsbereich der Heiligtümer angelegten Pflanzungen hatten dagegen oftmals einen eher repräsentativen Charakter; insbesondere Baumgärten traten immer wieder flankierend an Prozessionswegen oder Hafenanlagen auf. Die weiter außerhalb der Tempel liegenden Gärten waren dagegen ausschließlich Nutzgärten. Sie bildeten die mit Abstand größte Gruppe der den Tempeln zugehörenden Gärten und wurden aus rein wirtschaftlichen Gründen unterhalten. Diese plantagenartigen Anlagen, die sich durch eine Vielzahl unterschiedlicher Erzeugnisse auszeichneten, konnten in näherer Umgebung der Tempelbezirke liegen, sich aber auch fernab verteilt in den Provinzen des Landes befinden.

## Jenseits der Tempelbezirke

Nutzgärten machten einen großen Teil der Besitztümer der Tempel aus und bildeten eine wichtige ökonomische Grundlage für die Existenz und den Kultbetrieb der Heiligtümer. Ausgedehnter Landbesitz und vielfältige Produktionsstätten ließen vor allem die großen Tempelanlagen in Theben, Memphis und Heliopolis zu einflussreichen, eigenständig agierenden Wirtschaft- und Verwaltungszentren im Land werden.

### Wirtschaftsimperium Amun-Tempel

Wie umfangreich und vermögend Tempeleinrichtungen und ihre Priesterschaften in Ägypten werden konnten, belegt eindrucksvoll der Amun-Tempel in Theben (Abb. 223) am Beginn der 20. Dynastie. Nach dem Papyrus Harris I, einer in der Regentschaft des Königs Ramses IV. erstellten Auflistung der Tempelstiftungen seines Vorgängers Ramses III., gehörten Mitte des 12. vorchristlichen Jahrhunderts neben 81322 Menschen, 421362 Stück Vieh und Feldern mit einer Gesamtfläche von etwa 2393 km² auch insgesamt 433 Gärten zum Besitz dieses Heiligtums.[1]

Berechnungen zufolge umfasste der Grundbesitz des Amun-Tempels etwa 15 % der gesamten Nutzfläche des damaligen Ägypten. Damit war er in jener Zeit die mit Abstand einflussreichste Kultstätte ihrer Art.[2]

*Abb. 223: Großer Amun-Tempel von Karnak, Kult- und Wirtschaftszentrum im Neuen Reich.*

Zu diesem Tempelvermögen kamen noch umfangreiche Steuereinnahmen hinzu, zu denen z. B. auch Positionen wie Blumen, Obst, Gemüse, Wein und Öl zählten. Insbesondere Blumen spielten hierbei – als wertvolle Opfergaben für den täglichen Kult sowie in großen Mengen vor allem an Festtagen benötigt – eine wichtige Rolle; ihr spezieller Symbolwert (für Leben und Erneuerung) und ihre große Bedeutung für den Kultbetrieb wird durch umfangreiche Darstellungen in Tempeln und Gräbern dokumentiert. So geht beispielsweise aus dem Papyrus Harris hervor, dass die Abgaben der Bevölkerung an den thebanischen Amun-Tempel über einen Zeitraum von fast drei Jahren u. a. 60450 Blumenkränze, 12400 Blumenketten sowie über 1,97 Millionen Blumensträuße umfassten.[3] Sie stammten zumeist aus den Gärten der Bauern, die somit ebenfalls zum erweiterten Versorgungsapparat der Tempeleinrichtungen zu zählen sind.

*Opfergaben und Versorgungsgüter*

Das allgemeine Versorgungswesen königlicher Tempelanlagen lässt sich bis in die Frühzeit Ägyptens zurückverfolgen. Beispielsweise durch inschriftlich belegte Lieferungen pflanzlicher Produkte, die aus staatlichen Wirtschaftsanlagen, Stiftungsgütern und anderen königlichen Institutionen stammten.[4] Somit sind indirekt auch die außerhalb der Tempel und königlichen Grabanlagen liegenden, aber mit deren Kultbetrieb verbundenen Nutzgärten belegbar, von denen es im Niltal naturgemäß keine archäologischen Befunde mehr gibt.

Interessante Einblicke in die Tempelwirtschaft der 5. Dynastie bieten schriftliche Aufzeichnungen, die in den Pyramidentempeln der Könige Neferirkare und Neferefre in Abusir gefunden wurden.[5] Unter den Papyri finden sich u. a. Listen von im Kultbetrieb gebräuchlichen Gütern und Lebensmitteln, die nicht direkt aus den Stiftungsgütern der Könige kamen, sondern vor allem aus den Magazinen der königlichen Residenz und dem Sonnenheiligtum des Neferirkare in die Totentempel beider Könige angeliefert wurden. So vermerkte man z. B. auf einem Dokument aus dem Totentempel des Neferefre eine aus der Residenz kommende (Opfer-)Lieferung im Umfang von einem Hekat (ca. 4,8 Liter) Früchten des Isched-Baumes und zwei Hekat „Papyrusknollen" (oder Früchte des Johannesbrotbaumes). Ein anderes, mit einem Datum versehendes Papyrusfragment aus diesem Archiv berichtet von der Lieferung einer im Text nicht erhalten gebliebenen Menge des Öls des Moringa-Baumes.[6]

Die in den Tempelanlagen tätigen Priester und Arbeiter konnten an Erträgen aus den Stiftungen partizipieren. Ein Großteil der Opfergaben, die im Form von Nahrungsmitteln von den Feldern und Gärten der Domänen kamen, wurden nach ihrer rituellen Darbringung an Götter und Könige an das Tempelpersonal weitergegeben. Die Entlohnung geschah dabei rangbezogen durch einen festen Verteilungsschlüssel.

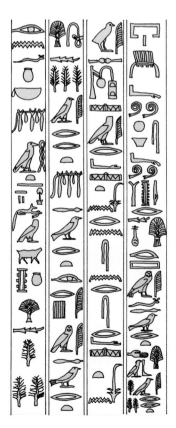

*Abb. 224: Metjen war Anfang der 4. Dynastie u. a. mit der Leitung von Priestern in der Nekropole des Snofru und mit der Verwaltung einer Totenstiftung des Königs Huni (3. Dynastie) beauftragt und erhielt für seine Dienste etwa 2750 m² Ackerland zugewiesen. Laut biographischer Inschrift befand sich auf seinem Anwesen auch ein großer Garten mit Feigenbäumen und Weinstöcken. Umzeichnung einer Inschrift in der Opferkammer des Metjen, die sich heute im Ägyptischen Museum Berlin befindet.*

*Abb. 225: Gartenanlage des königlichen Bauleiters und Bürgermeisters von Theben Ineni. Einer Inschrift zufolge sollen sich fast 500 Bäume unterschiedlicher Art auf seinem Anwesen befunden haben. Ineni bezog Einkünfte aus den staatlichen Speichern der Könige Thutmosis I. und II. Vermutlich stammten auch viele Bäume auf seinem Anwesen aus den königlichen Gärten und Domänen. Umzeichnung einer Darstellung in der Grabanlage des Ineni (18. Dynastie) in Theben-West (TT 81).*

## Die Gärten und ihre Architektur

Mit dem im Lauf des Alten Reiches stattfindenden Ausbau der Tempelverwaltung verselbständigte sich das System des „Umlaufopfers", sodass sich in jener Zeit insbesondere der Dienst im königlichen Totenkult „zum Mittelpunkt der Beamtenversorgung" entwickelte.[7]

Neben der Ernährung und Entlohnung des Personals dienten viele der in den Gärten gewonnenen Produkte auch zur Herstellung von Gebrauchsgegenständen (wie beispielsweise Mobiliar, Kleidung und Arbeitsmaterialien), die im Tempel täglich benötigt wurden. Somit stellten insbesondere die Nutzgärten eine der unverzichtbaren Quellen dar, die den „reibungslosen Betrieb der Tempel im Rahmen eines autarken Systems"[8] erst ermöglichten.

## Im Vorfeld der Tempel

Die Art der Gartenanlagen und ihre Entfernung zum Tempel standen oftmals in Beziehung zueinander. So erfüllten beispielsweise die Nutzgärten in den Provinzen oder der lokalen Umgebung am Nil andere Aufgaben als die Gartenanlagen, die im unmittelbaren Umfeld der Heiligtümer – an den Schnittstellen zwischen profanen und kultisch-religiösen Bereichen – lagen.

*Im Umfeld der Pyramidenkomplexe*

Aus dem Alten Reich liegen nur sehr wenige archäologische Befunde und inschriftliche Hinweise vor, die Rückschlüsse auf Gärten im näheren Umfeld von Tempelanlagen erlauben.

Beispielsweise haben sich von einem Pfeiler im (Sedfest-)Tempel am Aufweg der Knick-Pyramide bei Dahschur (Abb. 226) reliefierte Bruchstücke erhalten, die – wie eine Beischrift belegt – König Snofru (4. Dynastie) bei der „Inspektion des Wachsens der frischen Pinien und (Bäumen mit) frischen Myrrhen (...)"[9] zeigen. In einem Register an der Basis des Pfeilers sind auch die Bäume selbst dargestellt worden; erhalten haben sich aber nur Relieffragmente eines Baumes (Abb. 227). Diese Darstellung korrespondiert offensichtlich mit einer Szene im unteren Register einer anderen Seite des vermutlich selben Pfeilers. Dort sind zwei Genien zu erkennen, die „Früchte der Pinie" und „Feigen" darbringen. Demzufolge könnte die hier beschriebene Baumpflanzung aus Myrrhen- und Feigenbäumen sowie Pinien bestanden haben.[10]

Wo dieser für den König so wichtige Baumgarten einst angelegt wurde, ist unbekannt. Vielleicht im Palast, möglicherweise aber auch im direkten Umfeld des Zugangsbereiches seiner beiden Pyramidenanlagen bei Dahschur.

# Tempel und Gärten

Bei jüngeren Ausgrabungen am Aufweg der Pyramide des Sahure (5. Dynastie) in Abusir wurden Reliefblöcke gefunden, die ebenfalls Hinweise auf spezielle Baumgärten enthalten könnten.[11] Auf einem der Blöcke wird die Rückkehr einer ägyptischen Expeditionsflotte aus Punt an der königlichen Residenz gezeigt, die u. a. Räucherharz liefernde Bäume mitgebracht hat (nach Angaben des Ausgräbers handelt es sich vermutlich um Weihrauchbäume).[12] Auf einem anderen Relief ist der König in seinem Palastgarten bei der feierlichen Übergabe von geernteten Harztropfen an seine Mutter dargestellt. Ob derartige Bäume möglicherweise auch nahe der Pyramidenanlage des Sahure angepflanzt wurden, sollen offenbar zukünftige Grabungen im noch unerforschten Umfeld dieses Königsgrabes zeigen.[13]

Auch ein in der 6. Dynastie von König Pepi I. erlassenes Dekret zur Steuerbefreiung der Bewohner der Pyramidenstädte des Snofru bei Dahschur vermittelt vage Eindrücke von der landschaftlich-botanischen Gestaltung im Siedlungsbereich östlich der dortigen Königsgräber: „Meine Majestät befiehlt, daß nicht gezählt (besteuert) werden sollen die Kanäle, Seen und Gräben, noch die Schläuche, noch die Sykomoren in diesen beiden Pyramidenstädten."[14]

Vieles spricht demnach dafür, dass Baumgärten und Teiche das Landschaftsbild im Talbereich der memphitischen Pyramidenanlagen mitbestimmt haben.[15] Eine Textstelle aus den Mahnworten des Ipuwer (Erste Zwischenzeit) scheint diese Annahme indirekt zu stützen: „Es ist aber schön, wenn die Hände der Menschen Pyramiden bauen und Teiche graben und Baumpflanzungen machen mit Bäumen für die Götter."[16]

*Im Bann des Osiris*

Königliche Pyramiden waren nicht nur für die Ewigkeit konzipierte Grabanlagen, sie fungierten auch als ideelle Ausgangspunkte für die Jenseitsreise der Seelen der gestorbenen Herrscher.

Die Konzeption des königlichen Jenseits, dessen Existenzebene im Alten Reich am Firmament gesehen wurde, ist Gegenstand der „Pyramidentexte", die erstmals Ende der 5. Dynastie in die Wände der Grabkammern gemeißelt wurden. Die Könige wollten nach ihrem Tod zum Himmel aufsteigen und in den täglichen, ewig andauernden Kreislauf der Sonne (des Sonnengottes) integriert werden. Sie sahen ihr ewig währendes Schicksal aber auch mit der Existenz bestimmter Sterne am Nachthimmel verknüpft.[17] Diese Anschauungen wurden erst am Ende des Alten Reiches mit dem wachsenden Einfluss des Osiris-Kultes relativiert. Dies führte letztlich zu einer Liberalisierung der Jenseitsvorstellungen und des Totenkultes und zog eine gewandelte Idee von einer primär unterirdischen Jenseitswelt nach sich, die nun für jedermann erreichbar auf das ewige Leben ausgerichtet war.

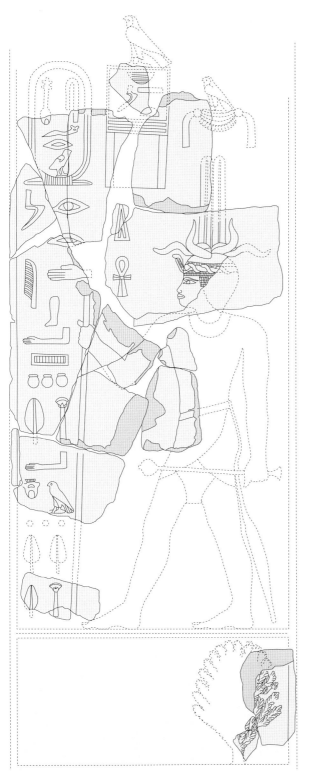

*Abb. 227: König Snofru (4. Dynastie) bei der Inspektion eines Baumgartens. Umzeichnung eines Reliefs von einem Pfeiler im Tempel am Aufweg der Knick-Pyramide bei Dahschur.*

< *Abb. 226:*
*Pyramidenanlage des Snofru bei Dahschur (Knick-Pyramide). Ruinen des Tempels am Aufweg. Im Zentrum des Heiligtums lag ein Hof (1); nördlich davon befanden sich zwei Reihen Pfeiler (2) sowie sechs Kapellen (3).*

## Die Gärten und ihre Architektur

*Abb. 228: Kernmauerwerk der Pyramide Sesostris' II. (12. Dynastie) bei Illahun. Das Bauwerk hatte ursprünglich eine Basislänge von etwa 106 m und erreichte eine Höhe von ca. 48,70 m. Der zentrale Grabbezirk war an drei Seiten von Baumreihen umgeben.*

Wie Inschriften und Darstellungen belegen, wurde der Osiris-Kult auch mit Baumpflanzungen in Verbindung gebracht.[18] Insbesondere der schöpferische Aspekt des Osiris als Vegetationsgott spielte hierbei eine wichtige Rolle, der Ausdruck in seiner Ikonographie und in stilisierten Darstellungen seines Grabes fand.

Im Lauf der 12. Dynastie nahmen derartige Vorstellungen auch Einfluss auf die Architektur der Königsgräber. So z. B. beim Grabmal Sesostris' II., der seinen Pyramidenkomplex bei Illahun nahe der Oase Faijum errichten ließ (Abb. 228). Ein labyrinthartiger Aufbau, das Arrangement von Schächten und richtungsändernden Korridoren, die die unterirdisch angelegte Grabkammer „wie eine Insel umlaufen", werden als komplexe architektonische Umsetzung des „Osiris-Grabes" interpretiert.[19]

Ausprägungen des Osiris-Kultes finden sich aber auch im direkten Umfeld des Königsgrabes. Außerhalb der Umfassungsmauer des zentralen Pyramidenbezirks wurden einzelne Baumreihen angelegt; je 42 Bäume an der Süd- und Ostseite sowie zwölf an der Westseite (Abb. 229).[20] An der Nordseite und im nördlichen Bereich der Westseite der Grabanlage konnten dagegen – wohl aufgrund ungünstiger topografischer Verhältnisse – keine Bäume eingepflanzt werden.

Der Abstand zwischen den aus dem Felsboden gemeißelten Gruben einer Baumreihe lag bei 10 Ellen (5,25 m); ihr mittlerer oberer Durchmesser wurde mit 30 Handbreiten (2,25 m) festgelegt. Die Gruben waren mit Nilschlamm gefüllt. Welche Baumart dort einst gestanden hat, ist unbekannt.

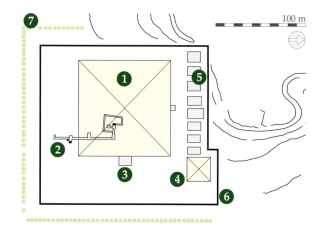

*Abb. 229: Zentraler Bereich der Pyramidenanlage Sesostris' II. bei Illahun. Grundriss: 1) Hauptpyramide, 2) Kammersystem, 3) Opferkapelle, 4) Nebenpyramide, 5) Mastabas, 6) Umfassungsmauer, 7) Baumreihen.*

**Tempel und Gärten**

*Vor den Tempeltoren*

Im Neuen Reich befanden sich gartenähnliche Anlagen oftmals auch im direkten Zugangsbereich von Tempelbezirken. Sie standen mit vorgelagerten Hafenanlagen in Beziehung,[21] flankierten Eingangstore oder wurden entlang von Zugangs- und Prozessionswegen angelegt. Derartig platzierte Pflanzungen bildeten somit häufig den Rahmen von kultischen Handlungen und besaßen zumeist einen repräsentativen Charakter.

Eine der bemerkenswertesten Darstellungen dieses Typus stammt aus dem Grab des Beamten Neferhotep aus der 18. Dynastie in Theben-West. Dort ist der damalige Amun-Tempel von Karnak abgebildet, dem der Grabherr zusammen mit seiner Frau einen Besuch abstattet (Abb. 231).[22] Schematisch im Aufbau, aber detailreich in der Ausführung wurde auch der Bereich zwischen dem Nil und dem Tempelbezirk wiedergegeben. Ein Stichkanal verbindet den Fluss mit einem rechteckigen Hafenbecken. Zu beiden Seiten des Kanals stehen in gleichen Abständen und symmetrisch angeordnet Sykomoren, deren ringförmige Einfassungen angedeutet sind. Dahinter erkennt man Weinsträucher und Papyrusstauden.

Ob diese Pflanzen zusammen mit den Sykomoren im direkten Umfeld des Kanals standen oder ob die Darstellung vielleicht auf angrenzende, womöglich eigenständige Gartenanlagen hindeutet, ist unklar. Sicherlich gab es im unmittelbaren Umfeld der Tempel reine Nutzgärten, die dem täglichen Bedarf des Heiligtums dienten. Aus dem Papyrus Harris I geht z. B. hervor, dass sich solche Gärten in der Umgebung des Totentempels Ramses' III. in Medinet Habu/Theben-West befunden haben: „Er ist umgeben von Weingärten, Lauben und Obstgärten, angefüllt mit Früchten und Blumen."[23]

Auch das in der Grabdarstellung Neferhoteps fast flächendeckend mit Lotusblättern und -blüten akzentuierte Hafenbecken und der Prozessionsweg zwischen Anlegestelle und Tempeleingang sind mit Sykomoren eingefasst. Die Baumbepflanzung war nicht nur auf den Zugangsbereich des Amun-Tempels beschränkt, sondern erstreckte sich anscheinend auch auf einen bestimmten Bereich außerhalb der Umfassungsmauern des Heiligtums sowie auf das Tempelgelände selbst.

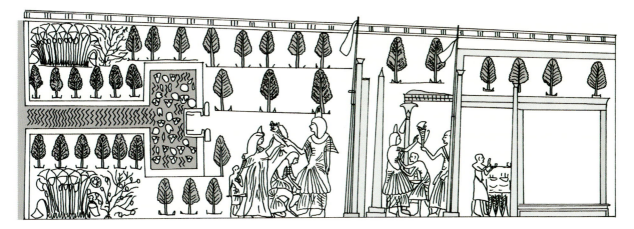

*Abb. 231: Schematische Abbildung des Amun-Tempels von Karnak; offensichtlich mit seinem westlichen Zugangsbereich, der umfangreich und symmetrisch mit Bäumen, Sträuchern und Pflanzen dekoriert war. Umzeichnung einer Darstellung im Grab des Neferhotep (18. Dynastie) in Theben-West (TT 49).*

*Abb. 232:*
*Großer Amun-Tempel von Karnak. Zwischen dem 3. und 4. Pylon (rechts). Links ein Obelisk von Thutmosis I., rechts ein Obelisk von Königin Hatschepsut (beide 18. Dynastie).*

*< Abb. 230:*
*Palmenhain nahe der Grabanlage Sesostris' II. (im Hintergrund) bei Illahun.*

183

## Die Gärten und ihre Architektur

Randbepflanzungen von Prozessionswegen lassen sich auch archäologisch nachweisen.[24] So z. B. am Zugang des Thot-Heiligtums in Hermopolis aus der 12. Dynastie, an dem Bäume gepflanzt waren,[25] oder an der Sphingenallee, die König Nektanebos I. (30. Dynastie) zwischen den Tempeln von Karnak und Luxor anlegen ließ (Abb. 233). Auf dem Sockel einer Sphinx-Figur hat sich eine Inschrift erhalten, die einen Eindruck der ursprünglichen Situation vermittelt: „Seine Majestät hat für seinen Vater Amun einen schönen Weg angelegt, der von Mauern umgeben, mit Bäumen bepflanzt und mit allerlei Arten von Blumen geschmückt ist."[26]

Ausgrabungen an diesem Prozessionsweg nahe des Luxor-Tempels ergaben, dass zwischen den Sphinx-Podesten Baumgruben angelegt wurden, die durch Bewässerungskanäle miteinander verbunden waren.[27]

Den enormen Aufwand bei der Ausgestaltung derartiger Alleen zeigen auch die Befunde am Aufweg des Totentempels Thutmosis' III. (18. Dynastie) in Deir el-Bahari/Theben-West. Dort wurden Baumgruben mit einem Durchmesser von etwa 6 m ausgehoben, die über 9 m tief in den Felsuntergrund reichten.[28]

Wie die Tempelanlage der Königin Hatschepsut (18. Dynastie) in Deir el-Bahari zeigt, konnten Bäume auch direkt am Haupteingang platziert werden. In zwei rechteckigen, jeweils mit Rinnen zur Bewässerung ausgestatteten Steinbecken links und rechts des Zugangs zum Vorhof ihres Totentempels wurden Reste von Wurzeln gefunden, die von Persea-Bäumen stammen.[29] An solch exponierter Stelle lassen sich derartige Bäume aufgrund ihres tradierten Symbolcharakters und ihrer imposanten Erscheinung[30] auch mit paarweise aufgestellten Obelisken oder königlichen Monumentalstatuen an Pylonen späterer Tempelanlagen in Theben-West vergleichen. Möglicherweise bestand hier ein kultisch-religiöser Zusammenhang zu den mit Sykomoren flankierten „Jenseitspforten" in den Pyramidentexten.[31]

*Abb. 233: Sphinx-Figur am Prozessionsweg, der die Tempelanlagen von Karnak und Luxor verband. Zwischen den Sphinxpodesten waren einst Bäume gepflanzt.*

Auch zu dieser Kombination von Architektur und Flora existieren Parallelen im privaten Grabkult. Feldforschungen und Grabdarstellungen belegen, dass die spezielle Positionierung von Bäumen an Eingängen von Kapellen auch bei thebanischen Privatgräbern eine Rolle gespielt hat.[32]

*Abb. 234:*
*Haupteingang des Luxor-Tempels; unter Ramses II. (19. Dynastie) errichteter Pylon mit davor stehenden Monumentalstatuen und Obelisken. Zielpunkt der Sphingenallee zwischen den Tempeln von Karnak und Luxor.*

## Innerhalb der Tempelmauern

Vielfältige Befunde deuten darauf hin, dass Götter- und königliche Totentempel im Neuen Reich auch häufig innerhalb ihrer Umfassungsmauern über Gärten verfügten. Obwohl aussagefähige Belege in der Regel fehlen, kann man dies durchaus auch für die großen Göttertempel im Alten und Mittleren Reich annehmen.

Da Tempel als „Götterwohnung für die Ewigkeit" und als „Miniaturabbild des Kosmos" Aspekte wie Schöpfung, Lebenskraft, Beständigkeit, Wiedergeburt und Fortexistenz verbanden, bildeten „Leben spendende Biotope" wie Gärten oder Teiche – aber auch die in der Bausubstanz nachmodellierte abstrakte Natur – wesentliche Bestandteile dieser Heiligtümer. Neben dieser hohen symbolischen Stellung innerhalb einer religiös-kultisch ausgerichteten Architektur waren insbesondere auf dem Tempelgelände vorhandene Wasserreservoirs und Brunnen für die unmittelbare Versorgung des Kultes von großer Bedeutung.

*Pflanzen als Architekturmotiv*

Eine der frühesten Darstellungen, die von Bäumen umgebene Heiligtümer zeigen, datiert in die Zeit des zweiten Königs der 1. Dynastie, Djer (um 3000 v. Chr.). Sie stammt von einer kleinen Elfenbeintafel,[33] die als Anhänger die Funktion eines Etiketts innehatte, mit dem „Inhalt und Fülldatum eines Ölgefäßes" dokumentiert wurden.[34] In der oberen Zeile ist der Besuch des Königs im „Heiligen Bezirk" von Buto, der Hauptstadt des 6. unterägyptischen Gaues, dargestellt. Man erkennt kapellenartige Gebäude und fünf Dattelpalmen, die an einem Kanal stehen (Abb. 235). Als Begräbnisstätte vorgeschichtlicher Herrscher und somit als mythischer Ort im Delta angesehen, fand Butos „Heiliger Hain" im Zusammenhang mit dem Sedfest und dem Bestattungsritual bis in die Spätzeit in Inschriften und Reliefdarstellungen der königlichen Tempelanlagen Erwähnung.[35] Am Ende der 5. Dynastie übernahm man dieses Motiv auch in das Dekorationsprogramm der Privatgräber; Buto wurde als erstrebenswerter, aber fiktiver Besuchsort zum festen Bestandteil der komplexen Riten bei den Begräbnisfeierlichkeiten nicht-königlicher Verstorbener.

Neben derartigen Darstellungen mit botanischem Hintergrund spielten innerhalb der Tempelarchitektur auch in Stein modellierte Naturobjekte wie Bäume und Pflanzen eine wichtige Rolle. Solche Elemente werden bereits im Grabkomplex des Königs Djoser (3. Dynastie) fassbar.

*Abb. 235: „Heiliger Bezirk" von Buto. Palmen umgeben kapellenartige Heiligtümer an einem Kanal. Umzeichnung einer Darstellung auf einer Elfenbeintafel aus der 1. Dynastie.*

*Abb. 236: Steinerne Halbsäulen in Papyrusform an der östlichen Mauer des Hofes des „Hauses des Nordens" im Grabkomplex des Königs Djoser (3. Dynastie) in Sakkara.*

## Die Gärten und ihre Architektur

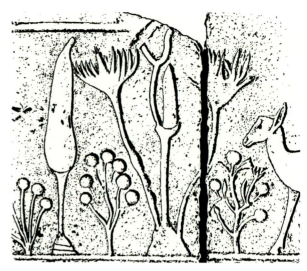

*Abb. 238: Gemeine Drachenwurz (Dracunculus vulgaris), auch Schlangenkraut genannt, aus der Familie der Aronstabgewächse. Umzeichnung einer Darstellung im „Botanischen Garten" im Festtempel des Königs Thutmosis III. (18. Dynastie) im Großen Amun-Tempel von Karnak.*

*Abb. 237:
Fragment einer Palmsäule aus Granit im Hof des Totentempels des Djedkare-Isesi (5. Dynastie) in Sakkara-Süd. Im Hintergrund die Überreste der königlichen Pyramide.*

So wurden z. B. die Halbsäulen am Ende der Mauerzungen in der Eingangshalle wie ein Bündel Pflanzenstängel gestaltet,[36] und an der östlichen Mauer des Hofes des „Hauses des Nordens" modellierte man drei steinerne Halbsäulen in Papyrusform (Abb. 236).

Vielleicht in Anlehnung an Butos „Heiligen Palmenhain" und möglicherweise in Zusammenhang mit dem Re-Kult wurden ab der 5. Dynastie frei stehende Palmsäulen innerhalb offener Höfe in den Pyramidentempeln verbaut (Abb. 237).[37] Außerdem treten in dieser Epoche erstmals Papyrussäulen auf – so z. B. in der Pyramidenanlage des Sahure in Abusir. Beide Säulentypen bleiben bis ins Neue Reich wichtige Architekturelemente innerhalb der ägyptischen Tempelbauten.

Botanische Motive finden sich auch im Bildprogramm der Pyramidenanlagen des Alten Reiches. Szenen wie die königliche Jagd im Papyrusdickicht oder in der Wüste enthalten viele Baum- und Pflanzendarstellungen und gehörten zum Standardprogramm der dortigen Wanddekorationen.[38] Hinzu kamen auch Abbildungen exotischer Baumarten. Auf einem Relieffragment aus dem Totentempel des Djedkare-Isesi (5. Dynastie) in Sakkara findet sich z. B. eine Darstellung importierter *mnq*-Bäume.[39]

Realitätsnahe und detailreiche Darstellungen von Landschaften und der darin eingebetteten Tierwelt Altägyptens waren auch wichtiger Bestandteil der Dekorationen im Sonnenheiligtum des Königs Niuserre (5. Dynastie) in Abu Gurob. In der sogenannten „Weltenkammer" wurden vielfältige Naturszenen aus dem Kreislauf der altägyptischen Jahreszeiten wiedergegeben, zu denen auch etliche Darstellungen von Bäumen, Sträuchern und Pflanzen gehören.[40] Ort und Ausprägung dieser Bilderwelten dokumentieren insbesondere die große Verehrung des Sonnengottes in jener Zeit und bezeugen das Verständnis für dessen universelle, alle Bereiche des Daseins durchdringende Schöpferkraft.

Als Sinnbild einer göttlichen, allumfassenden Schöpfung werden derartige Motive auch in die bildliche Ausgestaltung der Tempel des Mittleren und Neuen Reiches sowie der Spätzeit integriert. Ein bemerkenswertes Beispiel stellt hierbei der „Botanische Garten" im Festtempel Thutmosis' III. (18. Dynastie) im Großen Amun-Tempel von Karnak dar. Im östlichen Abschnitt des Heiligtums wurde an zwei Wänden einer heute stark zerstörten Kammer eine breite Palette an Pflanzen und Tieren fast lehrbuchhaft abgebildet (Abb. 238), die der König u. a. von seinen Feldzügen nach Syrien und Palästina mit nach Ägypten gebracht hatte.[41]

## Tempel und Gärten

*Bäume bei Snofrus Totentempel*

Als man Anfang der 1980er Jahre die spärlichen Reste des Totentempels des Snofru (4. Dynastie) an der Roten Pyramide bei Dahschur freilegte, entdeckte man nördlich und südlich des Kultkomplexes Baumgruben und Löcher, in denen teilweise „Scheinopferkeramik deponiert" wurde.[42] Nur wenige Meter von der Nordwand des Tempels entfernt kamen im Pyramidenumgang „mindestens 14 Baumgruben" zum Vorschein, die symmetrisch in bis zu drei Reihen angelegt wurden (Abb. 239, 240).

Bei 13 Baumgruben sind Durchmesser zwischen 80 cm und 1,10 m festgestellt worden; eine zentral liegende Grube erreicht sogar eine Breite von ca. 2,50 m. Schnitte, die bei vier Gruben angelegt wurden, ergaben eine Tiefe von 40-70 cm. Ihre Verfüllung bestand aus einer Mischung von Nilschlamm und Sand.

Bei Nachuntersuchungen kamen auch südlich des Totentempels, teilweise eingerahmt von einer Mauer (Abb. 241), derartige Vertiefungen zum Vorschein.

In einigen Gruben konnten zwar Wurzelreste von Pflanzen oder Bäumen nachgewiesen werden, über die Art der einst dort vorhandenen Flora gibt es allerdings keine Erkenntnisse. In Rekonstruktionszeichnungen werden zumeist Bäume mit breiten Kronen (Sykomoren?) gezeigt.[43]

*Abb. 239: Totentempel des Königs Snofru (4. Dynastie) an der Roten Pyramide bei Dahschur. Grundriss: 1) Pyramide, 2) Totentempel, 3) Baumpflanzungen, 4) Umfassungsmauer, 5) Magazinräume(?).*

*Abb. 240: Im Vordergrund mit Ziegeln eingefasste Markierungen für die Position der Baumgruben nördlich des Totentempels des Snofru an der Roten Pyramide. Rechts oben erhaltene Lagen des Verkleidungsmantels der Pyramide; in den Ruinen des Totentempels steht das restaurierte Pyramidion des Grabbaus.*

## Die Gärten und ihre Architektur

*Abb. 241: Ummauerter Bereich südlich des Totentempels des Snofru an der Roten Pyramide (Pfeil), in dem Baumgruben gefunden wurden.*

Auf wen die Planung dieses „Nekropolengartens" zurückging und wann die Bäume letztendlich gepflanzt wurden, lässt sich anhand der archäologischen Befunde nicht eindeutig bestimmen.

Die Ausgrabungen haben belegt, dass der Totentempel noch nicht fertiggestellt war, als der König verstarb. Das in Stein geplante und teilweise schon begonnene Heiligtum musste provisorisch in Ziegelbauweise vollendet werden, um dort die Begräbnisfeierlichkeiten abhalten und danach den Totenkult durchführen zu können. Die Umbauaktion betraf auch die Umfassungsmauer des Grabbezirks. Die Arbeiten am südlichen Abschnitt des östlichen Mauerzugs hatte man offenbar nach ca. 40 m Wegstrecke eingestellt. Eine weitere, wohl für einen inneren Hof (für eine Bootsgrube?) errichtete Begrenzungsmauer wurde dagegen ausgebaut und übernahm letztendlich die Funktion der Umfassungsmauer. So entstand außerhalb des Grabbezirks ein schmaler ummauerter Bereich, der von Süden begehbar war und Platz für eine Baumpflanzung bot.

Die provisorische Fertigstellung des Tempels, die Datierung der in den Opfergruben aufgefundenen Keramik in die 5. und 6. Dynastie[44] sowie ein in dieser Zeit errichtetes Gebäude an der Nordostecke des Pyramidenhofes[45] deuten darauf hin, dass die beiden Baumgruppen – unabhängig von möglichen Planungen unter Snofru oder seines direkten Nachfolgers Cheops – erst zu einem späteren, nicht näher bestimmbaren Zeitpunkt gepflanzt worden sind. Dies wird indirekt auch durch die Position zweier nördlicher Baumgruben untermauert, die unmittelbar am Übergang vom Totentempel zum Pyramidenumgang liegen (Abb. 239, 240).

### Mentuhoteps Baumgarten

Eine bemerkenswerte Gartenanlage befand sich im Vorhof des Grabtempelbezirks des Königs Mentuhotep II. Nebhepetre (11. Dynastie) in Deir el-Bahari/Theben-West.[46] Unmittelbar vor der Tempelterrasse wurden zu beiden Seiten der großen Zugangsrampe insgesamt 63 Bäume in Reihen gepflanzt (Abb. 242, 244).

Den Mittelpunkt dieses Baumgartens sollte eine über 160 m lange Prozessionsallee aus großen Sykomoren bilden.[47] Die ursprüngliche Baumplanung in Mentuhoteps Tempel ist jedoch aufgegeben worden. Von den insgesamt 28 Baumgruben der Allee wurden nicht alle auf ihr Sollmaß ausgehoben und letztlich nur Bäume in die vier westlichen Grubenpaare eingepflanzt. Diese trichterförmigen Vertiefungen weisen einen Durchmesser von 5-6 m und eine Tiefe von 9-10 m auf.[48] Für das Ausheben dieser Gruben wurden – ähnlich wie oftmals bei Brunnenanlagen – spiralförmige Treppen am Innenrand angelegt.

Die im Felsboden eingelassenen Gruben wurden mit Nilschlamm aufgefüllt vorgefunden. Dieser enthielt noch Pflanzenreste wie Wurzeln und Blätter, die eine Identifikation der dort verwendeten Baumarten ermöglichte: Im östlichen Grubenpaar standen einst Tamarisken, in den anderen drei Paaren waren Sykomoren gepflanzt.

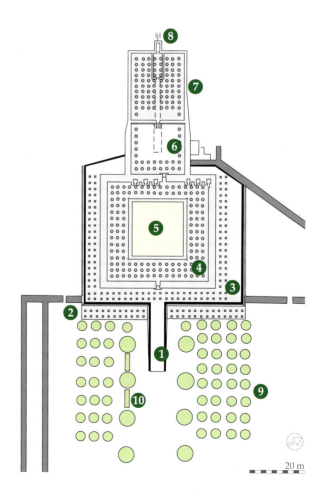

**Tempel und Gärten**

Abb. 243: Tempelanlagen in Deir el-Bahari/Theben-West: 1) Mentuhotep II. Nebhepetre (11. Dynastie), 2) Hatschepsut und 3) Thutmosis III. (beide 18. Dynastie). Links und rechts der Rampe zur Terrasse des Totentempels Mentuhoteps II. zeichnen sich noch die Baumgruben ab (4). Für die ursprüngliche Form des fast vollständig abgetragenen Kernbaus dieses Heiligtums (5) gibt es unterschiedliche Rekonstruktionsversuche: Pyramiden mit unterschiedlich breiter Basis, ein flacher rechteckiger Sockelbau sowie ein mit Bäumen bepflanzter (osirianischer Ur-)Hügel aus Lehmziegeln.

Abb. 244: Zentraler Bereich des Totentempels des Königs Mentuhotep II. (11. Dynastie) in Deir el-Bahari/Theben-West. Vor der Tempelterrasse mit dem (hier pyramidenförmig rekonstruierten) Kernbau wurden auf beiden Seiten der Zugangsrampe Sykomoren und Tamarisken gepflanzt. Aus den unterschiedlichen Breiten der Terrassenabschnitte nördlich (rechts) und südlich der Rampe resultierte die Asymmetrie innerhalb der Baumpflanzungen (vier Reihen südlich, fünf Reihen nördlich des Aufwegs). Modellausschnitt.

< Abb. 242:
Grabbezirk des Mentuhotep II. in Deir el-Bahari/Theben-West. Grundriss des zentralen Bereiches: 1) Rampe, 2) Untere Halle, 3) Obere Halle, 4) Ambulatorium, 5) Kernbau, 6) Mittelhof, 7) Hypostyl, 8) Amun-Sanktuar und Statuenkapelle des Königs, 9) Baumpflanzungen (Sykomoren, Tamarisken), 10) Blumenbeete.

## Die Gärten und ihre Architektur

Abb. 245: *Südliche Baumgruppe vor der Terrasse des Tempels Mentuhoteps II. in Deir el-Bahari/Theben-West. In diesem Abschnitt wurden insgesamt drei Sykomoren und 23 Tamarisken gepflanzt. Modellausschnitt.*

Zwischen den drei Sykomoren der südlichen Reihe wurden etwa 6,80 m lange und 1,75-1,85 m breite Reste von Blumenbeeten gefunden (Abb. 242), die mit Lehm überdeckt waren. Eine Bestimmung der aufgefundenen Pflanzenreste hat es offenbar nicht gegeben. Ein vergleichbarer Befund liegt an der nördlichen Sykomorenreihe nicht vor, sodass die Funktion der Blumenbeete unklar ist. Sie können dekorative Zwecke erfüllt haben und nur der Beginn einer größeren Pflanzung gewesen sein; möglicherweise dienten sie als kleiner Nutzgarten.

Nördlich und südlich der zentralen Baumallee wurden weitere Baumreihen (vier im Norden, drei im Süden) bis unmittelbar an die Tempelterrasse heran gesetzt. Jeweils einen weiteren Baum hatte man westlich der zentralen Sykomorenreihen eingepflanzt, sodass letztlich 33 Bäume im Nordabschnitt und 22 Bäume im Südabschnitt hinzukamen.

Die Gruben für diese Bäume waren kleiner dimensioniert als die der Mittelallee; ihr Durchmesser lag zwischen 1,20 m und 2,40 m. Dort aufgefundene Wurzelreste belegen, dass in ihnen einst Tamarisken eingepflanzt wurden. Nur eine der Gruben ist vollständig ausgegraben worden. Auch sie wurde trichterförmig angelegt und reichte über 1,30 m tief in den Felsboden. Wurzelspuren fanden sich dort bis in eine Tiefe von 70 cm.[49]

Funktion und Symbolwert dieses Baumgartens können wohl nur vor dem Hintergrund der religiösen Vorstellungen des späten Alten Reiches bewertet werden. Zusammenhänge scheinen dabei vorgezeichnet zu sein: Sykomoren spielten innerhalb der Pyramidentexte beim Himmelsaufstieg des Königs eine Rolle; sie wurden mit der östlichen Himmelsregion und damit mit dem Sonnenaufgang verortet. Tamarisken brachte man mit dem Nekropolengott Upuaut, der königlichen Wiedergeburt oder dem Osiris-Grab in Abydos in Verbindung.[50]

In Mentuhoteps Tempelbezirk wurde noch eine weitere interessante Entdeckung gemacht. Etwa 22 m östlich des Baumgartens fand man eine kreisrunde Umfriedung, bestehend aus zwei parallel verlaufenden, 1,28-1,30 m weit auseinander liegenden Ziegelmauern. Der Durchmesser der gesamten Struktur betrug ca. 13,50 m.[51]

Eine Nilschlammschicht im Inneren der Umfriedung wie auch Funde von Baumblättern deuten auf eine kleine Gartenanlage hin, in deren Zentrum eine große Sykomore gestanden haben könnte. Am südlichen Rand der Doppelmauer befand sich zudem ein Ziegelaltar, der die religiöse Bedeutung eines derartigen Baumes untermauert hätte.

Obwohl die exponierte Lage dieser kleinen „Gartenanlage" ungewöhnlich erscheint, deutet die Größe der verwendeten Ziegel für die Umfassungsmauern auf eine Datierung in die Zeit Mentuhoteps II.[52]

Möglicherweise verband man diese Sykomore symbolisch mit dem himmlischen „Sitz der Götter" aus den königlichen Jenseitsvorstellungen. Vielleicht brachte man sie als heiligen Baum aber auch mit den Göttinnen Nut oder Hathor in Verbindung, die hier in Form einer Baumgöttin Verehrung erfuhren.[53]

**Tempel und Gärten**

Abb. 246: Westlicher Bereich der Totentempelanlage des Mentuhotep II. Im Vordergrund das Amun-Sanktuar im Hypostyl; die sich westlich anschließende Statuenkapelle ist nicht sichtbar. Das Königsgrab wurde etwa 150 m westlich der Statuenkapelle im Bergmassiv errichtet. Modellausschnitt.

Abb. 247: Totentempel Mentuhoteps II. Westlicher Bereich mit den spärlichen Resten des Kernbaus. Im Vordergrund Ruinen einer Zugangsrampe, die zum Tempel des Königs Thutmosis III. (18. Dynastie) gehört.

## Die Gärten und ihre Architektur

*Abb. 248: Kleiner Aton-Tempel im Zentrum von Amarna. Ein weiteres Beispiel für eine Baumpflanzung in unmittelbarer Umgebung eines Tempelgebäudes. Das unter König Echnaton (18. Dynastie) entstandene Heiligtum war dreigeteilt; die dortigen Kultstätten wurden nach oben hin offen errichtet, sodass Prozessionswege und Altäre unter freiem Himmel und damit unter direktem Einfluss des Sonnenlichtes (den „Strahlen" des Gottes Aton) lagen. Im dritten Abschnitt des Tempels befand sich das Sanktuar, dessen hinterer, zentraler Bereich an drei Seiten durch zwei symmetrisch angeordnete Baumreihen mit insgesamt 50 Bäumen eingerahmt war. Eine erhaltene Darstellung dieses Heiligtums im Grab des Beamten Tutu in Amarna deutet außerdem darauf hin, dass der König auch um den Tempelbezirk herum Sykomoren pflanzen ließ; einen archäologischen Beleg gibt es hierfür allerdings nicht. Modellausschnitt.*

### Teichgärten für Hatschepsut

Königin Hatschepsut (18. Dynastie) ließ ihren Grabkomplex nördlich von Mentuhoteps II. Tempelanlage errichten (Abb. 249). Dazu gehörte auch eine Gartenanlage, die sich im Hof vor der Rampe zur ersten Tempelterrasse erstreckte. Kernbereiche dieses Gartens waren zwei flache T-förmige, ungefähr 10 m lange und bis zu 6 m breite Teichbecken (Abb. 250),[54] die symmetrisch zum Prozessionsweg angelegt wurden. Ihre spezielle, von Kanalteichen adaptierte Form mit ihren nur ca. 2,50 m breiten Abschnitten erleichterte eine gezielte Bepflanzung und Pflege. In den ausgetrockneten Schlammschichten der Becken wurden Reste von Papyrusstängeln gefunden.[55]

Zu diesem Tempelgarten gehörten auch etwa 66 kreisförmige, bis zu 3 m tiefe Gruben, die die Teiche im Osten und Westen symmetrisch flankierten. Welche Art der Bepflanzung hier ursprünglich durchgeführt wurde, ist unklar. Funde von unterschiedlichen Pflanzenresten deuten auch auf eine sekundäre Nutzung dieses Bereiches hin.[56]

Vielleicht versuchte man an dieser Stelle, u. a. aus Punt importierte Myrrhenbäume zu kultivieren.[57] In der sogenannten Punthalle – südlich der Rampe zur oberen Terrasse des Tempels (Abb. 251) gelegen – wird eine Handelsexpedition dargestellt, die die Königin entsandte. Zu den kostbaren Importgütern zählten neben dem begehrten Myrrhenharz auch über 30 Bäume dieser Gattung, die in Körben verpackt auf Schiffen transportiert wurden (Abb. 252).

In den Teichen aufgefundene Reste von Wurfhölzern aus Fayence deuten auf dort abgehaltene Kulthandlungen hin, die vermutlich mit Themen der rituellen Papyrusernte oder der Vogeljagd im Papyrusdickicht in Verbindung standen.[58] Mit Papyrus bepflanzte Teichbecken werden oftmals in Beziehung zum Kult um die Schutzgöttin der thebanischen Nekropole, Hathor, gesehen, die im Totentempel der Hatschepsut auch eine eigene Kapelle besaß (Abb. 251). Dem Motiv der kuhgestaltigen Hathor, die aus einem Papyrusdickicht nahe des westlichen Gebirges heraustritt, begegnet man mehrfach in Grabdarstellungen des Neuen Reiches in Theben-West.

Möglicherweise wurde – ähnlich wie im benachbarten Tempel des Mentuhotep II. – auch unter Hatschepsut geplant, seitlich der Rampe zum zweiten Hof Bäume zu pflanzen. Vereinzelte Gruben kamen bei Ausgrabungen gut 10 m vom Mittelbereich der Rampe entfernt zum Vorschein. Ihre Datierung wird allerdings kontrovers diskutiert.[59]

**Tempel und Gärten**

*Abb. 249: Talkessel von Deir el-Bahari/Theben-West mit den Tempelanlagen von Mentuhotep II. (11. Dynastie) und Königin Hatschepsut (18. Dynastie, rechts).*

*Abb. 250: Totentempel der Hatschepsut. Mit Ziegeln und Mörtel eingefasste Markierungen, die Position und Struktur des Teichgartens nordöstlich der Rampe zum zweiten Hof andeuten sollen.*

*Abb. 251: Totentempel der Hatschepsut. Untere Terrasse: 1) Hathor-Kapelle, 2) Punthalle, 3) Geburtshalle, 4) Anubis-Heiligtum; Obere Terrasse: 5) Portikus mit Osiris-Pfeilern, dahinter ein offener Hof und das Sanktuar.*

*Abb. 252: Transport eines Myrrhenbaumes, der aus Punt importiert wurde. Möglicherweise wollte Hatschepsut derartige Bäume in ihrem Totentempel anpflanzen lassen. Dies lässt sich indirekt aus einer Inschrift im Tempel folgern. Der zufolge sollte dort für ihren göttlichen Vater Amun, der im Totentempel ebenfalls verehrt wurde, ein Garten – bestehend aus den Bäumen aus Punt – angelegt werden. Umzeichnung einer Darstellung in der Punthalle im Totentempel der Hatschepsut.*

# Die Gärten und ihre Architektur

*Flora im Bann der Götter*

Gartenanlagen innerhalb von Tempelbezirken standen nicht nur mit Brunnenanlagen, sondern oftmals auch mit größeren, künstlich angelegten Wasserbecken in Verbindung. Derartige Gewässer besaßen mehrere Funktionen: Sie dienten als Wasserreservoir für die alltäglichen Kulthandlungen sowie der Versorgung des Tempelpersonals, aber auch der Reinigung von Mensch und Kultgerät sowie der Bewässerung der internen Gartenanlagen.

Tempelseen symbolisierten aber auch Aspekte der Schöpfungsmythen, womit sie immer wieder zum Schauplatz kultischer Handlungen wurden. Teiche innerhalb königlicher Totentempel des Neuen Reiches spiegelten zudem jenseitsorientierte Wunschvorstellungen wider; neben den regenerativen Elementen eines himmlischen Teichgartens spielten hierbei insbesondere Aspekte wie Reinigung, Versorgung, Jagd und Erholung eine wesentliche Rolle.

Tempelgewässer konnten verschiedene Formen (z. B. rechteckig, T- oder U-förmig) annehmen und wurden – oftmals mit Steinmauern ausgekleidet und Treppen versehen – so tief angelegt, dass sie bis zum Grundwasserspiegel reichten. Sie konnten zudem erhebliche Abmessungen aufweisen; so erreicht z. B. der See auf dem Gelände des Großen Amun-Tempels in Karnak einen Umfang von etwa 120 × 77 m (Abb. 253, 254).[60]

Die die Tempelseen umgebende Bepflanzung wird sich oftmals üppig und vielseitig gestaltet haben. Diesbezügliche archäologische Befunde sind zwar selten, vereinzelte Reliefdarstellungen in Privatgräbern gewähren aber interessante Einblicke. So findet sich z. B. im Grab des „Hohepriesters des Aton", Merire I. (18. Dynastie), in Amarna eine detailgenaue Wiedergabe einer nicht eindeutig zu identifizierenden Tempelanlage. Zu diesem Heiligtum gehört auch ein viereckiges, mit Treppe und Schaduf ausgestattetes Wasserbecken, das mit verschiedenartigen Bäumen und Sträuchern umgeben ist (Abb. 255).[61]

In diesem Zusammenhang ist auch der Befund im Totentempel des Architekten Amenophis, Sohn des Hapu, von Interesse. Amenophis war für viele große Bauunternehmungen des Königs Amenophis III. (18. Dynastie) verantwortlich und erlangte aufgrund seiner hohen persönlichen Wertschätzung im Herrscherhaus das Privileg, eine eigene, den königlichen Tempeln teilweise nachempfundene, große Totenkultanlage in direkter Nachbarschaft der hochherrschaftlichen Jenseitsbauten errichten zu lassen. Sein Totentempel verfügte im ersten Hof über ein zentral gelegenes, ca. 26 × 25 m großes Wasserbecken, in dem auch Fische gehalten wurden. Um das Bassin herum waren Bäume (vermutlich Sykomoren) gepflanzt;[62] das gesamte Ensemble dieses Grabgartens avancierte somit zum idealen Versorgung- und Regenerationsort des Verstorbenen.

Abb. 254:
„Heiliger See" im Großen Amun-Tempel von Karnak. Dieses Tempelgewässer hat eine Grundfläche von über 9000 m² und ist heute ungefähr 5 m tief. Blick nach Nordwesten.

Abb. 253, unten:
Blick über den „Heiligen See" im Großen Amun-Tempel von Karnak nach Südosten.

**Tempel und Gärten**

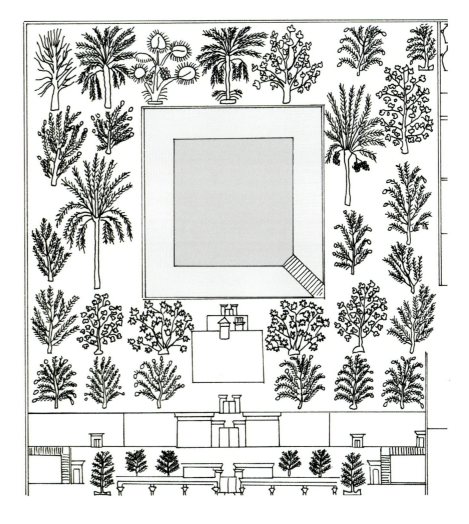

*Abb. 255:*
Teichgarten innerhalb einer Tempelanlage in Amarna (vermutlich der Große Aton-Tempel). Umzeichnung einer Darstellung im Grab des Merire I. (18. Dynastie) in Amarna.

*Abb. 256, unten:*
„Heiliger See" im Totentempel des Merenptah (19. Dynastie). Das nur 17 × 15 m große Bassin lag südlich des Tempelgebäudes und diente den Priestern u. a. als Reinigungsstätte.

## Die Gärten und ihre Architektur

*Abb. 257: Totentempel Ramses' II. (19. Dynastie) in Theben-West. Im Grab des Nedjemger (TT 138), eines „Vorstehers der Gärten" unter diesem König, wurde eine Gartenanlage dargestellt, die sich offenbar nahe des Totentempels befunden hat. Man erkennt dort Palmen, Sykomoren und Olivenbäume; auf einem „Bewässerungskanal" schwimmen Gänse oder Enten. Die dichte Bebauung des Tempelareals erlaubt die Anlage größerer Gartenbereiche lediglich im Umfeld eines kultisch genutzten Brunnens südwestlich des Tempelgebäudes (1) oder im Bereich nahe der Nordostecke des Bezirks (2). Im Hintergrund das fruchtbare Niltal auf der Westseite des Flusses und die Stadt Luxor am Ostufer.*

*Abb. 258: Totentempel Ramses' II. in Theben-West. Südlich des 2. Pylons. Im Vordergrund Reste des Palastes, dahinter lagen die Höfe des Haupttempels.*

**Tempel und Gärten**

*Gärten in einem „Millionenjahrhaus"*

König Ramses III. (20. Dynastie) zeichnete sich u. a. durch großangelegte, landesweite Stiftungen von Tempelgärten und -domänen aus. Auch sein eigener Totentempel in Medinet Habu/Theben-West weist mehrere Garten-, Teich- und Brunnenanlagen auf. Die dichte Bebauung des Tempelbezirks erlaubte es jedoch nur im südöstlichen Abschnitt des Areals, umfangreichere Pflanzungen anzulegen (Abb. 262).

Eine Besonderheit dieses Totentempels stellt die bauliche Integration einer älteren Tempelanlage aus der 18. Dynastie dar (2), auf die offenbar auch ein rechteckiger, 18 × 20 m großer Teich ausgerichtet war, der östlich innerhalb eines Hofes angelegt wurde (3). Der in der jetzigen baulichen Ausprägung mit teilweise wiederverwendetem Steinmaterial und zwei seitlich am Beckenrand installierten Treppen vermutlich aus der Ptolemäerzeit stammende Teich könnte ursprünglich eine Tiefe von über 8 m erreicht haben (Abb. 261).[63]

Der Bereich zwischen der nördlichen Umfassungsmauer und dem Teich war mit Steinplatten ausgekleidet. Es fanden sich Spuren eines kleinen Bauwerks – vermutlich stand dort eine Kapelle.[64] Im weiteren Umfeld dieses Gewässers, insbesondere im nordwestlichen Hofbereich, konnten keine Spuren einer Bepflanzung (z. B. durch Bäume) festgestellt werden.[65]

*Abb. 260: Totentempel Ramses' III. Westlich (links) des 1. Pylons lag der Palast; der Bereich südlich des Haupttempels bot Platz für einen Teich und Baumpflanzungen.*

*Abb. 261: Wasserbecken östlich des Tempels aus der 18. Dynastie (links) im Tempelbezirk Ramses' III.*

*Abb. 259: Totentempel Ramses' III. in Medinet Habu/Theben-West. „Hohes Tor", südöstlicher Zugang zum Tempelgelände. Vor diesem Eingang befand sich einst ein Hafenbecken, das über einen Kanal mit dem Nil verbunden war.*

### Die Gärten und ihre Architektur

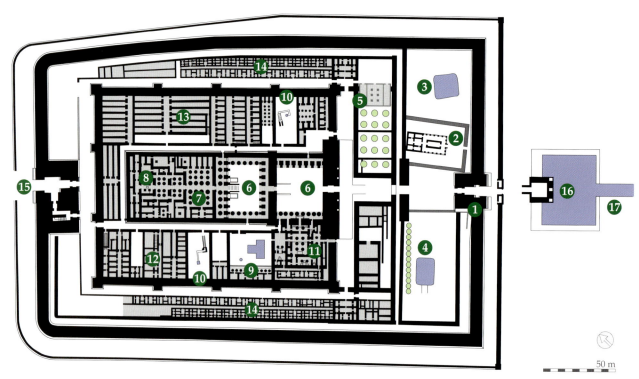

Abb. 262: Teiche, Baumpflanzungen und Brunnen im Totentempel Ramses' III. in Medinet Habu/Theben-West. Grundriss: 1) „Hohes Tor" (Haupteingang), 2) Tempel aus der 18. Dynastie, 3) Tempelsee, 4) flacher Teich mit Baumreihe, 5) Baumgarten (vermutlich aus der Zeit Ramses' IV.), 6) Höfe im Tempelgebäude, 7) Säulenhalle, 8) Sanktuar, 9) Hof mit T-förmigem Wasserbecken („Heiliger See") und einfachem Brunnen, 10) Höfe mit (vorrangig kultisch genutzten) Brunnenanlagen, 11) Palast, 12) Wirtschaftsräume/Magazine, 13) Magazine, 14) Priesterwohnungen, 15) Westtor, 16) Hafenanlage, 17) Verbindungskanal zum Nil. Schriftlichen Aufzeichnungen zufolge war vermutlich auch das Hafenbecken dieser Tempelanlage mit vielfältigen Bäumen und Pflanzen umgeben.

Abb. 263: Papyrusdarstellungen an der Basis einer Säule in der großen Halle des Totentempels Ramses' III. Im Dekorationsprogramm der Tempelwände und Architekturelemente finden sich oftmals florale Motive. Auch in Kapellen und an Sockeln für heilige Barken wurden bestimmte Pflanzen (z. B. Lattich) abgebildet, deren spezifische Eigenschaften man Göttern zusprach.

Abb. 264: Ramses III. bei der Feldarbeit. Wandrelief im Totentempel des Königs in Theben-West. Dieses Motiv tritt bereits im Alten Reich in den Pyramidentexten auf. Es symbolisierte allem Anschein nach die „zivilisationsstiftende Rolle" der Herrscher Ägyptens in Vergangenheit und Gegenwart, die den König auch in der Jenseitswelt auszeichnen sollte.

**Tempel und Gärten**

Abb. 265: Totentempel Ramses' III., südwestlich des Tempelgebäudes. Standorte der einstigen Tempelbereiche: A) Königspalast, B) Hof mit T-förmigem Wasserbecken und einfachem Brunnen, C) Hof mit kultisch genutzter Brunnenanlage, D) Wirtschaftsräume, E) innere Umfassungsmauer, F) Priesterwohnungen, G) Teich mit Baumreihe.

Eindeutiger sieht der Befund im 74,50 × 36,50 m großen Vorhof südwestlich des zentralen Eingangsbereiches aus (4, G). Dort wurde ein ca. 20 × 14 m großer, seitlich unbefestigter Teich „trichterförmig" bis auf das Grundwasserniveau gegraben; an der Südseite gab es eine zentral auf das Becken zugeführte Treppe oder Rampe. Etwa 4,70 m nordwestlich des Teiches fanden sich Baumgruben; insgesamt 13 Gruben wurden hier in einem Abstand von ca. 3,50 m in einer Reihe entlang der Hofmauer angelegt (Abb. 262).[66]

Eine der freigelegten, im Durchmesser über einen Meter großen Gruben war mit einer dicken Lehmschicht verkleidet, ca. 90 cm tief und wurde mit „Humus" angefüllt aufgefunden. Holzreste konnten in der Grube zwar entdeckt werden, eine Bestimmung der Baumart hat aber offenbar nicht stattgefunden. Möglicherweise gehörten diese Bäume zu einem kleinen Nutzgarten, der zur Versorgung des Tempelpersonals diente.[67] Spuren irgendwelcher Gebäude sind in diesem Hof bislang nicht lokalisiert worden.

Ein weiterer, vielleicht unter Ramses III. geplanter, aber vermutlich erst unter Ramses IV. angelegter Baumgarten befand sich innerhalb des etwa 65 × 32 m großen Hofes nordwestlich des Tempels aus der 18. Dynastie. Dort wurden 15 Baumgruben gefunden, die in einem Abstand von jeweils ca. 9 m symmetrisch in drei Reihen angeordnet waren (5).[68] Auch hier ist die Baumart nicht bekannt; diese kleine „Plantage" könnte ebenfalls als Nutzgarten gedient haben.

Westlich der Höfe des Tempelgebäudes (6) – zwischen königlichem Palast (11, A) und Wirtschaftsräumen (12, D) gelegen – befand sich ein weiteres, diesmal T-förmiges Wasserbecken. Es bildete das Zentrum eines ca. 27 × 22 m großen Hofes und wies Abmessungen von ungefähr 12 × 12 m auf. Unweit davon wurde noch ein Brunnen mit einem Durchmesser von etwa 1,70 m angelegt, der eine Tiefe von über 5 m erreichte (9, B).[69]

Die Zugänge im Norden und Osten deuten an, dass auf beide Wasserreservoirs vom Tempel und vom Palast aus gleichberechtigt zugegriffen wurde. Das Wasserbecken bot demnach alle Voraussetzungen für eine Nutzung als Reinigungsstätte für das Personal und Opfergaben.[70] Die Nähe zum Palast und zu den Magazinen sowie das Vorhandensein des Brunnens könnten zudem Indizien dafür sein, dass es auch in diesem Hof einen kleinen Garten mit einer Nutzbepflanzung gegeben hat.[71]

Auf dem Tempelgelände befinden sich noch zwei weitere Brunnenanlagen (10, C). Sie lagen innerhalb separater Höfe nahe des Tempelgebäudes und erfüllten aufgrund ihrer speziellen Bauform mit aufwendigen, gedeckten Treppenzugängen sowie ihrer spezifischen Reliefdekorationen primär kultische Zwecke (Abb. 266).[72]

Zusammenfassend betrachtet deuten die Lage, Gestaltung und Ausprägung der Wasserbecken, Brunnen, Gärten und Höfe im Totentempel Ramses' III. darauf hin, wie in derartigen Heiligtümern vor allem Erfordernisse des Kultes und Fragen der Versorgung innovativ und nachhaltig gelöst wurden. Damit schließt sich der Kreis.

Gärten waren im alten Ägypten Sinnbilder für die Beziehung zwischen Göttern, Menschen und der Natur, aber auch zwischen Lebenden und Verstorbenen und stellten damit eine Verbindung zwischen unterschiedlichen Sphären her.

Obwohl sich nur wenige Spuren der Tempelgärten erhalten haben, ist ihre „Signatur" bis heute erkennbar. Im Verbund mit vielen Belegen und Hinweisen in Palästen, Häusern, Gräbern und Inschriften dokumentieren die erkennbare Art und die Ausprägung der ägyptischen Gärten nachdrücklich eine große Abhängigkeit, aber auch eine tiefe Verbundenheit der damaligen Nilbewohner zur allumfassenden Natur und den ihr innewohnenden Kräften. Wie schrieb doch Jean-Claude Hugonot: „Der Garten (…) bildete durch seine Eigenschaften einen Mikrokosmos, in welchem das Leben blühte und sich regenerierte (…)".[73]

Anmerkungen
1. Erman/Ranke, S. 340.
2. Arnold, Tempel Ägyptens, S. 57.
3. Siehe hierzu Helck, Materialien, Band 5, S. 200-201; Dittmar, S. 43-44; Brunner-Traut, „Blume", Sp. 837; Wilkinson, Tempel, S. 97. Für die Blumensträuße bzw. -bündel wurden „neben Blumen auch große Mengen frisches Grün verwandt". Siehe Helck, Materialien, Band 5, S. 200.
4. Siehe z. B. Dreyer, S. 145; siehe hierzu auch Helck, „Tempelwirtschaft".
5. Die Dokumente stammen größtenteils aus der Regierungszeit des Djedkare-Isesi. Siehe hierzu z. B. Posener-Kriéger und Posener-Kriéger/Verner/Vymazalová.
6. Posener-Kriéger/Verner/Vymazalová, S. 148-149 und S. 284, sowie S. 50-51 und S. 226.
7. Siehe hierzu Helck, „Tempelwirtschaft", Sp. 416.
8. Hugonot, Gärten, S. 33.
9. Nach Stockfisch, Band 2, 4.1.19. Siehe auch Edel, Studien, S. 200-206. Nach Edel bezeugt dieses Relief indirekt, dass unter Snofru „eine Expedition in das ferne Land Punt am Roten Meer etwa in die Gegend des heutigen Suakin gesandt worden sein muß, um ʿntjw-Bäume zu holen". Edel, Studien, S. 206.
10. Edel, Studien, S. 206.
11. Siehe El Awady, Abusir XVI, S. 155-174; El Awady, Ausgrabungen, S. 20-24; El Awady, Königsleben, S. 197-207.
12. Zur Diskussion über die Art der auf den Reliefblöcken dargestellten Bäumen aus Punt siehe El Awady, Abusir XVI, S. 253-257. El Awady vermutet, dass es sich bei diesen Bäumen um *Boswellia papyrifera* handelt.
13. El Awady, Königsleben, S. 198, und Anm. 5, S. 206.
14. Nach Borchardt, Königserlaß, S. 9. Die Sykomoren scheinen, so Borchardt, „hier deswegen mitaufgezählt zu sein, weil unter ihnen oft wohl schon damals, wie heute, die Brunnen angelegt waren".
15. Siehe Gessler-Löhr, Die heiligen Seen, S. 72-73.
16. Nach Erman, Literatur, S. 147.
17. Offenbar interpretierte man die ständige Sichtbarkeit wie auch das jahreszeitlich abhängige Verschwinden und Wiederauftauchen bestimmter Sterne im Sinne von „Ewiges Leben", „Sterben" und „Wiedergeburt". Siehe zu diesem Themenkomplex Krauss, Konzepte.
18. Siehe hierzu z. B. Hugonot, Jardin, S. 207-212.
19. Siehe z. B. Stadelmann, Ziegelbau, S. 241; Lehner, S. 176.
20. Petrie, Illahun, S. 11.
21. Siehe hierzu Gessler-Löhr, Die heiligen Seen, S. 79-125.
22. Siehe z. B. Davies, Neferhotep, Tafel III, XLI, XLII; Hugonot, Jardin, S. 26-28; Golvin/Goyon, S. 31, S. 56-58. Siehe auch Wilkinson, Garden, S. 124, S. 133-134; Loeben.
23. Papyrus Harris I, 5,2. Nach Schoske/Kreißl/Germer, S. 45.
24. Siehe hierzu Hugonot, Jardin, S. 22-33.
25. Roeder, S. 12-13, Plan I, II.
26. Nach Hugonot, Gärten, S. 33.
27. Siehe z. B. Hugonot, Jardin, S. 31.
28. Winlock, Deir el-Bahari, S. 7, Abb. 1; Hugonot, Jardin, S. 23.
29. Siehe hierzu z. B. Wilkinson, Garden, S. 76-77.
30. Diese Bäume konnten bis zu 20 m hoch werden und ihre dicht belaubten Kronen erhebliche Ausmaße erreichen.
31. Siehe hierzu z. B. Krauss, Konzepte, S. 245.
32. Siehe Hugonot, Jardin, S. 34-35.
33. Heute im Ägyptischen Museum Berlin, Inv.-Nr. 18026.
34. Scharff, S. 170-171, Tafel 36; Kaiser, Museum, S. 18 (Nr. 161), Tafel 161; Wallert, S. 115; Engel, S. 109-111, S. 119.
35. Siehe allgemein bei Wallert, S. 114-128. Ein Beispiel für eine Darstellung von Butos „Heiligem Hain" stammt aus Snofrus Tempel am Aufweg der Knick-Pyramide (4. Dynastie). Siehe z. B. Stockfisch, Band 2, 4.1.14.
36. Stadelmann, Ziegelbau, S. 57, und Wallert, S. 120.
37. Wallert, S. 119-126.
38. Stockfisch, Band 1, S. 119-120.
39. Siehe z. B. Stockfisch, Band 2, 5.8.2
40. Siehe hierzu jüngst Finneiser.
41. Hugonot, Jardin, S. 37-42.
42. DAI-Rundbriefe 1990, S. 5-6, und 1992, S. 6; Stadelmann et al., S. 259-263 (mit Planaufnahme des Tempels: Abb. 1a).
43. Stadelmann, Ziegelbau, Abb. 28c auf S. 102.
44. Faltings, S. 154.
45. Stadelmann, Zweiter Vorbericht, S. 226-228.
46. Siehe Arnold, Temple of Mentuhotep, S. 21-23; Hugonot, Jardin, S. 62-67.
47. Fragmente von Königsstatuen wurden innerhalb sowie im Umfeld der Baumgruben entlang des Prozessionsweges gefunden. Siehe hierzu Arnold, Temple of Mentuhotep, S. 22, S. 46-49.
48. Arnold, Temple of Mentuhotep, S. 21.
49. Arnold, Temple of Mentuhotep, S. 22.
50. Krauss, Konzepte, S. 245; Wilkinson, Garden, S. 71-73; Hugonot, Jardin, S. 65-67, S. 212-213.
51. Arnold, Temple of Mentuhotep, S. 22-23.
52. Siehe Arnold, Temple of Mentuhotep, S. 22, Anm. 74. Die Größe dieser Ziegel korrespondiert mit der der in den Gründungsgruben des Tempels verbauten Ziegelsteinen (vergleiche Arnold, Temple of Mentuhotep, S. 64). Der Autor dankt Dieter Arnold für diesen Hinweis.
53. Schoske/Kreißl/Germer, S. 44.
54. Wilkinson, Garden, S. 77-78.
55. Winlock, Expedition, S. 17-18; Gessler-Löhr, Die heiligen Seen, S. 91; Hugonot, Jardin, S. 70.
56. Siehe hierzu z. B. Wilkinson, Garden, S. 78.
57. Siehe z. B. Hugonot, Jardin, S. 72; Schoske/Kreißl/Germer, S. 44; aber auch Wilkinson, Garden, S. 83-87.
58. Siehe Gessler-Löhr, Die heiligen Seen, S. 92-93; Wilkinson, Garden, S. 78-79; Hugonot, Jardin, S. 70.
59. Siehe z. B. Wilkinson, Garden, S. 76-78.
60. Wilkinson, Tempel, S. 72-73.
61. Siehe z. B. Hugonot, Jardin, Abb. 37 auf S. 51, oder Schoske/Kreißl/Germer, S. 46-47.
62. Siehe hierzu Hugonot, Jardin, S. 73-75, und Gessler-Löhr, Die heiligen Seen, S. 101-103.
63. Siehe hierzu Hölscher, Band II, S. 41-42, und Gessler-Löhr, Die heiligen Seen, S. 360-363.
64. Gessler-Löhr, Die heiligen Seen, S. 363.
65. Eine Bepflanzung dieses Hofes mit Bäumen findet sich hingegen in manchen Rekonstruktionszeichnungen. Siehe z. B. Wilkinson, Tempel, Abb. auf S. 193.
66. Hölscher, Band II, S. 20-21.
67. Die Nutzung des Hofes als Garten vermutete bereits Hölscher. Siehe Hölscher, Band IV, Abb. 22 auf S. 20.
68. Hölscher, Band IV, S. 19.
69. Hölscher, Band III, S. 66, S. 68.
70. Gessler-Löhr, Die heiligen Seen, S. 120.
71. Siehe hierzu bereits Hölscher, Band III, S. 67-68.
72. Siehe Hölscher, Band III, S. 68-80; Franzmeier, S. 72-74.
73. Aus Hugonot, Gärten, S. 43-44.

Abb. 266:
Treppenzugang
zu einem Brunnen im
Totentempel Ramses' III.
in Medinet Habu/Theben-West.

# Gärten in der Stadt

## Festorte für eine Gemeinschaft

Christian Tietze

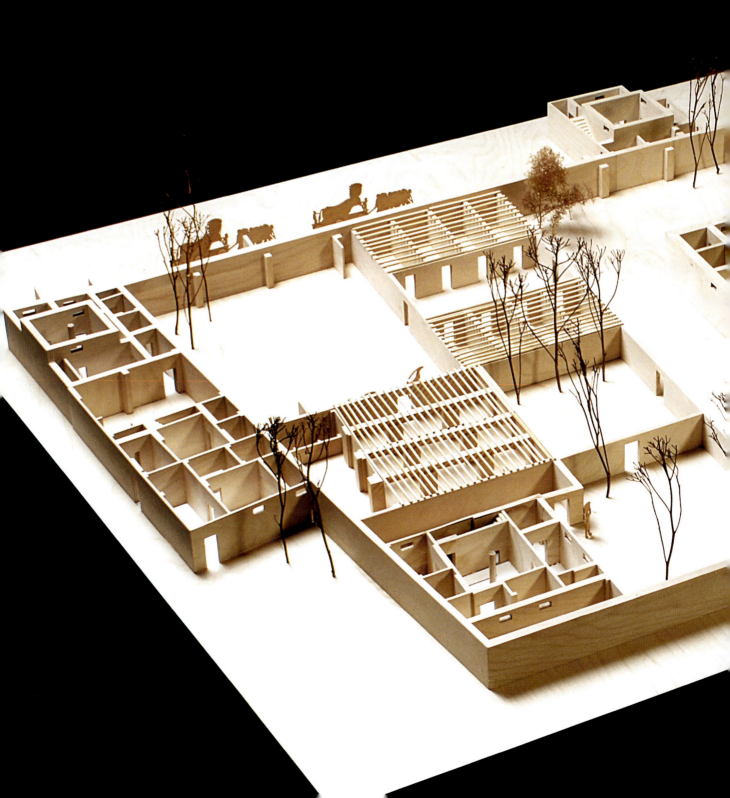

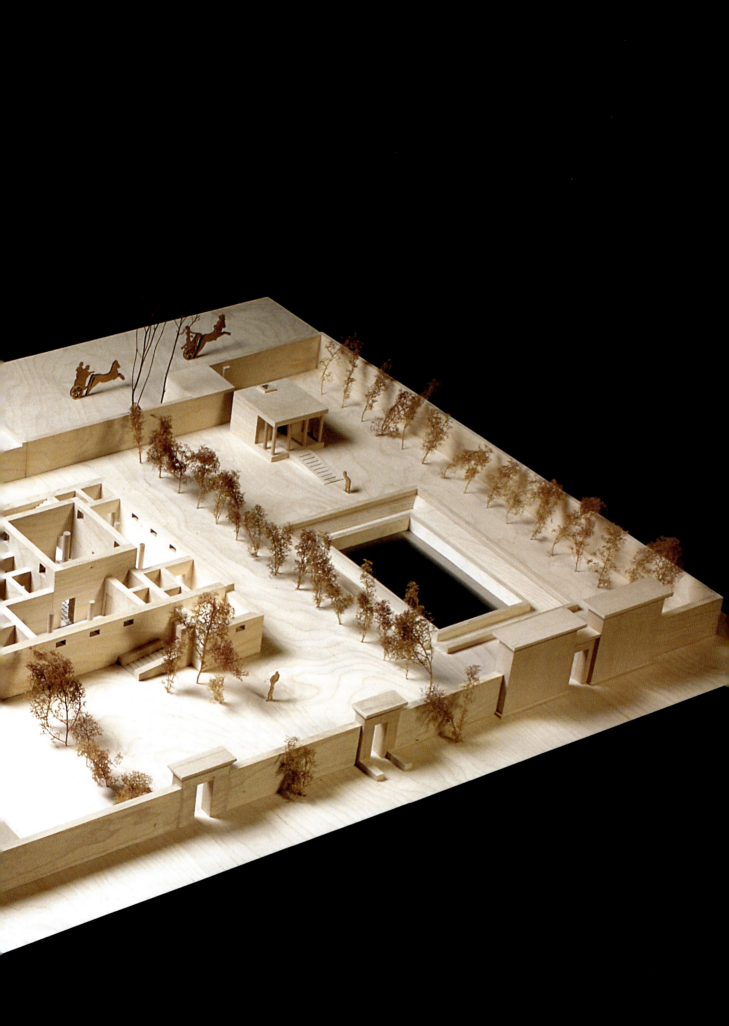

Die Gärten und ihre Architektur

Ägypten zählt zu den potamischen Kulturen; Kulturen, die sich durch ihre Abhängigkeit zum Fluss entwickelt haben. Das Wasser des Nils erlaubte mit seinem jährlichen Anschwellen eine natürliche Bewässerung im Niltal. Durch die Anlage von Dämmen und Deichen gelang es, die regelmäßig angelegten Felder zu bewässern. Man spricht von einer Bassinbewässerung. Ihre Bewirtschaftung bildete die ökonomische Grundlage des Landes. Die Überschwemmung führte jährlich zu einer Ernte und bildete so schon im Alten Reich einen stabilen Faktor in der Entwicklung des Landes. Im Mittleren Reich wurde durch innere Kolonisation die landwirtschaftliche Produktion auf eine neue Stufe gehoben. Man erkannte, dass eine dauernde Bewässerung zu zwei Ernten im Jahr und damit zu einer Verdoppelung der Erträge führen konnte. Deshalb legte man den Josephs-Kanal an, der Mittelägypten auf einer Länge von mehr als 330 km in einen permanent fruchtbaren Garten verwandelte.

Der Reichtum der Landschaft wurde erst im Neuen Reich deutlich, als sich Ägypten zu einer Weltmacht entwickelt hatte. Gärten waren nun nicht mehr nur Teile von Tempeln und Palästen, sondern entstanden auch bei den großen Wohnhäusern der Oberschicht und in der dicht gedrängten Bebauung der Städte. Sind sie nur als Luxus einer Oberschicht anzusehen? Besitzen sie rein privaten Charakter? Dienten sie der zusätzlichen Versorgung der Bewohner? Oder entstanden sie auch aus dem Wunsch heraus, hier Anteil an einem jenseitigen Leben zu haben?

## Ägyptische Gärten

Zunächst bedarf es einer Definition des Begriffs Garten und seines Hintergrundes. Was verstehen wir – oder besser verstanden die alten Ägypter – unter einem Garten? Ist nicht die gesamte Nilebene ein einziger Garten? Und lässt sich die Ökonomie des Landes von den ästhetischen, religiösen und kultischen Bezügen eines Gartens trennen? Bezeichnet man nicht noch heute die Oase Faijum als den Garten der Hauptstadt Kairo?

Der Obst- und Gemüsegarten war – im alten Ägypten und wie auch heute noch – Teil der Landwirtschaft und gehörte damit zur bäuerlichen Grundversorgung. Als Gärtner wurden diejenigen bezeichnet, die das „Gemüse bringen", aber auch die Winzer.[1] Damit wird deutlich, dass das eine Berufsgruppe war, die in den regelmäßig überschwemmten Gebieten der Nilebene ihre Tätigkeit ausübten. Da ihre Produkte das ganze Jahr über gefragt waren – im Gegensatz zum Getreide, das aufgrund des ariden Klimas beliebig gelagert werden konnte –, wurden sie auf Flächen angelegt, die kontinuierlich bewässert werden konnten. Gärten waren also in erster Linie Nutzgärten, die von einer bäuerlichen Bevölkerung angelegt und genutzt wurden.

Verwendet man den Begriff des Hausgartens, so ruft das den Eindruck einer Idylle hervor. Hausgärten stellen heute einen Bezug zu Siedlungshaus, Reihenhaus, Eigenheim her, die in Notzeiten der Versorgung dienten, in Zeiten des Wohlstands ein Erholungsort waren. Es ist zweifelhaft, ob man mit diesem Begriff die Dimensionen des ägyptischen Gartens erfassen kann, gilt es doch hier die ökonomischen, ästhetischen, kulturellen und religiösen Aspekte einer eigenen Kultur zu erfassen. Auch der Begriff der Privatgärten erfasst das Phänomen nur unzulänglich, denn die großen Gärten der Oberschicht besaßen immer einen repräsentativen Straßenzugang, öffneten sich also auch für eine Gemeinschaft.

Ausgangspunkt für eine Betrachtung individueller Gärten – um den Begriff von Tempelgärten, Palastgärten und reinen Nutzgärten abzugrenzen – müssen die Gartendarstellungen in den Gräbern sein. Sie spiegeln die Wunschvorstellungen ihrer Besitzer von einer anderen Welt wider. Sicherlich bilden sie im Einzelnen auch die Realität des Gartens des Besitzers ab.

Diesen Ideal-Vorstellungen soll die archäologische Realität der Gärten von Amarna gegenübergestellt werden. Amarna bietet durch den Nachweis einer ganzen Stadtstruktur die Möglichkeit, eine Beziehung zwischen Wohnhäusern und Gärten herzustellen.[2] Erst durch diese Gegenüberstellung kann man den Charakter des Gartens im alten Ägypten in seiner ganzen Vielfalt und Qualität bestimmen.

## Die Elemente des Gartens – Gartendarstellungen in Gräbern

In Ägypten gab es sicherlich so etwas wie ein Gartenideal. Diesem kann man sich anhand der Darstellungen in den Gräbern annähern.

Jean-Claude Hugonot hat die Gartendarstellungen in 15 Gräbern ausführlich beschrieben.[3] Sie sollen hier tabellarisch zusammengefasst und durch die Gartendarstellung im Grab des Sennefer ergänzt werden, um aus ihnen die hauptsächlichen Zielvorstellungen der Gartengestaltung abzuleiten.[4]

Diese Gartenanlagen lassen Elemente erkennen, die in der Summe die Vorstellung eines Gartens in der Zeit des Neuen Reichs darstellen können (Tab. 1). Was gehört nun zu seiner Ausstattung?

Die Gartengrundrisse folgen im allgemeinen einer einfachen geometrischen Form, wobei eine Symmetrie der Anlage angestrebt wurde. Auf einen repräsentativen Eingang ist meistens nicht Bezug genommen worden. Offenbar stand die Nutzung der Gartenfläche im Vordergrund, weniger die Außenwirkung.

|   | Eigentümer | Zeit und Ort | Gartenarchitektur | Vegetation |
|---|---|---|---|---|
| A | Puyemre, ein Prophet des Amun in Theben | Thutmosis III. 18. Dynastie TT 39 | rechteckiges Wasserbecken mit Schräge, Lotus und Wasservögeln | Sykomoren, Dumpalmen, Lotus |
| B | Minnacht, ein hoher Beamter in Theben | Thutmosis III. 18. Dynastie TT 87 | großes, rechteckiges Wasserbecken mit Barke; kleines Heiligtum mit Portal; Opfergaben auf Ständern | Sykomoren, Dumpalmen, Weinlauben, Stabsträuße |
| C | Nebamun, Aufseher der Getreidespeicher des Amun | Thutmosis III. 18. Dynastie TT 146 | rechteckiges Wasserbecken mit Schräge, Lotus, Fischen und Gänsen; Ernteszene | Sykomoren, Dumpalmen, Mohnblumen |
| D | Amenemheb, königlicher Beamter in Theben | Amenophis II. 18. Dynastie TT 85 | rechteckiges, schmales Wasserbecken, umgeben von 3 Reihen von Bäumen | Sykomoren, Dumpalmen, Dattelpalmen |
| E | Rechmire, ein Wesir in Theben | Thutmosis III. 18. Dynastie TT 100 | rechteckiges Wasserbecken mit Umgang, Barke, die von 6 Leuten gezogen wird; Kapelle; Begräbniszeremonie | Sykomoren, Dumpalmen, Dattelpalmen |
| F | Kenamun, ein königlicher Beamter in Theben | Amenophis II. 18. Dynastie TT 93 | rechteckiges Wasserbecken mit zahlreichen Fischarten umgeben von einer Weinlaube; Kapelle mit Hohlkehle | Sykomoren, Dumpalmen, Dattelpalmen, Mohnpflanzen, Wein |
| G | Sobekhotep, ein hoher Beamter in Theben | Thutmosis IV. 18. Dynastie TT 63 | rechteckiges Wasserbecken mit fester Ufereinfassung; Grabherr und Familie; 2 Personen trinken Wasser | Sykomoren, Dumpalmen, Dattelpalmen, Lotuspflanzen, Granatapfel? |
| H | Userhat, ein Hohepriester des königlichen Ka | ramessidisch 19. Dynastie TT 51 | der Grabherr sitzt mit seiner Gemahlin in einer Weinlaube vor einem Teich | Wein |
| I | Hatiai, ein Hohepriester | ramessidisch 19. Dynastie TT 324 | Grabherr und Gemahlin sitzen an einem rechteckigen Wasserbecken; er angelt | Mandragora, Mohn? |
| J | Ineni, der Aufseher über die Getreidespeicher | Amenophis I. – Thutmosis III. 18. Dynastie TT 81 | der Grabherr in der Laube, eine Person verneigt sich vor dem Wasserbecken; Wohnhaus, Getreidespeicher; Mauer mit wellenförmigem Abschluss, 2 Türen | Sykomoren, Dumpalmen, Lotuspflanzen, Blumen |
| K | Nebamun, ein hoher Beamter | Thutmosis IV./ Amenophis III. 18. Dynastie TT 90 | Garten mit T-förmigem Wasserbecken; Weinlaube, kleine Kapelle; 2 Personen bringen Opfer (?) dar | Sykomoren, Wein |
| L | Djehuti-nefer, ein hoher Beamter | Amenophis II. 18. Dynastie TT 80 | Garten mit Weinlaube und Weinkrügen, 2 Personen tragen Gefäße und Truhen, Wohnhaus mit Tür | Sykomoren, Dumpalmen, Dattelpalmen, Blumen |
| M | Grab eines Vorstehers der Landarbeiter | Amenophis III. 18. Dynastie TT 334 | Grabherr mit Wohnhaus; Garten mit Wasserbecken und Kapelle mit Hof | Sykomoren |
| N | Merire I., ein hoher Priester des Aton in Amarna | Amenophis IV. 18. Dynastie Amarna/ Nordfriedhof Nr. 4 | Garten mit Pylonen, T-förmigem Wasserbecken und Kapelle mit Säulen; Opfergabenständer | Sykomoren, Palmen |
| O | Nacht, ein hoher Beamter | Thutmosis IV. 18. Dynastie TT 52 | Garten mit Wasserbecken; Thron mit Osiris und Maat; Wohnhaus; Grabherr mit Gemahlin in anbetender Haltung | Sykomoren, Dattelpalmen |
| P | Sennefer, Bürgermeister von Theben | Amenophis II. 18. Dynastie TT 96 | große Anlage mit 4 Wasserbecken, Weingarten, Pylon, großem Gartenhaus, 2 Lauben, Mauer mit Zinnen | Sykomoren, Dattelpalmen, Dumpalmen, Lotus |

*Tab. 1.: Sechzehn Darstellungen von Gärten und deren Ausstattung in Gräbern des Neuen Reiches.*

## Die Gärten und ihre Architektur

Aber es gab auch Ausnahmen. Nur der Garten des Merire I. (N) wird durch einen Pylon betreten. Ihm folgt im Innern des Gartens noch ein zweiter repräsentativer Durchgang. Auch der Garten des Sennefer (P) besitzt ein großes Eingangsbauwerk. Bei dem Garten des Ineni (J) sind zwei Türen deutlich erkennbar. Sie führten aber wohl in den Wirtschaftsbereich des Hauses.

Die Umfassungsmauern besitzen in der Regel einen geraden oberen Abschluss. Auch hier sind zwei Ausnahmen erkennbar; bei Ineni (J) ist der Abschluss wellenförmig gestaltet, bei Sennefer (P) ist die Mauer mit halbkreisförmigen Zinnen geschmückt.

Im Zentrum fast aller Gärten befindet sich ein Wasserbecken. Dreizehn der 16 aufgezeigten Gärten besitzen ein rechteckiges Wasserbecken. Nur zwei Gärten (K, N) weisen ein T-förmiges Wasserbecken auf. Zumeist sind sie mit einer Einfassung versehen. Häufig ist eine zum Wasser hin fallende schräge Böschung erkennbar. Sie kann mit Blumen (C), kleinen Bäumen (E) oder Mandragora (I) bepflanzt sein. Eine zum Wasser führende Treppe kann man bei zwei Gärten erkennen (B, I). Auf der Wasserfläche sind Wasservögel (A, C, E, F, G, I, P), Fische (A, C, F, G, I) und Lotuspflanzen (A, B, C, F, G, I, J, P) dargestellt.

Bei zwei Grabdarstellungen schwimmen auf dem Wasser Barken, die das Sargschiff des Osiris, die Neschmet-Barke, zeigen (B, E). Es sind Papyrusnachen mit nach oben gerichteten Vorder- und Achterstaven, deren Enden als große Papyrusblüten gestaltet sind.[5] Steuerruder sind erkennbar, zwei Personen begleiten das Schiff; in einem Fall (E) wird es von sechs Personen und unter Aufsicht zu einer Kapelle gezogen.

*Abb. 268: Garten des Puyemre (A). Umzeichnung einer Darstellung im Grab des Puyemre in Theben-West (TT 39).*

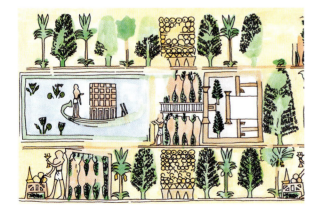

*Abb. 269: Garten des Minnacht (B). Umzeichnung einer Darstellung im Grab des Minnacht in Theben-West (TT 87). Ausschnitt.*

*Abb. 270: Garten des Nebamun (C). Umzeichnung einer Darstellung aus dem Grab des Nebamun in Theben-West (TT 146).*

**Gärten in der Stadt**

*Abb. 271: Garten des Amenemheb (D). Umzeichnung einer Darstellung im Grab des Amenemheb in Theben-West (TT 85).*

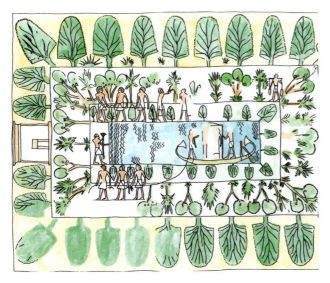

*Abb. 272: Garten des Rechmire (E). Umzeichnung einer Darstellung im Grab des Rechmire in Theben-West (TT 100). Ausschnitt.*

Kapellen sind in mehreren Gartendarstellungen zu finden: Im Grab des Minnacht (B) und in dem anonymen Grab des Vorstehers der Landarbeiter TT 334 (M) handelt es sich um kleine ummauerte Höfe, bei denen – dem Eingang gegenüber – drei kleine Räume angeordnet sind. Jeweils der mittlere Raum ist größer gestaltet als die Räume an den Seiten. In den Höfen stehen Sykomoren; in einem der Höfe vier (M), in dem anderen (B) sind es nur zwei. Aber es gibt auch einzeln stehende Kapellen, deren Außenmauern mit einer Hohlkehle abgeschlossen werden (F, K). Türrahmungen (E) sind sichtbar und solche mit Inschriften (K) werden deutlich.

Weinlauben sind ein beliebtes Gartenmotiv (B, K, L). Eine Weinlaube rahmt ein Wasserbecken sogar von drei Seiten ein (F). Weinkrüge stehen in einer Weinlaube, behängt mit Ranken; Weinkrüge und Hocker (Kisten?) werden herbeigebracht (L). Die horizontalen Hölzer der Weinlaube werden von schlanken Säulen mit Kapitellen getragen (L).

207

## Die Gärten und ihre Architektur

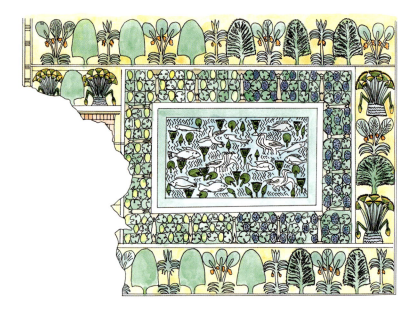

< Abb. 273:
Garten des Kenamun (F). Umzeichnung einer Darstellung im Grab des Kenamun in Theben-West (TT 93).

Abb. 277 >:
Garten des Ineni (J). Umzeichnung einer Darstellung im Grab des Ineni in Theben-West (TT 81).

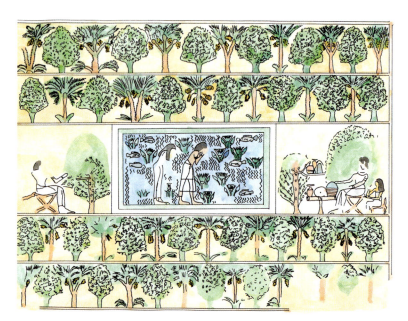

< Abb. 274:
Garten des Sobekhotep (G). Umzeichnung einer Darstellung im Grab des Sobekhotep in Theben-West (TT 63).

Abb. 276, unten:
Garten des Hatiai (I); der Grabherr und seine Ehefrau beim Angeln im Gartenteich. Umzeichnung einer Darstellung im Grab des Hatiai in Theben-West (TT 324).

< Abb. 275:
Grabherr und seine Frau unter einer Weinpergola an einem Gartenteich (H). Umzeichnung einer Darstellung im Grab des Userhat in Theben-West (TT 51).

## Gärten in der Stadt

In einigen Gräbern ist der Grabherr in seinem Garten dargestellt (B, E, G, H, I, J, K, L, M, N), sitzend auf einem Hocker, neben ihm seine Gemahlin (H, I), mit Blumen in der Hand (K), einen Stabstrauß tragend (E), einen langen Stock in der Hand haltend (M) oder an einer Lotusblume riechend (J). Aber auch vor dem Wasserbecken sich verneigend sieht man ihn allein (J) oder mit seiner Gemahlin (G). Im Garten des Minnacht (B) werden nicht nur Weinlauben und Reihen von Weinkrügen, sondern auch Reihen von Körben mit Früchten und Tische mit Broten dargestellt.

Das wichtigste Element der Gärten sind die Bäume. Sykomoren finden sich in fast allen Gärten, Dum- und Dattelpalmen gehören ebenfalls zur Grundausstattung eines Gartens. In der Regel wechseln sich Dum- oder Dattelpalmen jeweils mit Sykomoren in Reihen ab. Aber auch Lattich und verschiedene Blumenarten, wie Mohn und Mandragora, werden in Reihen angelegt (F, G, I).

Insgesamt zeigen die Darstellungen der Gärten eine Kraft und Lebendigkeit, die hier nicht nur durch Bäume voller Früchte die Nützlichkeit eines Ortes zeigen, sondern ihn auch zum Ort der Erholung werden lassen.

*Abb. 278, oben: Garten des Nebamun (K). Umzeichnung einer Wandmalerei im Grab des Nebamun in Theben-West (TT 90).*

*Abb. 279: Domäne des Djehuti-nefer (L). Umzeichnung einer Darstellung im Grab des Djehuti-nefer in Theben-West (TT 80).*

## Die Gärten und ihre Architektur

*Abb. 280:*
*Hausgarten eines „Vorstehers der Landarbeiter" (M). Umzeichnung einer Darstellung im Grab TT 334 in Theben-West.*

*Abb. 283 >:*
*Garten des Sennefer (P). Umzeichnung einer heute weitgehend zerstörten Darstellung im Grab des Sennefer in Theben-West (TT 96).*

*Abb. 281: Garten des Merire I. (N). Umzeichnung einer Darstellung im Grab des Merire I. in Amarna.*

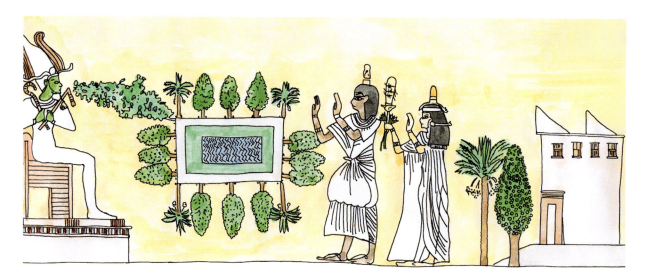

*Abb. 282: Garten des Nacht (O). Umzeichnung einer Darstellung im Papyrus des Nacht (British Museum London).*

# Gärten in der Stadt

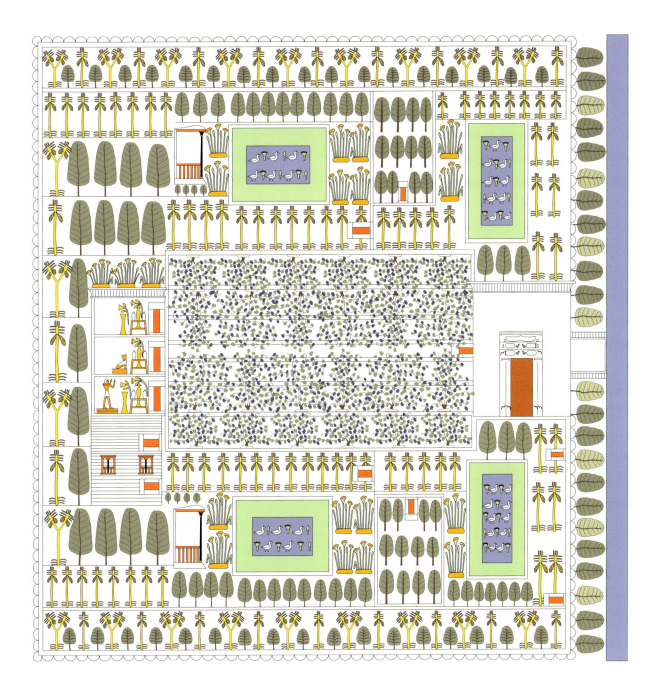

Er stellt damit einen übergeordneten Bezug zur Vegetation und zu seiner Verehrung her, einen Ort des Reichtums und der Fülle, aber auch des Rituals und des Kultes.

Wie sieht nun aber die Wirklichkeit aus? Welche Realität bieten die archäologischen Funde und Befunde?

Hier gibt es erhebliche Schwierigkeiten, weil die Gärten erst in den letzten Jahrzehnten in der archäologischen Bearbeitung interessant erschienen. Die Archäobotanik wird erst in Zukunft einen differenzierten Beitrag leisten können. Trotzdem kann ein Bild gezeichnet werden, das auf den archäologischen Funden aufbaut. Die Pläne beziehen durch die Aufnahme von Baumgruben und die Anlage von Kapellen die Gartenarchitektur ein und beschreiben so Räume, die differenziert den Alltag darstellen und Hinweise auf die Jenseitsvorstellungen bieten.

## Charakter von Haus und Garten in der Stadt Amarna

Amarnas Gärten liegen in einer Stadtstruktur, die am besten mit einer „offenen Bauweise" beschrieben werden kann. Die weite Landschaft bietet in Nilnähe ausreichend Flächen zur Besiedlung, sowohl im Norden als auch im Süden des Stadtzentrums. Einzig die Entfernung zum Nil ist es, die die Verbindung und Versorgung mit Wasser einschränkt.

In dieser Ebene liegen – Clustern gleich – Gruppen von Gebäuden, die aus einer Mischung von bescheidenen Hütten und mittelgroßen Häusern hin bis zu villenartigen Anlagen bestehen. Es sind Wohneinheiten, die aus den klimatischen Bedingungen heraus gemeinsame Züge besitzen, aber in ihrer Quantität und Qualität große Unterschiede sowie innerhalb dieser Gruppen eine weitere Differenzierung aufweisen. Die unterschiedlichen Größen der Häuser spiegeln eine Sozialstruktur der Gesellschaft wider, die sich gerade im Aufbau befindet.

Aus dem Bedürfnis nach sozialem und ökonomischem Schutz heraus gibt es einen inneren Zusammenhang in diesen Clustern. Dieser Zusammenhang kann durch die Verantwortung einzelner Persönlichkeiten erklärt werden, die für die Durchführung größerer Aufgaben oder für die Gewährleistung ihrer beruflichen Funktion, mit Getreide und anderen Gütern ausgestattet werden. Damit und mit dem von ihnen organisierten Bau von Wohngebäuden können sie eine größere Anzahl ihnen anvertrauter oder zugewiesener Personen versorgen.[6] Dadurch sind Siedlungen und ihre Teile (Cluster) immer in einem sozialen Zusammenhang zu sehen.

Die offene Bauweise bietet für die Gärten einen großen Gestaltungsspielraum. Aber es gab auch Begrenzungen. Durch das leicht ansteigende Gelände in Ufernähe verbot sich die Anlage von Häusern und Gärten in mehr als 800-1000 m Entfernung vom Nil. Die Erreichbarkeit des Wassers aus den begehbaren Brunnen einerseits und die Weite der unfruchtbaren Wüste andererseits setzten somit der Stadtentwicklung natürliche Grenzen.

Und das gilt erst recht für die Gärten mit ihrem relativ großen Wasserverbrauch. Die topografischen Gegebenheiten lassen also die Anlage von künstlich angelegten Gärten nur in diesem begrenzten Streifen – parallel zum Nil – zu. Baumgruben und Wasser haltende Schichten für die Anlage von Wasserbecken sind also eine wichtige Voraussetzung für die Schaffung eines Gartens in der Stadt. Nur in den tiefer gelegenen Teilen der Stadt und in der Nähe des Nils war eine natürliche Versorgung aus dem Grundwasser gewährleistet.

Diese Situation stand im Gegensatz zu den günstigen Anbaubedingungen am Westufer des Nils, wo der Gemüseanbau (für eine kontinuierliche Grundversorgung) in der weiten Ebene leicht zu bewerkstelligen und die Versorgung mit Wasser durch den Josephs-Kanal ganzjährig möglich war. So konnten es wohl kaum wirtschaftliche Aspekte sein, die die Anlage von künstlich angelegten Gärten förderten. Aber natürlich gab es auch praktische Gesichtspunkte, die man gern berücksichtigte: Im Schatten der hohen Bäume sich aufzuhalten, an Datteln und Weintrauben sich zu laben, die Kühle des Wassers zu genießen, den Duft der Blumen einzuatmen, Wasservögel und Fische zu beobachten; alles das gab den Gärten einen vielgestaltigen Reiz.

Dazu kommen ästhetische Aspekte wie die Farben der Blumen, die Anordnung der Wege, der Bau von Kapellen und kleinen Lauben sowie die Reihen von Bäumen. Nicht zuletzt waren es kultische Bezüge, die dem Eigentümer und der ihm anvertrauten Gemeinschaft ein Identitätsgefühl gaben, das weit über den Alltag hinausreichte.

## 57 Gärten in Amarna

Gärten sind in allen Teilen der Stadt zu finden. Sie geben uns Auskunft über ihre private und öffentliche Nutzung, über die Individualität der Besitzer, über die soziale Zugehörigkeit der Nutzer und des Umfelds sowie über die ästhetischen Vorstellungen ihrer Erbauer. Damit werden die Gartendarstellungen in den Gräbern – dort standen sie als Vorsorge für die jenseitige Welt – auf ihre Realität hin überprüft. Gleichzeitig wird dadurch auch die praktische Funktion der Gärten erkennbar. Inwieweit waren sie auch ein Ort des Rückzugs für den Besitzer, ein Raum für Erholung, Besinnung und Reflexion und auch des Kultes? Können sie dann auch zur Projektion auf eine jenseitige Welt werden? Die Verbindung von Diesseits und Jenseits formuliert der Besitzer eines Gartens mit den Worten, dass er sich nach seinem Tode wünscht „seinen nach Westen gelegenen Garten zu durchschreiten, sich unter seinen Sykomoren zu kühlen und seine schönen Baumpflanzungen zu betrachten, die er anlegte, als er noch auf Erden war."[7]

Nachfolgend werden 57 Gärten vorgestellt, die nach Stadtgebieten geordnet, einen Blick in die ägyptische Stadtgesellschaft erlauben, aber auch eine Differenzierung der einzelnen Stadtgebiete möglich machen. Daher sollen nicht nur einzelne Gärten beschrieben werden, sondern sie sollen in ihrem sozialen Kontext gesehen werden: Die Größe des Hauses, die Tätigkeit des Besitzers und seine ökonomische Potenz sollen hinterfragt werden. Erst so ist es möglich, den Garten in seinem sozialen Bezug zu erkennen.

### *Die Gärten in der Nordstadt*
*(Wohngebiet I)*

Die Nordstadt[8] liegt in unmittelbarer Nähe des „North Riverside Palace". Das Stadtgebiet, das offenbar im Zusammenhang mit dem großen Palast entstanden ist, zählt 77 Häuser. Die Bewohner von acht Häusern – besser als große Villen zu bezeichnen – sind der Oberschicht zuzurechnen. Nur die großen Häuser lassen Gartenanlagen erkennen.

In diesem Teil der Stadt Amarna liegt das größte Haus (Nr. 1, U 25.11). Mit 1077 m² Bruttofläche und 30 Räumen zeugt es von ungewöhnlichem Reichtum. Zudem befinden sich zehn Nebenwohnungen von Abhängigen in der Anlage (U 25.12a-k), zahlreiche Höfe und natürlich mehrere Gärten.

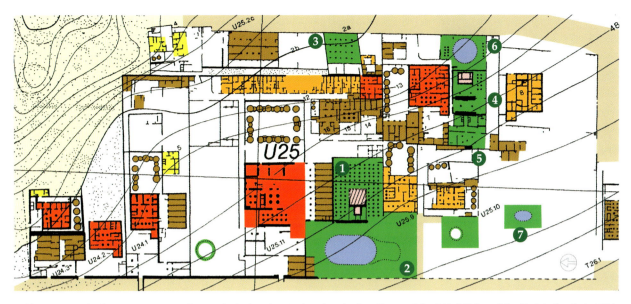

Abb. 284: Stadtplan von Amarna (Ausschnitt). Die Nordstadt mit den Gärten Nr. 1-7 (Wohngebiet I). Maßstab 1:1500. Legende: Häuser der Oberschicht (rot), Mittelschicht (orange) und Unterschicht (gelb), Wirtschafts- und Verwaltungsgebäude (braun), Gärten (grün).

Von der Bedeutung des Eigentümers zeugen auch die 18 Getreidespeicher. Bei einem Volumen von 930 m³ Getreide konnten damit 150 Familien oder etwa 1000 Personen für ein Jahr versorgt werden.

Wie sahen nun die Gärten der Villenbesitzer aus?

Der zentrale Garten der großen Anlage (1; Abb. 284, 285) hatte eine Fläche von 884 m². Der Eingang an der Westseite wird durch einen 24 m breiten Pylon betont. Das Tor in seiner Mitte führt in einen gepflasterten Hof. Nur wenige Meter hinter dem Durchgang liegt die Rampe oder kleine Treppe, die in eine Kapelle mit 90 m² Fläche führt. Nördlich und südlich der Kapelle findet man jeweils drei Baumreihen, die regelmäßig und in einem Abstand von 2,50 m angepflanzt wurden. Auch hinter der Kapelle, also an der Ostseite, standen Bäume. Insgesamt wurden in diesem Garten 108 Bäume gepflanzt. Wenn sie über Jahre gepflegt und bewässert werden, bilden sie ein dichtes Blätterdach um die Kapelle herum. Bemerkenswert sind zwei Bewässerungsgräben, die von Norden nach Süden führend hinter der Kapelle liegen.[9]

Ein zweiter zu diesem Hause gehörender Garten (2) mit einer Fläche von 1218 m² besitzt einen völlig anderen Charakter. Er liegt westlich des erstgenannten und ist durch einen länglichen See mit abgerundeten Enden charakterisiert. Dieser hat eine Längsausdehnung von 28 m und 15 m Breite, also etwa 330 m² Fläche. Offensichtlich handelt es sich hier um einen Empfangsgarten, der dem zentralen Garten mit seinem Eingangspylon vorgelagert ist. Die Besucher sollten hier eingestimmt oder vorbereitet werden, bevor sie die hinter dem Pylon liegende Kapelle betraten. Die beiden Gärten dienten

| Lfd. Nr. | Haus-Nr. | Objekt-Nr. | Eigentümer/Haustyp/ Fläche des Hauses [m²] | Gartengröße [m²] | Ausstattung | Art des Gartens |
|---|---|---|---|---|---|---|
| 1 | 1184 | U 25.11 | Oberschicht / 3e / 1077 | 884 | Pylon, Kapelle, 108 Bäume | Kultgarten |
| 2 | 1184 | U 25.11 | Oberschicht / 3e / 1077 | 1218 | See mit ca. 330 m² Fläche | Lustgarten? |
| 3 | 1184 | U 25.11 | Oberschicht / 3e / 1077 | 290 | 20 Pfeilerfundamente | Weingarten? |
| 4 | 1181 | U 25.7 | Oberschicht / 3e / 575 | 750 | 2 Pylone, Kapelle, 12 Bäume | Kultgarten |
| 5 | 1181 | U 25.7 | Oberschicht / 3e / 575 | 400 | kleine Mauern, 9 Bäume, Portale | Vorgarten |
| 6 | 1181 | U 25.7 | Oberschicht / 3e / 575 | 550 | kleiner Teich mit 133 m², 13 Bäume | Lustgarten |
| 7 | 1249 | U 25.10 | Oberschicht / 3e / 191 | ? | kleiner Teich, eventuell Brunnen | Lustgarten? |

Tab. 2: Parameter der sieben Gärten in der Nordstadt (Wohngebiet I). Die Angabe des Haustyps (hier 3e) lässt die Zuordnung der Hausbesitzer zur Oberschicht erkennen.

## Die Gärten und ihre Architektur

Abb. 285: Kultgarten (1) im Gehöft U 25.11. Hinter einem Weiher liegt der breite Pylon, der den Eingang zum Garten fasst. Dahinter befindet sich der Kultgarten mit einer größeren Kapelle umgeben von einem Hain mit Bäumen. Rekonstruktionszeichnung.

Abb. 286: Kleiner Lustgarten (6) im Gehöft U 25.7. Der kleine kreisrunde Weiher ist von Baumreihen umstanden. Rekonstruktionszeichnung.

## Gärten in der Stadt

unterschiedlichen Funktionen: hier ein ästhetisches Bedürfnis, dort der kultische Zweck. Sie stellen aber wohl eine Einheit dar, um so insgesamt ein Bedürfnis nach Repräsentation zu befriedigen.

Und offenbar gab es noch einen dritten Garten (3), der zu dieser Wohnanlage gehörte. Er liegt weiter östlich, hinter der Umfassungsmauer des Grundstücks. Wahrscheinlich wurde er später angelegt, denn er gehört zu den Wirtschaftsanlagen, die sich an der östlichen Mauer des Anwesens entwickelten. Die hier nachgewiesenen regelmäßig angelegten Pfeilerfundamente mit ca. 3 m Abstand legen die Vermutung nahe, dass es sich hier um einen Weingarten handelte. Die 20 kleinen Fundamente nehmen nur die Last von Holzstützen auf und geben in dem fast 300 m² großen Garten 40 bis 80 Weinstöcken Platz.

Bemerkenswerte Gärten (4-6) besitzt auch das zweitgrößte Haus (U 25.7) in diesem Stadtteil. Als Mitglied der Oberschicht ließ der Besitzer ein Wohnhaus mit 575 m² Bruttofläche errichten, das 25 Räume besitzt; davon sieben mit Säulen versehen. Es gab auch hier Getreidespeicher, die bei einem Volumen von 248 m³ etwa 50 Familien oder 350 Personen mit Brotgetreide versorgen konnten.

Mindestens zwei Gärten konnte der Hausherr sein eigen nennen, ja eigentlich ist es ein ganzer Komplex von Höfen, Gärten und Vorgärten: Ein Kultgarten, südlich des Hauses gelegen, ist mit zwei Pylonen und einer Kapelle versehen (4), und ein kleiner Lustgarten mit einem kreisrunden kleinen Weiher (6), umstanden mit Reihen von Bäumen, liegt an der Ostseite des zentral liegenden Kultgartens. Dazu gibt es eine Reihe von Höfen, Gängen und Vorgärten (5), die die Raumfolge für den Besucher zu einem beeindruckenden Erlebnis machten (Abb. 286, 287).

Der eigentliche Haupteingang liegt in der Südostecke des Grundstücks. Ein Pförtner überwachte die fest gerahmte Eingangspforte. Hier betraten die Besucher den Gartenkomplex und traten dann in einen langen schmalen Hof, der 13 m in der Breite und 53 m in der Länge maß. Nahe des Eingangs lag die weite Öffnung zu dem freundlichen Lustgarten mit seinem kreisrunden Becken und den Reihen von Bäumen im Norden und im Süden (6). Insgesamt 13 Baumgruben ließen sich hier nachweisen. Das Wasserbecken mit einem Durchmesser von 13 m und somit 133 m² Fläche trägt zur Kühle unter den Schatten spendenden Bäumen bei.

Am Ende des langen Hofes an der Südseite (rechts) befand sich der Zugang zu den weiteren Gartenteilen. Zunächst gelangte man in einen Vorhof, der den Charakter eines Warteraumes hatte (5). Hier gibt es einige Bäume, die den Wartenden Schatten boten. Über einen kleinen Zwischengang kann der Besucher dann in den eigentlichen Kultgarten gelangen (4). Über einen seitlichen Zugang können aber auch die Bewohner des Hauses den Kultgarten betreten.

*Abb. 287:*
*Gärten 4 und 5 im Gehöft U 25.7. Im Vordergrund ein Sammelplatz für die Kultgemeinde, die von rechts durch einen langen Gang kommt. Hinter einem Tor gibt es einen weiteren Vorhof, den der Haus- und Gartenbesitzer von seinem Wohnhaus (links) erreicht. Gemeinsam betritt man den sakralen Vorhof mit vier Sykomoren, durchschreitet den ersten Pylon, gelangt in einen weiteren Garten mit zwei Sykomoren und kommt dann erst in den Kultgarten mit der Kapelle. Rekonstruktionszeichnung.*

## Die Gärten und ihre Architektur

Der 750 m² große Kultgarten – er sei wegen der Kapelle so genannt – zeichnet sich von allen anderen Gärten dadurch aus, dass er zwei hintereinander liegende Pylone besitzt. Erst nach Durchschreiten dieser beiden Tore gelangt man in den Garten und sieht sich direkt dem Sanktuar gegenüber. Es ist zweifellos ein sakrales Element, das hier den Zielpunkt bildet. Das mehr als 50 m² große Gebäude, offenbar mit einer Säulenreihe und einer Treppe versehen, führte in das eigentliche Sanktuar. Im südlichen Teil dieses kleinen Gartens gibt es zwei Baumreihen mit je fünf Bäumen, die in ihrem Schatten Erholung bieten. Die Gärten dieses Grundstücks bieten die ganze Palette von Nutzungsmöglichkeiten eines Gartens und zeigen gleichzeitig, in welcher Weise ihre Anlage mit der sozialen Struktur ihrer Nutzer verbunden ist.

Bei einem dritten Haus (U 25.10) lassen sich nur zwei Vertiefungen feststellen: Eine kreisrunde lässt einen kleinen Brunnen erwarten; das kleine südlich des Hauses gelegene ovale Becken darf als ein Gartenteich angesehen werden (7).

Zusammenfassend kann man für die Nordstadt feststellen, dass es hier mindestens zwei große palastähnliche Anlagen gibt, die jeweils drei Gärten mit unterschiedlicher Funktion erkennen lassen. Die Eigentümer der reich ausgestatteten Häuser konnten sich einer differenzierten Nutzung der Gärten erfreuen.

### *Die Gärten in der Nördlichen Vorstadt (Wohngebiete II und III)*

In der Nördlichen Vorstadt (*North Suburb*) verteilen sich die Gärten über die ganze Siedlungsfläche. Die Vorstadt selbst besitzt eine bemerkenswerte Ausdehnung: ca. 900 m in Nord-Süd-Richtung und mehr als 600 m in Ost-West-Richtung. Die heutige Ruinenfläche wird durch neuere Bauten in eine kleinere nördliche und eine größere südliche Fläche geteilt. Unsere Recherche ergab, dass sich sechs Gärten im nördlichen Teil und 13 Gärten im südlichen Teil befanden.

Die Trennung in zwei Gebiete, die durch moderne Bebauung besonders deutlich wird, ist wohl kein Zufall. Der südlich der neuen Bebauung liegende Kanal, der bei den seltenen, aber plötzlich einsetzenden Regenfällen große Wassermassen aufnehmen kann, nimmt offenbar ein altes Wadi auf, das in diesem Stadtbereich immer wieder große Schäden angerichtet hatte. Anscheinend gab es hier schon in der Amarnazeit eine Trennung in zwei Gebiete. Naheliegend ist, dass der südliche Teil älter ist, also mit der Stadtentstehung enger verbunden ist, während der nördliche Teil dieses Stadtteils – weiter entfernt vom Stadtzentrum gelegen – später angelegt wurde. Das wird auch an der unterschiedlichen Struktur und Dichte dieser beiden Gebiete deutlich.

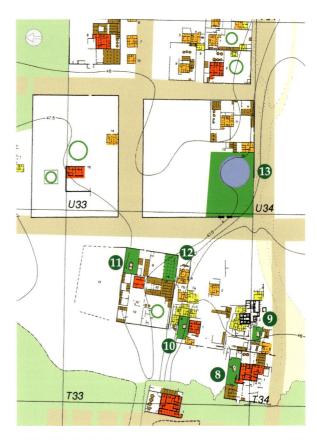

*Abb. 288: Stadtplan von Amarna (Ausschnitt). Nördlicher Teil der Nördlichen Vorstadt (Wohngebiet II). Maßstab 1:3000.*

### *Der nördliche Teil der Nördlichen Vorstadt (Wohngebiet II)*

Der nördliche Teil dieses Gebietes – nur ca. 200 × 400 m groß – weist eine große Differenzierung der Gebäude und Gehöfte und damit vermutlich auch eine große Tiefe in der Sozialstruktur auf (Abb. 288, Tab. 3). Im Westen dieses Stadtteils lag das Haus des „Vorstehers der Arbeiten" Hatiai, nahe am Fruchtland des Nils. Sein Garten (8) lag nördlich des Wohnhauses. Das Haus hatte – und das war ungewöhnlich – zwei repräsentative Eingänge: Der eine ermöglichte den direkten Zugang vom Garten, der zweite wird den von der Straße kommenden Besuchern gedient haben. Der Garten hat nur eine Fläche von knapp 300 m². Die kleine Kapelle lag nur wenige Meter von einer der Eingangstüren entfernt. Zu der Kapelle führte eine kleine Treppe; rechts und links davon standen jeweils zwei Bäume.

Östlich von diesem Anwesen liegt ein weiterer Garten (9), der mit der Hausbezeichnung T 34.2 verbunden ist. Der kleine Garten von mehr als 140 m² lässt sich schwer zuordnen, da spätere Baustrukturen die ursprüngliche Anlage zerstört haben. Sicher ist nur, dass Gebäudereste für ein kleines Heiligtum sprechen.

## Gärten in der Stadt

| Lfd. Nr. | Haus-Nr. | Objekt-Nr. | Eigentümer/Haustyp/ Fläche des Hauses [m²] | Gartengröße [m²] | Ausstattung | Art des Gartens |
|---|---|---|---|---|---|---|
| 8 | 817 | T 34.1/4 | Oberschicht / 3e / 455 | ca. 293 | 4 Baumgruben, Kapelle | Kultgarten |
| 9 | 818 | T 34.2 | Mittelschicht / 2e? / > 155 | > 140 | Kapelle | Kultgarten |
| 10 | 830 | T 33.1 | Oberschicht / 3e / 193 | 290 | Kapelle | Kultgarten |
| 11 | 842 | T 33.9-12 | Oberschicht / 3d? / 153 | ca. 440 | Kapelle, Brunnen im Gehöft | Kultgarten |
| 12 | 842 | T 33.9-12 | Oberschicht / 3d? / 153 | ca. 570 | Baumgruben, Pfeiler | Weingarten |
| 13 | 859 | T 33.4 | Oberschicht / - / - | ca. 4000 | Brunnen, Pylon | Kultgarten? |

*Tab. 3: Parameter der sechs Gärten in der Nördlichen Vorstadt, nördlicher Teil (Wohngebiet II). Die Angabe des Haustyps (3e oder 3d) lässt die Zuordnung der Hausbesitzer zur Oberschicht erkennen; 2e bedeutet Mittelschicht. Einer der Hausbesitzer war der „Vorsteher der Arbeiten" Hatiai (8).*

Ein weiterer kleiner Garten (10) wird dem Haus T 33.1 zugerechnet. Obwohl der Besitzer der Oberschicht angehörte, erreichte sein Haus nicht die durchschnittliche Größe seiner Klasse. Der Garten von 290 m² Fläche ist in der üblichen Weise mit einem Sanktuar in der Mitte ausgestattet.

Nordöstlich dieses Anwesens liegt ein weiteres Gehöft (T 33.9-12, eventuell sogar 13) mit zwei Gärten (11, 12). Neben den zahlreichen Magazinen, Speicher- und Wirtschaftsanlagen gibt es einen Brunnen, einen Garten von etwa 440 m² Größe mit Kapelle und einen Garten von ca. 570 m² Fläche mit Baumgruben und Pfeilern (Abb. 289). Letzterer spricht für eine Nutzung als Weingarten. Es handelt sich hier um einen Eigentümer, der sein Grundstück voll ausnutzte, sich selbst nur ein kleines Haus gönnte, aber vielleicht im Begriff war, das Nachbargrundstück (T 33.13) in seinen Besitz zu überführen. Vielleicht war es einer jener Emporkömmlinge, die aus der Mittelschicht oder Unterschicht stammten und durch König Echnaton in eine gehobene Position mit großem wirtschaftlichen Einfluss gelangten. Beide Gärten entsprechen der üblichen Konzeption: Der Kultgarten (11) besitzt in seinem westlichen Teil die kleine Kapelle; der Weingarten (12) hat mindestens 27 Pfeiler, die 50 bis 100 Weinstöcken Platz bieten.

Im Zentrum dieses Stadtteils liegen zwei große von Mauern eingefasste Gehöfte, die genau nach der Himmelsrichtung orientiert sind. Sie zeugen damit von einer gewissen Planmäßigkeit in der Anlage.

U 33.14/15 weist eine Fläche von ca. 11600 m² (175 × 240 Ellen) auf; U 33.11/12/13 nimmt sogar eine Fläche von 14750 m² (223 × 240 Ellen) ein. Das erstgenannte Objekt weist nur ein unvollendetes Gebäude der Oberschicht auf, verfügt aber über einen Brunnen. Bei dieser Grundstücksgröße ist eine Ausgestaltung ohne Garten kaum vorstellbar.

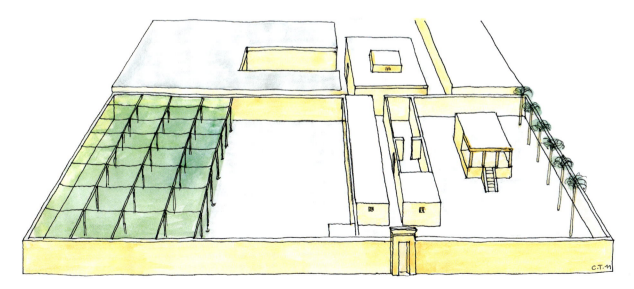

*Abb. 289: Gehöft T 33.9-12 mit seinen beiden Gärten (11, 12). Der Kultgarten mit Kapelle hat 440 m² Fläche; der Weingarten besitzt eine Größe von 570 m². Rekonstruktionszeichnung.*

Die Gärten und ihre Architektur

Die zweite Anlage lässt durch einen großen Pylon erkennen, dass es hier einen Garten (13) mit beträchtlichen Ausmaßen gab. Nimmt man die Achse als typischen Bezugspunkt einer Gartenanlage, so hatte er annähernd 4000 m² Fläche. Doch innerhalb der Mauern findet sich kein großes Wohnhaus, das den Eigentümer als Angehörigen der Oberschicht erkennen lässt. Es sind nur zwei Wohngebäude vorhanden, deren Bewohner der Mittelschicht zugerechnet werden müssen. Das Grundstück liegt an der Nord-Süd-Hauptachse der Stadt – und hier liegen die Gebäudeeinheiten, die neben dem repräsentativen Pylon zum Garten auch einen großen Eingang zum Gehöft zeigen. Offenbar kam es hier – durch die kurze Lebensdauer der Stadt – nicht mehr zum Bau des Haupthauses. Für die große Bedeutung des Eigentümers spricht die ausgezeichnete Lage des Grundstücks zwischen den beiden Hauptstraßen, die sich von Norden nach Süden, parallel zum Nil hin erstrecken.

Eine kleine Gruppe von fünf Häusern der Mittelschicht und einem Haus der Oberschicht liegt im Osten, am Rande der Wüste. Hier lassen sich keine Gärten, jedoch zwei Brunnen erkennen.

Allgemein kann festgestellt werden, dass einige Hauseigentümer (8-11) – offenbar bewusst – ihren Garten an die Nordseite des Hauses legten. Die Begründung ist einfach: Der zumeist von Nord nach Süd wehende Wind brachte in die Häuser Frische und Kühlung. Insgesamt muss man hier feststellen, dass es sich um ein sozial gemischtes Wohngebiet handelt, das aus den späteren Jahren der Amarnazeit stammte. Die Unterschicht war nur schwach vertreten. Die größere Entfernung zum Stadtzentrum führte dazu, dass sich hier eine Bevölkerung aus dem oberen Bereich der ägyptischen Gesellschaft angesiedelt hat. Zwei der Anlagen besitzen wieder beeindruckende Gärten mit 1000 m² bzw. 4000 m² Größe, drei weitere sind in einem mittleren Bereich von durchschnittlich 300 m² anzusiedeln.

*Der südliche Teil der Nördlichen Vorstadt (Wohngebiet III)*

Anders sieht es im südlichen Teil der Nördlichen Vorstadt aus. Hier finden sich dicht besiedelte Gebiete in der Nähe des Nils, Gebiete mit lockerer, aber auch dichter Bebauung in der Mitte und wiederum Häuser der Mittelschicht und wenige große Häuser am Wüstenrand (Abb. 290).

Diese drei Gebiete werden durch breite „Straßen", die das Wohngebiet von Norden nach Süden durchziehen, getrennt: Zur Wüste hin ist es die *East Road North*, zum Nil hin ist es die *West Road North*.

In diesem Teil der Stadt befindet sich das größte Wohngebiet nördlich des Stadtzentrums. Ein Blick auf den Plan lässt erkennen, dass es ein Nebeneinander aller Schichten gab. Auch dieses Wohngebiet lässt sich in drei Bereiche teilen. Östlich der *East Road North* liegen größere Anwesen, wobei die beiden Gärten der Mittelschicht zuzurechnen sind. Der Mittelteil des Stadtgebiets – er liegt zwischen der *East Road North* und der *West Road North* – lässt ein intensives Nebeneinander aller Schichten der Be-

| Lfd. Nr. | Haus-Nr. | Objekt-Nr. | Eigentümer/Haustyp/ Fläche des Hauses [m²] | Gartengröße [m²] | Ausstattung | Art des Gartens |
|---|---|---|---|---|---|---|
| 14 | 543 | V 37.6 | Mittelschicht / 2e / 118 | 83 | 4 + x Baumgruben, Kiosk | Kultgarten |
| 15 | 549 | U 37.1-3 | Mittelschicht / 2e / 145 | ca. 500? | 2 oder 3 Kioske | Kultgarten |
| 16 | 613 | U 36.15 | Oberschicht / 3e / 290 | > 120? | Kapelle, Portal | Kultgarten |
| 17 | 637 | T 36.11 | Oberschicht / 3e / 564 | ca. 1148 | Kapelle, Pylon? | Kultgarten |
| 18 | 640 | U 36.54 | Oberschicht / 3e / 383 | ca. 386 | Kapelle, Pylon? | Kultgarten |
| 19 | 703 | T 35.9 | Oberschicht / 3d / 261 | 280 | Kapelle | Kultgarten |
| 20 | 705b? | T 35.12 | Oberschicht (Teil von T 35.11?) | ca. 119 | Kapelle mit kleinen Nebenbauten | Kultgarten? |
| 21 | 718 | T 36.36(37) | Oberschicht / 3e / 274 | 152 | Baumgruben, Kapelle, Pylon | Kultgarten |
| 22 | 718b | T 36.39 | Oberschicht / 3e / 274 | 200 | 14 Baumgruben | Baumgarten |
| 23 | 722 | T 35.18/19 | Mittelschicht / 2e / 277 | > 80 | Kapelle | Kultgarten |
| 24 | 723 | T 35.20-23 | Mittelschicht / 2e / 325 | > 101 | Baumgruben, Kapelle, Pylon | Kultgarten |
| 25 | 730 | T 36.21 | Mittelschicht / 2e / 187 | > 42 | Reste einer Kapelle? | Kultgarten? |
| 26 | 731 | T 36.5 | Oberschicht / 3e / 207 | 361? | Kapelle, Pylon | Kultgarten |

*Tab. 4: Parameter von 13 Gärten in der Nördlichen Vorstadt, südlicher Teil (Wohngebiet III), mit der sozialen Zuordnung der Eigentümer.*

völkerung erkennen. Die drei Gärten gehören Eigentümern der Oberschicht. Der westliche Teil dieses Stadtteils besitzt eine überaus dichte Bebauung. Hier leben alle Schichten der Bevölkerung eng beieinander. Das spiegelt sich auch in der Anzahl von acht Gärten, zumeist mit geringer Fläche, wider.

Die 13 Gärten bieten folgendes Bild (Tab. 4): Die Unterschicht war nicht im Besitz eines Gartens. Fünf Gärten sind der Mittelschicht zuzurechnen – sie besitzen eine Größe von 42-101 m²; nur einer verfügt über 500 m² Gartenfläche. Die durchschnittliche Größe liegt bei 161 m²; nimmt man jedoch die beiden extremen Werte (Größe der Gärten) heraus, so ergibt sich für die drei Gärten der Mittelschicht eine mittlere Größe von 88 m². Die Oberschicht hat acht Gärten mit einer Größe von 48-1148 m²; im Mittel sind das 327 m²; nimmt man auch hier die beiden extremen Werte heraus, so ergibt sich für die restlichen sechs Gärten eine Größe von 236 m². Bemerkenswert ist, dass es hier sogar bei der Mittelschicht – in kleinem Maß – Gärten gab, und bei der Oberschicht die Gärten von einem gewissen Wohlstand zeugen. Hier ging es aber offenbar weniger um Erholung, Entspannung und ästhetisches Empfinden, sondern um den Zusammenschluss einer Gemeinschaft, die in gemeinsamen Kultbauten ihren Ausdruck findet. Schatten spendende Bäume und Pflanzen, die die Naturverbundenheit und die Verbindung zur Jahreszeit und zum Kalender herstellten, spielten wohl nur eine geringere Rolle. Blumenschmuck, Stabsträuße, Kränze und Girlanden werden Teil der Kulthandlungen gewesen sein; sie lassen sich natürlich nicht mehr nachweisen. Die zumeist kleinen Garten- oder Kultanlagen boten auch wenig Fläche, um einer Gemeinschaft Erholung und Entspannung zu bieten.

Die Ausstattung der Gärten führt hier nicht zu neuen Erkenntnissen. Nur selten werden alle Elemente eines Gartens erkennbar. Zumeist ist es nur das kleine Heiligtum, das den Mittelpunkt der Gartenanlage bildet. Gemeinsam ist allen Anlagen, dass sie von den Straßen oder kleinen Gassen erreicht werden können, also eine gewisse Öffentlichkeit besaßen. Hier – in der Nähe oder auf dem Grundstück eines größeren Hauses – trafen sich die Bewohner einer Nachbarschaft von 10 bis 20 Häusern, um gemeinsam den Kult zu vollziehen.

Es lässt sich hingegen ein wesentlicher Schluss aus dem Vergleich der drei im Norden liegenden Wohngebiete ziehen: Es gibt zwar eine gewisse Korrelation zwischen der Hausgröße und der Gartengröße; gleichzeitig ist aber auch eine Mindestgröße für den voll ausgestatteten Garten zu erkennen.

Die in der Nordstadt befindlichen Gärten sind von ungewöhnlicher Größe – das spricht für die Position der Besitzer. In der Nördlichen Vorstadt dagegen kommt es zu einer klaren Gliederung in kleinere Gärten der Mittelschicht (ca. 88 m²) und größere der Oberschicht (ca. 236 m²). Vergleicht man letztere mit den großen Gärten in der Nordstadt (ca. 2400 m² und 1150 m²), so weisen sie darauf hin, dass es innerhalb der Oberschicht noch einmal eine große Differenzierung gab.

*Die Gärten der Südstadt*
*(Wohngebiete IV-VI)*

Südlich des Zentrums liegt das größte Wohngebiet der Stadt mit einer Ausdehnung von fast 3 km Länge.[10] Es ist eine Bandstadt, die sich bei einer Breite von etwa 800 m von Norden nach Süden parallel zum Nil erstreckt. Auch hier soll eine Differenzierung nach einzelnen Wohngebieten vorgenommen werden, um Tendenzen der Ausstattung und der Größe der Hausgärten festzustellen. Sie können sich aus der Nähe oder Ferne zum Zentrum oder den topographischen Gegebenheiten ergeben.

Dieses riesige Wohngebiet ist nur zu weniger als 20 % freigelegt. Es lassen sich somit auch hier nur Tendenzen, kaum aber eine objektive Gesamteinschätzung des Wohngebietes und seiner Hausgärten vornehmen. Die Ausgrabungen durch die Deutsche Orient-Gesellschaft fanden von 1911 bis 1914 unter Leitung von Ludwig Borchardt statt.

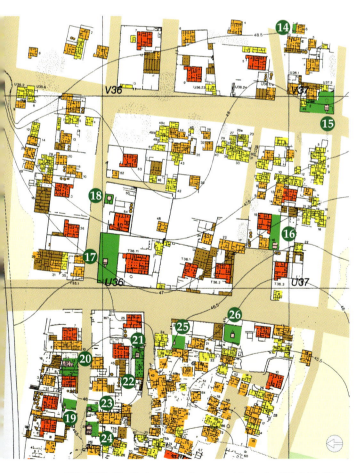

*Abb. 290: Stadtplan von Amarna (Ausschnitt). Nördliche Vorstadt, südlicher Teil (Wohngebiet III). Maßstab 1:3000.*

## Die Gärten und ihre Architektur

Eine Analyse der 535 Häuser und Gehöfte ließ 22 Gärten erkennen, die zu einer ersten Einschätzung ägyptischer Hausgärten und ihrer Elemente führte.[11] Die Bilanz ergab, dass diese Gärten – neben der Ausstattung mit Bäumen und Sträuchern – durch einen Eingangspylon, eine kleine Kapelle und einen Brunnen oder durch ein Wasserbecken charakterisiert sind.

Quantitativ wurde der Schluss gezogen, „dass in der kurzen Bauzeit von Amarna die ökonomische Potenz und das soziale Prestige der oberen Schicht soweit reichten, dass von den 22 Hauseignern mit Gartenfläche neun (das sind 1,7 % der Gesamtzahl der Häuser) über vollständig ausgestattete Gärten mit mehr als 600 m² Grundfläche verfügten. Die restlichen 13 Haus- bzw. Garteneigner besaßen Gärten mit unter 600 m² Fläche und nur eine unvollkommene bauliche Ausstattung."[12]

Diese Ergebnisse sollen nun durch die späteren englischen Grabungen und durch eine größere Differenzierung nach Wohngebieten ergänzt und verbessert werden.

*Die Gärten der großen Häuser in Zentrumsnähe (Main City North, Wohngebiet IV)*

Das Wohngebiet südlich des Zentrums weist fünf Gehöfte mit Gärten auf (Abb. 291, Tab. 5). Diese liegen im östlichen Teil des Wohngebiets. Zwischen diesen Anlagen liegen Cluster von Wohnhäusern,

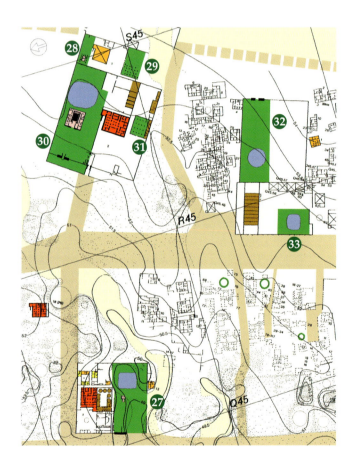

*Abb. 292 >:*
*Gärten im Gehöft des Oberpriesters Panehesi (30, 31). Der Kultgarten (links) war 4100 m² groß und mit einem Pylon, einer Kapelle und einem Wasserbecken ausgestattet. Der Weingarten (rechts) besaß eine Fläche von 270 m². Rekonstruktionszeichnung.*

*Abb. 291:*
*Stadtplan von Amarna (Ausschnitt). Nördlicher Teil der Südstadt, nahe dem Stadtzentrum gelegen (Wohngebiet IV). Maßstab 1:3000. Legende: Häuser der Oberschicht (rot), Mittelschicht (orange) und Unterschicht (gelb), Wirtschafts- und Verwaltungsgebäude (braun), Gärten (grün).*

*Tab. 5, unten:*
*Parameter der sieben Gärten in Zentrumsnähe mit sozialer Zuordnung der Eigentümer (Wohngebiet IV). Zu den Garteneigentümern gehören der „Steward von Achet-Aton" (28, 29) und der Oberpriester Panehesi (30, 31).*

| Lfd. Nr. | Haus-Nr. | Objekt-Nr. | Eigentümer/Haustyp/ Fläche des Hauses [m²] | Gartengröße [m²] | Ausstattung | Art des Gartens |
|---|---|---|---|---|---|---|
| 27 | 1199 | Q 44.1 | Oberschicht / 3e / 409 | 2711 | (Brunnen), Kiosk, Pylon, See | Kultgarten |
| 28 | 1212 | R 44.1 | Mittelschicht / 2d / 277 | 370 | 10 Baumgruben, Kiosk | Kultgarten |
| 29 | 1212 | R 44.1 | Mittelschicht / 2d / 277 | > 600 | > 22 Baumgruben | Weingarten |
| 30 | 1213 | R 44.2 | Oberschicht / 3e / 607 | 4100 | Teich, großer Kiosk, Pylon | Kultgarten |
| 31 | 1213 | R 44.2 | Oberschicht / 3e / 607 | 270 | 16 Baumgruben | Weingarten |
| 32 | - | R 45.? | ohne Wohnhaus / - / - | ca. 2500 | Pylon, runder Teich | Kultgarten? |
| 33 | - | R 45.? | ohne Wohnhaus / - / - | > 1000 | Teich mit abgerundeten Ecken | Lustgarten? |

## Gärten in der Stadt

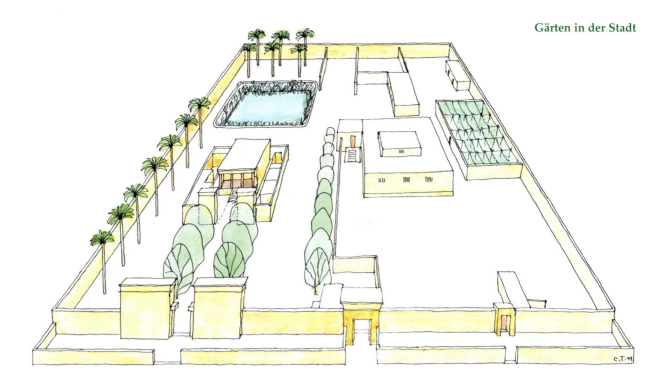

die zumeist der Unterschicht zugeordnet werden können. Große Teile sind nicht freigelegt.

Bemerkenswert ist, dass wir in zwei Fällen die Hausbesitzer kennen: Panehesi, der Oberpriester des Großen Aton-Tempels, besaß hier sein Privathaus. In seinem großen Garten lag eine repräsentative Kapelle, dahinter ein Teich. Den Eingang markierte ein kräftiger Pylon, der hinter einem Vorgarten lag (Abb. 292). Zudem konnte Panehesi einen kleinen Weingarten nutzen. Sein großes Haus hatte mehr als 600 m² Fläche. Interessanterweise ließen sich in seinem Gehöft keine Getreidespeicher finden. Offenbar war er von der direkten Versorgung seiner Untergebenen befreit. Aber er genoss nicht nur dieses Privileg, sondern er besaß ein zweites Haus – eine Dienstvilla – in unmittelbarer Nähe des Aton-Tempels.

An der Ostseite von Panehesis Anwesen hatte der „Steward von Achet-Aton" sein Gehöft. Auch er besaß einen kleinen Garten mit Kapelle und einen Weingarten. Bemerkenswert ist die soziale Mischung in diesem Gebiet: Hier wohnten Repräsentanten der Oberschicht, die mit wichtigen Funktionen im Zentrum betraut waren. Die in unmittelbarer Umgebung lebenden Abhängigen wurden sicher in die Nutzung der Gärten einbezogen.

*Die Gärten der Häuser im mittleren Teil der Südstadt (Wohngebiet V)*

Dieses Wohngebiet, etwa 500 m vom Stadtzentrum entfernt, darf als eine bevorzugte Wohngegend bezeichnet werden (Abb. 293). Hier lebten und arbeiteten der Bildhauer Thutmoses mit seinen Gesellen, der „Vorsteher der Rinder des Aton" und der General Ramose. Die Prominenz war unter sich.

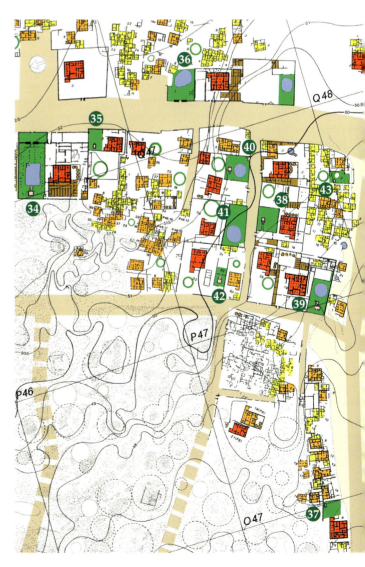

*Abb. 293: Stadtplan von Amarna (Ausschnitt). Mittlerer Bereich der Südstadt (Wohngebiet V). Maßstab 1:3000.*

## Die Gärten und ihre Architektur

| Lfd. Nr. | Haus-Nr. | Objekt-Nr. | Eigentümer/Haustyp/ Fläche des Hauses [m²] | Gartengröße [m²] | Ausstattung | Art des Gartens |
|---|---|---|---|---|---|---|
| 34 | 19 | Q 46.1(a) | Oberschicht / 3e / 362 | 2000 | Brunnen, ca. 100 Baumgruben, Kapelle, Pylon | Kultgarten |
| 35 | 21 | Q 46.2 | Oberschicht / 3e / 260 | ca. 400 | Kapelle | Kultgarten |
| 36 | 208 | Q 47.1 | Oberschicht / 3e / 397 | ca. 850 | Pylon, 14 Baumgruben, Brunnen? | Kultgarten? |
| 37 | 99 | N 47.6 | Oberschicht / 3e / 389 | > 300 | kleine Kapelle | Kultgarten |
| 38 | 188 | P 47.17 | Oberschicht / 3e / 378 | ca. 600 | Kiosk | Kultgarten |
| 39 | 190 | P 47.19 | Oberschicht / 3e / 466 | 700 | Brunnen, Aton-Kapelle | Kultgarten |
| 40 | 194 | P 47.22(a) | Oberschicht / 3e / 281 | 666 | Brunnen, Kiosk, Pylon | Kultgarten |
| 41 | 206 | P 47.29(a) | Oberschicht / 3e / 257 | 1190 | Brunnen, geschlossener Hof | Kultgarten? |
| 42 | 947 | P 47.32/33 | Oberschicht / 3e / 343 | 253 | Kiosk, Pylon | Kultgarten |
| 43 | 340 | P 48.2 | Mittelschicht / 2e / 132 | ca. 270 | Wasserbecken, 4 Baumgruben, Kiosk | Kultgarten |

*Tab. 6: Parameter von zehn Gärten im mittleren Teil der Südstadt mit der sozialen Zuordnung der Hauseigentümer (Wohngebiet V). Zu den Garteneigentümern gehören der „Vorsteher der Rinder des Aton" (34), der General Ramose (39) und die Mitarbeiter des Bildhauers Thutmoses (43).*

Wieder gibt es eine soziale Durchmischung. Charakteristisch ist zunächst die dichte Bebauung zwischen den beiden Hauptstraßen, der *East Road South* (der *Hohepriesterstraße*) und der *West Road South*. In diesem Bereich liegen einige der großen Gehöfte dicht beieinander; es gibt hier sogar eine Querstraße, an der nur sechs große Gehöfte liegen.

Aber schon an der Rückseite dieser Gehöfte sind wieder die Cluster kleinerer Wohneinheiten, in einem Fall auch eine Gruppe von mittelgroßen Häusern zu finden.

Wir haben es mit einem Wohngebiet von hoher Dichte und großer sozialer Integration zu tun. Das wird auch an der Versorgung mit Wasser deut-

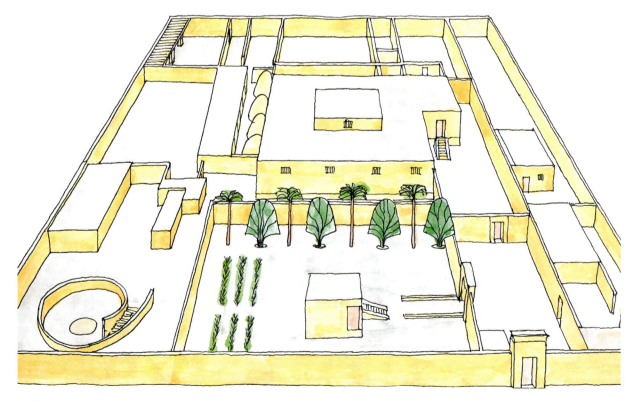

*Abb. 294: Gehöft P 47.17 mit einem ca. 600 m² großen Kultgarten (38). Rekonstruktionszeichnung.*

## Gärten in der Stadt

*Abb. 295: Anwesen des „Vorstehers der Rinder des Aton" (Q 46.1) mit der großen Gartenanlage (34) in der Südstadt von Amarna. Im Vordergrund Häuser der Mittel- und Unterschicht. Modellausschnitt.*

*Abb. 296: Garten des „Vorstehers der Rinder des Aton" (34). Kapelle mit Sykomoren, im Vordergrund ein Wasserbecken. Rekonstruktionszeichnung.*

*Abb. 297: Gartenanlage auf dem Gehöft des Generals Ramose (39). Modellausschnitt.*

lich. Allein 20 Brunnen lassen sich nachweisen: Acht befinden sich in den großen Gehöften, zwölf Brunnen liegen offen zwischen den kleineren und mittelgroßen Häusern. Sie bilden offenbar für die unteren Schichten Zentren der Kommunikation.

Aus dem Rahmen fällt die kleine Kapelle heraus, die südlich des Hauses des Thutmoses liegt. Sie ist ein freistehendes Gebäude mit einem kleinen Hof und befindet sich direkt neben dem Brunnen. Offensichtlich lag hier das kleine Kultzentrum für die Mitarbeiter des Bildhauers Thutmoses (43).

Alle diese Gärten scheinen kultische Zentren für die Bewohner der Häuser, aber eben auch für die benachbarten Abhängigen zu sein. In sieben der Gärten lassen sich Kapellen nachweisen.

Die Größe der Gärten ist bemerkenswert – durchschnittlich etwa 726 m². Damit entsprechen sie wohl dem Ideal eines ägyptischen Gartens. Hier ist es die Führungsschicht, die mit ihren Gärten Einfluss auf den Kult nahm und den Feiertag der ihnen zugewiesenen Gemeinschaften steuerte.

Die Gärten werden von drei wesentlichen Elementen geprägt: Bei einer Größe von durchschnittlich über 600 m² sind sie durch eine Mauer von außen abgeschirmt. Die Heiligtümer besitzen nur eine geringe Fläche und können nur ein Kultbild und wenige Menschen aufnehmen, der Kult selbst musste sich im Garten abgespielt haben. Das dritte Element sind die Brunnen oder Wasserbecken, die in mehreren Gärten in einem axialen Bezug zur Kapelle und dem Eingangspylon liegen (Abb. 297). Der Nachweis von einer ausgedehnten und differenzierten Bepflanzung ließ sich archäologisch nur im Garten des „Vorstehers der Rinder des Aton" (34) feststellen (Abb. 295, 296).

## Die Gärten und ihre Architektur

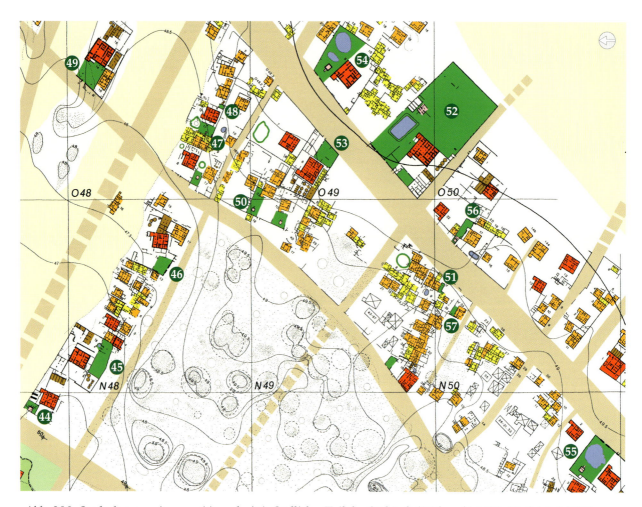

*Abb. 298: Stadtplan von Amarna (Ausschnitt). Südlicher Teil der Südstadt (Wohngebiet VI). Maßstab 1:3000.*

| Lfd. Nr. | Haus-Nr. | Objekt-Nr. | Eigentümer/Haustyp/ Fläche des Hauses [m²] | Gartengröße [m²] | Ausstattung | Art des Gartens |
|---|---|---|---|---|---|---|
| 44 | 84 | M 47.1 | Oberschicht / 3e / 296 | ca. 130 | 16 Baumgruben, Kapelle | Kultgarten |
| 45 | 278 | N 48.1 | Oberschicht / 3d / 313 | 560 | Brunnen | ? |
| 46 | 303 | N 48.14 | Oberschicht / 3e / 260 | ca. 300 | Pylon | Kultgarten? |
| 47 | 328 | O 48.11 | Oberschicht / 3e / 221 | ca. 200 | 7 Baumgruben, Kapelle | Kultgarten |
| 48 | 330 | O 48.13a | Mittelschicht / 2d / 142 | 25 | 4 Baumgruben | ? |
| 49 | 333 | O 48.14+15 | Oberschicht / 3e / 517 | ca. 600 | 6 Baumgruben | Vorgarten |
| 50 | 868 | O 49.23 | Mittelschicht / 2e / 178 | ca. 460 | Kiosk | Kultgarten |
| 51 | 370 | N 49.9c | Mittelschicht / 2d / 74 | 32 | 1 Baumgrube | Gemüsegarten |
| 52 | 372 | O 49.1 | Oberschicht / 3e / 571 | ca. 7000 | Wasserbecken, Kapelle, Pylon | Kultgarten |
| 53 | 373 | O 49.6a | Oberschicht / 3e / 436 | 360 | Brunnen | ? |
| 54 | 385 | O 49.9a | Oberschicht / 3e / 475 | ca. 1300 | 2 Brunnen, 1 Baumgrube, Kiosk, Pylon | Kultgarten |
| 55 | 455 | M 50.1 | Oberschicht / 3e / 337 | ca. 1370 | Brunnen, Kiosk, Pylon | Kultgarten |
| 56 | 493 | N 50.17 | Mittelschicht / 2e / 210 | 230 | Brunnen, Kiosk, 2 Baumgruben | Kultgarten |
| 57 | 503 | N 50.24 | Mittelschicht / 2e / 80? | ca. 50 | 2 Baumgruben, Kiosk | Kultgarten |

*Tab. 7: Parameter von 14 Gärten in der Südstadt (südlicher Teil) mit der sozialen Zuordnung der Hauseigentümer (Wohngebiet VI); zu ihnen zählt der Hohepriester Pawah (52).*

**Gärten in der Stadt**

*Abb. 299: Gehöft M 50.1 in der Südstadt von Amarna. Es umfasste ein komfortables Wohnhaus, Stallungen, Bedienstetenwohnungen und eine Kultkapelle in einer Gartenanlage mit Wasserbecken (55). Modell (Maßstab 1:50).*

*Die Gärten im südlichen Teil der Südstadt (Wohngebiet VI)*

Das Gebiet der Südstadt und seine Gärten spiegeln noch einmal die ganze Bandbreite ägyptischer Privatgärten wider. Nur 1,5 km vom Stadtzentrum entfernt nimmt die Zahl der großen Gehöfte mit ihren villenartigen Wohnhäusern ab. Dafür ist die Mittelschicht mit frei stehenden Häusern stärker vertreten. Das zeigt sich auch bei der Ausstattung der Gärten.

Unter den Gärten fällt die Anlage des Hohepriesters Pawah auf. Die angegebene Größe von 7000 m² ist allerdings unsicher. Bemerkenswert ist hier, dass von den 14 Gartenbesitzern fünf der Mittelschicht zugerechnet werden können. Registriert man noch einmal die Größen der Gärten in Bezug zur sozialen Hierarchie, so lässt sich für die Mittelschicht eine Gartengröße von etwa 120 m² feststellen; bei der Oberschicht sind es (unter Weglassung des großen Grundstücks des Hohepriester Pawah) im Mittel etwa 600 m².

Die kleinen Gärten sprechen für eine verantwortliche und eigenständige Position des Eigentümers, die es wohl auch in der Mittelschicht gab. Es wird sichtbar, dass den Eigentümern – in einzelnen Fällen – eine Kultgemeinschaft anvertraut wurde.

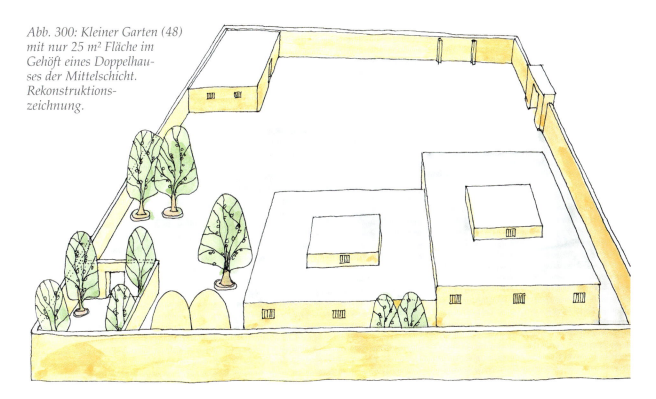

*Abb. 300: Kleiner Garten (48) mit nur 25 m² Fläche im Gehöft eines Doppelhauses der Mittelschicht. Rekonstruktionszeichnung.*

### Die Gärten und ihre Architektur

Abb. 301: Kleiner Garten (51) mit nur 32 m² Fläche. Der Eigentümer gehört der Mittelschicht an. Rekonstruktionszeichnung.

Abb. 302 >: Privatgrundstück in Mittelägypten.

Insgesamt lässt sich feststellen, dass die ägyptischen Gärten in den Wohngebieten – neben der Ausstattung mit Bäumen und Sträuchern – durch einen Eingangspylon, eine kleine Kapelle und einen Brunnen oder durch ein Wasserbecken charakterisiert sind. Um zu einer vollständigen Ausstattung des Gartens mit diesen Elementen zu kommen, benötigte man eine Fläche von mindestens 600 m². Diese Gärten waren Teil des Besitzes der Oberschicht, wobei sie offensichtlich als Leiter einer ökonomischen oder sozialen Einheit zum Führer einer Kultgemeinschaft wurden.

Die Gärten erfüllen hohe ästhetische Ansprüche: Axialität und Symmetrie wurden angestrebt. Häufig sind an einer Mittelachse Tore, Höfe und Bäume so angeordnet worden, dass sie den Weg einer Prozession kulissenhaft begleiteten. Damit wurden die Gärten zu einer Kultbühne gestaltet, die den benachbarten Bewohnern einen erlebbaren Raum boten.

Seltener lagen die Gärten in den Händen der Mittelschicht. Es handelt sich um kleine Gärten, die schnell von der Straße aus, fast anonym, erreicht werden konnten. Offenbar fanden sich kleinere Gruppen von Bewohnern hier ein, die weniger in eine Hierarchie eingebunden waren. Da auch sie sich in kleinen Kulträumen zusammenfanden, spricht das für eine große Differenzierung der ägyptischen Gesellschaft.

Betrachtet man diese in der ganzen Stadt verteilten Gärten vor dem Hintergrund der königlichen Gärten – die riesige Anlage von Maru-Aton, die Baumreihen in der Residenz des Königs und die repräsentativen Gartenhöfe in der Großen Palastanlage –, so wird ein breites Spektrum der Gestaltung deutlich. Die Stadtgesellschaft und ihre Erbauer waren fähig, Gartenräume zu gestalten, die den unterschiedlichsten Anforderungen gerecht wurden. Von der kleinen Kapelle mit Hof an einer Straße bis zur repräsentativen Gartenanlage mit Tempelcharakter reichten die Gestaltungsmöglichkeiten. Das spricht für eine große Differenzierung der Gesellschaft, aber auch für große Unterschiede innerhalb der Hierarchie.

Anmerkungen
[1] Helck, „Gärtner".
[2] Tietze, Stadtplan; Tietze, Lebensräume.
[3] Hugonot, Jardin, S. 129-168.
[4] Eine gute Darstellung findet sich in Schulz/Seidel, S. 386.
[5] Assmann, Tod und Jenseits, S. 400.
[6] Kemp, Leben in Amarna.
[7] Sethe, Urkunden, 73.
[8] Ausgrabungen der Egypt Exploration Society 1924/25 und 1930-32, nach Whittemore sowie Pendlebury, 1931 und 1932.
[9] Pendlebury, 1932, Tafel 15.
[10] Hier liegt das große Grabungsgebiet der Deutschen Orient-Gesellschaft von 1911-14. Siehe auch Borchardt/Ricke; Tietze, Wohnhäuser; Tietze, Beziehungen; Tietze, Lebensräume.
[11] Tietze, Beziehungen, S. 64-67.
[12] Tietze, Beziehungen, S. 67.

# Weingärten

Christian Tietze

Die Gärten und ihre Architektur

Unter den Nutzgärten, die wesentlich für die Grundversorgung im alten Ägypten waren, spielen die Weingärten eine besondere Rolle. Die Weinrebe (*Vitis vinifera*) wird seit der dynastischen Zeit in Ägypten angebaut. Andere Quellen geben den Anbau schon in vordynastischer Zeit an.[1] Der Weinanbau wurde wahrscheinlich durch die Verbindungen zum syrisch-palästinensischen Raum eingeführt. Der Anbau ist prinzipiell in ganz Ägypten möglich. In den Quellen wird allerdings der Wein aus den küstennahen Regionen des Mittelmeers und aus den Oasen besonders geschätzt.[2]

Der Wein war zunächst sicherlich nur ein Getränk der Oberschicht, vielleicht sogar nur für den königlichen Verbrauch bestimmt. Aus der Zeit des Neuen Reiches wissen wir, dass auch die Mittelschicht in den Genuss des Weines kam, in seltenen Fällen sogar auch die Unterschicht.[3] Gute Weine waren nicht nur in Ägypten ein Handelsgut, das im ganzen Land begehrt war, sondern wurden auch importiert und exportiert. Es war ein Getränk, das durch sorgfältige Pflege der Weinstöcke und der kenntnisreichen Verarbeitung zu einem wichtigen Kulturgut wurde. Dafür spricht auch, dass in Grabdarstellungen häufig Weinlauben oder die Verarbeitung von Wein und der Genuss selbst dargestellt sind. So wurden den Verstorbenen Weinbeeren mit ins Grab gegeben.

Der Weinanbau wird in den Gräbern meistens im Zusammenhang mit dem Obstanbau dargestellt. Diese Verbindung und die Anlage von Wasserbecken, kleinen Lauben und Kapellen sprechen dafür, dass der Weingarten ein beliebter Aufenthaltsort des Ägypters war. Aber auch für die Großproduktion spielte er eine Rolle. Von König Ramses III. wissen wir, dass es zu seiner Zeit zu mehr als 500 Stiftungen von Wein- und Obstgärten für die Tempel kam.[4]

## Der Weinanbau und Verarbeitung

Die Weinpflanzen wurden in der Regel in einem Abstand von etwa 2,50 m (5 Ellen = 2,625 m) angepflanzt. Eine kleine muldenförmige Vertiefung um den Setzling herum erleichterte die Bewässerung. In den ersten Jahren bedurften die Pflanzen sorgfältiger Pflege und Bewässerung. Wenn die Wurzeln die Wasser führende Schicht erreichten, konnten die Pflanzen auch beschnitten werden. Die Pflanzen rankten sich an einfachen Stangen empor. Diese Stangen mussten jedoch miteinander verbunden werden, um dem Wuchs genügend Raum zu bieten. Dafür gab es zwei Möglichkeiten: Entweder verband man die in Reihen stehenden Weinpflanzen miteinander, sodass sie tunnelartige Lauben bildeten, oder man errichtete aus Holzstangen Gerüste, die in der Art einer Pergola ein Blätterdach bildeten. Dafür verwendete man gerne gegabelte Äste, deren Gabel die horizontalen Stangen aufnahmen. Die 2-2,50 m hohen Lauben boten Schatten und ermöglichten bei ihrer geringen Höhe eine bequeme Ernte.

Zur Erntezeit wurden die reifen Trauben in Körben gesammelt und meistens noch im Garten verarbeitet. Für die Kelter gab es in den Lauben große schüsselartige Becken oder Tröge, die mit einem Überlauf versehen waren. Zur Vorbereitung der Kelter wurden die Trauben in die Becken geschüttet. Die Kelter selbst erfolgte durch die Gartenarbeiter, die mit den Füßen die Trauben zertraten. Dabei hielt man sich an Stricken fest, die an die Hölzer der Lauben gebunden waren. Um den Saft vollständig auszupressen, benutzte man eine Sackpresse. Hierfür wurden die Traubenreste in einen Sack gefüllt, der durch entgegengesetztes Drehen an Hebeln zum vollständigen Auspressen führte.

*Abb. 304: Weinernte und Verarbeitung. Zeichnung (Lepsius-Expedition) von einer Malerei im Grab des Fetekta in Abusir. Archiv des Altägyptischen Wörterbuches, Berlin-Brandenburgische Akademie der Wissenschaften, Berlin (Inv.-Nr. 394)*

Der so gewonnene Most wurde anschließend in Amphoren gefüllt. Die Darstellungen lassen Gefäße erkennen, die 30-40 Liter Inhalt aufnahmen. Die beiden Henkel ließen einen bequemen Transport zu; andere Abbildungen zeigen das Tragen der Krüge auch von einer Person auf der Schulter. In den Amphoren erfolgte nun die „stürmische" Gärung, ein Vorgang, bei dem der Most in Alkohol und Kohlendioxid zersetzt wird.

Bei der anschließenden Nachgärung konnte das sich noch entwickelnde Kohlendioxid durch kleine Öffnungen (Strohhalme?) entweichen. Für die endgültige Lagerung wurden auch größere Gefäße verwendet. So finden sich in den königlichen Magazinen in Amarna Räume, die mit großen Gefäßen gefüllt waren.[5] Für deren Transport benutzte man auch Netze, in die die Gefäße eingehängt wurden. Diese Netze waren mit einer oder zwei Tragestangen verbunden, sodass die großen Krüge von zwei oder vier Personen getragen werden konnten.

Das endgültige Verschließen der Weinkrüge erfolgte mit Pfropfen. Diese wurden mit einer Niltonschicht überzogen und anschließend gestempelt; in der Regel waren sie mit zwei Stempeln versehen. Die Stempel „geben uns Hinweise auf den Gefäßinhalt, auf Produktionsorte, auf verantwortliche Institutionen (wie Paläste, Tempel usw.), manchmal auf besondere Ereignisse (wie Sedfeste), auf bestimmte Personen in Verwaltung oder Produktion."[6]

Der Hauptgrund der Stempelung war offenbar, den Herstellungsort für die weitere Verwendung festzuhalten. Wein war ein allgemeines Handels- und Kulturgut, das nicht nur von den Eliten, sondern – wenn auch in geringem Maße – ebenso von den anderen Schichten konsumiert wurde.[7] Seine Versendung erfolgte in alle Landesteile.

Die Herstellungsbedingungen des Weines waren sehr unterschiedlich. Der Umfang der Produktion muss beträchtlich gewesen sein. Aber gab es auch den privaten Weingarten? Oder kam alles von den Domänen oder Stiftungen?

## Darstellungen in Gräbern

In den Gräbern gibt es Darstellungen, die uns eine idealisierte Vorstellung von den Weingärten – oft sind es nur Weinlauben – geben. Im Grab des Minnacht sind drei Weinlauben abgebildet; in ihnen stehen Reihen von großen Krügen. Zwei der Lauben zeigen gefüllte Weinkrüge mit halbrundem Krugverschluss, die Krüge mit dem geraden Randabschluss in der dritten Laube dagegen sind noch offen.[8]

Im Grab des Nebamun werden die Trauben gerade geerntet (Abb. 305).[9] Im Grab des Djehuti-nefer sind die leeren Weinkrüge mit Weinblättern behangen worden (Abb. 306). Ein Mann trägt einen Krug auf seinen Schultern.[10] Userhat und seine Gemahlin dagegen sitzen in ihrer Weinlaube und genießen den Blick auf ihren Teich (Abb. 307).[11] Nur in einem Fall lässt sich die Weinlaube als wesentliches Gestaltungselement eines Gartens erkennen. Im Garten des Kenamun wird der rechteckige Teich von einer Pergola mit zierlichen Säulen eingefasst, die mindestens auf der einen Hälfte als Weinlaube ausgebildet ist (Abb. 308).[12]

Auch im Grab des Sennefer steht der Weingarten im Mittelpunkt der Gartenanlage (Abb. 311).[13] Er bildet das Zentrum der Anlage und liegt direkt hinter dem Eingangshof. Der Weg der Besucher führt durch die Mittelachse des Weingartens hin zu dem komfortablen Gartenhaus.

*Abb. 305: Weinernteszene in einem Privatgrab. Umzeichnung einer Darstellung im Grab des Nebamun in Theben-West (TT 90). Ausschnitt.*

*Abb. 306: Weinkrüge, mit Weinblättern behangen. Umzeichnung einer Darstellung im Grab des Djehuti-nefer in Theben-West (TT 80). Ausschnitt.*

### Die Gärten und ihre Architektur

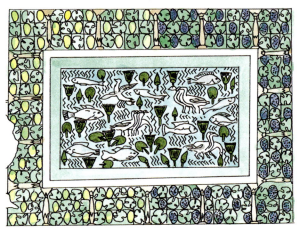

Abb. 308: Weinpergola um einen Teich. Umzeichnung einer Darstellung im Grab des Kenamun in Theben-West (TT 93).

< Abb. 307:
Ehepaar unter einer Weinpergola. Umzeichnung einer Darstellung im Grab des Userhat in Theben-West (TT 51).

Sechs Reihen von Laubengängen begleiten den Besucher. Quadratische Pfeiler tragen die doppelt nebeneinander liegenden Balken, die die Weinreben stützen. Der Garten ist überaus reich gestaltet: Vier Teiche, zahlreiche Baumreihen mit Sykomoren und Dumpalmen, aber auch Reihen von Dattelpalmen und Sykomoren, dazu zwei Lauben bilden zusammen ein großes Ensemble, das an einem Kanal liegt und von einer Mauer umgeben ist. Der Eigentümer, der Bürgermeister von Theben, stand an der Spitze der nicht-königlichen Gesellschaft. Und sein Garten repräsentierte diese Position.

#### Der archäologische Befund
*Gärten in der Stadt*

Wie stellt sich nun der archäologische Befund der Gärten dar? Amarna erlaubt uns hier eine gewisse Aussage, denn unter den 57 Gärten gibt es offenbar auch vier Weingärten. Sie zeichnen sich durch die regelmäßige Anlage von Baumgruben oder Steinfundamenten aus.

In der Nordstadt von Amarna, ein Stadtteil, der dem königlichen Palast gegenüberliegt, lässt sich ein Weingarten nachweisen (U 25.11; Abb. 284). Er ist einer von drei Gärten – neben einem Teichgarten und einem großen Kultgarten mit Eingangspylon und Kapelle.

Der Weingarten befindet sich an der Ostseite des Grundstücks, ist 290 m² groß und durch 20 Pfeilerfundamente nachgewiesen. Seine kleinen Steinfundamente trugen Holzstützen, die zunächst den wachsenden Reben Halt gaben, dann aber auch die horizontalen Stangen für das Blätterdach trugen. Der Eigentümer dieses Gartens war ohne Zweifel ein Mitglied der Elite. Er besaß das größte Privathaus der Stadt mit über 1000 m² Bruttofläche.

Ein zweiter Garten liegt ebenfalls im Norden der Stadt, ca. 1,5 km nördlich des Zentrums (T 33.9-12; Abb. 288). Auch sein Besitzer gehört der Oberschicht an, und dieser zählt noch einen weiteren Garten – mit Kapelle – zu seinem Eigentum. Der 570 m² große Garten ist durch seine regelmäßig angelegten Baumgruben nachgewiesen (Abb. 309).

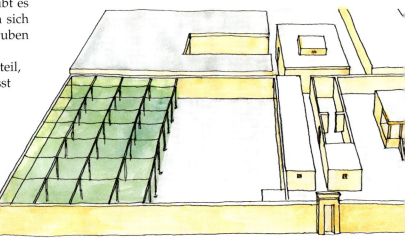

Abb. 309:
Weingarten auf dem Anwesen T 33.9-12.

# Weingärten

*Abb. 310: Sennefer und seine Frau betend vor Osiris und Anubis unter einer Weinpergola. Wandmalerei im Grab des Sennefer in Theben-West (TT 96).*

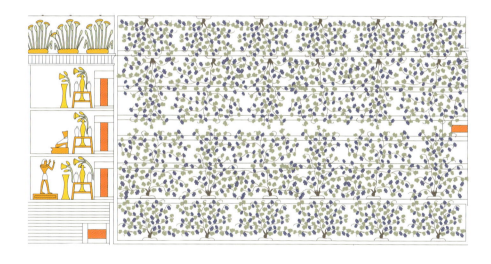

*Abb. 311: Weingarten des Sennefer, Bürgermeister von Theben. Der Zugang zu dem komfortablen Gartenhaus führt durch die Mitte des Weingartens. Umzeichnung einer Darstellung im Grab des Sennefer in Theben-West (TT 96). Ausschnitt.*

Zwei weitere Gärten befinden sich im Süden der Stadt, südlich des Zentrums, nahe am Wüstenrand (R 44.1, R 44.2; Abb. 291). Beide sind durch eine Mauer eingefasst; der größere Garten mit etwa 600 m² Fläche gehört zu dem Anwesen des „Stewards von Achet-Aton" (R 44.1). Zweiundzwanzig Baumgruben ließen sich hier nachweisen. Auch von dem zweiten Garten, auf dem benachbarten Grundstück liegend, kennen wir den Besitzer. Es ist der Oberpriester Panehesi (R 44.2). Die regelmäßige Anlage von 270 m² Größe, die mit 16 Baumgruben ausgestattet ist, spricht auch hier für einen Weingarten.

Zu diesen Gärten muss noch die große Anlage des „Bürgermeisters von Theben", Sennefer, hinzugenommen werden, die in seinem Grab abgebildet ist (Abb. 311). Im Zentrum seiner ausgedehnten Gartenanlage liegt ein Weingarten von etwa 600 m² Größe. Auch dieser Garten ist eine monofunktionale Anlage, die nur diesem Zweck dient. Zwar ist die Darstellung archäologisch nicht nachgewiesen, aber durch die Befunde aus Amarna können wir seinem Garten einen realistischen Hintergrund geben.

Allen Anlagen ist gemeinsam, dass sie von einer Mauer umschlossen waren, nicht direkt im repräsentativen Teil des Gehöfts lagen und damit offensichtlich nicht – wie die Kultgärten – der Öffentlichkeit zugänglich waren. Sie entsprachen also keineswegs dem Ideal der in den Gräbern festgehaltenen Situation. Sie waren schlicht Nutzgärten, zur Nutzung und bestenfalls zur Freude des Besitzers. Wie sah es nun mit den königlichen Weingärten aus?

## Die Gärten und ihre Architektur

*Ein königlicher Weingarten*

Hierfür kennen wir nur ein Beispiel genauer.[14] Der königliche Weingarten liegt im Zentrum der Stadt Amarna. Im Gegensatz zu den anderen großen Gebäuden besitzt er jedoch keinen direkten Zugang von der königlichen Hauptstraße; er wird von Norden her direkt vom Großen Palast erschlossen.

Der Weingarten hat eine annähernd quadratische Fläche von etwa 135 m in der Nord-Süd-Ausdehnung und 133 m in der Ost-West-Ausdehnung (Abb. 313). Die freie Fläche zwischen dem Weingarten und dem steinernen zentralen Gebäude des Großen Palastes wurde für einen Vorhof genutzt, der etwa 18 × 100 m misst. Die Gesamtfläche der Anlage umfasst etwa 20000 m².

Im Vergleich zu den anderen königlichen Bauten weist der Weingarten wesentliche Unterscheidungsmerkmale auf:

- Er ist von seiner Nutzung her primär funktional und weniger repräsentativ gestaltet.
- Er besitzt keinen direkten Zugang von der Hauptstraße der Stadt, sondern ist nur über den Großen Palast erreichbar.
- In seinem Erscheinungsbild ist er durch einfache Mauern gekennzeichnet. Auf Verstärkungen, Eingangspylone, Mauervorlagen und Hohlkehlen wurde weitgehend verzichtet.
- Eine Beziehung zum Nil und dem Nilufer ist nicht erkennbar.

Zur Deutung und Funktion der Anlage hat wesentlich die Darstellung von Claude und Françoise Traunecker beigetragen. Sie berücksichtigten Funde und Fundumstände und stellten eine Nutzung der Anlage als Weingarten in den Vordergrund.[15]

*Abb. 313: Königlicher Weingarten in Amarna. Grundriss:* 1) *Vorhof,* 2) *Peristylhof,* 3) *Nordosthof,* 4) *Osthof,* 5) *Nordwesthof,* 6) *Westhof,* 7) *Großer Hof,* 8) *Südhof,* 9) *Südosthof,* 10) *Südwesthof.*

Damit dürfte die – auch von den Ausgräbern genannte – Funktion als „*Coronation Hall*" hinfällig sein.

Eine detaillierte Aufstellung der einzelnen Höfe oder Räume trägt zur Funktionsanalyse des Gebäudes bei. Im Einzelnen handelt es sich hier um zehn Räume oder Höfe – so sollen sie hier zunächst wertfrei bezeichnet werden. Bei dem großen Vorhof (1), der nur mit einigen Einbauten an der Ostseite ausgestattet ist, lässt sich keine spezifische Funktion ablesen. In der Mitte seiner Südmauer liegt ein etwa 3,50 m breites Tor. Der Rücksprung in der Laibung der Lehmziegelmauer lässt erkennen, dass es hier

*Abb. 312: Königlicher Weingarten in Amarna mit der zentralen Erschließungsachse. Modellausschnitt.*

**Weingärten**

*Abb. 314: Peristylhof im Norden des königlichen Weingartens. Hier fand vermutlich die Kelter statt. Modellausschnitt.*

ursprünglich eine Natursteineinfassung besaß. Diese hatte nicht nur repräsentativen Charakter, sondern schützte – im Gegensatz zum weichen Lehmmaterial des Mauerwerks – den Durchgang. Es war wohl ein Tor mit steinernen Pfosten und einem Türsturz, der – vermutlich – mit der üblichen Hohlkehle geschmückt war.

Hinter dem Tor liegt ein als Peristyl gestalteter Hof (2). Dieser besitzt fünf weitere Tore – jeweils zwei an der Ost- und Westseite sowie eines an der Südseite. Auch die nur 1,70 m breiten Ost- und Westtore waren mit Einfassungen aus Naturstein versehen. Diese führen in lange, schmale Räume (3-6) mit jeweils vier Pfeilerreihen. Die beiden östlichen Räume unterscheiden sich von den westlichen dadurch, dass sie Spuren von gepflasterten oder mit Platten belegten Wegen aufweisen.

Das dem Eingang gegenüberliegende Tor führt in den größten der Gartenhöfe (7), der missverständlich als der »*Krönungssaal*« Semenchkares bezeichnet wurde. Die Mittelachse des Großen Hofs führt wiederum zu einem gefassten Portal, hinter dem sich ein kleiner Hof von über 200 m² Größe verbirgt (8). Zwei kleine Tore – ohne Fassung gestaltet und nur 1,70 m breit – führen in Räume, die durch Reihen von Pfeilern charakterisiert sind (9, 10).

Die Anlage der Räume und ihre Ausstattung sprechen für die profane Nutzung der Höfe. Hier gibt es keine Cella, keinen Altar, keinen Teich und keine Nische. Nüchternheit und Klarheit der Räume, Unauffälligkeit in der Gestaltung, Funktionsfähigkeit und Nutzung scheinen im Vordergrund zu stehen.

Die massiv wirkenden Pfeiler besitzen Abmessungen von 1,32 × 1,32 m. Aber warum diese Massivität? Ganz offensichtlich haben sie eine die Temperatur stabilisierende Wirkung. Die massiven Lehmpfeiler nehmen am Tage die Wärme der Sonne auf und geben diese Wärme in der Nacht wieder ab.

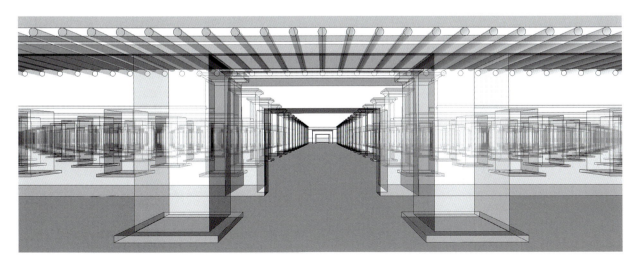

*Abb. 315: Königlicher Weingarten. Blick vom Peristylhof entlang der Zentralachse des Großen Hofes. Computergrafik.*

## Die Gärten und ihre Architektur

*Abb. 316: Moderner Weingarten in Mittelägypten. Die gemauerten Pfeiler tragen Stangen, die die Weinreben aufnehmen.*

Auch das dichte Blätterdach trug zur Temperaturstabilität und damit zu einem kontinuierlichen Wachstum bei.[16] Auf den Pfeilern ruhten wahrscheinlich jeweils zwei Holzstangen nebeneinander, die die Weinranken trugen, vergleichbar mit der Anlage, wie sie das Grab des Sennefer zeigt.[17]

Aber warum die vielen Höfe? Eine Lösung kann darin bestehen, dass man zu unterschiedlichen Zeiten frische Trauben und frischen Wein haben wollte. Das konnte dadurch erreicht werden, dass man die erste Blüte abschnitt, bis es ca. 6 Wochen später zu einer erneuten Blüte kam.[18]

Hier, in Amarna, handelt es sich zweifellos um einen großen Weingarten, eine Plantage, die für königliche Zwecke errichtet wurde; eine Anlage, die hochproduktiv war und gleichzeitig auch repräsentative Pflichten erfüllen musste.

*Abb. 317: Moderne Weinlaube bei Amarna. Die Stützen und horizontalen Hölzer aus Palmholz tragen das schattenspendende Dach.*

Zusammenfassend kann man feststellen, dass sich die Weingärten im alten Ägypten in drei Formen nachweisen lassen:

- Wein wurde in kleinen Gärten gepflanzt. Hier bedeckte er mit seinem Blätterdach Sitzplätze, Lauben oder Wandelgänge. Zahlreiche Beispiele lassen sich in den Gartendarstellungen der Gräber finden. Bei der Anlage dieser Gärten stand die wirtschaftliche Nutzung nicht im Vordergrund.
- Wein wurde privat in kleineren, geschlossenen Höfen angebaut. Sie dienten wohl weniger dem Kult als vielmehr dem persönlichen Verzehr der Früchte oder der privaten Nutzung für die Weinherstellung.
- Wein wurde aber auch in großen Anlagen gezogen, die den königlichen Hof und die Oberschicht versorgten. Ähnlich der Anlage in Amarna darf man sich die Weingärten in den großen Tempelstiftungen vorstellen.

Anmerkungen
[1] Siehe Meyer.
[2] Kees, Landeskunde, S. 41.
[3] Kuckertz, S. 44 ff.
[4] Papyrus Harris I, 67, 15 und 7, 10.
[5] Davies, Amarna I, Tafel XXXI.
[6] Kuckertz, S. 56.
[7] Kuckertz, S. 56
[8] Hugonot, Jardin, S. 134, Abb.105.
[9] Hugonot, Jardin, S. 142, Abb, 115.
[10] Hugonot, Jardin, S. 143, Abb. 116.
[11] Hugonot, Jardin, S. 140, Abb. 112.
[12] Hugonot, Jardin, S. 137, Abb. 109.
[13] Schulz/Seidel, S. 386.
[14] Tietze, Weingarten.
[15] Siehe Traunecker.
[16] Ein Hinweis von Dr. Manfred Lindicke, einem Obstfachmann und Weinbauern aus Potsdam.
[17] Dargestellt z. B. in Schulz/Seidel, S. 386.
[18] Ebenfalls ein Hinweis von Dr. Lindicke, Potsdam, mit dem die Funktion der Anlage diskutiert wurde.

Abb. 318: König Thutmosis III. (18. Dynastie) opfert dem Gott Horus Wein. Darstellung im Totentempel der Königin Hatschepsut in Deir el-Bahari/Theben-West.

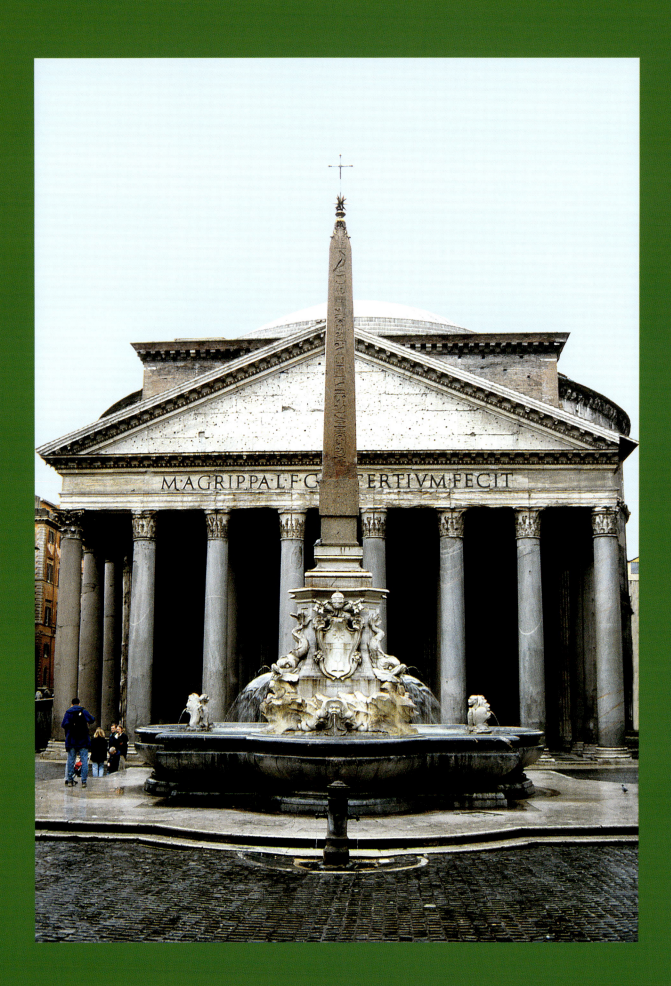

# Rom und Ägypten

Adolf Hoffmann

## „Egittomania"
### Ägyptenbezüge in römischen Gärten und ihr kulturhistorischer Hintergrund

Eine idyllische Flusslandschaft mit ländlichen Kultstätten, Weinlauben und Schilfhütten, Palmen, Papyrus, Lotus und anderen Wasserpflanzen, Nilpferden, Wasserbüffeln, Reihern und Enten, mit Fischern, Hirten, Festgelagen und anderem mehr schmückt das im späten 2. Jahrhundert v. Chr. entstandene Bodenmosaik eines großen, zum Heiligtum der Fortuna-Isis gehörenden Apsidensaales in der südöstlich von Rom gelegenen Stadt Palestrina/Praeneste (Abb. 321). Es ist das frühe Zeugnis einer Faszination für ein fernes, den meisten der zeitgenössischen Betrachter sicher fremdes Land. Schon einige Jahrhunderte zuvor hatte die gleiche Begeisterung ihren Niederschlag in den fantastischen Beschreibungen des griechischen Reiseschriftstellers Herodot gefunden, der mit seinen bilderreichen Schilderungen die Aufmerksamkeit auf das Land am Nil gezogen hatte, aber nur wenige werden Ägypten aus eigener Anschauung kennengelernt haben.

In Palestrina stehen die Bilder für eine neue Religion, haben vielleicht auch für sie geworben, die dem traditionellen Götterhimmel der griechisch-römischen Antike erfolgreich Konkurrenz machte. Durch italische Händler und ägyptische Kaufleute war eine Kenntnis des fernen Landes und eben auch seiner Religion zunächst über die kampanischen Hafenstädte, allen voran Pozzuoli/Puteoli, nach Italien gelangt. Im hellenistischen Ptolemäerreich waren auf der Grundlage der alten ägyptischen Religion synkretistische Kulte entstanden, bei denen ägyptische und griechische Göttergestalten miteinander verschmolzen und in deren Zentrum Isis (Abb. 322) stand. Isis wiederum konnte in Italien, wo spirituelle Bedürfnisse der neuen Religion vor allem in den ärmeren Volksschichten schnell Zulauf verschafften, wie in Palestrina mit Fortuna gleichgesetzt werden. In den zugehörigen Kultstätten sollten als Reminiszenz an Ägypten Wand- und Bodendekorationen mit Bildern wie der idealen Flusslandschaft das entsprechende Ambiente für diese neue Religion bieten.

Abb. 321: Fortuna-Heiligtum in Praeneste/Palestrina, südöstlich von Rom gelegen. Ausschnitt eines Bodenmosaiks mit idyllischer Nillandschaft. Deutsches Archäologisches Institut, Abteilung Rom (Neg.-Nr. 1940. 0255).

Abb. 320: Nillandschaft in Mittelägypten.

Allerdings war dies nicht der einzige Hintergrund, vor dem sich eine Ahnung des fernen Nillandes entfalten konnte. Rom hatte bereits im 3. Jahrhundert v. Chr. einen Freundschaftsvertrag mit dem Ptolemäerreich geschlossen, und in der Folgezeit vermittelten vielfältigste Handelsgüter aus dem Orient, von Getreide bis zu Sklaven, von Duftstoffen bis zu Leinen und von Papyrus bis zu Glas, eine Vorstellung von den exotischen Reichtümern des hellenistischen Ägypten mit seiner sagenhaft prächtigen Hauptstadt Alexandria.

Eine ideelle Verbindung mit diesem Land der hellenistischen Koiné, das im Kreis seiner Mitglieder neben Griechenland sicher die stärkste Ausstrahlungskraft besaß, sollte wahrscheinlich auch ein Bodenmosaik in der Casa del Fauno,[1] dem aufwendigsten Stadtpalast eines wohlhabenden Handelsherrn in der kampanischen Hafenstadt Pompeji aus dem frühen 1. Jahrhundert v. Chr., demonstrieren. Es schmückte die Schwelle zu dem am kostbarsten ausgestatteten und repräsentativsten Prunkraum des Hauses, einem Empfangs- und Speiseraum, in dessen Zentrum das berühmte Mosaikbild der Alexanderschlacht lag, und zeigt – ähnlich wie das Mosaik in Palestrina – eine von Flusspferden, Krokodilen, Wasservögeln, Schlangen, Papyrusblüten usw. bevölkerte Nillandschaft. Sakrale Gedanken spielten hier eine eher untergeordnete Rolle; vielmehr sollte das Idyllisch-Exotische dieser Szene wohl die Welt luxuriöser Kultur und aufwendiger Lebensart des Handelspartners Alexandria in Ägypten symbolisieren.

In der Zeit des Bürgerkriegs intensivierten sich die Beziehungen Roms zu Ägypten: Nach der Schlacht von Actium, mit der Augustus seine Gegner in diesem Krieg ausgeschaltet hatte, wurde Ägypten 30 v. Chr. die von einem kaiserlichen Statthalter verwaltete römische Provinz. Mit subtiler Propaganda verstand es Augustus, Ägypten zu einem Siegessymbol und zu einem Aufbruchzeichen für ein neues, goldenes Zeitalter zu stilisieren. Dazu gehörten der spektakuläre Transport zweier altägyptischer Obelisken nach Rom und ihre demonstrative Aufstellung als Gnomon einer riesigen Sonnenuhr auf dem Marsfeld, dem neuen städtischen Zentrum Roms, bzw. im Circus Maximus, wo der Obelisk als Zeichen einer (freilich nur scheinbar erfolgten) Rückgabe Ägyptens an das römische Volk und als kaiserliche Glücksverheißung verstanden werden konnte.

Ägypten lieferte nicht nur kostbare Luxusgüter, sondern wurde zur römischen Kornkammer und garantierte die dauerhaft ungefährdete Versorgung des römischen Volkes mit Getreide, sodass Reich und Arm gleichermaßen von der Teilhabe an den Reichtümern Ägyptens profitierten. Anstelle Kampaniens war das nahe bei Rom gelegene Ostia zum bedeutendsten Einfuhrhafen der begehrten ägyptischen Waren geworden.

*Abb. 322: Isis, Universalgöttin aus Ägypten (Bronze, Höhe: 19,3 cm), 4.-1. Jahrhundert v. Chr. Martin von Wagner Museum der Universität Würzburg (Inv.-Nr. H 748).*

## Rom und Ägypten

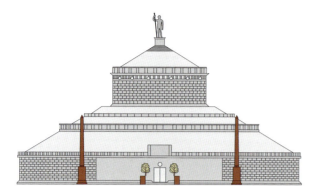

*Abb. 323: Mausoleum des Augustus. Eingang mit flankierenden Obelisken. Die Anlage war von einem Garten umgeben, in dem wahrscheinlich Bauten mit ägyptischen Architekturelementen standen. Rekonstruktionszeichnung nach Edmund Buchner.*

*Abb. 324: Mausoleum des Kaisers Augustus. Eingangsbereich, an dem ursprünglich auch zwei Obelisken aus Ägypten standen. Diese sind heute an der Rückfront der Kirche Santa Maria Maggiore und auf der Piazza del Quirinale in Rom aufgestellt.*

Auf dem Marsfeld, also innerhalb der Stadt, ließ Augustus ferner entgegen aller Regeln sein eigenes Mausoleum errichten: einen gigantischen, noch heute das Stadtbild prägenden, zylindrischen Bau, der von einem Park gerahmt wurde und dessen kegelförmiger Tumulus wahrscheinlich mit Zypressen bepflanzt war. Und auch hier finden sich unter Verweis auf Ägypten als Siegeszeichen zwei allerdings sehr viel kleinere altägyptische Obelisken, die den Zugang zum Mausoleum flankierten (Abb. 323). Möglicherweise zum ersten Mal tauchen ägyptische Motive – erneut als Siegessymbole zu verstehen – hier auch im Zusammenhang einer römischen Gartengestaltung auf: Ein in der Umgebung des Mausoleums gefundenes, sorgfältig gearbeitetes Gebälkteil zeigt als Kassettenschmuck eine *atef*-Krone, die ägyptische Königskrone, und vielleicht eine Lotusblüte; man vermutet, dass es zu einem marmornen Pavillon in dem Park oder Grabgarten gehörte, der das Mausoleum umgab. Der Bezugspunkt Ägypten wird zu einem oft zwar nur zeichenhaft verwendeten, doch höchst wirkungsvollen und alle Bereiche des Lebens erfassenden Bestandteil augusteischer Staatspropaganda (Abb. 324).

Während der junge und außerordentlich erfolgreiche Isis-Kult als zweite Säule römischer Ägyptophilie aus Rücksicht auf den konservativen Senat, der sich als Wahrer traditionell römischer Werte, der *mores*, verstand, durch Augustus geächtet oder zumindest dessen Kultvereine in ihrer Tätigkeit eingeschränkt worden waren, wurde er im privaten und vor allem im volksnahen Umfeld weiterhin intensiv gepflegt. Und auch im weitläufigen Haus des Augustus, das mit größter Pracht auf dem Palatin errichtet worden war, findet sich als Element der kostbaren Wanddekoration eine Fülle von Ägyptenbezügen: An bevorzugter Stelle des sogenannten Studiolo aber beleben unter anderem Anubis-Figuren, Horusfalken und Apisstiere nicht nur die dekorativen Malereien, eindeutig vermitteln sie darüber hinaus auch politische Botschaften. Sie sind erneut als Siegespropaganda und zugleich als Zeichen privater Isis-Verehrung zu verstehen. Als Symbole augusteischer Glücksverheißung und als Garanten des Wohlstands eroberten die gleichen Motive ebenso die Ausstattung privater Wohnhäuser des stadtrömischen Adels und Bürgertums wie der unterschiedlichen Gesellschaftsschichten in den Provinzstädten; vor allem in Pompeji hat sich in der Wandmalerei ein überaus reiches Repertoire dieser zu einer breiten Modeströmung entwickelten Vorliebe erhalten. Als „Egittomania" bezeichnete Mariette de Vos dieses Phänomen. In Rom ließ Caius Cestius sich um 15 v. Chr. sogar sein Grab in Form einer monumentalen Pyramide errichten (Abb. 325).

*Abb. 325: Pyramide des Prätor Caius Cestius in Rom.*

Ähnlich wie im palatinischen Haus des Augustus bereicherten ab augusteischer Zeit alle Arten von Ägyptenmotiven die pompejanischen Wanddekorationen. Dazu gehören neben den ägyptischen Göttergestalten und ihren Begleitern, Kultmale, Isis-Kronen, Uräusschlangen, liturgisches Gerät, *anch*-Zeichen, Sphingen, Reiher, Krokodile, Lotusblüten usw. in vielfältigsten Variationen.

Besonders bemerkenswert ist dabei, dass die Räumlichkeiten mit ägyptisierenden Dekorelementen häufig in unmittelbarer Verbindung zum Säulenhof, dem Peristyl des Hauses, oder zum Garten, dem Viridarium, stehen. Sie gaben den Blick in bepflanzte Grünbereiche des Hauses frei, die für Muße und Entspannung standen – Zustände, die offensichtlich durch Wohlleben und Glück verheißende ägyptische Zeichen gesteigert werden sollten.

Gärten selbst mit ägyptischen Elementen sind aus dieser frühen Zeit kaum bekannt. Im Tablinum der Villa dei Misteri vor den Toren Pompejis hat sich dagegen aus augusteischer Zeit eine Wanddekoration erhalten, auf deren Sockel zumindest illusionistische Pflanzenmalereien mit ägyptischen Motiven kombiniert sind. Sie sollten offenbar die Vorstellung eines Glück bringenden Gartenambientes hervorrufen, die ihren Ursprung ebenfalls im hellenistischen Ägypten zu haben scheint.

In unserem Zusammenhang ist weiter ein Befund in der Casa del Frutteto[2] von exemplarischer Bedeutung. Zwei Cubicula sind hier ebenfalls mit illusionistischen Malereien geschmückt, die das Thema der berühmten Gartenmalereien aus der augusteischen Villa der Livia in Prima Porta bei Rom und deren Elemente auf charakteristische Weise variieren: Über dem schon aus der Villa dei Misteri bekannten Pflanzensockel schweift der Blick in Cubiculum 8 über einen niedrigen Gitterzaun in eine von allerlei unterschiedlichen Vögeln belebte Gartenlandschaft mit Blütenbüschen und Fruchtsträuchern (Abb. 326). Horizontal verbundene, schlanke Pilaster täuschen eine leichte Laubenarchitektur vor und bilden zugleich ein Rahmensystem für die Malerei.

Aufgehängte Masken und Reliefscheiben zwischen Girlanden schließen die Dekoration nach oben ab. Auf schlanken Trägern stehen nun auf dem Gitterzaun abwechselnd Skulpturen und Bildtafeln, welche auch die Pilaster bekrönen. Diese Skulpturen und Bildtafeln haben die ägyptische und die griechische Götterwelt in Einzeldarstellungen oder Gruppenszenen zum Thema, sodass sich ägyptische Motive mit hellenistisch-dionysischen (Masken, Mänaden u. a.) zu einer Glück verheißenden, paradiesischen Idealwelt verbinden. Gesteigert wird diese Illusion durch den sakralen Aspekt, der freilich einen konkret religiösen Bezug wohl kaum evozierte.

Andererseits jedoch gehören Ägyptiaca selbstverständlich auch zum festen Repertoire der Dekoration von Heiligtümern der ägyptischen Kulte, die sich trotz des erwähnten Verbots sowohl in Rom als unter anderem auch im hauptstadtfernen Pompeji finden. Neben allen Arten ägyptischer Motive und Symbole mit oder ohne religiöse Bezüge erfreuten sich in diesem Zusammenhang besonders rituelle oder zeremonielle Szenen mit Isis-Priestern und Gläubigen häufig in Kombination mit sakral-idyllischen Park- oder Gartenlandschaften großer Beliebtheit.

Vor diesem Hintergrund einer politisch geförderten und sozio-ökonomisch begründeten Ägyptophilie sowie der sich kontinuierlich in Italien und darüber hinaus ausbreitenden ägyptischen Kulte ist auch das Auftauchen ägyptischer Elemente in der realen Gartengestaltung der römischen Kaiserzeit zu sehen. Dabei handelt es sich wie in den Wand- und Bodendekorationen allerdings immer um Versatzstücke, die keine real existierenden Vorgaben kopieren, sondern mit den Bildern Assoziationen und Stimmungen, in seltenen Einzelfällen vielleicht auch Erinnerungen hervorrufen sollten.

Zwei Motive sind in diesem Zusammenhang hervorzuheben: Der Nil mit seinen wechselnden, Frucht bringenden Wasserständen, die als ein staunenswertes Naturereignis begriffen wurden, war uns als Symbol eines exotischen Ägypten bereits in

*Abb. 326: Casa del Frutteto. Gartenmalerei mit ägyptisierenden Motiven und Elementen der griechischen Mythologie im Cubiculum 8. Deutsches Archäologisches Institut, Abteilung Rom (Neg.-Nr. 1964.2261).*

## Rom und Ägypten

Praeneste begegnet; eine ähnliche Imagination löste darüber hinaus der Canopus aus, eigentlich ein Küstenort nordöstlich von Alexandria, zugleich aber auch ein hier mündender, küstenparalleler Nil-Kanal, an dessen Ufer seit hellenistischer Zeit aufwendig-luxuriöse Villen standen. Wie wir durch Cicero wissen,[3] verband sich in römischer Vorstellung mit dem Nil der offenbar gleichermaßen als fremdartig gesehene Euripus, eine Meerenge zwischen der griechischen Insel Euböa und dem Festland; Nil/Canopus und Euripus, die als Ausdruck des Exotischen anscheinend synonym verwendet werden konnten, beflügelten Vorstellungskraft und Fantasie der Römer in hohem Maße.

Schon um die Mitte des 1. Jahrhunderts v. Chr. hatte der römische Senator Marcus Aemilius Scaurus, wie Plinius berichtet,[4] in Rom mit einem Nilpferd und fünf Krokodilen, die in einem künstlichen Euripus präsentiert wurden, für Aufsehen gesorgt. Dass hier ein Bild des exotischen Landes am Nil vermittelt werden sollte, darf als sicher angenommen werden. Schmale, lange Wasserbecken möglichst mit fließendem Wasser, die meist zwar Euripi genannt wurden, aber gleichzeitig als Nil/Canopus verstanden auch einen Ägyptenbezug herstellen konnten, werden in der Folge zu charakteristischen Bestandteilen der Gartengestaltung im Rahmen der römischen Villenarchitektur, vornehmlich am Golf von Neapel. Die Gärten der Villa dei Papiri in Ercolano/Herculaneum und die Villa von S. Marco in Castellamare/Stabia, beide aus der frühen Kaiserzeit, seien als Beispiele angeführt. An jeweils exponierter und das gesamte Gartenbild bestimmender Stelle sind die Euripi/Nili/Canopi in beiden Fällen zentrale Mittel der Gartengestaltung und als planvoll komponierte Sichtachsen zugleich unmittelbar mit der Architektur verknüpft; in der Villa dei Papiri wurde das Motiv in unterschiedlichen Gartenbereichen sogar verdoppelt und demonstriert so seine herausragende Beliebtheit (Abb. 327). Ganz offensichtlich ist der Ägyptenbezug in dem wohl nach der Mitte des 1. Jahrhunderts n. Chr. ausgebauten pompejanischen Haus des D. Oct. Quartio[5]: Ein 10 m langes Kanalbecken verläuft hier parallel zu der dem Garten geöffneten Rückfassade des Hauses; ein zweites, 25 m langes, durch Brückenpavillons gegliedertes Becken zweigt T-förmig von diesem in den langgestreckten Garten ab und wurde über eine vielleicht an die Nilkatarakte erinnernde Wassertreppe aus einer künstlichen Grotte mit fließendem Wasser versorgt. Wie zahlreiche andere Hinweise auf Isis im selben Haus nahelegen, sollten die Becken sehr wahrscheinlich ein exotisches Euripus/Nil/Canopus-Ambiente hervorrufen und mit wechselnden Perspektiven zu genussvollem, sich des Wohllebens versichernden Verweilen einladen. Die am kürzeren der beiden Euripi aufgestellten Skulpturen u. a. eines Flussgottes (Nil) und einer Sphinx ließen die mit den Wasserkanälen verbundenen gedanklichen Bezüge deutlich hervortreten; jedermann wird bei ihrem Anblick neben dem exotischen Genuss zugleich auch Ägypten assoziiert haben.

Die Aufstellung ägyptisierender oder gar ägyptischer Bildwerke selbst ist das zweite Motiv der kaiserzeitlichen Gartenarchitektur, mit dem noch sehr viel unmittelbarer ein Bezug zum Land am Nil hergestellt werden konnte. Ähnlich wie in der beschriebenen Gartenmalerei der pompejanischen Casa del Frutteto konnten diese Statuen und Reliefs sowohl im sakralen als auch im zivilen Bereich kaiserzeitlicher Tempelgärten bzw. von Peristyl- und Gartenhöfen ein entsprechend gewünschtes Ambiente erzeugen. Sehr zahlreich allerdings sind die erhaltenen Beispiele hierfür nicht.

Für den riesigen Gartenhof (ca. 200 m × 80 m) des aus domitianischer Zeit stammenden Iseum Campense auf dem römischen Marsfeld, das größte der stadtrömischen Isis-Heiligtümer mit halbkreisförmigem Templum und Wasserbecken, lässt sich neben gesicherten ägyptisierenden Papyrus- und Reliefsäulen möglicherweise auch eine Anzahl von Obelisken erschließen; erhalten sind vor Ort vor allem nur Fragmente, darüber hinaus aber eine große Zahl ägyptischer und ägyptisierender Skulpturen und Reliefs aus kostbarem, importiertem Steinmaterial bzw. Bruchstücke davon, die im Hof aufgestellt bzw. an den Wänden befestigt waren,

*Abb. 327: Getty-Museum in Malibu. Gartenperistyl mit Wasserbecken/Euripus als Nachbau der Villa dei Papiri in Ercolano/Herculaneum.*

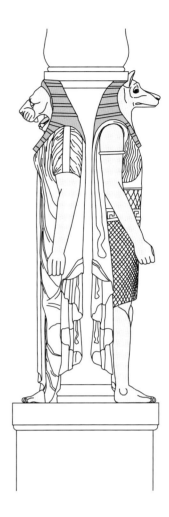

< Abb. 328:
Kopf des Serapis
(Marmor, Höhe
mit Sockel: 44 cm),
römische Kopie
nach einer griechischen Vorlage
aus der zweiten
Hälfte des 4. Jahrhunderts v. Chr.
Kulturstiftung
DessauWörlitz
(Inv.-Nr. II-18).

Abb. 329 >:
Heiligtum der Ägyptischen Gottheiten in
Pergamon/Bergama.
Rote Halle. Stützfiguren, die Anubis
(rechts) und Sachmet
in archaisierender
und altägyptischer
Pose zeigen. Rekonstruktionszeichnung
nach Ulrich Mania.

und Reste des mit seinen Ritzzeichnungen ebenfalls ägyptisierenden Hofbelags aus Marmorplatten. Ein parallel zur Längsachse verlaufender Kanal ist sicher als Nil/Canopus/Euripus zu interpretieren. Baumreihen werden in diesem Hof vermutet; von der Bepflanzung des Hofes aber haben wir ansonsten keine Vorstellung. Mit der Fülle seiner Bildwerke muss der „Gartenhof", in dem zusätzlich kleine Tempel für Isis und Serapis (Abb. 328) standen, und der wie ein öffentlicher Park auch für Nicht-Isis-Anhänger zugänglich war, auf den Besucher wie ein „Ägyptisches Museum" gewirkt haben.

Pflanzen und Grün können in den Heiligtümern zumindest eine rahmende Funktion gehabt haben, die mit Palmen und exotischen Vögeln eine dem ägyptischen Kult entsprechende Atmosphäre erzeugen sollte. Eine etwas genauere Vorstellung eines solchen Tempel-Gartenhofes in ägyptischem Stil ermöglichen uns z. B. das Isis-Heiligtum in Pompeji oder jetzt das Heiligtum der Ägyptischen Gottheiten im kleinasiatischen Pergamon, wenn hier auch zur Bepflanzung selbst ebenso wenig gesagt werden kann wie beim stadtrömischen Iseum.

Entscheidend war in einem derartigen Heiligtum wohl eher der Hof, weniger seine gartenmäßige Gestaltung. Vor kurzem erst ist aber die Architektur dieses monumentalen Baukomplexes aus hadrianischer Zeit näher untersucht und interpretiert worden. Zwei den pergamener Hauptbau flankierende Seitenhöfe waren gartenartig mit parallelen Wasserbecken ausgestattet, die in der Art der Villen-Euripi wahrscheinlich auf den Nil verweisen; deutlicher noch wird der Bezug auf Ägypten in den Stützfiguren des Hofes. Die 3,50 m hohen Statuen aus weißem und schwarzem Marmor tragen ägyptisierende Perücken sowie Gewänder in ägyptisierendem oder in archaisierendem Stil; sie sind z. T. mit Köpfen ägyptischer Götter versehen gewesen: Es fanden sich Fragmente vom Schakalkopf des Anubis und vom Löwenkopf der Sachmet, aus denen sich jeweils die entsprechenden Rekonstruktionen ableiten lassen (Abb. 329), und ferner Hinweise auf den Krokodilkopf des Suchos/Sobek und den Ibiskopf des Thot. Als Förderer des Heiligtums in Pergamon wird Kaiser Hadrian vermutet.

Die Haltung der römischen Kaiser zu Ägypten und den ägyptischen Kulten war schwankend, aber meist aus machtpolitischen Erwägungen heraus doch überwiegend positiv. Einige von ihnen (wie Domitian für Isis oder Caracalla für Serapis) ließen in Rom großartige Gebäude für die ägyptischen Gottheiten errichten.

## Rom und Ägypten

Eine besondere Beziehung zu Ägypten, aus der sich auch die Förderung des pergamener Projektes erklären mag, entwickelte Hadrian. Auf einer gemeinsamen Ägyptenreise verunglückte 130 n. Chr. sein aus Bithynien stammender Favorit Antinoos (Abb. 330) auf dem Nil und ertrank – für den Kaiser war dies offensichtlich ein höchst schmerzlicher Verlust. Um das Andenken an ihn zu pflegen und zu fördern, wurde Antinoos als Osiris vergöttlicht und erhielt im ganzen Reich zahlreiche offizielle Kultstätten.

Vor diesem Hintergrund scheint sich Hadrians zuvor gegenüber Ägypten und dessen Pantheon wohl eher indifferente Haltung grundlegend gewandelt zu haben. In seiner vor den Toren Roms, nahe des als Sommerfrische hoch geschätzten Bergortes Tivoli/Tibur gelegenen Villa verwirklichte Hadrian im Laufe seiner Regierungszeit zwischen 118 und 138 n. Chr. ein fantastisches Bauprogramm, zu dem unter vielem anderen auch ein schon in der Antike Canopus genannter Gartenbereich gehörte.[6]

Am Ende einer schmalen Talsenke stand darin eine reich mit Wasserspielen, Grottenwerk und Statuen ausgestattete, überwölbte Exedra mit flankierenden Pavillons, die in ihrer Anlage dem Iseum Campense ähnelt; sie diente allerdings – ganz profan – in der Art eines Tricliniums als exotischer Speisesaal. Axial zugeordnet war der Exedra ein langgestrecktes Wasserbecken, das an seinem halbkreisförmigen, der Exedra gegenüberliegenden Ende von einer Kolonnade gesäumt war (Abb. 331, 332). Zwischen deren Säulen waren marmorne Skulpturen unterschiedlicher Thematik aufgestellt.

Den „Canopus" charakterisierten vor allem Krokodile und Bes-Figuren, mit denen sich augenscheinlich die gewünschte Vorstellung eines luxuriös-ausschweifenden Lebens am ägyptischen Nilkanal assoziierte. Mit ähnlicher Zielrichtung schmückten in Rom an Ägypten erinnernde Bildwerke auch die aus etwa gleicher Zeit stammenden Horti Sallustiani, eine große und aufwendige private Gartenanlage im Nordosten der Stadt.

Während dieses Gartenareal in Rom ebenso wie der „Canopus" in der Villa Hadriana bekannte Muster der Baugattung Villa variierten,

*Abb. 330:*
*Antinoos-Statue im Portal der Orangerie im Neuen Garten in Potsdam. Das Vorbild sah der Bildhauer J. G. Schadow in den Vatikanischen Museen in Rom.*

die ganz im Zusammenhang des für die römische Villenkultur bestimmenden Lebensideals des *otium* zu sehen sind, entstand nach dem Tod des Antinoos in den letzten Regierungsjahren Hadrians ein jüngst erst freigelegter Baukomplex, der ein vollkommen anderes Ziel verfolgte.

Am südwestlichen Haupteingang zur Villa Hadriana wurde in prominenter Position unmittelbar am zeremoniell gestalteten Zufahrtsweg ein Heiligtum errichtet, das der Verehrung des vergöttlichten Antinoos diente, möglicherweise auch dessen Grab oder zumindest ein Kenotaph enthielt. Trotz starker Zerstörungen als Ursache seiner späten Entdeckung lässt sich dieses sogenannte Antinoeion (Abb. 333) in seinen wesentlichen und für unsere Betrachtung aussagekräftigen Teilen mit hinlänglicher Sicherheit rekonstruieren: Einer großen Halbkreis-Exedra, die erneut das Thema des Iseum Campense und des „Canopus" in der Villa Hadriana wiederholte, war ein querrechteckiger, ummauerter Gartenhof vorgelagert, in dem zwei Tempelbauten mit gegeneinander zugewendeten Fassaden standen. Die Mitte der Anlage markierte wahrscheinlich ein Obelisk; derjenige auf dem Pincio in Rom mit ägyptisierenden, über Tod und Vergöttlichung des Antinoos berichtenden Hieroglyphen wird diesem Platz zugewiesen.

Antinoos-Osiris wurde hier als Teil des ägyptischen Pantheons verehrt, und entsprechend unterstrichen Architektur und Garten, besonders aber die Ausstattung in demonstrativer Weise den Ägyptenbezug. Ägyptische und ägyptisierende Reliefs und Statuen, darunter eine ganze Reihe von Antinoos-Standbildern, sind hier gefunden worden bzw. werden als historische Funde ohne Kontext jetzt diesem „Antinoeion" zugewiesen. Der Tempelgarten war mit Wasserbecken und Pflanzbeeten ausgestattet, die in geometrisch strenger und symmetrischer Form auf die Architektur Bezug nehmen. Da die Anlage auf einer künstlich eingeebneten Geländeterrasse unmittelbar auf dem gewachsenen Tuffuntergrund errichtet worden war, mussten hierfür Gräben in den Tuff eingetieft und mit Erdreich verfüllt werden. Nach diesen Gräben und darin gefundenen Wurzelresten waren die beiden Tempelbauten wohl durch Reihen von Dattelpalmen eingefasst, die über den bildnerischen Schmuck hinaus zusätzlich ein ägyptisches Ambiente erzeugten (Abb. 334), während zwischen den Tempeln parallele Gräben für Hecken oder vielleicht auch für Blumenpflanzungen angelegt waren.

**Rom und Ägypten**

Abb. 331: Canopus in der Villa Hadriana. Im Hintergrund die überkuppelte Exedra mit flankierenden Pavillonbauten. Am Beckenrand stehen Kopien der Karyatiden des Erechtheions auf der Akropolis in Athen und des Bes.

Abb. 332: Villa Hadriana in Tivoli. Im Vordergrund eine Statue mit Füllhorn und Sphinx, die den Nil verkörpert. Im Hintergrund das große Wasserbecken mit der dahinter liegenden Exedra.

## Rom und Ägypten

Abb. 333: *Villa Hadriana in Tivoli. Überreste des „Antinoeion", des Heiligtums für den vergöttlichten Antinoos. Die Fundamente der Pavillonbauten und des Obelisken sind deutlich erkennbar.*

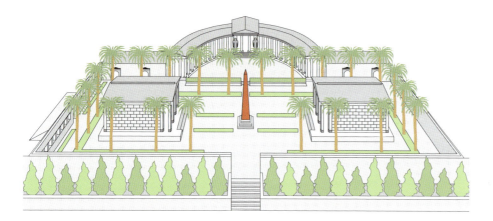

Abb. 334: *„Antinoeion" in der Villa Hadriana. Gesamtanlage mit Bepflanzung. Reihen von Palmen rahmen die beiden symmetrisch angeordneten Tempel. Rekonstruktionszeichnung nach Zaccaria Mari und Sergio Sgalambro.*

Architektonische Details, eine Fülle von Ausstattungsobjekten und auch die Pflanzen kennzeichneten also den Komplex als den ägyptischen Göttern geweiht und verdeutlichten damit die Welt, die hier zu Ehren des Antinoos geschaffen worden war.

Ein zweiter, wohl ebenfalls Antinoos und den ägyptischen Göttern geweihter, architektonisch jedoch vollkommen anders gestalteter Bezirk im jenseits der Kernvilla gelegenen Nordostteil der Gesamtanlage, die sogenannte Palästra, mit ähnlich vielfältigen Ägyptenbezügen unterstreicht seinerseits den nun bei den Baumaßnahmen der letzten Regierungsjahre des Kaisers im Vordergrund stehenden kultisch-religiösen Aspekt.

Die „Egittomania" Hadrians erhielt mit diesen Heiligtümern eine ganz neue Bedeutung: Religiöse Vorstellungen standen jetzt ebenso wie etwa bei der Roten Halle in Pergamon im Vordergrund und charakterisieren noch einmal das Spektrum, in dem sich römische Ägyptenbegeisterung allgemein und ebenso im Hinblick auf die Gartengestaltung bewegte. Sakrale Gedanken konnten die Verwendung ägyptischer Motive im gleichen Maße befördern wie die für römisches Villenleben bestimmende Sehnsucht nach einem idyllisch-exotischen Lebensumfeld, und häufig sind die beiden unterschiedlichen Beweggründe auch gar nicht klar voneinander zu trennen. In manchen Phasen der römischen Kaiserzeit wie besonders unter Augustus konnte ein politisch-propagandistischer Aspekt hinzukommen, der in dieser Epoche sogar prägend gewesen zu sein scheint. Bis in die späte Kaiserzeit jedenfalls blieb die Affinität der Römer zu ägyptischer Religion und Lebensart bestehen und erreichte im frühen 3. Jahrhundert unter dem Kaiserhaus der Severer noch einmal einen Höhepunkt, bevor sie im Laufe des 4. Jahrhunderts durch das Christentum ganz verdrängt wurde. In den Gärten findet sich häufig ein unmittelbarer Reflex dieser komplexen Vorgänge.

Anmerkungen
[1] Pompeji VI 12.
[2] Pompeji I 9,5.
[3] De leg. II 2.
[4] Nat. hist. VIII 96.
[5] Pompeji II 2,2.
[6] Hist. Aug. Vita Hadriani 26,5.

*Abb. 335:
Wörlitzer Pantheon, um 1795 nach dem
Vorbild des Pantheons in Rom errichtet.*

# LITERATUR

Adembri, B., Suggestione egizie a Villa Adriana, Katalog, Mailand 2006.

Anus, P., Un domain thébain d'époque amarnienne, in: Le Bulletin de l'Institut Francais d'Archéologie Orientale 69, 1970, S. 69-88.

Arnold, D., Der Tempel des Königs Mentuhotep von Deir el-Bahari, 3 Bände, Mainz 1974, 1981.

Arnold, D., The Temple of Mentuhotep at Deir el-Bahari, New York 1979.

Arnold, D., Die Tempel Ägyptens. Götterwohnungen, Kultstätten, Baudenkmäler, Zürich 1992.

Arnst, C.-B., Das Inselheiligtum im Gartenteich, in: Altorientalische Forschungen 16, 1989, S. 203-215.

Assmann, J., Das Grab des Basa in der thebanischen Nekropole, Mainz 1973.

Assmann, J., Ägyptische Hymnen und Gebete, Zürich/München 1975.

Assmann, J., Das Grab des Amenemope (TT 41), Mainz 1991.

Assmann, J., Ägypten – eine Sinngeschichte, Frankfurt 1999.

Assmann, J., Tod und Jenseits im Alten Ägypten, München 2001.

Assmann, J., The Ramesside Tomb and the Construction of Sacred Space, in: Strudwick, N./Taylor, J. (Hrsg.), The Theban Necropolis. Past Present and Future, London 2003, S. 46-52.

Assmann, J., Die Konstruktion sakralen Raums in der Grabarchitektur des Neuen Reichs, in: Archiv für Religionsgeschichte 6, 2004, S. 1-18.

Assmann, J., Altägyptische Totenliturgien II, Heidelberg 2005.

Assmann, J., Altägyptische Totenliturgien III, Osirisliturgien in Papyri der Spätzeit, Heidelberg 2008.

Aufrère, S., Les végétaux sacrés de l'Égypte ancienne, in: Encyclopédie religieuse de l'Univers végétal, Orientalia Monspeliensia X, Montpellier 1999, S. 121-207.

Badawy, A., Maru-Aten: Pleasure Resort or Temple?, in: Journal of Egyptian Archaeology 42, 1956, S. 58-64.

Baines, J., Fecundity Figures. Egyptian Personification and the Iconology of a Genre, Warminster 1985.

Baum, N., Arbres et arbustes de l'Égypte ancienne. La liste de la tombe thébaine d'Ineni (n° 81), Orientalia Lovanensia Analecta 31, Leuven 1988.

Bayer, C., Echnaton. Sonnenhymnen, Ägyptisch/Deutsch, Ditzingen 2007.

Beaux, N., Le Cabinet de Curiosités de Thoutmosis III., Louvain 1990.

Bietak, M., Minoan Wall Paintings unearthed at Ancient Avaris, in: Egyptian Archaeology 2, 1992, S. 26-28.

Bietak, M./Forstner-Müller, I., Ausgrabung eines Palastbezirkes der Tuthmosidenzeit bei 'Ezbet Helmi/Tell el-Dab'a, Vorbericht für Herbst 2004 und Frühjahr 2005, in: Ägypten & Levante 15, 2005, S. 65-100.

Billing, N., Nut. The Goddess of Life in Text and Iconography, Uppsala Studies in Egyptology 5, Uppsala 2002.

Billing, N., Writing an Image – The Formulation of the Tree Goddess Motif in the Book of the Dead, Ch. 59, in: Studien zur Altägyptischen Kultur 32, 2004, S. 35-50.

Blackman, A. M., The Story of King Kheops and the Magicians. Transcribed from Papyrus Westcar (Berlin Papyrus 3033), Reading/Mass. 1988.

Blumenthal, E., Die Erzählung des Papyrus D'Orbiney als Literaturwerk, in: Zeitschrift für Ägyptische Sprache und Altertumskunde 99, 1972, S. 1-25.

Borchardt, L., Ein Königserlaß aus Dahschur, in: Zeitschrift für Ägyptische Sprache und Altertumskunde 42, 1905, S. 1-11.

Borchardt, L., Nilmesser und Nilstandsmarken, Berlin 1906.

Borchardt, L./Ricke, H., Die Wohnhäuser von Amarna, Berlin 1980.

Bouriant, U., Notes de voyages, § 5: Le tombeau de Tenna, in: Recueil de Travaux 11, 1889, S. 156-159.

Brückener, C./Hoffmann, A./Mania, U., Die Erforschung der Roten Halle in Pergamon, in: Das Altertum 53, 2008, S. 179-188.

Brunner, H., Grundzüge einer Geschichte der altägyptischen Literatur, Darmstadt 1986.

Brunner-Traut, E., „Blume", in: Helck, W./Otto, E. (Hrsg.), Lexikon der Ägyptologie, Band 1, Wiesbaden 1975, Sp. 834-837.

Brunner-Traut, E., Ägypten, Stuttgart 1998.

Buchner, E., Die Sonnenuhr des Augustus, Mainz 1982.

de Buck, A., The Egyptian Coffin Texts, 7 Bände, Chicago 1935-1961.

Butzer, K. W., Studien zum vor- und frühgeschichtlichen Landschaftswandel der Sahara. Die Ursachen des Landschaftswandels der Sahara und Levante seit dem klassischen Altertum, Abhandlungen der mathematisch-naturwissenschaftlichen Klasse 1, Mainz 1958.

Butzer, K. W., Studien zum vor- und frühgeschichtlichen Landschaftswandel der Sahara. Die Naturlandschaft Ägyptens während der Vorgeschichte und der Dynastischen Zeit, Abhandlungen der mathematisch-naturwissenschaftlichen Klasse 2, Mainz 1959.

De Caro, S. (Hrsg.), Egittomania. Iside e il mistero, Katalog, Mailand 2006.

Carroll-Spillecke, M. (Hrsg.), Der Garten von der Antike bis zum Mittelalter, Mainz 1992.

Cheers, G. (Hrsg.), Botanica. Bäume & Sträucher, Königswinter 2006.

Ciarallo, A., Gardens of Pompeii. „L'Erma" di Bretschneider, Rom 2000.

Davies, Nina de G./Gardiner, A. H. (Hrsg.), The Tomb of Amenemhet (No. 82), The Theban tombs series 1, London 1915.

Davies, Norman de G., The Rock Tombs of El Amarna, Band 1-6; Memoir of the Archaeological Survey of Egypt 13-18, London 1903-1908.

Davies, Norman de G., Two Ramesside Tombs at Thebes, Publications of the Metropolitan Museum of Art Egyptian Expedition/Robb de Peyster Tytus memorial series 5, New York 1927.

Davies, Norman de G., The Tomb of Ken-Amun at Thebes, Publications of the Metropolitan Museum of Art Egyptian Expedition 5, New York 1930.

Davies, Norman de G., Tehuti: Owner of Tomb 110 at Thebes, in: Glanville, S. R. K. (Hrsg.), Studies presented to F. Ll. Griffith, London 1932, S. 272-290.

Davies, Norman de G., The Tomb of Neferhotep at Thebes, Band II, Publications of the Metropolitan Museum of Art Egyptian Expedition 9, London 1933.

Davies, Norman de G., The Tomb of Rekh-mi-Re at Thebes, Publications of the Metropolitan Museum of Art Egyptian Expedition 11, New York 1943.

Davies, Norman de G., Seven Private Tombs at Kurnah, Mond Excavations at Thebes 2, London 1948.

Dechain-Urtel, M.-T., „Vereinigung beider Länder", in: Helck, W./Westendorf, W. (Hrsg.), Lexikon der Ägyptologie, Band 6, Wiesbaden 1986, Sp. 974-976.

Description de l'Egypte, Nachdruck, Köln 2002.

Desroches-Noblecourt, C., La cueillette du raisin a la fin de l'époque amarnienne, in: Journal of Egyptian Archaeology 54, 1968, S. 82-88.

Deutsches Archäologisches Institut, Abteilung Kairo, Rundbriefe, siehe unter www.dainst.de.

Dittmar, J., Blumen und Blumensträuße als Opfergaben im alten Ägypten, Münchener Ägyptologische Studien 43, Berlin 1986.

Dreyer, G., Umm el-Qaab I. Das prädynastische Königsgrab U-j und seine frühen Schriftzeugnisse, Archäologische Veröffentlichungen 86, Mainz 1998.

Dziobek, E., Das Grab des Ineni: Theben Nr. 81, Archäologische Veröffentlichungen 68, Mainz 1992.

Dziobek, E., Denkmäler des Vezirs User-Amun, Studien zur Archäologie und Geschichte Altägyptens 18, Heidelberg 1998.

Dziobek, E./Raziq, M. A., Das Grab des Sobekhotep: Theben Nr. 63, Archäologische Veröffentlichungen 71, Mainz 1990.

Eaton-Krauss, M./Graefe, E., The small Golden shrine from the Tomb of Tutankhamun, Oxford 1985.

Eckermann, J. P., Gespräche mit Goethe, Leipzig 1837.

Edel, E., Zu den Inschriften auf den Jahreszeitenreliefs der Weltkammer aus dem Sonnenheiligtum des Niuserre, 2 Bände, Göttingen 1961/1964.

Edel, E., Studien zu den Relieffragmenten aus dem Taltempel des Königs Snofru, in: Studies in Honor of William Kelly Simpson, Band 1, Boston 1996, S. 199-208.

Eigner, D., Die monumentalen Grabbauten der Spätzeit in der thebanischen Nekropole, Österreichische Akademie der Wissenschaften, Denkschriften der Gesamtakademie VIII, Untersuchungen der Zweigstelle Kairo des Österreichischen Archäologischen Instituts VI, Wien 1984.

Eigner, D., Der Residenzgarten in Tell el-Dab'a, Ostdelta, in: Loeben, C. E./Kappel, M., Die Pflanzen im altägyptischen Garten, Rahden 2009, S. 16-27.

El Awady, T., Ausgrabungen am Aufweg der Sahure-Pyramide. Eine neue Darstellung von der Punt-Expedition, in: Sokar 14, 2007, S. 20-24.

El Awady, T., Abusir XVI. Sahure – The Pyramid Causeway. History and Decoration Program in the Old Kingdom, Prag 2009.

El Awady, T., Sahure. Ein glanzvolles Königsleben, in: Brinkmann, V. (Hrsg.), Sahure. Tod und Leben eines großen Pharao, Frankfurt 2010, S. 196-207.

El-Kordy, Z., Présentation des feuilles des arbres $I\check{s}d$, $Im$ et $B3q$, in: Annales du Service des Antiquités de l'Égypte 69, 1983, S. 269-286.

Enciclopedia Italiana. Pompei. Pitture e mosaici II (1990) s. v. Regio I Ins. 9,5 S. 1-3, 15-35 (M. de Vos) und V (1994) s. v. Regio VI Ins. VI 12 S. 84-85, 123-124 (M. de Vos).

Engel, E.-M., Das $hw.t$ $pi-hr.w-msn.w$ in der ägyptischen Frühzeit, in: Engel, E.-M./Müller, V./Hartung, U., Zeichen aus dem Sand. Streiflichter aus Ägyptens Geschichte zu Ehren von Günter Dreyer, MENES 5, Wiesbaden 2008, S. 107-126.

Erichsen, W., Papyrus Harris I. Hieroglyphische Transkription, Bibliotheca Aegyptiaca 5, Brüssel 1933.

Erman, A., Die Märchen des Papyrus Westcar I, Berlin 1890.

Erman, A., Die Literatur der Aegypter, Leipzig 1923.

Erman, A./Grapow, H., Wörterbuch der ägyptischen Sprache, 5 Bände, Berlin 1926-1961.

Erman, A./Ranke, H., Ägypten und ägyptisches Leben im Altertum, Hildesheim [4]1987.

Erroux-Morfin, M., Le saule et la lune, in: Encyclopédie religieuse de l'Univers végétal, Orientalia Monspeliensia X, Montpellier 1999, S. 293-316.

Fakhry, A., The Monuments of Sneferu at Dahshur, 2 Bände, Kairo 1959/1961.

von Falck, M./Martinssen-von Falck, S., Neues zur Göttin des Westens, in: Waitkus, W. (Hrsg.), Diener des Horus. Festschrift für Dieter Kurth zum 65. Geburtstag, Aegyptiaca Hamburgensia 1, Gladbeck 2008, S. 93-108.

Faltings, D., Die Keramik aus den Grabungen an der nördlichen Pyramide des Snofru in Dahschur, in: Mitteilungen des Deutschen Archäologischen Instituts, Abteilung Kairo, Band 45, 1989, S. 133-154.

Feucht, E., Fishing and Fowling with the Spear and the Throw-Stick Reconsidered, in: U. Luft (Hrsg.), Intellectual Heritage of Egypt, Studia Aegyptiaca XIV, Budapest 1992, S. 157-169.

Finneiser, K., Die Bilderwelt im Sonnenheiligtum des Niuserre, in: Brinkmann, V. (Hrsg.), Sahure. Tod und Leben eines großen Pharao, Frankfurt 2010, S. 235-247.

Fox, M. V., The Song of Songs and the Ancient Egyptian Love Songs, Madison 1985.

Frankfort, H., The Mural Painting of el-Amarna, London 1929.

Franzmeier, H., Ein Brunnen in der Ramses-Stadt. Zur Typologie und Funktion von Brunnen und Zisternen im Pharaonischen Ägypten, in: Forschungen in der Ramses-Stadt 7, Hildesheim 2010.

Gamer-Wallert, I., „Baum, heiliger", in: Helck, W./Otto, E. (Hrsg.), Lexikon der Ägyptologie, Band 1, Wiesbaden 1975, Sp. 655-660.

Gardiner, A. H., Late-Egyptian Stories, Brüssel 1932.

Gardiner, A. H., Late-Egyptian Miscellanies, Brüssel 1937.

Germer, R., „Persea", in: Helck, W./Westendorf, W. (Hrsg.), Lexikon der Ägyptologie, Band 4, Wiesbaden 1982, Sp. 942-943.

Germer, R., „Sykomore", in: Helck, W./Westendorf, W. (Hrsg.), Lexikon der Ägyptologie, Band 6, Wiesbaden 1986, Sp. 113-114.

Germer, R., Flora des pharaonischen Ägypten, Sonderschrift des Deutschen Archäologischen Instituts, Abteilung Kairo, Band 14, Mainz 1985.

Germer, R., Katalog der altägyptischen Pflanzenreste der Berliner Museen, Ägyptologische Abhandlungen 47, Wiesbaden 1988.

Germer, R., Die Blütenhalskragen aus RT 54, in: Altenmüller, H./Germer, R. (Hrsg.), Miscellanea Aegyptologica; Wolfgang Helck zum 75. Geburtstag, Hamburg 1989, S. 89-95.

Germer, R., Die Pflanzenmaterialien aus dem Grab des Tutanchamun, Hildesheimer Ägyptologische Beiträge 28, Hildesheim 1989.

Germer, R., „Gardens", in: Redford, D. B. (Hrsg.), The Oxford Encyclopedia of Ancient Egypt, Band 2, Kairo 2001.

Germer, R., Die Heilpflanzen der Ägypter, Düsseldorf/Zürich 2002.

Germer, R., Handbuch der altägyptischen Heilpflanzen, Philippika 21, Wiesbaden 2008.

Gessler-Löhr, B., Die heiligen Seen ägyptischer Tempel, Hildesheimer Ägyptologische Beiträge 21, Hildesheim 1983.

Gessler-Löhr, B., Die Totenfeier im Garten, in: Assmann, J., Das Grab des Amenemope (TT 41), Mainz 1991, S. 162-183.

Golvin, J.-C./Goyon, J.-C., Karnak. Ägypten. Anatomie eines Tempels, Tübingen 1990.

Görg, M., Nilgans und Heiliger Geist, Düsseldorf 1997.

Grimal, P., Les jardins romains, Paris 1969.

Guksch (Heye), H., Die Gräber des Nacht-Min und des Men-cheper-Ra-seneb. Theben Nr. 87 und 79, Archäologische Veröffentlichungen 34, Mainz 1995.

Hari, R., La Tombe Thébaine du Père Divin Neferhotep (TT 50), Genf 1985.

Helck, W., Urkunden der 18. Dynastie, Heft 17-22, Berlin 1955-1958.

Helck, W., Materialien zur Wirtschaftsgeschichte des Neuen Reiches, Abhandlungen der Geistes- und Sozialwissenschaftlichen Klasse, Akademie der Wissenschaften und der Literatur in Mainz, 6 Bände, Mainz 1960-69.

Helck, W., Die Prophezeiung des Nfr.tj, Wiesbaden 1970.

Helck, W., „Gärtner", in: Helck, W./Westendorf, W. (Hrsg.), Lexikon der Ägyptologie, Band 2, Wiesbaden 1977, Sp. 372.

Helck, W., „Gartenanlagen, -bau", in: Helck, W./Westendorf, W. (Hrsg.), Lexikon der Ägyptologie, Band 2, Wiesbaden 1977, Sp. 378-380.

Helck, W., „Tempelwirtschaft", in: Helck, W./Westendorf, W. (Hrsg.), Lexikon der Ägyptologie, Band 6, Wiesbaden 1986, Sp. 414-420.

Helck, W./Otto, E. (ab Band 2: Westendorf, W.) (Hrsg.), Lexikon der Ägyptologie, 6 Bände, Wiesbaden 1975-1986.

Hepper, F. N., Pharaoh's Flowers. The Botanical Treasures of Tutankhamun, London 1990.

Hermann, A., Die Stelen der thebanischen Felsgräber der 18. Dynastie, Ägyptologische Forschungen 11, Glückstadt 1940.

Hermsen, E., Lebensbaumsymbolik im Alten Ägypten, Arbeitsmaterialien zur Religionsgeschichte 5, Köln 1981.

Herodot, Das Geschichtswerk, Berlin 1985.

Hölscher, U., The Excavation of Medinet Habu, Band II: The Temples of the Eighteenth Dynasty, Band III: The Mortuary Temple of Ramses III, Teil 1, Band IV: The Mortuary Temple of Ramses III, Teil 2, Chicago 1939, 1941, 1951.

Hornung, E., Das Totenbuch der Ägypter, Bibliothek der Alten Welt, Zürich/München 1979/1993.

Hornung, E., Altägyptische Dichtung, Stuttgart 1996.

Hornung, E., Geist der Pharaonenzeit, Düsseldorf 2005.

Hugonot, J.-C., Le Jardin dans l'Égypte ancienne, Europäische Hochschulschriften, Reihe 38, Band 27, Frankfurt 1989.

Hugonot, J.-C., Ägyptische Gärten, in: Carroll-Spillecke, M. (Hrsg.), Der Garten von der Antike bis zum Mittelalter, Mainz 1992, S. 9-44.

Janssen, J. M., Die Grabstele des Ptahemheb, in: O. Firchow (Hrsg.), Ägyptologische Studien. Hermann Grapow zum 70. Geburtstag gewidmet, Veröffentlichungen der Deutschen Akademie der Wissenschaften, Institut für Orientforschung 29, Berlin 1955, S. 143-148.

Jung, F., Gebaute Bilder, in: Antike Kunst 27, 1984, S. 106-114.

Junker, H., Das Götterdekret über das Abaton, Denkschriften der Kaiserlichen Akademie der Wissenschaften in Wien 56, Wien 1913.

Kahl, J., nsw und bit: Die Anfänge, in: Engel, E.-M./Müller, V./Hartung, U. (Hrsg.), Zeichen aus dem Sand. Streiflichter aus Ägyptens Geschichte zu Ehren von Günter Dreyer, MENES 5, Wiesbaden 2008, S. 307-351.

Kaiser, W., Ägyptisches Museum Berlin, Katalog, Berlin 1967.

Kaiser, W., Zu den Sonnenheiligtümern der 5. Dynastie, in: Mitteilungen des Deutschen Archäologischen Instituts, Abteilung Kairo, Band 38, 1982, S. 211-268.

Kampp, F., Die thebanische Nekropole. Zum Wandel des Grabgedankens von der XVIII. bis zur XX. Dynastie, THEBEN XIII, Mainz 1996.

Kaplony, P., „Wappenpflanze(n)", in: Helck, W./Westendorf, W. (Hrsg.), Lexikon der Ägyptologie, Band 6, Wiesbaden 1986, Sp. 1146-1152.

Keel, O., Ägyptische Baumgöttinnen der 18.-21. Dynastie. Bild und Wort, Wort und Bild, in: Keel, O., Das Recht der Bilder, gesehen zu werden. Drei Fallstudien zur Methode der Interpretation altorientalischer Bilder, Orbus biblicus et orientalis 122, 1992, S. 61-138.

Kees, H., Totenglauben und Jenseitsvorstellungen der alten Ägypter, Berlin ²1956/Nachdruck 1977.

Kees, H., Das alte Ägypten – eine kleine Landeskunde, Berlin 1979.

Kemp, B. J., Outlying Temples at Amarna, in: Kemp, B. (Hrsg.), Amarna Reports VI, Egypt Exploration Society, Occasional Publications 10, London 1995, S. 411-462.

Kemp, B. J., Ancient Egypt. Anatomy of a Civilization, New York 1999.

Kemp, B. J., Leben in Amarna, in: Tietze, C. (Hrsg.), Amarna. Lebensräume – Lebensbilder – Weltbilder, Weimar ²2010, S. 286-295.

Kemp, B. J./Garfi, S., A Survey of the Ancient City of El-Amarna, The Egypt Exploration Society Occasional Papers Nr. 9, herausgegeben von Alan B. Lloyd, London 1993.

Kemp, B./O'Connor, D., An Ancient Nile Harbour: University Museum Excavations at the 'Birket Habu', in: The International Journal of Nautical Archaeology and Underwater Exploration 3, 1974, S. 101-136.

König, R. et al. (Hrsg.), C. Plinius Secundus d. Ä., Naturalis historia, Zürich 1990-2004.

Krauss, R., Astronomische Konzepte und Jenseitsvorstellungen in den Pyramidentexten, Ägyptologische Abhandlungen 59, Wiesbaden 1997.

Krauss, R., Nochmals die Bestattungszeit Tutanchamuns und ein Exkurs über das Problem der Perseareife, in: Studien zur altägyptischen Kultur 23, Hamburg 1996, S. 227-254.

Kuckertz, J., Gefäßverschlüsse aus Tell El-Amarna, Wissenschaftliche Veröffentlichung der Deutschen Orient-Gesellschaft 107, Saarbrücken 2003.

Kuhlmann, K., Der Thron im Alten Ägypten. Untersuchungen zu Semantik, Ikonographie und Symbolik eines Herrschaftszeichens, Abhandlungen des Deutschen Archäologischen Instituts, Abteilung Kairo, Ägyptologische Reihe 10, Glückstadt 1977.

Lange, H. O./Neugebauer, O., Papyrus Carlsberg Nr. 1, ein hieratisch-demotischer kosmologischer Text, Kopenhagen 1940.

Lasker-Schüler, E., Konzert, Berlin 1932.

Lehner, M., Das erste Weltwunder. Die Geheimnisse der ägyptischen Pyramiden, Düsseldorf 1997.

Lembke, K., Das Iseum Campense in Rom. Studie über den Isiskult unter Domitian, Archäologie und Geschichte 3, Heidelberg 1994.

Lepsius, K. R., Denkmäler aus Ägypten und Äthiopien, 12 Tafelbände und Ergänzungsband, Berlin 1848-1858, Leipzig 1913.

Lepsius, K. R., Denkmäler aus Ägypten und Äthiopien, Text, herausgegeben von Edouard Naville, 5 Bände, Leipzig 1897-1913.

von Lieven, A., Das Göttliche in der Natur erkennen. Tiere, Pflanzen und Phänomene der unbelebten Natur als Manifestationen des Göttlichen, in: Zeitschrift für Ägyptische Sprache und Altertumskunde 131, 2004, S. 156-172.

Loeben, C. E., Der Zugang zum Amuntempel von Karnak im Neuen Reich. Zum Verständnis einer zeitgenössischen Architekturdarstellung, in: Luft, U. (Hrsg.), The Intellectual Heritage of Egypt, Studies Presented to Laszlo Kákosy, Studia Aegyptiaca, Band XIV, Budapest 1992, S. 393-401.

Loeben, C. E./Kappel, M., Die Pflanzen im altägyptischen Garten, Rahden 2009.

Mania, U., Die Rote Halle in Pergamon. Ausstattung und Funktion, Pergamenische Forschungen 15, Mainz 2011.

Mari, Z./Sgalambro, S., The Antinoeion of Hadrian's Villa: Interpretation and Architectural Reconstruction, in: American Journal of Archaeology 111, 2007, S. 83-104.

Martin, G. T. (Hrsg.), The Memphite Tomb of Horemheb Commander-in-Chief of Tutankhamun I, London 1989.

Martinssen, S., „Ich gebe Dir ganz Punt". Ein Expeditionsziel im religiös-politischen Kontext, in: Kloth, N./Martin, K./Pardey, E. (Hrsg.), Es werde niedergelegt als Schriftstück, Festschrift H. Altenmüller, Studien zur altägyptischen Kultur, Beihefte 9, Hamburg 2003, S. 263-274.

Maspero, G., Les Momies Royales, Paris 1886.

Mathieu, B., La Poésie Amoureuse de l' Egypte ancienne. Recherches sur genre littéraire au Nouvel Empire, Kairo 1996.

Merkelbach, R., Isis regina - Zeus Sarapis, Stuttgart/Leipzig 1995.

Meyboom, P. G. P., The Nile Mosaic of Palestrina. Early Evidence of Egyptian Religion in Italy, Leiden/New York/Köln 1995.

Meyer, C., „Wein", in: Helck, W./Westendorf, W. (Hrsg.), Lexikon der Ägyptologie, Band 6, Wiesbaden 1986, Sp. 1169-1182.

Moftah, R., Die heiligen Bäume im Alten Ägypten, unpublizierte Dissertation, Göttingen 1959.

Moftah, R., Die uralte Sykomore und andere Erscheinungen der Hathor, in: Zeitschrift für Ägyptische Sprache und Altertumskunde 92, 1965, S. 40-47.

Naville, E., The XIth Dynasty Temple at Deir el-Bahari, 3 Bände, London 1907/1910/1913.

## Literatur

Newton, F., Excavations at El-'Amarnah, 1923-24 in: Journal of Egyptian Archaeology 10, 1924, S. 294-298.

Otto, E., Die beiden vogelgestaltigen Seelenvorstellungen der Ägypter, in: Zeitschrift für Ägyptische Sprache und Altertumskunde 77, 1942, S. 78-91.

Parkinson, R., The painted tomb chapel of Nebamun: masterpieces of ancient Egyptian art in the British Museum, London 2008.

Peet, T. E./Woolley, C. L., The City of Akhenaten I, London 1923.

Pendlebury, J. D. S., Preliminary Report of the Excavations at Tell El-Amarnah, 1931-2, in: Journal of Egyptian Archaeology 17, 1931, S. 240-243.

Pendlebury, J. D. S., Preliminary Report of the Excavations at Tell El-Amarnah, 1931-2, in: Journal of Egyptian Archaeology 18, 1932, S. 143-145.

Pendlebury, J. D. S., Preliminary Report of the Excavations at Tell El-Amarnah, 1934-5, in: Journal of Egyptian Archaeology 21, 1935, S. 129-136.

Pendlebury, J. D. S., The City of Akhenaten, Band 3: The Central City and the Official Quarters 1926/27 and 1931/36, Memoir of the Egypt Exploration Society 44, London 1951.

Petrie, W. M. F., Illahun, Kahun and Gurob, London 1891.

Petrie, W. M. F., Tell el Amarna, London 1894.

Piehl, K., Inscriptions hiéroglyphiques recueillies en Europe et en Égypte I, Stockholm/Leipzig 1886.

Porter, B./Moss, R. L. B., Topographical Bibliography of Ancient Egyptian Hieroglyphic Texts, Reliefs, and Paintings, 7 Bände, Oxford 1960-1981.

Posener-Kriéger, P., Les archives du temple funéraire de Néferirkare-Kakai, 2 Bände, Bibliothèque d'étude 65/1-2, Kairo 1976.

Posener-Kriéger, P./Verner, M./Vymazalová, H., Abusir X. The Pyramid Complex of Raneferef. The Papyrus Archive, Prag 2006.

La Rocca, E./de Vos, M. und A., Guida archeologica di Pompei, Mailand 1976.

de Rochemonteix, M./Chassinat, É., Le Temple d'Edfou, Band I, Paris 1897.

Roeder, G., Bericht über die Ausgrabungen der Deutschen Hermopolis Expedition 1935, in: Mitteilungen des Deutschen Archäologischen Instituts, Abteilung Kairo, Band 7, Berlin 1937, S. 1-56.

Salza Prina Ricotti, E., Villa Adriana. Il sogno di un imperatore, Rom 2001.

Lo Sardo, E. (Hrsg.), La lupa e la sfinge. Roma e l'Egitto. Dalla storia al mito, Katalog, Mailand 2008.

Savary, C. É., Lettres sur l'Egypte. Où l'on offre le parallèle des moeurs anciennes et modernes de ses habitans, où l'on décrit l'état, le commerce, l'agriculture, le gouvernement du pays, [et] la descente de S. Louis à Damiette, tirée de Joinville [et] des Auteurs Arabes, Band I, Paris 1785.

Schadewaldt, W. (Hrsg.), Homer. Odyssee, Reinbek 1958.

Schadewaldt, W. (Hrsg.), Homer. Ilias, Frankfurt 1975.

Schäfer, H., Die „Vereinigung der beiden Länder". Ursprung, Gehalt und Form eines ägyptischen Sinnbildes im Wandel der Geschichte, in: Mitteilungen des Deutschen Archäologischen Instituts, Abteilung Kairo, Band 12, Berlin 1943, S. 73-95.

Scharff, A., Die Altertümer der Vor- und Frühzeit Ägyptens, Berlin 1931.

Schenkel, W., „Be- und Entwässerung", in: Helck, W./Otto, E. (Hrsg.), Lexikon der Ägyptologie, Band 1, Wiesbaden 1975, Sp. 775-782.

Schenkel, W., Die Bewässerungsrevolution im Alten Ägypten, Sonderschrift des Deutschen Archäologischen Instituts, Abteilung Kairo, Band 6, Mainz 1978.

Schiaparelli, E., Relazioni sui lavori della Missione Archeologica Italiana (1903-1920), Torino 1927.

Schlögl, H. A., Das Alte Ägypten. Geschichte und Kultur von der Frühzeit bis zu Kleopatra, München 2006.

Schneider, R. M., Nicht mehr Ägypten, sondern Rom. Der neue Lebensraum der Obelisken, in: Bol, P. C./Kaminski, G./Maderna, C. (Hrsg.), Fremdheit – Eigenheit. Ägypten, Griechenland und Rom. Austausch und Verständnis, Städel-Jahrbuch 19, Stuttgart 2004, S. 155-179.

Schneider, T., Zur Ethymologie der Bezeichnung „König von Ober- und Unterägypten", in: Zeitschrift für Ägyptische Sprache und Altertumskunde 120, 1993, S. 166-181.

Schneider, T., Lexikon der Pharaonen. Die altägyptischen Könige von der Frühzeit bis zur Römerherrschaft, Düsseldorf 1994.

Schoske, S./Kreißl, B./Germer, R., „Anch". Blumen für das Leben. Pflanzen im alten Ägypten, München 1992.

Schott, S., Altägyptische Liebeslieder, Zürich 1950.

Schulz, R./Seidel, M. (Hrsg.), Ägypten – die Welt der Pharaonen, Köln 1997.

Schweinfurth, G., Neue Funde auf dem Gebiete der Flora des alten Ägyptens, in: Engler, A., Botanische Jahrbücher für Systematik, Pflanzengeschichte und Pflanzengeographie 5, Leipzig 1884, S. 189-202.

Seele, K., The Tomb of Tjanefer at Thebes, Chicago 1959.

Seidlmayer, S. J., Historische und moderne Nilstände, Berlin 2001.

Sethe, K., Urkunden der 18. Dynastie, 4. Abteilung, Band 1, Leipzig 1914.

Sethe, K., Übersetzungen und Kommentar zu den altägyptischen Pyramidentexten, 6 Bände, Glückstadt 1962.

Seyfried, K.-J. (Hrsg.), Das Grab des Amonmose (TT 373), THEBEN IV, Mainz 1990.

Shedid, A. G., Das Grab des Sennedjem: ein Künstlergrab der 19. Dynastie in Deir el-Medineh, Mainz 1999.

Söldner, M., Fruchtbar im Sommer der Nil strömt voll erquickender Flut (Tibull 1,7,21 ff.). Ägyptenrezeption im augusteischen Rom, in: Antike Welt 4/2000, S. 383-393.

Spence, K., The North Palace at Amarna, in: Egyptian Archaeology 15, 1999, S. 14-16.

Stadelmann, R., Die Pyramiden des Snofru in Dahschur. Zweiter Vorbericht über die Ausgrabungen an der nördlichen Steinpyramide, in: Mitteilungen des Deutschen Archäologischen Instituts Abteilung Kairo, Band 39, 1983, S. 225-241.

Stadelmann, R./Alexanian, N./Ernst, H./Heindl, G./Raue, D., Pyramiden und Nekropole des Snofru in Dahschur. Dritter Vorbericht über die Grabungen des DAI in Dahschur, in: Mitteilungen des Deutschen Archäologischen Instituts, Abteilung Kairo, Band 49, 1993, S. 259-294.

Stadelmann, R., Die ägyptischen Pyramiden. Vom Ziegelbau zum Weltwunder, Mainz ³1997.

Stadelmann, R., The development of the pyramid temple in the Fourth Dynasty, in: Quirke, S. (Hrsg.), The Temple in Ancient Egypt. New discoveries and recent research, Kolloqiuum British Museum 1994, London 1998, S. 1-16.

Steindorff, G., Das Grab des Ti, Veröffentlichungen der Ernst von Sieglin Expedition in Ägypten 2, Leipzig 1913.

Stockfisch, D., Untersuchungen zum Totenkult des ägyptischen Königs im Alten Reich, 2 Bände, Antiquitates – Archäologische Forschungsergebnisse 25, Hamburg 2003.

Strabo(n), Geographica (Übersetzung von A. Forbiger), Wiesbaden 2005.

Tietze, C., Amarna. Analyse der Wohnhäuser und soziale Struktur der Stadtbewohner, in: Zeitschrift für Ägyptische Sprache und Altertumskunde 112, 1985, S. 48-84.

Tietze, C., Amarna. Analyse der ökonomischen Beziehungen der Stadtbewohner, in: Zeitschrift für Ägyptische Sprache und Altertumskunde 113, 1986, S. 55-78.

Tietze, C., Der königliche Weingarten in Amarna, in: Sokar 19, 2009, S. 90-96.

Tietze, C., Die Architektur der Ka-Anlage Pepis I. in Tell Basta, in: Zeitschrift für Ägyptische Sprache und Altertumskunde 135, 2008, S. 165-179.

Tietze, C. (Hrsg.), Amarna. Lebensräume – Lebensbilder – Weltbilder, Weimar ²2010.

Tietze, C., Das „Haus des Königs" von Amarna, in: Kölner Jahrbuch 43, 2010, S. 779-796.

Tietze, C., Der Stadtplan von Amarna, Weimar 2010.

Traunecker, C. u. F., Sur la salle dite „du couronnement" à Tell-el-Amarna, in: Bulletin de la Société d'Égyptologie (Genève) 9-10, 1984/85, S. 285-307.

Van Siclen III, C., Remarks on the Middle Kingdom Palace at Tell Basta, in: Bietak, M. (Hrsg.), Haus und Palast im Alten Ägypten, Untersuchungen der Zweigstelle Kairo des Österreichischen Archäologischen Institutes 14, S. 239-246.

de Vartavan, C./Amorós, A., Codex of Ancient Egyptian Plant Remains, London 1997.

Verner, M., Die Papyrus-Archive von Abusir, in: Sokar 14, 2007, S. 25-33.

de Vos, M., L'Egittomania in pitture e mosaici romano-campani della prima età imperiale, Leiden 1980.

Waitkus, W., Die Beziehung der Heiligen Schlangen zur Urgötternekropole und zu den verstorbenen Urgöttern, in: Kurth, D./Waitkus, W. (Hrsg.), Materialien und Studien, Die Inschriften des Tempels von Edfu Begleitheft 6, Gladbeck 2010, S. 131-162.

Wallert, I., Die Palmen im Alten Ägypten. Eine Untersuchung ihrer praktischen, symbolischen und religiösen Bedeutung, Münchner Ägyptologische Studien 1, München 1962.

Wettengel, W., Die Erzählung von den beiden Brüdern. Der Papyrus d'Orbiney und das Königtum der Ramessiden, Freiburg/Göttingen 2003.

Whittemore, T., The excavations at El-'Amarnah, season 1924-5, in: Journal of Egyptian Archaeology 12, 1926, S. 3-12.

Wildung, D., „Garten", in: Helck, W./Westendorf, W. (Hrsg.), Lexikon der Ägyptologie, Band 2, Wiesbaden 1977, Sp. 376-378.

Wilkinson, A., The Garden in Ancient Egypt, London 1998.

Wilkinson, R. H., Die Welt der Tempel im alten Ägypten, Darmstadt 2005.

Windus-Staginsky, E., Der ägyptische König im Alten Reich. Terminologie und Phraseologie, Philippika 14, Wiesbaden 2006.

Winlock, H. E., Excavations at Thebes, Part 2: The Egyptian Expedition 1921-1922, Bulletin of the Metropolitan Museum of Art 12/1922, S. 19-49.

Winlock, H. E., Excavations at Deir el-Bahari, 1911-1931, New York 1942.

Zabkar, L. V., A Study of the Ba Concept in Ancient Egyptian Texts, Studies in ancient Oriental civilization 34, Chicago 1968.

Zevi, F./Bove, E. V., Il mosaico nilotico di Palestrina, in: Lo Sardo, E. (Hrsg.), La lupa e la sfinge. Roma e l'Egitto. Dalla storia al mito, Katalog, Mailand 2008, S. 78-87.

Zorn, O./Bisping-Isermann, D., Die Opferkammern im Neuen Museum Berlin, Berlin 2011.

# Abbildungsnachweis

*Allgemeine Bildbearbeitung:*
*Michael Haase, Christine Mende*

© Ägyptisches Museum der Universität Leipzig: **Abb. 12**

© Archiv des Altägyptischen Wörterbuches, Berlin-Brandenburgische Akademie der Wissenschaften, Berlin: **Abb. 29, 52, 218, 304** (Lepsius, K. R., Denkmäler aus Ägypten und Äthiopien, 12 Tafelbände und Ergänzungsband, Berlin 1848-1858, Leipzig 1913, Abth. III, Blatt 40; Abth. II, Tafel 130; Abth. III, Blatt 98 b; Abth. II, Blatt 96)

© Badisches Landesmuseum Karlsruhe: **Abb. 108, 127**

© bpk/Ägyptisches Museum und Papyrussammlung Berlin, SMB/Sandra Steiß: **Abb. 19, 33, 55, 57, 69, 133, 145, 148, 156, 217**

© bpk/Ägyptisches Museum und Papyrussammlung Berlin, SMB/Jürgen Liepe: **Abb. 90**

Michael Bormann: **Abb. 185**

© Botanischer Garten und Botanisches Museum Berlin-Dahlem: **Abb. 95**

© Deutsches Archäologisches Institut, Abteilung Rom: **Abb. 321** (Foto: Fuhrmann), **326** (Foto: Koppermann)

Albrecht Germer: **Abb. 109, 111, 142, 144, 149, 152, 165, 168, 169, 176, 180, 182, 183, 189, 190, 194**

Michael Haase: **Abb. 2-4, 8, 9, 13, 15, 18, 23, 34, 36-39, 41, 43, 46, 50, 53, 54, 60, 65, 68, 75, 81, 83, 88, 104, 121, 124, 137, 138, 153a, 171, 195, 198, 199** (nach L. Borchardt), **214, 216, 222, 223, 226** (mit freundlicher Genehmigung von Rainer Stadelmann), **232-234, 236, 237, 240, 241, 243-247, 250, 251, 253, 254, 256-261, 263-266, 303, 312, 314, 318, 324, 325, 330, 336**, 3 Fotos im Nachwort

© Marina Heilmeyer: **Abb. 89, 91, 92, 94, 96-103, 154**

Jutta Hellenbarth: **Abb. 72, 140, 143, 146, 150, 151, 155, 161, 167, 172, 174, 310**

Adolf Hoffmann: **Abb. 331-333**

Udo Hübner: **Abb. 316**

Christian Kosnar: **Abb. 204, 213, 215, 313, 315**

Christine Kral: **Abb. 42, 302**

© Kulturstiftung DessauWörlitz, Aufn. Forschungsarchiv für Antike Plastik Köln, Gisela Dettlof, 2006: **Abb. 328**

© Martin von Wagner Museum der Universität Würzburg: **Abb. 159, 322**

Christine Mende: **Abb. 51, 61, 66, 74, 112, 117, 123**, Foto im Nachwort; **Abb. 1, 78** (nach einem Foto von Jutta Hellenbarth aus dem Grab des Nacht, Theben-West, TT 52); **7, 11** (nach Wilkinson, R. H., Die Welt der Götter im alten Ägypten, Stuttgart 2003, S. 109, Abb. unten rechts; S. 132, Abb. oben rechts); **10, 14, 16** (nach Fotos aus: Hawass, Z., Bilder der Unsterblichkeit. Die Totenbücher aus den Königsgräbern in Theben, Mainz 2006, S. 238-239, S. 30, S. 100); **17** (nach Morenz, S., Gott und Mensch im alten Ägypten, Leipzig 1964, S. 131, Abb. 40); **21** (nach Hornung, E., Geist der Pharaonenzeit, München 1992, S. 44, Abb. 7); **22** (nach Davies, N. de Garis, The Rock Tombs of El Amarna, Band 4, Memoir of the Egypt Exploration Society 15, London 1906, Tafel 31); **26, 84, 224, 255** (nach Lepsius, K. R., Denkmäler aus Ägypten und Äthiopien, 12 Tafelbände und Ergänzungsband, Berlin 1848-1858, Leipzig 1913, Abth. II, Blatt 127; Abth. III, Blatt 169; Abth. II, Blatt 7b; Abth. III, Blatt 95); **47** (nach Kees, H., Das alte Ägypten. Eine kleine Landeskunde, Berlin 1979, Abb. 56); **56** (nach d'Avennes, P., Atlas of Egyptian Art, Kairo 2007, S. 54); **59** (nach Edel, E./Wenig, S., Die Jahreszeitenreliefs aus dem Sonnenheiligtum des Königs Ne-User-Re, Staatliche Museen zu Berlin. Mitteilungen aus der Ägyptischen Sammlung 7, Berlin 1974, Tafel 7.09.K); **62** (nach Schäfer, H., Die „Vereinigung der beiden Länder". Ursprung, Gehalt und Form eines ägyptischen Sinnbildes im Wandel der Geschichte, Mitteilungen des Deutschen Archäologischen Instituts, Abteilung Kairo, Band 12, Berlin 1943, Abb. 2); **63, 229** (nach B. J. Kemp, Ancient Egypt. Anatomy of a Civilization, London 1991, S. 28, Abb. 6; S. 150, Abb. 53), **64** (nach Quibell, J. E., Hierakonpolis I, London 1900, Tafel XXXVIII); **77** (nach Hornung, E., Das Totenbuch der Ägypter, Bibliothek der Alten Welt, Zürich/München 1979, S. 140, Abb. 35); **85** (nach Koemoth, P. P., Osiris et les arbres: contribution à l'étude des arbres sacrés de l'Égypte ancienne, Aegyptiaca Leodiensia 3, Liège 1994, S. 170, Abb. 21); **87** (nach Davies, N. de Garis, The Mastaba of Ptahhetep and Akhethetep at Saqqareh. Band 1: The chapel of Ptahhetep and the hieroglyphs, London 1900, Tafel X, Nr. 186); **93** (nach dem Foto einer Keramikscherbe aus dem Ägyptischen Museum Kairo); **125, 219, 225, 231, 235** (nach Hugonot, J.-C., Le Jardin dans l'Égypte ancienne, Frankfurt 1989, S. 74, Abb. 56; S. 91, Abb. 71; S. 141, Abb. 114; S. 27, Abb. 10; S. 206, Abb. 183); **126** (nach Schoske, S./Kreißl, B./Germer, R., »Anch«. Blumen für das Leben, München 1992, S. 40, Abb. 24); **130** (nach Keel, O., Das Recht der Bilder gesehen zu werden. Drei Fallstudien zur Methode der Interpretation altorientalischer Bilder, Orbus biblicus et orientalis 122, Abb. 85); **135** (nach Assmann, J., Tod und Jenseits im Alten Ägypten, München 2001, S. 472, Abb. 64); **136** (nach Wilkinson, A., The Garden in Ancient Egypt, London 1998, S. 72, Abb. 33); **164** (nach einem Foto aus: Freed, R./Markowitz, Y. J./D'Auria, S. H., Pharaohs of the Sun. Akhenaten - Nefertiti – Tutankhamen, Boston 1999, S. 228, Nr. 79); **179** (nach Rosellini, I., Il Monumenti dell'Egitto e della Nubia, Pisa 1832-1844, Tafel XXXIX); **181** (nach einem Foto des Reliefblocks aus dem Ägyptischen Museum Berlin; **184, 200** (nach Brinkmann, V. (Hrsg.), Sahure. Tod und Leben eines großen Pharao, Frankfurt 2010, S. 200, Abb. 161; S. 199, Abb. 159); **186** (nach Migahid, A., Flora of Saudi Arabia, Riad 1978, S. 502); **191** (Hawass, Z., Die verbotenen Gräber in Theben, Mainz 2009, S. 101); **201** (nach Eigner, D., A Palace of the Early 13th Dynasty at Tell el-Dab'a, in: Bietak, M. (Hrsg.), Haus und Palast im alten Ägypten, Österreichische Akademie der Wissenschaften, Denkschriften der Gesamtakademie, Band XIV, Wien 1996, S. 74, Abb. 1); **206** (nach Pendlebury, J. D. S., The City of Akhenaten, Band 3: The Central City and the Official Quarters 1926/27 and 1931/36, Memoir of the Egypt Exploration Society 44, London 1951, Tafel XV); **207** (nach Whittemore, T., The excavations at El-'Amarnah, season 1924-5, Journal of Egyptian Archaeology 12, 1926, Tafel II); **212** (nach Reeves, N., Echnaton, Mainz 2002, S. 132, Abb. 70, und Plänen der EES); **220** (nach Treasures of Thutankhamun, Katalog, British Museum, London 1971, Nr. 21); **227** (nach Edel, E., Studien zu den Relieffragmenten aus dem Taltempel des Königs Snofru, in: Der Manuelian, P. (Hrsg.), Studies in Honor of William Kelly Simpson, Boston 1996, S. 201, Abb. 1); **239** (nach Stadelmann, R. et al., Pyramiden und Nekropole des Snofru in Dahschur, Dritter Vorbericht über die Grabungen des DAI in Dahschur, in: Mitteilungen des Deutschen Archäologischen Instituts, Abteilung Kairo, Band 49, 1993, S. 265, Abb. 3, sowie Stadelmann, R., The development of the pyramid temple in the Fourth Dynasty, in: Quirke, S., The Temple in Ancient Egypt, New discoveries and recent research, S. 11, Abb. 11); **242** (nach Wilkinson, R. H., Die Welt der Tempel im Alten Ägypten, Stuttgart 2005, S. 175); **252** (nach Gothein, M. L., Geschichte der Gartenkunst, Band 1, Jena 1926, S. 18, Abb. 18); **262** (nach Hölscher, U., The Excavation of Medinet Habu, Band III, Chicago 1951, Abb. 1); **283**, **311** (nach Schulz, R./Seidel, M. (Hrsg.), Ägypten. Die Welt der Pharaonen, Köln 1997, S. 386, Abb. 96); **323** (nach Buchner, E., Rom unter Augustus Sonnenuhr und Mausoleum in: Deutsches Archäologisches Institut (Hrsg.), Archäologische Entdeckungen: Die Forschungen des Deutschen Archäologischen Instituts im 20. Jahrhundert, Mainz 2000, Abb. 205); **329** (nach Mania, U., Die Rote Halle in Pergamon. Ausstattung und Funktion, PF 15, 2011, Beilage 1.); **334** (nach Mari, Z./Sgalambro, S., The Antinoeion of Hadrian's Villa: Interpretation and Architectural Reconstruction, American Journal of Archaeology 111, 2007, Abb. 18)

© Museum August Kestner Hannover; Fotos: Christian Tepper (Museumsfotograf): **Abb. 80, 82, 86, 105, 175**

© Museum für Völkerkunde Hamburg: **Abb. 192**

Arno Sauerbier: **Abb. 5, 25, 28, 30, 45, 73, 120, 228, 230, 249**

© „The J. Paul Getty Museum", Los Angeles; Foto: Julius Shulman: **Abb. 327**. Mit freundlicher Genehmigung von Jens Daehner.

René Staebler: **Abb. 67, 197, 202, 203, 208-210, 221, 248, 267, 295, 297, 299**

Christian Tietze: **Abb. 35, 40, 70, 196, 285-287, 289, 292, 294, 296, 300, 301, 309, 319, 335**

© Verlag Karl Baedeker GmbH: **Abb. 32, 44, 48, 49**

Petra Vomberg: **Abb. 6, 24, 27, 31, 188, 211, 317, 320**

Wolfgang Wettengel: **Abb. 20, 76, 79, 122, 187**, Foto im Nachwort

Sonstiges: **Abb. 58** (Firth, C. M., The Archaeological Survey of Nubia, Report for 1910-1911, Kairo 1927, Tafel 31); **139** (Redouté, P. J., Choix des plus belles fleurs prises ..., Paris 1835, Tafel 86); **147, 177** (Bruce, J., Travels to Discover the Source of the Nile ..., Band 7, Edinburgh 1804, Nr. 1; Nr. 54); **153b, 238** (Schweinfurth, G., Pflanzenbilder im Tempel von Karnak (Theben), in: Engler, A., Botanische Jahrbücher für Systematik, Pflanzengeschichte und Pflanzengeographie 55, Leipzig 1919, S. 469, Abb. 1; S. 473, Abb. 3); **157, 170, 178** (Prof. Dr. Thomé's Flora von Deutschland, Österreich und der Schweiz, Band 2, Gera ²1904, Nr. 406; Nr. 369; Nr. 182); **158, 160** (Prof. Dr. Thomé's Flora von Deutschland, Österreich und der Schweiz in Wort und Bild für Schule und Haus, Band 4, Gera 1889, Nr. 583; Nr. 478); **163** (Reichenbach, H. G., Die Solanaceen, Personaten, Orobancheen, Acanthaceen, Globulariaceen, Lentibularieen der mitteleuropäischen Flora, Leipzig 1862, Tafel 1628); **166, 173** (Prof. Dr. Thomé's Flora von Deutschland, Österreich und der Schweiz in Wort und Bild für Schule und Haus, Band 3, Gera 1888, Nr. 366; Nr. 418); **193** (Norden, F. L., Travels in Egypt and Nubia, Band 1, London 1757, Tafel 38, Abb. 1 und 2)

Christine Mende (*Nachzeichnung und Ergänzung*) und Christian Tietze (*Farbfassung nach folgenden Vorlagen*: Schulz, R./Seidel, M. (Hrsg.), Ägypten. Die Welt der Pharaonen, Köln 1997; Arnold, D., Die Tempel Ägyptens, Augsburg 1996; Eggebrecht, A. (Hrsg.), Sennefer – die Grabkammer des Bürgermeisters von Theben, Mainz ²1991; Shedid, A. G., Das Grab des Nacht, Mainz 1991; Shedid, A. G., Das Grab des Sennedjem, Mainz 1999; Weeks, K. R., Das Tal der Könige, Vercelli 2001):
nach Hugonot, J.-C., Le Jardin dans l'Égypte ancienne, Europäische Hochschulschriften, Reihe 38, Band 27, Frankfurt 1989: **Abb. 71**, **276** (S. 140, Abb. 113); **106**, **277** (S. 141, Abb. 114); **107**, **274** (S. 139, Abb. 111); **110, 141, 270** (S. 135, Abb. 106); **278, 305** (S. 142, Abb. 115); **113** (S. 201, Abb. 177); **114** (S. 200, Abb. 175); **115, 273, 308** (S. 137, Abb. 109); **116, 272** (S. 137, Abb. 108); **128, 269** (S. 134, Abb. 105); **131** (S. 199, Abb. 173); **134, 282** (S. 147, Abb. 121); **268** (S. 133, Abb. 104); **271** (S. 136, Abb. 107); **275, 307** (S. 140, Abb. 112); **279, 306** (S. 143, Abb. 116); **280** (S. 143, Abb. 117); **281** (S. 145, Abb. 118)
nach Schoske, S./Kreißl, B./Germer, R., „Anch". Blumen für das Leben. Pflanzen im alten Ägypten, München 1992: **Abb. 118** (S. 53, Abb. 34)
nach Kemp, B. J. Ancient Egypt. Anatomy of Civilization, New York 1999: **Abb. 119** (S. 13, Abb. 3); **162** (S. 12, Abb. 2)
nach Wilkinson, A., The Garden in Ancient Egypt, London 1998: **Abb. 129** (S. 106, Abb. 55); **132** (S. 99, Abb. 50)

Christian Tietze/Christine Mende (unter Mitwirkung von Marc Loth und Marcus Gallinat; nach Plänen der EES, London 1992; Auszüge aus: C. Tietze, Der Stadtplan von Amarna, Weimar 2010): **Abb. 205, 284, 288, 290, 291, 293, 298**

Legende für einleitende Bilder:
S. 2, Abb. 1: Baumgöttin im Grab des Nacht.
Vorwort, Abb. 2: Palmsäulen im Taltempel des Unas.
Einleitung, Abb. 3: Karnak-Tempel. Osttor.
S. 12, Abb. 4: Karnak-Tempel. Kolossalfigur aus Granit (vermutlich Ramses II.) westlich des zweiten Pylons.
S. 14-15, Abb. 5: Sonnenuntergang in Luxor.
S. 28-29, Abb. 25: Feld in Luxor.
S. 46-47, Abb. 50: Reich verzierte Papyrussäulen im Totentempel Ramses' II. (Ramesseum) in Theben-West.
S. 58-59, Abb. 66: Widder-Sphingen vor dem ersten Pylon des Großen Amun-Tempels in Karnak.
S. 66-67, Abb. 75: Medinet Habu. Tempel der 18. Dynastie.
S. 88-89, Abb. 104: Blick auf die thebanischen Berge.
S. 102-103, Abb. 121: Theben-West. Blick nach Osten über das Niltal Richtung Luxor.
S. 118, Abb. 139: Blauer Lotus.
S. 154, Abb. 196: Gehöft U 25.7 in Amarna. Rekonstruktionszeichnung. Ausschnitt.
S. 156-157, Abb. 197: Residenz Echnatons in Amarna. Modellausschnitt.
S. 176-177, Abb. 222: Karnak-Tempel. Osttor.
S. 202-203, Abb. 267: Gehöft M 50.1 in der Südstadt von Amarna. Modell.
S. 228-229, Abb. 303: Königlicher Weingarten in Amarna. Modellausschnitt.
S. 238-239, Abb. 319: Pantheon in Rom.
S. 258, Abb. 336: Totentempel Mentuhoteps II. Kernbau. Modellausschnitt.

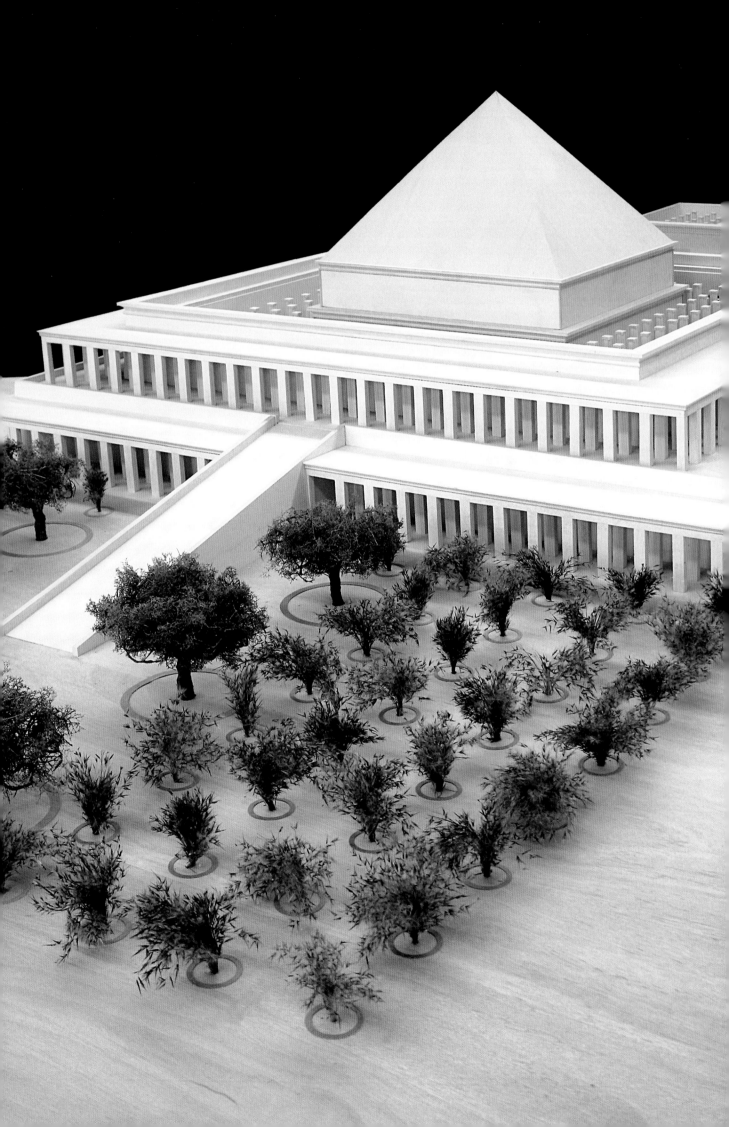

# Nachwort

*Christian Tietze*

Die Darstellung des Alltagslebens gewinnt in den letzten Jahren einen immer größer werdenden Raum. So geben die sozial-ökonomischen Untersuchungen von Jacques J. Janssen, Wolfgang Helck, Emma Brunner-Traut und Manfred Gutgesell einen vielschichtigen Einblick in die materiellen Strukturen der ägyptischen Gesellschaft. Damit wird die ursprüngliche Spur – Keramikfunde und Befunde als Hauptindiz zu interpretieren – verlassen.

Fragestellungen müssen heute aber auch aus einer Lebenswirklichkeit kommen, die eigenes Denken und Handeln reflektiert. Parallelen zur eigenen Existenz – im Alltag und am Feiertag, im familiären Milieu und Herrschaftsdenken, in der Organisation und Herrschaftsstruktur – vertragen Anregungen aus anderen Kulturen und der eigenen Geschichte sehr gut.

Architektur und Städtebau sind hier hilfreich, weil sie Anregungen und Parallelen bieten, die immer weiter geführt haben und weiter führen werden. Das Wohnen als primäre Funktion des Zusammenlebens, die Organisation in den Städten, die Beziehungen zur Landschaft und Umgebung prägen eine Kultur und ergänzen die hierarchischen Strukturen der Herrschaft. Die Beziehungen in einer Gemeinschaft mit ihrem Kalender und seinen Festen, den Fragen nach Tod und Jenseits sind elementare Bedürfnisse von Individuum und Gesellschaft.

Das schöne, harmlos klingende und freundliche Thema der ägyptischen Gärten birgt jedoch auch seine Probleme, weil die archäologischen Kenntnisse gering sind und weil es noch nicht gelungen ist, alle Pflanzen zu bestimmen.

Die „Ägyptischen Gärten" setzen eine Reihe von Ausstellungen fort, die den realen Lebensbezug durch originale Funde aus dem alten Ägypten, durch Großfotos von der Landschaft und seinen Bauwerken und durch Rekonstruktionen seiner Bauten erreichen wollen.

Für die Unterstützung bei dieser Ausstellung danke ich folgenden Personen und Institutionen:

- Renate Germer, mit der ich das Thema diskutieren und vertiefen konnte und die durch ihren großen Beitrag das botanische Fundament des Begleitbuches legte,
- Hansgerd Hellenkemper, der den Anstoß für diese Ausstellung gab, und Friederike Naumann-Steckner vom Römisch-Germanischen Museum der Stadt Köln, die die Konzeption mitgetragen und mitgestaltet hat,
- Michael Haase und Christine Mende, die unermüdlich das Material für die Publikation zusammentrugen, die Gestaltung übernahmen und durch zahlreiche Abbildungen und Grafiken zum Gelingen wesentlich beigetragen haben,
- Marina Heilmeyer und dem Botanischen Museum für die freundliche Aufnahme und die Kooperation im Botanischen Garten Berlin-Dahlem,
- Christian Kosnar und Thomas Brandt, die den überaus komplizierten Modellbau realisierten,
- der Universität Potsdam, die durch die Bereitstellung geeigneter Räume die Durchführung sicherte,
- allen Autoren, die durch ihre Beiträge dem Thema ein breites Spektrum und eine große Tiefe gaben, und
- Wolfgang Wettengel, der die Replik der Grabkammer des Sennedjem zur Verfügung stellte. Das 1991 hergestellte Modell zeigt den damaligen Zustand. Durch den fortschreitenden Verfall der Farben und Beschädigungen im Grab gewinnt die Replik zunehmend an Bedeutung.